I0035010

Mikroökonomie

Markt, Wirtschaftsordnung, Wettbewerb

von
Professor
Dr. Ricarda Kampmann
und
Professor
Dr. Johann Walter
Fachhochschule Gelsenkirchen

Oldenbourg Verlag München

Bibliografische Information der Deutschen Nationalbibliothek

Die Deutsche Nationalbibliothek verzeichnet diese Publikation in der Deutschen
Nationalbibliografie; detaillierte bibliografische Daten sind im Internet über
<http://dnb.d-nb.de> abrufbar.

© 2010 Oldenbourg Wissenschaftsverlag GmbH
Rosenheimer Straße 145, D-81671 München
Telefon: (089) 45051-0
oldenbourg.de

Das Werk einschließlich aller Abbildungen ist urheberrechtlich geschützt. Jede Verwertung
außerhalb der Grenzen des Urheberrechtsgesetzes ist ohne Zustimmung des Verlages unzulässig
und strafbar. Das gilt insbesondere für Vervielfältigungen, Übersetzungen, Mikroverfilmungen
und die Einspeicherung und Bearbeitung in elektronischen Systemen.

Lektorat: Wirtschafts- und Sozialwissenschaften, wiso@oldenbourg.de
Herstellung: Anna Grosser
Coverentwurf: Kochan & Partner, München
Gedruckt auf säure- und chlorfreiem Papier
Gesamtherstellung: Grafik + Druck, München

ISBN 978-3-486-59157-6

Inhalt

Verzeichnis der Abbildungen

Verzeichnis der Übersichten

Verzeichnis der Symbole

Δ	absolute Änderung
δ	marginale Änderung bei partieller Ableitung
ε	direkte Preiselastizität der Nachfrage
η	Kreuzpreiselastizität
λ	Einkommenselastizität
A	Angebot
DE	Durchschnittserlös
DFK	Durchschnittliche fixe Kosten
DK	Durchschnittskosten
DVK	Durchschnittliche variable Kosten
E	Erlös
f	allgemeines Funktionssymbol
G	Gewinn
GE	Grenzerlös
GK	Grenzkosten
K	Kosten
K_{ext}	externe Kosten
K_f	fixe Kosten
K_{pr}	private Kosten
K_v	variable Kosten
N	Nachfrage
p	Preis
s	Subventionsbetrag

t	Steuersatz
v	Faktoreinsatzmenge (für variable Faktoren)
x	Gütermenge
Y	Einkommen

Verzeichnis der Abkürzungen

BGH	Bundesgerichtshof
BM	Betriebsminimum
BMWi	Bundesministerium für Wirtschaft und Technologie
BO	Betriebsoptimum
c.p.	ceteris paribus (lateinisch: „wobei das Übrige gleich bleibt")
Cr	Concentration ratio (Konzentrationsrate)
EG	Europäische Gemeinschaft(en)
EGV	EG-Vertrag
EKK	Einkommens-Konsum-Kurve
EU	Europäische Union
EuGH	Europäischer Gerichtshof
F&E	Forschung und Entwicklung
GdS	Grenzrate der Substitution
GdtS	Grenzrate der technischen Substitution
GWB	Gesetz gegen Wettbewerbsbeschränkung
I	Indifferenzkurve, Isoquante
KMU	Kleine und mittlere Unternehmen
MKK	Minimalkostenkombination
OECD	Organisation for Economic Cooperation and Development
OPEC	Organisation of the Petroleum Exporting Countries
PAF	Preis-Absatzfunktion
UWG	Gesetz gegen den unlauteren Wettbewerb

1 Einführung in die Volkswirtschaftslehre

1.1 Gegenstand und methodische Grundbegriffe der Volkswirtschaftslehre

Lernziele

In diesem Kapitel

- erkennen Sie, dass das Ziel des Wirtschaftens darin besteht, die Knappheit an Gütern so weitgehend wie möglich zu verringern, indem die verfügbaren Mittel auf die verschiedenen Verwendungen bestmöglich verteilt werden.
- verstehen Sie, dass es beim Wirtschaften um Entscheidungen in Hinblick auf das Problem der Knappheit geht.
- erfahren Sie, dass die Mikroökonomie das typische Verhalten von Haushalten und Unternehmen erklärt und Preisbildungsprozesse auf Märkten untersucht.
- unterscheiden Sie drei Elemente der Volkswirtschaftslehre: Wirtschaftskunde als Beschreibung, Wirtschaftstheorie als Erklärung (Ursache-Wirkungs-Beziehungen) und Wirtschaftspolitik als Handlungsempfehlungen (Ziel-Mittel-Beziehungen).
- verstehen Sie, warum Modelle konstruiert werden. Modelle sind vereinfachte Abbilder der Wirklichkeit, die die wesentlichen Ursache-Wirkungs-Beziehungen unter bestimmten Annahmen aufzeigen.
- lernen Sie wesentliche Annahmen kennen, die ökonomischen Modellen zugrunde liegen (ceteris paribus Klausel, homo oeconomicus).

1.1.1 Gegenstand der Volkswirtschaftslehre

Jeder von uns trifft Tag für Tag Entscheidungen, die dazu dienen, die eigene materielle Lebenssituation zu verbessern: Urlaub, Auto oder Eigenheim? Open-Air-Konzert, Stereo-Anlage oder Computer? Immer wieder ist zu entscheiden, welche Mengen von welchen Waren erworben und verbraucht bzw. benutzt werden sollen, und welche Dienstleistungen beansprucht werden. Jeder muss entscheiden, wie viel er arbeitet, um Einkommen zu erzielen, und welchen Teil seines Einkommens er sparen bzw. ausgeben will.

So ergibt sich eine Vielzahl von Einzelentscheidungen verschiedener Personen in Bezug auf eine große Zahl von Sachgütern und Dienstleistungen. Alle Entscheidungen und Handlungen einzelner Personen und Institutionen, die dazu beitragen, dass Waren und Dienste hergestellt und verkauft werden, bilden die **Wirtschaft** eines Landes. Diese Einzelentscheidungen hängen wechselseitig voneinander ab. Das Ziel der wirtschaftlichen Entscheidungen besteht darin, diejenigen Güter bereitzustellen, die geeignet sind, die Lebenssituation der Menschen zu verbessern. Dabei muss sowohl der einzelne als auch die Gesellschaft insgesamt entscheiden, welche Wünsche vorrangig erfüllt werden sollen. Jeder erfüllte Wunsch engt den Spielraum für die Inanspruchnahme weiterer Waren und Dienste ein. Dies gilt auf der individuellen Ebene, aber auch dann, wenn die Gesellschaft z.B. Infrastruktur wie Straßen oder Bildungseinrichtungen bereitstellt. Aus der Entscheidung für ein Produkt ergibt sich notwendigerweise der Verzicht auf ein anderes. Dabei muss auch die längerfristige Verfügbarkeit von Ressourcen und die Erhaltung der Umwelt berücksichtigt werden. Aus den Entscheidungen darüber, welche Wünsche bedient werden sollen, ergeben sich daher viele Konflikte.

Beweggrund für wirtschaftliche Entscheidungen sind **Bedürfnisse**. Darunter versteht man Empfindungen eines Mangels und den Wunsch danach, die Lebenssituation durch den Ge oder Verbrauch von Gütern zu verbessern. Bedürfnisse können unterschiedlich dringend sein. Zu den existentiellen Bedürfnissen gehören z.B. Trinken, Essen und Wohnen. Daneben gibt es höherwertige Bedürfnisse, die durch nicht unmittelbar lebensnotwendige Güter befriedigt werden. Höherwertige Bedürfnisse wie beispielsweise der Wunsch, kulturelle Dienste in Anspruch zu nehmen, sind häufig durch die soziale Umwelt geprägt.

Bedürfnisse beinhalten mehr oder weniger unbestimmte Wünsche, die sich unterschiedlich befriedigen lassen. Beispielsweise lässt sich Durst durch verschiedene Getränke löschen. Aus dem unbestimmten Bedürfnis wird ein konkreter Bedarf, wenn z.B. eine Tasse Kaffee gewünscht wird.

Mittel zur Bedürfnisbefriedigung sind **Güter**, die sich nach unterschiedlichen Kriterien in Gruppen einteilen lassen. Entscheidend ist die Frage nach der Verfügbarkeit von Gütern. Güter, die zumindest in Relation zur gewünschten Menge im Überfluss vorhanden sind und für deren Bereitstellung kein Herstellungsprozess erforderlich ist, werden als freie Güter bezeichnet. Diese Güter können von jedem Verbraucher unmittelbar der Natur entnommen werden. Allerdings lassen sich kaum (noch) Beispiele für solche Güter finden. Im Normalfall sind Güter knapp. Knappheit bedeutet, dass die entsprechenden Güter nur in begrenzter Menge vorhanden sind oder nur unter Einsatz anderer Güter bereitgestellt werden können. Eine weitere Unterscheidung ist die nach dem stofflichen Gehalt der Güter in **materielle Güter** (Sachgüter oder Waren) und **immaterielle Güter** (Dienstleistungen). Nach dem Verwendungszweck werden Konsumgüter und Investitionsgüter unterschieden. Konsumgüter sind unmittelbar für den Verbrauch bestimmt, während Investitionsgüter eingesetzt werden, um andere Güter herzustellen. Nach der Art der Bereitstellung werden private und öffentliche Güter (öffentliche Verwaltung, Polizei, Rechtspflege, Bildungseinrichtungen, Straßen) unterschieden. Während private Güter von einzelnen Unternehmen in privater Trägerschaft hergestellt und angeboten werden, werden öffentliche Güter aus einer Reihe von Gründen durch den Staat bereitgestellt. Die Gründe, die für ein staatliches Angebot bestimmter Güter sprechen, werden in Abschnitt 2.4 diskutiert. Die Unterscheidungsmerkmale von Gütern sind in Übersicht 1.1 zusammengefasst.

Güter							
Verfügbarkeit		Stoffgehalt		Verwendungszweck		Bereitstellung	
frei	knapp/ wirtschaftlich	materiell: Sachgüter	immateriell: Dienstleistungen	Konsum	Investition	privat	öffentlich

Übersicht 1.1: Güterarten

Gegenstand der Wirtschaftswissenschaft sind in erster Linie Entscheidungen und Handlungen von Menschen, die die Versorgung mit knappen Gütern betreffen. Da die Maßnahmen zur Befriedigung von Bedürfnissen der einzelnen Wirtschaftssubjekte sich wechselseitig beeinflussen, beschäftigt sich die Wirtschaftswissenschaft außerdem mit dem Zusammenwirken und den Wechselwirkungen der Maßnahmen untereinander.

Wirtschaftliche Entscheidungen werden von den **Wirtschaftssubjekten** getroffen. Dabei werden verschiedene Wirtschaftssubjekte unterschieden:

- **Haushalte** als konsumierende Einheiten: Haushalte streben eine optimale Versorgung mit Gütern an. Sie wollen Einkommen erzielen und es – in der Gegenwart oder in der Zukunft – für den Konsum von Gütern verwenden.
- **Unternehmen** als produzierende Einheiten: Unternehmen stellen Güter her und schaffen die Voraussetzung für künftige Produktionen, indem sie investieren. Unternehmen kaufen Maschinen und Anlagen, die bei der Herstellung von Gütern eingesetzt werden können. Der Bestand von Unternehmen ist auf Dauer nur gesichert, wenn Kostendeckung erreicht wird. Darüber hinaus streben Unternehmer Gewinne an, die ihnen wiederum Konsum ermöglichen. Häufig werden Unternehmen als rechtlich selbständige Entscheidungseinheiten und Betriebe als technische Produktionsstätten unterschieden.
- **Staat**: Der Staat unterscheidet sich von den anderen beiden Einheiten, weil er hoheitlich Entscheidungen für die anderen Wirtschaftssubjekte treffen kann. Zum Staat gehören in Deutschland der Bund, die Länder und die Gemeinden. Häufig werden auch die Sozialversicherungen dem Staat zugerechnet. Staatliche Entscheidungsträger nehmen die Aufgaben des Staates wahr. Diese Aufgaben werden überwiegend aus Steuermitteln finanziert.
- **Ausland**. Hier werden alle Wirtschaftssubjekte zusammengefasst, die ihre Entscheidungen im Rahmen anderer Volkswirtschaften treffen. Sie unterliegen normalerweise anderen Rahmenbedingungen des Wirtschaftens als inländische Wirtschaftssubjekte.

Die **Wirtschaftswissenschaft** ist – wie die Soziologie – eine Sozialwissenschaft: Sie beschäftigt sich mit Verhaltensweisen der Wirtschaftssubjekte, zielt also darauf ab, das beobachtbare Verhalten von Menschen zu erklären und geeignete Maßnahmen zur Veränderung von menschlichem Verhalten aufzuzeigen. Daraus ergeben sich besondere Probleme und Methoden, die sich insbesondere von denen der Naturwissenschaften unterscheiden (vgl. Abschnitt 1.1.4).

Vor allem im deutschen Sprachraum wird zwischen der Betriebs- und der Volkswirtschaftslehre unterschieden, die weitgehend ähnliche Fragestellungen aus unterschiedlichen Blickwinkeln untersuchen. In der **Betriebswirtschaftslehre** werden Fragestellungen und Probleme, die mit der Versorgung mit Gütern zusammenhängen, aus der Sicht derjenigen untersucht, die diese Waren und Dienste herstellen, d.h. aus der Sicht von Unternehmen oder Herstellern (Produzenten). Im Zentrum stehen Problem der Unternehmensführung und des Managements, also alle Entscheidungen und Maßnahmen von Unternehmern bzw. Entscheidungsträgern in Unternehmen, die zur Erreichung unternehmerischer Ziele getroffen bzw. ergriffen werden. In der **Volkswirtschaftslehre** stehen die wirtschaftlichen Wechselwirkungen der Entscheidungen der einzelnen Wirtschaftssubjekte im Blickpunkt. Im Zentrum stehen Marktprozesse, in die Haushalte und Unternehmen eingebunden sind. Diese Marktprozesse sind gleichzeitig Bestimmungsgröße bzw. Grundlage für individuelle Konsum- und Investitionsentscheidungen, und Resultat dieser Entscheidungen, denn sie ergeben sich aus dem Verhalten der Wirtschaftssubjekte.

In der Volkswirtschaftslehre geht es im Einzelnen um die folgenden Fragen:

- Wie lassen sich typische Verhaltensweisen einzelner Haushalte oder Unternehmen erklären?
- Unter welchen Bedingungen treffen typische Wirtschaftssubjekte ihre Entscheidungen?
- Wie werden die Entscheidungen der einzelnen Wirtschaftssubjekte miteinander in Übereinstimmung gebracht?
- Wie ergeben sich gesamtwirtschaftliche Prozesse sich aus dem Zusammenwirken der Einzelentscheidungen?
- Wie entwickeln sich Größen, die die wirtschaftliche Situation in einem Land zusammenfassend beschreiben? Dazu gehören z.B. die Gütererzeugung insgesamt, die Arbeitsmarktsituation oder die Geldversorgung.

Neben der Beschreibung und Erklärung ökonomischer Sachverhalte zielt die Volkswirtschaftslehre darauf ab, Empfehlungen für die Gestaltung wirtschaftlicher Rahmenbedingungen und wirtschaftspolitischer Maßnahmen zu geben.

Beispielsweise ist die Wahl der Produktionsmethode für ein bestimmtes Gut sowohl Gegenstand der Volkswirtschaftslehre als auch der Betriebswirtschaftslehre. Die **Betriebswirtschaftslehre** untersucht u.a., welche Kombination von Arbeitskräften und Maschinen in einem Unternehmen verwendet werden soll, um das entsprechende Gut kostengünstig herzustellen und möglichst gewinnbringend anbieten zu können. Die **Volkswirtschaftslehre** untersucht im Zusammenhang mit der Produktionsmethode, wie sich die unternehmerischen Entscheidungen auf die Gesamtwirtschaft auswirken. Dabei geht es z.B. darum, wie die Entscheidungen des einzelnen Herstellers mit denen seiner Vorlieferanten und mit denen der potentiellen Käufer koordiniert werden: Wie wird also sichergestellt, dass die Rohstoffe und Vorprodukte, die bei der gewählten Produktionsmethode benötigt werden, auch tatsächlich am Beschaffungsmarkt verfügbar sind? Welcher gesamtwirtschaftliche Verbrauch von Produktionsfaktoren resultiert aus den einzelwirtschaftlichen Produktionsentscheidungen? In welchem Umfang bleiben Einsatzstoffe für die Herstellung anderer Güter übrig? Wichtig ist außerdem, wie die Verbraucher, deren Konsumwünsche durch die Erzeugung von Gütern erfüllt werden sollen, erreichen können, dass gerade die Produkte und Dienste hergestellt werden, die sie verbrauchen bzw. beanspruchen wollen.

1.1.2   Mikro-, Meso- und Makroökonomie

Wirtschaftliche Vorgänge lassen sich auf unterschiedlichen Betrachtungsebenen analysieren. Zum einen können die **Konsumentscheidungen einzelner Haushalte** oder die **Produktionsentscheidungen einzelner Unternehmen** untersucht werden. Diese Analyse zielt darauf ab, verallgemeinerungsfähige Aussagen über das Verhalten typischer Wirtschaftssubjekte herzuleiten. Dabei handelt es sich um eine **mikroökonomische Betrachtung.** Gegenstand der Mikroökonomie sind Produktions- und Konsumentscheidungen und die **Abstimmung dieser Entscheidungen auf Märkten.** (Vgl. Übersicht 1.2). Wichtige Bereiche der Mikroökonomie sind die Haushaltstheorie, die Theorie der Unternehmung und die Preistheorie. Im Rahmen der Preistheorie werden die Tauschbedingungen auf Märkten untersucht. Daraus leitet die Mikroökonomie Hinweise für die Rolle des Staates im Rahmen der Güterversorgung ab. Darüber hinaus liefert die Mikroökonomie Anhaltspunkte dafür, wie der Wettbewerb auf einzelnen Märkten funktionieren sollte, damit „wünschenswerte Marktergebnisse" zustande kommen können. Dabei stehen Preise und Qualitäten der Güter im Blickpunkt. Die Wettbewerbstheorie baut auf den Ergebnissen der Preistheorie auf und gibt Empfehlungen für eine Wettbewerbspolitik, die optimale Marktergebnisse sichern soll.

Mikroökonomie erklärt
- aus der Sicht einzelner Wirtschaftssubjekte (Haushalte, Unternehmen) deren typisches Verhalten (Motive, Einflussfaktoren)
- typische Tauschprozesse auf Märkten, d.h. sie erklärt, zu welchen Preisen Güter getauscht werden,
- die Bedeutung der Marktbedingungen.
- welche Bedingungen die Wirtschaftspolitik sichern muss, damit wünschenswerte Marktergebnisse zustande kommen und
- leitet Hinweise darauf ab, welche ergänzenden Aufgaben der Staat übernehmen kann und soll.

Übersicht 1.2: Gegenstand der Mikroökonomie

Neben einführenden Überlegungen zu den Grundtatbeständen des Wirtschaftens und zur Gestaltung der Rahmenbedingungen des Wirtschaftens durch den Staat sind die Abläufe auf Märkten der Gegenstand dieses Buches. Marktprozesse lassen sich anhand von Marktstrukturen und dominierenden Verhaltensweisen der Marktteilnehmer kennzeichnen. Im Abschnitt über den Wettbewerb geht es darum, die Ziele und die wichtigsten Regelungen des deutschen und der europäischen Wettbewerbsrechts darzustellen.

Wirtschaftssubjekte oder Produktionsbereiche, die in Hinblick auf eine bestimmte Fragestellung Gemeinsamkeiten aufweisen, lassen sich zu Gruppen (Aggregaten) zusammenfassen. Dabei spricht man von der mesoökonomischen Betrachtungsebene. In der **Mesoökonomie** wird die Entwicklung einzelner Gruppen von Wirtschaftssubjekten untersucht, die eine Teilgruppe der Gesamtwirtschaft darstellen. Diese Teilgruppen werden so gebildet, dass sie in sich homogener sind als die Gesamtwirtschaft. Beispielsweise können Unternehmen zu Wirtschaftsbereichen zusammengefasst werden, die ähnlichen Güterarten herstellen (Konsumgüterindustrien) oder dieselben Ausgangsstoffe verarbeiten (Stahlindustrie), oder es stehen Entwicklungsbesonderheiten einzelner Branchen oder Regionen im Blickpunkt der Analyse. Dabei wird davon ausgegangen, dass einzelne Wirtschaftssubjekte, die diesen Gruppen angehören, ähnliche Entwicklungen durchlaufen wie das betrachtete Segment insgesamt. Typische Fragestellungen der Mesoökonomie beziehen sich z.B. auf die Probleme des Bergbaus oder der Landwirtschaft, ländlicher Regionen oder der so genannten alten Industrieregionen oder auf die speziellen Entwicklungsbedingungen kleiner und mittlerer Unternehmen.

Bei der gesamtwirtschaftlichen Betrachtung, der **Makroökonomie**, werden Wirtschaftssubjekte mit ähnlicher Stellung im Produktionsprozess und ihre Maßnahmen zu volkswirtschaftlichen Aggregaten zusammengefasst, deren Entwicklung beschrieben, erklärt und prognostiziert werden soll. Typische Fragestellungen der Makroökonomie sind die Erklärung des Konjunkturverlaufs oder der Wachstumsprozesse in einer Volkswirtschaft.

1.1.3   Wirtschaftskunde, Wirtschaftstheorie und Wirtschaftspolitik

In der volkswirtschaftlichen Betrachtung lassen sich drei Stufen unterscheiden: Die Wirtschaftskunde, die Wirtschaftstheorie und die Wirtschaftspolitik (vgl. Übersicht 1.3). In einem ersten Schritt muss die Realität möglichst umfassend beschrieben werden. Diese Stufe wird als **Wirtschaftskunde** bezeichnet.

Auf die Beschreibung folgt die Erklärung der Zusammenhänge zwischen ökonomischen Größen, die darauf abzielt, die Ursachen von ökonomischen Phänomenen aufzuzeigen. Diese Stufe ist die **Wirtschaftstheorie**. Im Rahmen der ökonomischen Theorie sollen generelle Aussagen über den Zusammenhang zwischen ökonomischen Größen formuliert werden. Normalerweise sind solche Aussagen an bestimmte Bedingungen geknüpft, die umfassend und vollständig beschrieben werden müssen. Damit soll verdeutlicht werden, unter welchen Voraussetzungen eine Erklärung ökonomischer Sachverhalte zutreffen kann. Zur Vereinfachung komplexer Sachverhalte dient die Modellbildung (vgl. Abschnitt 1.4).

Theoretische Aussagen sind „wenn – dann – Aussagen": Sie bestehen aus bestimmten Annahmen über Verhaltensweisen und Rahmenbedingungen (exogene Größen), aus denen aussagekräftige und überprüfbare Ursache-Wirkungs-Zusammenhänge abgeleitet werden. Diese erklärenden Aussagen heißen Hypothesen. Brauchbare Erklärungen setzen voraus, dass Ursache-Wirkungs-Zusammenhänge aufgezeigt werden, die die wesentlichen Wechselwirkungen zutreffend erfassen.

Wirtschaftskunde	*Was ist?* Beobachtung ökonomischer Sachverhalte	Wie hoch ist der Preis eines Gutes? Wie entwickelt er sich im Zeitablauf?
Wirtschaftstheorie	*Warum ist es so?* Aufzeigen von Ursache-Wirkungs-Zusammenhängen	Wie beeinflussen Angebot, Nachfrage, Produktionskosten, Marktform, etc. die Preisentwicklung?
Theorie der Wirtschaftspolitik	*Wie kann man ökonomische Sachverhalte ändern?* Aufzeigen von Ziel-Mittel-Beziehungen	Wie können unerwünscht hohe Preise z.B. für Wohnungen oder umweltfreundlich verpackte Produkte gesenkt werden?

Übersicht 1.3: Stufen der Volkswirtschaftslehre

Zur Überprüfung einer Hypothese ist zunächst zu untersuchen, ob sie logisch richtig und widerspruchsfrei ist. Sind die Bedingungen in der zu erklärenden Situation erfüllt, liefert die Hypothese einen geeigneten Erklärungsansatz. Darüber hinaus ist für die Akzeptanz einer Hypothese entscheidend, ob sie richtige Vorhersagen liefert. Die Realitätsnähe der Annahmen, unter denen die Hypothese gelten soll, entscheidet nicht über die Frage, ob die Hypothese richtig oder falsch ist, sondern allenfalls darüber, wie brauchbar die Hypothese zur Erklärung der Realität ist. Die ökonomische Theorie insgesamt setzt sich aus Hypothesen zusammen, die Ursache-Wirkungs-Beziehungen zwischen ökonomischen Sachverhalten aufzeigen und an der Wirklichkeit überprüfbar sind.

Ökonomische Hypothesen können entweder induktiv, d.h. aus einer Vielzahl von Beobachtungen, oder deduktiv abgeleitet werden. Bei der deduktiven Vorgehensweise werden aus Modellannahmen, die selbst nicht empirisch überprüfbar sein müssen, logisch richtige Aussagen hergeleitet. Entscheidend ist, dass diese Schlussfolgerungen dann anhand der Realität auf ihren Erklärungsgehalt hin überprüft werden können. Die Theoriebildung vollzieht sich in verschiedenen Phasen, die in Übersicht 1.4 dargestellt und an einem Beispiel erläutert werden. Hypothesen können induktiv aus der Beobachtung der Realität abgeleitet werden: Beispielsweise lässt sich auf Märkten immer wieder beobachten, dass die Verkaufsmenge eines Gutes sinkt, wenn der Preis für dieses Gut steigt. Kann man diese Hypothese anhand von Beobachtungen der Realität für verschiedene Güter, Personen und Zeitpunkte überprüfen und nicht widerlegen, werden solche Beobachtungen als verallgemeinerungsfähig eingeschätzt. D.h. dass man davon ausgeht, dass dieser Zusammenhang für alle Güter unabhängig von Beobachtungszeitpunkt und -ort gilt. Die Volkswirtschaftslehre ist also im Prinzip eine empirische Wissenschaft, die ihre Aussagen an der Realität messen muss. Bei der Überprüfung ihrer Aussagen an der Realität ist sie allerdings auf Beobachtungen angewiesen, die unter bestimmten, nicht beeinflussbaren Rahmenbedingungen gemacht werden: Um an der Realität überprüfbar zu sein, müssen Hypothesen eine Beschreibung der komplexen Rahmenbedingungen beinhalten. Die oben dargestellte Hypothese, dass die Verkaufsmenge eines Gutes sinkt, wenn der Preis für dieses Gut steigt, lässt sich allerdings auch deduktiv aus sinnvollen Annahmen in Bezug auf das Verhalten der einzelnen Haushalte (vgl. Abschnitt 2.1) herleiten.

Auswahl des Problems	Wovon hängt die Nachfragemenge nach einem Gut ab?
Abgrenzung des Untersuchungsgegenstands Definitionen, Ausgangshypothesen und Rahmenbedingungen	genaue Beschreibung des Gutes Käufer verhalten sich rational und sind vollständig informiert marktwirtschaftliche Ordnung, Konkurrenz-/Einkommenssituation und Qualität der Produkte sind gegeben
Ableitung von theoretischen Aussagen durch logische Deduktion	Wenn Käufer sich rational verhalten, wollen sie mit den verfügbaren Mitteln möglichst viele Bedürfnisse befriedigen – Nachfragemenge hängt davon ab, auf wie viele andere Güter sie für den Kauf dieses Gutes verzichten müssen
Logische Prüfung der Theorie	vollständig und widerspruchsfrei?
Konfrontation mit der Realität	Erklärt die Hypothese die Nachfrageentwicklung in der Vergangenheit (ex post Prognose) richtig? Welche Nachfragemenge lässt sich für die Zukunft voraussagen? (ex ante Prognose)
vorläufig akzeptierte Theorie	Nachfragemenge eines Gutes hängt von der Preisentwicklung ab

Übersicht 1.4: Phasen der Theoriebildung

Wegen der Vielzahl von denkbaren Wechselwirkungen zwischen ökonomischen Größen ist es nahe liegend, dass zur Erklärung eines Sachverhalts unterschiedliche Hypothesen aufgestellt werden können, die untereinander konkurrieren. Langfristig setzen sich im Wettbewerb der Erklärungsansätze diejenigen Hypothesen durch, die (1) widerspruchsfrei sind, (2) weitgehend allgemein gelten, also keine oder möglichst geringe Raum-/Zeitbeschränkungen aufweisen und (3) sich auf wesentliche Zusammenhänge beschränken (Einfachheit). Entscheidend für die Akzeptanz einer Hypothese sind (4) ihre Falsifizierbarkeit, d.h. sie muss so formuliert sein, dass sie an der Realität überprüfbar ist und (5) ihre Leistungsfähigkeit. Eine Hypothese gehört nach diesem Wissenschaftsverständnis solange zum Bestand des Wissens, wie sie die genannten Eigenschaften aufweist und ökonomische Sachverhalte besser erklärt als alle anderen Theorien und/oder bei gleicher Leistungsfähigkeit einfacher ist. Im Bereich der Sozialwissenschaften ist eine Hypothese nie generell gültig, denn es kann nicht ausgeschlossen werden, dass irgendwann einmal eine Situation eintritt, die die Theorie widerlegt. Eine ökonomische Theorie kann demnach allenfalls als vorläufig nicht widerlegt gelten.

Die ökonomische Theorie zielt darauf ab, Sachverhalte zu erklären, dazu werden so genannte **positive Aussagen** formuliert. Damit ist die ökonomische Theorie eine werturteilsfreie Analyse, die frei von persönlichen Wertungen der Wissenschaftler ist oder zumindest sein soll

(Vgl. Übersicht 1.5). Diese Einschätzung ist jedoch nicht unumstritten. Die Auswahl der ökonomischen Sachverhalte, die erklärt werden sollen, ist selbst das Ergebnis eines Bewertungsprozesses. Untersucht werden nur Fragestellungen, die als wichtig eingeschätzt werden. So gesehen dominiert bei der Auswahl der Fragestellungen eine Orientierung am „Status quo": Da Wissenschaftler in Ermangelung langer Beobachtungsreihen ihre Aussagen häufig nur für ihre Erfahrungswelt überprüfen können, stehen die jeweils aktuellen Probleme meist im Zentrum der wissenschaftlichen Analysen.

Ein Beispiel ist die frühere Vernachlässigung von Umweltaspekten in der ökonomischen Analyse, die weitgehend daraus resultierte, dass Umwelt nicht als knappes Gut wahrgenommen wurde. Mit der Verschärfung der Umweltprobleme wurden Umweltaspekte zunehmend zum Gegenstand wissenschaftlicher Auseinandersetzungen. Die Veröffentlichung des Berichts des „Club of Rome" zu den „Grenzen des Wachstums" 1972 kann als Zeichen für die Umorientierung angesehen werden. In zunehmendem Maße stehen heute die Auswirkungen des Wirtschaftens auf die Rohstoffvorräte und auf die Qualität der Umwelt im Blickpunkt der ökonomischen Analyse.

Die dritte Stufe der Volkswirtschaftslehre ist die **Theorie der Wirtschaftspolitik**, die darauf abzielt, Möglichkeiten zur Gestaltung der ökonomischen Situation aufzuzeigen. Wenn Ziele vereinbart worden sind, die durch wirtschaftspolitische Maßnahmen erreicht werden sollen, dann soll die Theorie der Wirtschaftspolitik aufzeigen, mit welchen Mitteln bestimmte Ziele erreicht werden können. Anders formuliert soll die Theorie der Wirtschaftspolitik aus den Ursache-Wirkungs-Zusammenhängen Ziel-Mittel-Kombinationen ableiten, die Handlungsmöglichkeiten zur Erreichung gewünschter Ziele aufzeigen.

Das Urteil darüber, welche Ziele angestrebt werden sollen, beruht auf persönlichen Einschätzungen jedes einzelnen. Deshalb kann man nicht davon ausgehen, dass Ziele in jedem Fall allgemein akzeptiert sind. Es handelt sich um Aussagen, die auf Wertvorstellungen zurückgehen, um **normative Aussagen.** Gegenstand einer wissenschaftlichen Auseinandersetzung mit der Wirtschaftspolitik ist daher nicht nur die Diskussion über geeignete Maßnahmen zur Erreichung vorgegebener Ziele, die weitgehend Sachaussagen umfasst. Darüber hinaus werden auch die Zielsetzungen diskutiert, die in der Wirtschaftspolitik verfolgt werden. Dabei geht es zum einen darum, Ziele der Wirtschaftspolitik offen zu legen und das Zielsystem daraufhin zu überprüfen, ob es konkret formuliert und widerspruchsfrei ist. Zum anderen soll die Rangskala der Ziele einer Bewertung zugänglich gemacht werden. Da sich die Ziele der Wirtschaftspolitik nicht objektiv begründen lassen, sollten Wissenschaftler bemüht sein, Sachaussagen (positive Aussagen) und Wertungen (normative Aussagen) voneinander zu trennen. Werturteile sollten als solche gekennzeichnet sein, um einer kritischen Beurteilung zugänglich zu sein. Dies wird u.U. dadurch ermöglicht, dass Ziele und Maßnahmen als „wenn-dann-Aussagen" formuliert werden.

Die Diskussion der Ziele der Wirtschaftspolitik muss darüber hinaus auf Zielbeziehungen eingehen, da die meisten wirtschaftspolitischen Maßnahmen neben den direkten, angestrebten Zielwirkungen auch die Möglichkeiten, andere Ziele zu erreichen, beeinflussen können. Insbesondere bei Zielkonflikten muss die Politik abwägen, wie sie ihre wirtschaftspolitischen Maßnahmen dosieren will.

Aussagen	Mikroökonomie	Mesoökonomie	Makroökonomie
positiv	Wenn die Preise alkoholischer Getränke niedriger sind als die alkoholfreier, werden alkoholhaltige Getränke stärker nachgefragt als alkoholfreie.	Wenn die Erzeugnisse der deutschen Bekleidungsindustrie teurer sind als ausländische Konkurrenzprodukte, wird in Deutschland hergestellte Kleidung in geringerem Maße nachgefragt.	Wenn die Arbeitslosenquote hoch ist, dann besteht die Gefahr von sozialen Konflikten.
normativ	Um den Verbrauch an alkoholischen Ge tränken zu verringern, sollten Alkoholsteuern erhoben werden.	Um den Absatz der deutschen Bekleidungsindustrie zu verbessern, sollten Subventionen gezahlt werden.	Um soziale Konflikte zu vermeiden, sollten geeignete Maßnahmen zur Reduzierung der Arbeitslosigkeit ergriffen werden.
Handlungsfeld der Wirtschaftspolitik	▪ Wettbewerbspolitik ▪ Verbraucherpolitik ▪ Gesundheitspolitik	▪ regionale und sektorale Strukturpolitik ▪ Betriebsgrößenpolitik	▪ Wachstumspolitik ▪ Konjunkturpolitik ▪ Beschäftigungspolitik

Übersicht 1.5: Beispiele für positive und normative Aussagen auf unterschiedlichen Betrachtungsebenen

In der Bundesrepublik Deutschland werden bestimmte Gütergruppen – z.B. alkoholische Getränke oder Tabakwaren – besonderen Steuern unterworfen, die die Preise dieser Güter tendenziell erhöhen. Hinter dieser Maßnahme steht unter Umständen das weitgehend akzeptierte Ziel, den Verbrauch dieser Güter zu reduzieren, weil sie als gesundheitsgefährdend gelten. Die theoretische Ursache-Wirkungs-Beziehung, die dieser Maßnahme zugrunde liegt, lautet: Je höher der Preis eines Gutes, um so geringer ist normalerweise die nachgefragte Menge. Die Ziel-Mittel-Aussage, die die zugrunde liegende Wertung offen legt, lautet: Wenn man den Verbrauch von gesundheitsgefährdenden Produkten wie alkoholischen Getränken und Tabakwaren reduzieren will, sollte man Steuern einführen bzw. erhöhen, die diese Produkte verteuern. Ein Zielkonflikt kann in diesem Zusammenhang daraus resultieren, dass der Staat mit der Besteuerung auch Einnahmen erzielen will: Je stärker die Wirtschaftssubjekte wegen der Tabaksteuer das Rauchen einschränken. Umso geringer sind die Steuereinnahmen. Steht das Ziel der Einnahmeerzielung im Vordergrund, wäre es also u.U. sinnvoll, den Steuersatz so gering zu halten, dass die Ausweichreaktionen der Raucher gering sind.

1.1.4   Grundannahmen der Modellanalyse

Die Entscheidungen, die die Wirtschaftssubjekte treffen, hängen von einer Vielzahl von Einflussgrößen ab und beeinflussen sich gegenseitig. Solche komplexen Wirkungsbeziehungen können letztlich nur unter vereinfachenden Annahmen beschrieben, erklärt und prognostiziert werden. Zu den Vereinfachungen gehört, dass die Rahmenbedingungen der Entscheidungsprozesse meist nur unvollständig erfasst werden.

Für die Entwicklung des Absatzes von PCs in der Vergangenheit und in der Zukunft spielt eine Vielzahl von Einflussgrößen eine Rolle. Neben der technischen Entwicklung der PCs selbst, der Preisentwicklung bei PCs unterschiedlicher Qualität, der allgemeinen Einkommensentwicklung, der Entwicklung von Software für verschiedene Anwender und der Preisentwicklung im Softwarebereich dürften auch Umfeldentwicklungen eine Rolle spielen. Zum Beispiel dürfte die Zahl der verkauften PCs sich erhöhen, wenn sich in bestimmten Berufsbereichen Bildschirmarbeit am heimischen PC durchsetzen, oder wenn Online-Banking, Versandhausbestellungen per PC, verstärkte Nutzung von Internetangeboten vom PC aus u.ä. verstärkt in Anspruch genommen werden.

Zur Vereinfachung werden in der Volkswirtschaftslehre daher Modelle konstruiert, in denen die Sachverhalte unter bestimmten Annahmen dargestellt und erklärt werden. Solche Modelle können als vereinfachtes Abbild der Wirklichkeit verstanden werden. Die Eignung eines Modells zur Erklärung einer Fragestellung ist primär davon abhängig, ob es gelungen ist, die wirklich entscheidenden Einflussgrößen in das Modell einzubeziehen.

Im Beispiel könnte man etwa die Frage der Absatzentwicklung kurzfristig untersuchen. Da die Nutzung der PCs sich nur längerfristig ändert, würde man dann von konstanten Verhaltensweisen der Wirtschaftssubjekte bei der Nutzung der PCs ausgehen, würde das Softwareangebot als gegeben unterstellen und die kurzfristige Entwicklung des PC-Absatzes in Abhängigkeit von der Preis- und Einkommensentwicklung sowie von der Angebotssituation am PC-Markt erklären.

Volkswirtschaftliche Modelle beziehen sich auf einen bestimmten Ausschnitt der Wirklichkeit. Sie greifen Einflussgrößen heraus, denen eine entscheidende Bedeutung zur Erklärung der jeweils vorliegenden Fragestellung beigemessen wird. Diese Vorgehensweise wird als **Partialanalyse** bezeichnet und beruht auf der Annahme, dass im Modell nicht erfasste Tatbestände keinen wesentlichen Einfluss auf die Fragestellung haben. Der Erklärungsgehalt von Modellen hängt davon ab, in welchem Ausmaß Umfeldbedingungen als konstant, d.h. ohne wesentlichen Einfluss auf die jeweilige Fragestellung unterstellt werden. Die Annahme, dass Rahmenbedingungen, die als nicht wesentlich eingestuft werden, konstant seien, wird als **ceteris-paribus-Klausel (c.p.-Klausel)** bezeichnet. Damit wird in den meisten Modellen eine eindeutige Ursache-Wirkungs-Beziehung zwischen den Modellgrößen unterstellt.

Einfache volkswirtschaftliche Modelle erklären die Zusammenhänge zwischen ökonomischen Größen zu einem bestimmten Zeitpunkt. Solche Modelle werden als **statische Modelle** bezeichnet. Da sich alle Modellgrößen auf denselben Zeitpunkt beziehen, können mit statischen Modellen keine Veränderungen im Zeitablauf erklärt werden. Im Gegensatz dazu enthalten dynamische **Modelle** Modellgrößen mit unterschiedlichen zeitlichen Datierungen. Sie sind daher prinzipiell geeignet, Entwicklungen im Zeitablauf zu erklären. Durch den Vergleich von statischen Modellen mit unterschiedlichem zeitlichem Bezug zur Erklärung desselben Phänomens können jedoch auch aus statischen Modellen Aussagen über Veränderungen im Zeitablauf hergeleitet werden **(komparative Statik)**.

Volkswirtschaftliche Modelle lassen sich durch folgende Merkmale charakterisieren:

- In Modellen, die das Verhalten einzelner Wirtschaftssubjekte erklären wollen, wird üblicherweise angenommen, dass es sich um repräsentative Entscheidungseinheiten handelt (z.B. um einen typischen Haushalt oder ein typisches Unternehmen).
- Modelle gelten unter bestimmten Rahmenbedingungen und können nicht beliebig auf völlig andere Ausgangssituationen übertragen werden. Viele Aussagen der Volkswirtschaftslehre werden beispielsweise für Industrieländer mit einem vergleichsweise hohen Entwicklungsstand abgeleitet. Sie sind häufig nicht ohne weiteres auf die Situation in Entwicklungsländern übertragbar, weil dort andere Rahmenbedingungen gelten.
- Modelle haben einen bestimmten Aggregationsgrad. Sie beziehen sich auf das Verhalten einzelner Wirtschaftssubjekte oder auf mehr oder weniger stark zusammengefasste Größen wie z.B. die Beschäftigungschancen von Personen mit einer spezifischen Ausbildung oder auf das gesamtwirtschaftliche Beschäftigungsniveau.

Darüber hinaus wird in den Modellen zur Erklärung des Verhaltens von Menschen meistens davon ausgegangen, dass die Wirtschaftssubjekte sich in einem später näher erläuterten Sinn rational verhalten (**homo oeconomicus**). Selbst wenn diese Annahme nicht immer zutreffend ist, scheint sie sinnvoll. weil unter dieser Annahme Verhaltensweisen eindeutig beschrieben werden können, so dass sie erklärbar und prognostizierbar sind. Darüber hinaus dürfte diese Annahme zutreffend beschreiben, welches Verhalten Wirtschaftssubjekte häufig anstreben. Gleichzeitig wird normalerweise unterstellt, dass die Wirtschaftssubjekte vollständig über alle Handlungsalternativen informiert sind und künftige Entwicklungen sicher vorhersehen können. Dies dürfte nur in den seltensten Fällen gegeben sein. Daher wird in neueren Forschungsrichtungen zunehmend versucht, diese Annahme in Frage zu stellen und das Entscheidungsverhalten experimentell zu untersuchen. Da darüber hinaus unerwartete Entwicklungen eintreten können, sind immer wieder Entscheidungen zu revidieren; Anpassungsprozesse an sich ändernde Rahmenbedingungen sind erforderlich, die sich nur durch umfassende, dynamische Modelle beschreiben lassen.

Blick in die Zeitung

___

Angriff auf den Homo oeconomicus
Der Psychologe unter den Ökonomen: Daniel Kahneman erhielt 2002 den Nobelpreis

Von Hanno Beck

02. März 2009 Wer an der Idee vom Menschen als vernunftbegabtes Wesen zweifelt, muss derzeit nicht lange suchen: Manager, die Bankenimperien in den Ruin treiben, Finanzmärkte, die außer Rand und Band geraten sind, und Anleger, die Papiere gekauft haben, für deren Verständnis man ein Mathematik-Diplom benötigt – das soll also der Mensch, das intelligente, voll rationale Wesen sein?

Dieser Befund könnte geeignet sein, die Ökonomie in ihren Grundfesten zu erschüttern: Dem „Homo oeconomicus", dem kühlen, berechnenden und nutzenmaximierenden Hauptdarsteller der ökonomischen Modellwelt, wäre so etwas nie passiert. Die Idee des rational agierenden Menschen ist die zentrale Annahme der klassischen Ökonomie – ohne den *Homo oeconomicus*, der Kritiker an den kalten, rein logisch entscheidenden Mr. Spöck aus der Science-Fiction-Serie „Raumschiff Enterprise" erinnert, ist die ökonomische Theorie kaum vorstellbar.

Auch wenn dieses Menschenbild vom berechnenden Nutzenmaximierer enorme Fortschritte bei der Ausarbeitung ökonomischer Theorien und Modelle ermöglicht hat, liegt die Kritik auf der Hand: Menschen sind nicht perfekte Rechenmaschinen oder egoistische Kaltblütler ohne Emotionen. Die wenigsten von uns verschieben Kurven oder jonglieren mit Formeln, bevor sie eine Entscheidung treffen. Diese Kritik am *Homo oeconomicus* hat sich mittlerweile in einer eigenen Disziplin gesammelt, der sogenannten Verhaltensökonomik („*behavioral economics*"): Hier versucht man mit Hilfe der Psychologie aus dem kalten Mr. Spöck ein realitätsnahes Wesen aus Fleisch und Blut zu machen.

Menschen lösen komplexe Probleme mit einfachen Faustregeln

Menschen, so die Vertreter dieser Disziplin, unterliegen im Gegensatz vielen kognitiven Beschränkungen: Sie machen permanent Fehler bei der Informationsaufnahme und -Verarbeitung, sie sind willensschwach und emotional, und sie sind bei weitem nicht so egoistisch, wie es uns die Ökonomen glauben machen wollen. Aus diesem Ansatz ist mittlerweile ein umfangreiches, fruchtbares Forschungsfeld geworden, das mit den Nobelpreisen für den Psychologen Daniel Kahneman und den Ökonomen Vernon L. Smith mittlerweile anerkannt wurde.

In einem Artikel im Magazin „Science" Mitte der siebziger Jahre hat Kahneman dieses Forschungsfeld zusammen mit seinem mittlerweile verstorbenen Kollegen Arnos Tversky ins Rollen gebracht: Hier untersuchten die beiden die Entscheidungsfindung von Menschen und zeigten, dass diese bei vielen Problemstellungen nicht Taschenrechner, Zirkel und Lineal auspacken, um zu entscheiden, sondern auf sogenannte Heuristiken zurückgreifen – sie lösen komplexe Probleme mit einfachen Faustregeln.

Treffen wir beispielsweise zufällig einen Unbekannten und müssen seinen Beruf erraten, so gehen wir pragmatisch vor: Statt auszurechnen, wie hoch die statistische Wahrscheinlichkeit ist, dass unser Gegenüber ein Bibliothekar oder ein Verkäufer ist, schauen wir ihn uns einfach an: Sieht er aus wie ein Bibliothekar, so vermuten wir, dass er auch einer ist. Dabei blenden wir die Tatsache aus, dass es mehr Verkäufer als Bibliothekare gibt und es damit wahrscheinlicher ist, dass wir einen Verkäufer getroffen haben.

Ist das ein Fehler? Tversky und Kahneman – und in der Folge viele andere Psychologen und Ökonomen – haben mittlerweile ein breites Feld solcher Heuristiken erforscht, stets mit dem gleichen Befund: Menschen nehmen bei der Entscheidungsfindung oft geistige Abkürzungen und Daumenregeln und begehen dabei systematische Fehler. Während die traditionelle Ökonomie Fehler bei der Entscheidungsfindung nur zufällig zulässt, finden sie nach Lesart der „behavioral economics" systematisch statt – was Folgen für die Wirtschaftspolitik hat.

Die Idee des „liberalen Paternalismus"

Den zweiten großen Wurf landeten Kahneman und Tversky mit einem Artikel in der Zeitschrift „Econometrica", in dem sie die sogenannte „prospect theory" (zu Deutsch: Neue Erwartungstheorie) entwickelten. Diese versuchte, die psychologischen Grundlagen der Entscheidungsfindung dem ökonomischen Modell entgegenzustellen. Mit der „prospect theory" werden heute viele skurrile Befunde erklärt: Menschen hängen zu sehr an ihrem einmal erworbenen Besitz, sie lassen sich in ihrer Entscheidungsfindung von der Darstellung des Problems beeinflussen, sie sind überoptimistisch, und sie lassen sich von willkürlich gewählten Zahlen in ihrer Entscheidungsfindung beeinflussen. Diese Befunde deuten die Forscher als „Verhaltensanomalien" – also ein Verhalten, das von der ökonomischen Rationalität abweicht und zu systematischen Fehlern in der Entscheidungsfindung führt. Mittlerweile finden diese Ideen Einzug in viele Bereiche der Wirtschaftstheorie -beispielsweise auf Finanzmärkten, Arbeitsmärkten, bei öffentlichen Gütern oder im Konsumentenschutz.

In jüngster Zeit ist aus den Forschungen der „behavioral economics" die Idee des sogenannten „liberalen Paternalismus" entstanden. Wegen des systematischen Fehlverhaltens der Menschen, das die Psychologie konstatiert, fordert dieser staatliche Eingriffe, für die er die Erkenntnisse der Psychologie nutzen will. Ein einfaches Beispiel findet sich in der betrieblichen Altersvorsorge: Wie kann man die Einzahlungen in die betriebliche Altersvorsorge erhöhen? In Experimenten zeigt sich, dass viel mehr Beschäftigte eine betriebliche Altersvorsorge wählen, wenn man ihnen anbietet, sich zu verpflichten, einen Teil ihrer künftigen Gehaltszuwächse zu sparen, statt die Beiträge aus dem aktuellen Gehalt zu zahlen. Der Verzicht auf künftiges Gehalt schmerzt weniger als aktuelle Lohneinbuße. Mit diesem einfachen psychologischen Trick kann man die Sparquote der Arbeitnehmer deutlich erhöhen – ohne Zwang.

Doch ganz so unproblematisch ist die schöne neue Welt des vermenschlichten Homo oeconomicus auch nicht, die Kritiker sind zahlreich. Zum einen werfen sie den Psychologen vor, dass viele der von ihnen behaupteten Anomalien nur Ergebnis von Laborexperimenten sind – ändert man die Experimente, so verschwinden sie. Zudem zeigen gerade die Heuristiken, dass Menschen extrem gute Ökonomen sind: Statt bei kleinen Problemen stundenlang durchzurechnen und abzuwägen, fällen sie ohne großen Aufwand eine schnelle Entscheidung – das ist effizient und damit ökonomisch. Dass man bei solchen Entscheidungen auch mal danebenliegen kann, ist der Preis der Effizienz

Auch die Idee des „liberalen Paternalismus" sieht sich erheblicher Kritik ausgesetzt: Da wäre zum einen die Frage, ob die politischen Entscheider selbst gegen die Psychofallen gefeit sind, in denen sie ihre Bürger wähnen. Zudem muss man konstatieren, dass die Verhaltensökonomik keineswegs eine geschlossene, widerspruchsfreie Theorie anbietet. Kein Wunder: Je „menschlicher" man den Homo oeconomicus macht, umso unberechenbarer wird er, und umso schwieriger wird es, eine adäquate Politik zu betreiben. Vielleicht sollte man sich angesichts dieser Unübersichtlichkeit auf alte wirtschaftspolitische Tugenden besinnen: Der Staat setzt den Rahmen, der für Fairness, sozialen Ausgleich und Effizienz sorgt, und lässt seinen Bürgern innerhalb dieses Rahmens größtmögliche Freiheit – auch die Freiheit, sich unvernünftig zu verhalten.

Quelle: www.faz.net, Abfrage vom 17.3.2009

1.1.5   Aufgaben

1. Ordnen Sie die folgenden Themen den Bereichen Mikro-, Meso- und Makroökonomie zu: Künftige Entwicklung der Nachfrage nach landwirtschaftlichen Produkten, Preisbildung für Grippemittel, Entwicklung des Handels mit den europäischen Ländern nach der Einführung des Euro, Beschäftigungschancen für Betriebswirte, Möglichkeiten zum Abbau der Staatsverschuldung
2. Ein Automobilproduzent, der bisher seine Fahrzeuge überwiegend in Deutschland und Europa abgesetzt hat, will seine Absatzchancen untersuchen. Nennen Sie Beispiele für „Modellannahmen", die sich bei der kurz- und langfristigen Betrachtung der Absatzentwicklung unterscheiden müssten.
3. Diskutieren Sie Beispiele für existentielle Bedürfnisse, für Wahlbedürfnisse, für materielle Bedürfnisse und für immaterielle Bedürfnisse.
4. Erläutern Sie drei wichtigste Merkmale von Modellen.
5. Was verstehen Sie unter der komparativ-statischen Betrachtung? Wie werden Anpassungsprozesse in diesem Zusammenhang dargestellt?

1.2   Grundtatbestände des Wirtschaftens

Lernziele

In diesem Kapitel

*   verstehen Sie das Spannungsverhältnis zwischen der Vielzahl von Bedürfnissen und den knappen Mitteln, die bei der Herstellung von Gütern eingesetzt werden können.
*   lernen Sie das ökonomische Prinzip als Erfolgskriterium in der Variante des Maximumprinzips und des Minimumprinzips kennen.
*   vollziehen Sie nach, dass Güter in Produktionsprozessen durch Kombination von knappen Einsatzstoffen (Inputs) hergestellt werden. Es lassen sich die Produktionsfaktoren Arbeit, Boden und Kapital unterscheiden.
*   werden die in einer Volkswirtschaft vorhandenen Produktionsmöglichkeiten als Transformationskurve dargestellt. Die Steigung der Transformationskurve verdeutlicht die Opportunitätskosten, also das Ausmaß, in dem für die Produktion eines Gutes auf die Produktion eines anderen verzichtet werden muss.
*   werden Sie die Vor- und Nachteile der Arbeitsteilung kennen lernen. Arbeitsteilung verbessert die Effizienz der Produktion. Sie bedeutet Spezialisierung und Produktion über den eigenen Bedarf hinaus, so dass Tausch erforderlich wird.
*   erkennen Sie, dass Tauschprozesse sich zwischen Anbietern und Nachfragern auf Märkten vollziehen. Dabei bilden sich Austauschrelationen zwischen Gütern (Preise), die tendenziell die Knappheitsrelationen widerspiegeln.
*   verstehen Sie, dass Tauschvorgänge vereinfacht werden, wenn der Naturaltausch weitgehend durch die Geldwirtschaft ersetzt wird und lernen die Geldfunktionen (universelles Tauschmittel, Recheneinheit und Wertaufbewahrungsmittel) kennen.

■ erfahren Sie, dass die Marktsteuerung die Grundfragen des Wirtschaftens löst: Welche Güter sollen in welchen Mengen produziert werden? Mit welcher Produktionsmethode sollen die Güter hergestellt werden? (Allokationsproblem) Wie sollen die erzeugten Güter an die Mitglieder der Volkswirtschaft verteilt werden? (Distributionsproblem)

1.2.1   Problem der Knappheit

Das Wirtschaften dient dazu, Sachgüter und Dienstleistungen in der Form bereitzustellen, in der die Verbraucher sie benötigen. Dabei ist zunächst zu entscheiden, welche Güter das sein sollen: Diese Entscheidung steht nach unserem Verständnis denjenigen zu, die die Güter beanspruchen. Entscheidend dafür, wie die Haushalte die Frage „Open-Air-Konzert, Stereo-Anlage oder Computer?" beantworten, ist, wie groß der Wunsch danach ist – wie stark seinen Mitgliedern diese Waren oder Dienste fehlen. Es werden gerade diejenigen Güter von den Verbrauchern (Konsumenten) nachgefragt, nach denen ein dringendes Bedürfnis besteht. Normalerweise wird der Konsument selbst als Entscheidungsinstanz dafür akzeptiert, welche seiner Bedürfnisse in welcher Reihenfolge befriedigt werden sollen.

Diese Sicht beruht auf der Einschätzung, dass der Konsument selbst am besten weiß, welche Güter ihm fehlen. Diese Position kann umstritten sein. Ein Beispiel sind Entscheidungen, die verschiedene Formen von Risikovorsorge betreffen: Man kann z.B. davon ausgehen, dass viele Wirtschaftssubjekte die Wahrscheinlichkeit, selbst pflegebedürftig zu werden, unterschätzen und daher freiwillig keine Versicherung zur materiellen Absicherung des Pflegefalls abschließen würden. Durch die Einführung einer Pflichtversicherung wird ihnen die Entscheidung darüber, ob sie diese Dienstleistung zu beanspruchen wollen, aus der Hand genommen.

Grundsätzlich kann man davon ausgehen, dass die Wünsche der Wirtschaftssubjekte sehr vielschichtig sind. Kaum ist ein Mangel beseitigt, empfinden viele einen neuen und streben danach, auch zur Beseitigung dieser neu empfundenen Defizite Güter zu erwerben. Die Bedürfnisse, die durch den Ge- oder Verbrauch von Gütern befriedigt werden sollen, sind im Prinzip unbegrenzt. Im Gegensatz dazu sind die erforderlichen Einsatzstoffe zur Produktion von Gütern nur in begrenztem Umfang verfügbar, also knapp.

Die Herstellung von Gütern ist nur möglich, wenn Stoffe eingesetzt werden können, die im Produktionsprozess ge- oder verbraucht werden. Zu diesen Mitteln bzw. Faktoren gehören neben der Zeit die Arbeitskraft und das Wissen über ein geeignetes Produktionsverfahren. Je nach Endprodukt gehen weitere Stoffe ein: Für die Produktion eines Pkws benötigt man z.B. neben technischem Wissen und Arbeitskräften Stahl, Kunststoffe, Reifen, Scheiben, Schmierstoffe und vieles mehr. Diese Mittel zur Erzeugung von Gütern, die der Bedürfnisbefriedigung dienen können, sind nur begrenzt verfügbar; sie sind **knapp**, entsprechend können auch nicht beliebig viele Produkte hergestellt werden.

1.2.2 Ökonomisches Prinzip

Das Ziel des Wirtschaftens besteht darin, mit den nur in begrenztem Umfang vorhandenen Mitteln Bedürfnisse zu befriedigen. Dabei besteht ein **Spannungsverhältnis** zwischen der Vielzahl von Bedürfnissen und den nur begrenzt verfügbaren Mitteln bzw. Faktoren. Dieses Spannungsverhältnis erfordert, dass die Verteilung der Mittel auf die verschiedenen Verwendungsmöglichkeiten so geplant wird, dass die bestmögliche Zuordnung realisiert wird. Das Kriterium für einen solchen Mitteleinsatz ist das **ökonomische Prinzip**, auch Rationalprinzip oder Prinzip der Wirtschaftlichkeit genannt.

Beispiel: Ein Haushalt steht vor der Frage, wie der tägliche Weg zur Arbeit zurückgelegt werden soll. Zur Wahl steht die Benutzung öffentlicher Verkehrsmittel, der Kauf eines Kleinwagens oder ein größerer PKW, der auch für Familienfahrten geeignet wäre. Jede dieser Alternativen kostet einen Preis, der aus dem verfügbaren Einkommen des Haushalts bezahlt werden muss. Da aber dieses Einkommen auch zur Befriedigung einer Vielzahl von anderen Bedürfnissen benötigt wird, wird der Haushalt versuchen, einen möglichst kleinen Teil seines Einkommens für die Fahrt zur Arbeit auszugeben.

Das ökonomische Prinzip besagt, dass Wirtschaftssubjekte das Spannungsverhältnis zwischen der Knappheit von Ressourcen und der Vielzahl von Bedürfnissen bestmöglich lösen, indem sie versuchen, ein gegebenes Ziel mit dem geringstmöglichen Mitteleinsatz zu erreichen. Diese Formulierung wird als **Minimumprinzip** bezeichnet. Die Lösung des Spannungsverhältnisses gelingt auch, wenn versucht wird, mit den vorhandenen Ressourcen eine möglichst große Zielerreichung zu verwirklichen. Diese Variante wird als **Maximumprinzip** bezeichnet (vgl. Übersicht 1.6).

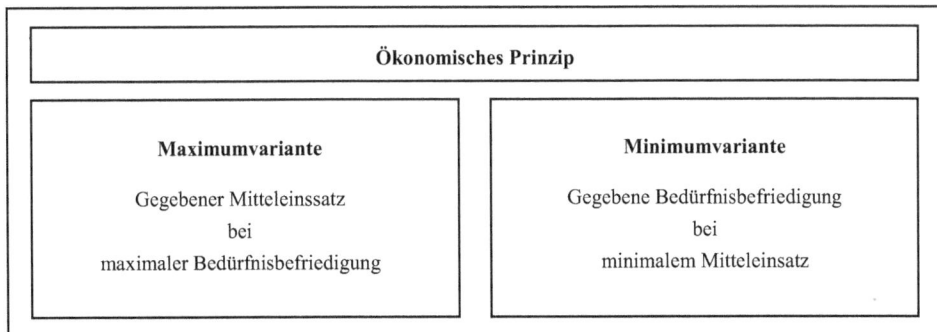

Ökonomisches Prinzip	
Maximumvariante	**Minimumvariante**
Gegebener Mitteleinsatz bei maximaler Bedürfnisbefriedigung	Gegebene Bedürfnisbefriedigung bei minimalem Mitteleinsatz

Übersicht 1.6: Ökonomisches Prinzip

Zur Optimierung ist entweder die Zielerreichung oder der Mitteleinsatz als konstant zu unterstellen. Eine gleichzeitige Optimierung in Hinblick auf die beiden Größen Ausmaß der Zielerreichung und Mitteleinsatz ist logisch unmöglich. Wirtschaftliche Entscheidungen entsprechend dem ökonomischen Prinzip zu treffen, setzt voraus, dass die Wirtschaftssubjekte rational handeln, d.h. dass sie den Mitteleinsatz vernünftig in Hinblick auf zu realisierende

Ziele planen. Beispiele für die Anwendung des ökonomischen Prinzips sind in Übersicht 1.7 zusammengestellt.

	Haushalte (unter der Annahme konstanter Konsumbedingungen)	Unternehmen (unter der Annahme konstanter Produktionsbedingungen)
Minimierung bei gegebenen Zielen	Minimierung der Konsum-Ausgaben unter der Bedingung eines gegebenen Niveaus der Bedürfnisbefriedigung	Minimierung der Kosten bei gegebener Produktionsmenge
Maximierung bei gegebenen Mitteln	Maximierung des Niveaus der Bedürfnisbefriedigung bei gegebener Ausgabensumme	Maximierung der Produktion bei gegebenem Ressourcen-Einsatz

Übersicht 1.7: Beispiele zum Ökonomischen Prinzip

1.2.3   Produktion, Produktionsfaktoren und Produktionsmöglichkeiten

Da Güter zur Bedürfnisbefriedigung normalerweise nicht in geeigneter Form in der Natur vorliegen, müssen sie hergestellt werden. Im Zuge dieses Herstellungsprozesses werden Einsatzstoffe eingesetzt und miteinander kombiniert (vgl. Übersicht 1.8). Diese Einsatzstoffe werden als **Produktionsfaktoren** bezeichnet. Unter der **Produktion** versteht man die Umwandlung von Rohstoffen in Güter, dies geschieht unter Einsatz von Arbeit und Maschinen, die ihrerseits mit Hilfe menschlicher Arbeit erzeugt wurden. Die Produktion von Gütern findet überwiegend in Unternehmen statt, die über Beschaffungs- und Absatzvorgänge Austauschbeziehungen zu anderen Unternehmen und zu den Kunden aufnehmen. Zur Produktion gehören neben dem technischen Vorgang der Gütererzeugung alle Tätigkeiten, die erforderlich sind, um die Güter den Konsumenten zugänglich zu machen, also zum Beispiel auch der Transport.

In der Volkswirtschaftslehre werden die Produktionsfaktoren Arbeit, Kapital und Boden unterschieden. Normalerweise fließt diesen Faktoren ein Einkommen in Form von Lohn, Zinsen oder Pacht zu. Die Faktoren gehen nicht unmittelbar in das Produkt ein sondern tragen zur Produktion bei, indem sie Leistungen wie Arbeits- oder Maschineneinsatzstunden abgeben. Die Produktionsmöglichkeiten hängen zum einen von der jeweils verfügbaren Menge dieser Faktoren ab, zum anderen aber auch von ihrer Qualität.

Der Produktionsfaktor **Arbeit** wird manchmal als ursprünglicher Produktionsfaktor bezeichnet. Da er aber meist in Verbindung mit einer bestimmten Ausbildung bzw. Qualifikation benötigt wird, ist diese Bezeichnung irreführend.

Der Produktionsfaktor **Kapital** umfasst die im Produktionsprozess eingesetzten Gebäude, Maschinen, Geräte und Vorratsbestände, die auch als produzierte Produktionsmittel bezeichnet werden können. Zu den Vorratsbeständen gehören Vor- und Zwischenprodukte (Roh-, Hilfs- und Betriebsstoffe), die im Produktionsprozess verwendet und weiterverarbeitet werden. Der Produktionsfaktor Sachkapital entsteht durch die Investitionen der Vorperioden, insofern setzt die Bildung von Sachkapital Geldkapital voraus.

Zum Produktionsfaktor **Boden** gehören Grundstücke, also z.B. Flächen, die zur landwirtschaftlichen Produktion genutzt werden oder Betriebsgrundstücke. Außerdem umfasst dieser Faktor auch Bodenschätze oder Umweltressourcen. In einem qualitativen Sinn kann man den Produktionsfaktor Boden als Standortqualität eines Produktionsortes verstehen. Er umfasst dann alle Standortmerkmale, die direkt oder indirekt zum Produktionsergebnis beitragen.

Alle aus der Natur entnommenen Ressourcen gehören zum Produktionsfaktor Boden. Rohstoffgewinnung und -verarbeitung gehen mit einer Abgabe von Schadstoffen an Luft, Wasser und Boden einher, die die Natur nicht immer ohne dauerhafte Schäden verarbeiten kann. Darüber hinaus sind viele Rohstoffe, die in Produktionsprozessen verarbeitet werden, nicht erneuerbar. Diese nicht revidierbaren Schädigungen der Natur stellen Ressourcenverbräuche dar, die lange nicht berücksichtigt wurden, weil Natur nicht als knapper Produktionsfaktor angesehen wurde.

Da die natürlichen Ausgangsvoraussetzungen der Produktion nicht unbegrenzt verfügbar sind, sollten auch der Rohstoffverbrauch und die Schadstoffmengen bei der Produktion nach dem ökonomischen Prinzip gestaltet werden. Rohstoffverbrauch und Schadstoffbelastung müssen in der Regel also verringert werden – wenn möglich ohne die Versorgung mit Gütern zu verschlechtern. Diese Aspekte spielen im Leitbild des so genannten **nachhaltigen Wirtschaftens** eine besondere Rolle. Damit ist gemeint, dass mit den natürlichen Ressourcen so umgegangen wird, dass die natürlichen Grundlagen der Produktion auch für die Zukunft erhalten werden. Dazu gehört zum einen, dass erneuerbare Ressourcen nur in dem Maße ausgebeutet werden sollen, in dem sie sich regenerieren können. Zum zweiten umfasst dieses Leitbild die Forderung, dass die Abgabe von Schadstoffen an Wasser, Luft und Boden so gering sein soll, dass die Natur sie ohne dauerhafte Schäden verarbeiten kann. Damit ist eine in den Produktionsprozess integrierte Beachtung der Umweltwirkungen der Produktion gefordert, die im (ökologischen) **Kreislaufprinzip** ihren Niederschlag findet. Dabei wird angestrebt, Produktionsabfälle und Wertstoffe aus nicht mehr verwendbaren Gütern in den Produktionsprozess zurückzuführen (Recycling).

Beschaffung	Produktion	Absatz

Schadstoffbelastung/ Recycling

Produktionsfaktoren	Produktionstechnik	Güter
▫ Natur/ Boden	Stand des	▫ Konsumgüter
▫ Arbeit	organisatorischen	▫ Investitionsgüter
▫ Kapital	Wissens	

Einsatz als Kapitalgut

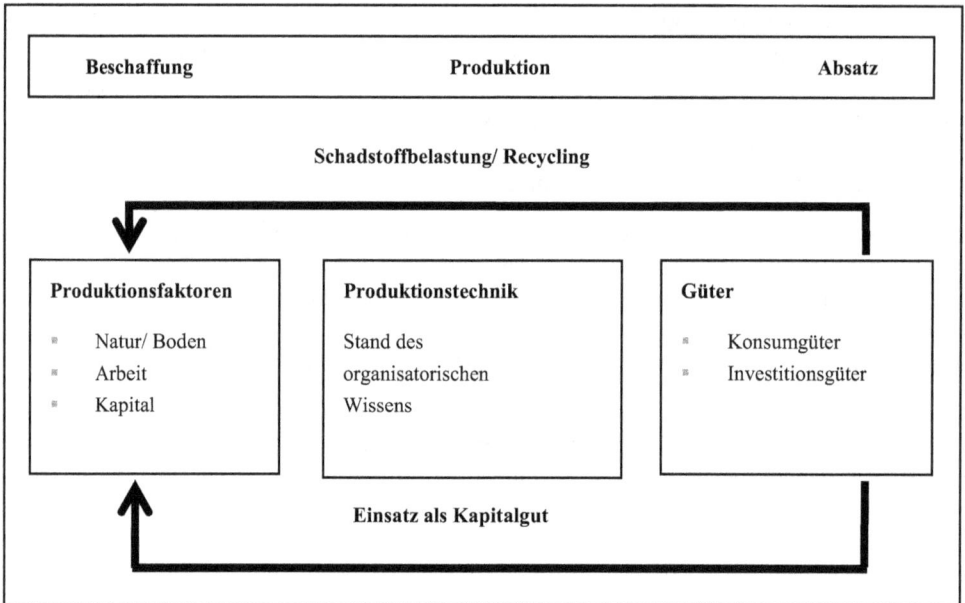

Übersicht 1.8: Produktion und Ressourcenkreislauf

Der Zusammenhang zwischen den Produktionsfaktoren Arbeit v_1, Boden v_2 und Kapital v_3 (Input, Einsatzfaktoren) und dem Produktionsergebnis x (Output, Ausbringungsmenge) lässt sich in Form einer Produktionsfunktion darstellen:

$$x = f(v_1, v_2, v_3)$$

Dabei werden die Arbeitseinsatzmenge in Stunden, die Einsatzmenge des Faktors Boden in qkm und der Output in Mengeneinheiten gemessen. Der Kapitaleinsatz wird in Euro gemessen.

Solche Funktionen lassen sich sowohl auf der betrieblichen als auch auf der gesamtwirtschaftlichen Ebene formulieren. Die **gesamtwirtschaftliche Produktionsfunktion** stellt den Zusammenhang zwischen den in einer Volkswirtschaft eingesetzten Produktionsfaktoren und der gesamtwirtschaftlichen Güterproduktion dar. Da sich die Produktion in einer Volkswirtschaft aus einer Vielzahl von Gütern zusammensetzt, kann sie nur als Wertgröße (Summe aller hergestellten Produkte, multipliziert mit ihren jeweiligen Preisen), als so genanntes Inlandsprodukt, erfasst werden. Der Zusammenhang zwischen dem Produktionsergebnis und den Einsatzfaktoren ist vom Stand des technischen und organisatorischen Wissens abhängig; er spiegelt wider, in welcher Form die Produktionsfaktoren miteinander kombiniert werden, um die Güter zu erzeugen. Dieses Wissen um die technischen und organisatorischen Möglichkeiten der Gestaltung von Produktionsprozessen spiegelt sich indirekt in der Form der Produktionsfunktion, also im Zusammenhang zwischen Einsatzfaktoren und Ausbringungs-

mengen. Der technische Fortschritt wird manchmal aber auch explizit in die Produktionsfunktion einbezogen.

Fortschritte bei der Gestaltung der Produktionsprozesse tragen dazu bei, dass mit den vorhandenen Inputs höhere Ausbringungsmengen erzielt werden können. Dies drückt sich in
steigenden Produktivitäten aus. Unter Produktivität versteht man die Relation des Outputs
zum Faktoreinsatz. Dementsprechend ist die **Arbeitsproduktivität** als Verhältnis der Ausbringungsmenge zum Arbeitseinsatz und die **Kapitalproduktivität** als Ausbringungsmenge
pro eingesetzter Kapitaleinheit definiert.

Es gibt verschiedene Möglichkeiten, Produktivitätssteigerungen zu erreichen:

- Bei gegebenen Einsatzmengen und gegebenen Qualitäten der Einsatzstoffe kann eine
  verbesserte Organisation des Produktionsprozesses Ausbringungssteigerungen bewirken.
- Zum anderen können höhere Produktivitäten erzielt werden, wenn es gelingt, die Qualität der Produktionsfaktoren zu verbessern. Wenn z.B. im Produktionsprozess bessere
  Maschinen eingesetzt werden, bewirkt diese Form von technischem Fortschritt eine effi-
  zientere Verwendung der Produktionsfaktoren.

Wenn die Bestände der Produktionsfaktoren Arbeit, Boden, Kapital und ihre Produktivitäten
gegeben sind, ist die maximal mögliche Ausbringungsmenge in der Volkswirtschaft in einem
bestimmten Zeitraum bestimmt. Anhand der verfügbaren Produktionsfaktoren in einer
Volkswirtschaft lassen sich in diesem Fall die Möglichkeiten und Grenzen des Wachstums
der Produktion herleiten.

Die maximal mögliche Produktion in einer Volkswirtschaft lässt sich in Form der **Transformationskurve** (Produktionsmöglichkeitenkurve) darstellen. Sie gibt an, welche Güter-
mengen(-kombinationen) mit den in einer Volkswirtschaft verfügbaren Produktionsfaktoren
in einem bestimmten Zeitraum maximal produziert werden können. Die nachfolgende Darstellung der Transformationskurve erfolgt unter den folgenden Annahmen:

- In der Volkswirtschaft werden zwei Güter hergestellt, die in sich homogen sind. Dabei
  handelt es sich um ein Konsumgut und um ein Investitionsgut.
- Die beiden Güter sind beliebig teilbar.
- Die vorhandenen Produktionsfaktoren können entweder zur Produktion von Konsum-
  oder von Investitionsgütern eingesetzt werden.
- Die Investitionsgüter werden im Produktionsprozess eingesetzt und vergrößern die künftige Produktionskapazität.

Werden nur Konsumgüter hergestellt, spiegelt sich die mögliche Produktionsmenge im Punkt
E wider; verzichtet man vollständig auf Konsumgüter ist die Investitionsgütermenge D realisierbar. Außerdem ist jede Kombination von Konsum- und Investitionsgütern herstellbar, die
auf der Transformationskurve liegt (vgl. Abb. 1.1).

Investitions-
güter P

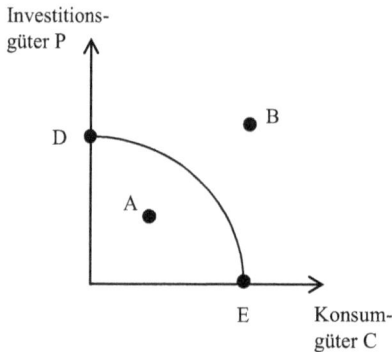

Abb. 1.1: Gesamtwirtschaftliche Transformationskurve

Alle Punkte auf der gesamtwirtschaftlichen Transformationslinie geben Kombinationen von Konsum-/Investitionsgütern an, bei deren Herstellung alle Produktionsfaktoren ausgelastet und effizient eingesetzt sind. Kombinationen außerhalb der Transformationskurve (Punkt B) sind nicht realisierbar und jene innerhalb der Transformationskurve (Punkt A) schöpfen die vorhandenen Produktionsmöglichkeiten nicht vollständig aus.

Erhöht sich der Bestand an Produktionsfaktoren in der Volkswirtschaft – z.B. durch Zuwanderung von Arbeitskräften, verschiebt sich die Transformationskurve nach außen. In diesem Fall nehmen die Produktionsmöglichkeiten zu. Verringern sich die Bestände an Produktionsfaktoren z.B. durch Verbrauch von Sachkapital, das nicht ersetzt wird, verschiebt sich die Transformationskurve in Richtung Ursprung.

„Entlang" der Transformationskurve, d.h. bei voll ausgelasteten Kapazitäten macht die Mehrproduktion von Konsumgütern einen Verzicht auf Investitionsgüter notwendig (und umgekehrt). Dies ist Ausdruck der Knappheit der Ressourcen, die nur einmal für Produktionszwecke eingesetzt werden können. Der „Preis" für die Produktion von Investitionsgütern besteht aus dem notwendigen Verzicht auf Konsumgüter. Die Schaffung der Voraussetzungen für künftige Produktionen setzt also Konsumverzicht in der Gegenwart voraus. Dieser notwendige Verzicht auf das Ergebnis der alternativen Verwendungen der Produktionsfaktoren lässt sich durch die **Opportunitätskosten** messen. Sie geben z.B. an, auf wie viele Einheiten von Konsumgütern verzichtet werden muss, um eine Einheit des Investitionsgutes herzustellen.

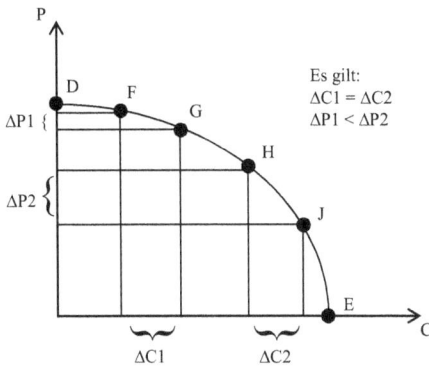

Abb. 1.2: Opportunitätskosten

Graphisch drückt sich die veränderte Zusammensetzung der Produktion in einer Bewegung auf der Transformationskurve aus. Die Krümmung der Transformationskurve bringt zum Ausdruck, dass die Größe des Verzichts vom Ausgangspunkt auf der Transformationskurve abhängt. (vgl. Abb. 1.2): Bei einer niedrigen Ausgangsmenge von Konsumgütern (z.B. beim Übergang von Punkt F nach Punkt G) erfordert die Ausweitung der Produktion um eine Konsumguteinheit einen geringeren Verzicht auf Investitionsgüter ($\Delta P1$) als bei einer hohen Ausgangsmenge von Konsumgütern (z.B. beim Übergang von H nach J: $\Delta P2$). Die Opportunitätskosten der Produktion von Investitionsgütern sind demnach nicht konstant sondern nehmen mit zunehmender Ausweitung der Investitionsgütermenge zu. Diese Entwicklung der Opportunitätskosten ist nicht zwingend: Denkbar wäre auch, dass die Opportunitätskosten unabhängig von der Produktionsmenge sind (lineare Transformationskurve). Bei linearer Transformationskurve sind auch die Produktivitäten unabhängig von der Ausbringungsmenge konstant.

Aus diesen grundsätzlichen Überlegungen lassen sich Ansatzpunkte zur Erklärung von Wachstumsprozessen in einer Volkswirtschaft ableiten: Die Produktionsmenge und damit die Versorgung mit Gütern in einer Volkswirtschaft hängt ab

- von der Einsatzmenge der Produktionsfaktoren Boden und Arbeit,
- von den Qualitäten dieser Faktoren
- von der Einsatzmenge des Produktionsfaktors Kapital und
- von der Qualität der verwendeten Produktionsverfahren, d.h. vom Stand des technischen Wissens und vom organisatorischen Know-how.

Darüber hinaus wird das Produktionsergebnis vom gesamtwirtschaftlichen Umfeld mitbestimmt, das die Rahmenbedingungen für Produktionsentscheidungen prägt. Im Mittelpunkt der Bestrebungen zur Verbesserung der Versorgung mit Gütern steht der technische Fortschritt, der durch Forschung in den Unternehmen erreicht werden soll. Allerdings ist der Erfolg solcher Bemühungen stets unsicher.

1.2.4   Arbeitsteilung und Tausch

Die ursprüngliche Form des Wirtschaftens war die Selbstversorgungswirtschaft, in der in jedem Haushalt die benötigten Mittel zur Befriedigung der eigenen Bedürfnisse erzeugt wurden. Es ist zu vermuten, dass bereits bei dieser Form des Wirtschaftens die einzelnen Haushaltsmitglieder diejenigen Produktionsvorgänge übernahmen, die sie am besten erbringen konnten, dass also **Arbeitsteilung zwischen Personen** vollzogen wurde. Im Zuge der Suche nach effizienten Produktionsformen wurde die Produktion von Gütern zum einen immer stärker von spezialisierten Arbeitskräften übernommen. Zum anderen wurden weite Produktionsbereiche in spezialisierte Betriebe verlagert. Je stärker sich arbeitsteilige Produktionsformen herausbildeten, umso stärker wurde die Produktion von den Haushalten in Unternehmen, also in Produktionsstätten verlagert. Heute besteht eine weitgehende Trennung zwischen denjenigen, die ein Gut erzeugen und denen, die dieses Gut verbrauchen. Zwar gibt es auch weiterhin eine Vielzahl von „Produktionsarten", die auch heute noch oder wieder in den Haushalten ausgeführt werden (Kochen, Gartenarbeit, Do-it-yourself-Tätigkeiten). Typisches Merkmal der heutigen Produktionsvorgänge ist jedoch die **Arbeitsteilung**. Damit ist verbunden, dass die Produktion von Gütern nicht für den eigenen Bedarf sondern für einen anonymen Markt erfolgt. Hier erwerben die Verbraucher Waren, ohne dass eine direkte Verbindung zum Produzenten bestehen muss.

Adam Smith erläutert die Vorteile der Arbeitsteilung anhand des häufig zitierten Stecknadelbeispiels. Die Herstellung von Stecknadeln lässt sich in mehrere getrennte Arbeitsschritte unterteilen. Der Draht für die Nadeln muss gezogen, gestreckt, geschnitten, zugespitzt und geschliffen werden; danach muss der Nadelkopf gefertigt und angesetzt werden. Wenn jeder Arbeiter diese verschiedenen Tätigkeiten hintereinander verrichten muss, wird er vermutlich nur eine geringe Zahl von Nadeln pro Tag fertigen können. Bei arbeitsteiliger Produktion übernimmt jeder Arbeiter einen oder wenige Teilschritte des Herstellungsprozesses, und gibt die Zwischenprodukte an einen anderen Arbeiter weiter, der sich auf den nächsten Teilschritt spezialisiert hat. Diese Produktionsweise ermöglicht größere Produktionsmengen als wenn jeder Arbeiter den gesamten Herstellungsprozess übernimmt. (vgl. Adam Smith, Der Wohlstand der Nationen, München 1974, S. 9f.)

Nach unterschiedlichen Kriterien lassen sich verschiedene Formen der Arbeitsteilung unterscheiden. Der Ursprung der Arbeitsteilung war die Herausbildung bestimmter Berufe, wie z.B. die Trennung zwischen Bauern und Handwerkern. Durch die Weiterentwicklung der Arbeitstechniken entstand daraus eine Berufsspaltung, die zu einer weiteren Arbeitsteilung innerhalb der Berufe führte. Aus der Berufsbildung ergab sich dann die Arbeitsteilung innerhalb von Unternehmen, in denen die verschiedenen Beschäftigten wiederkehrende Arbeitsvorgänge verrichten. Die oben geschilderte Zerlegung eines Produktionsvorgangs in verschiedene Teilschritte heißt **Arbeitsspaltung**. Die Extremform dieser Zerlegung ist die Fließbandarbeit, bei der einzelne Beschäftigte immer wiederkehrende Handgriffe verrichten. Die Arbeitsspaltung vollzieht sich innerhalb der Produktionsstätten. Arbeitsspaltung ist die Voraussetzung für den Einsatz von Maschinen, Automaten, Robotern etc. Sie hat es ermöglicht, dass durch die Spezialisierung auf ganz bestimmte Tätigkeiten die Leistungsfähigkeit der Unternehmen und die Ergiebigkeit der Arbeit (Arbeitsproduktivität) erheblich gesteigert werden konnten.

Daneben gibt es Arbeitsteilung zwischen Betrieben, die sich auf die Erzeugung bestimmter Güter spezialisiert haben. Nach der Spezialisierungsrichtung lassen sich funktionale Arbeitsteilung und Produktionsteilung voneinander abgrenzen. **Funktionale Arbeitsteilung** beinhaltet eine Spezialisierung auf bestimmte Teilfunktionen wie Geldbeschaffung, Einkauf von Vorprodukten oder Vertrieb. Sie kann sich innerhalb von Unternehmen zwischen verschiedenen Personen oder zwischen Unternehmen vollziehen. **Produktionsteilung** bedeutet, dass einzelne Unternehmen sich darauf konzentrieren, bestimmte Güter herzustellen.

Zu unterscheiden sind demnach die innerbetriebliche Arbeitsteilung, bei der die Teilschritte des Herstellungsprozesses von Gütern von verschiedenen Personen übernommen werden, und die **zwischenbetriebliche Arbeitsteilung**, bei der die Produktionsvorgänge zwischen verschiedenen Betrieben bzw. Unternehmen geteilt werden. Daneben gibt es die Spezialisierung verschiedener Wirtschaftsbereiche, die als **sektorale Arbeitsteilung** bezeichnet wird. Auch Volkswirtschaften können sich auf einzelne Produktionsbereiche spezialisieren. Dies wird als **internationale Arbeitsteilung** bezeichnet. Arbeitsteilung führt zur Spezialisierung; notwendige Ergänzung der Arbeitsteilung ist daher der Tausch der arbeitsteilig produzierten Güter.

Der Anreiz, zu stärker arbeitsteiligen Produktionsverfahren überzugehen, ergibt sich aus der Erfahrung, dass arbeitsteilige Produktion bei gegebenem Arbeits-(zeit-)einsatz zu höheren Ausbringungsmengen führt. Dafür gibt es eine Reihe von Gründen: Neben der Arbeitsvereinfachung, die daraus resultiert, dass Umstellungszeiten entfallen, führt die Spezialisierung zu höherer Ausbringung, weil sich normalerweise jeder auf Tätigkeiten spezialisiert, die er besonders gut beherrscht -, d.h. dass er die entsprechenden Produkte mit geringerem Arbeitseinsatz je Ausbringungseinheit herstellen kann. Er nutzt seine spezifischen Kostenvorteile aus. Darüber hinaus führt Spezialisierung zu Lerneffekten: auch wenn ursprünglich keine Kostenvorteile einer Person für bestimmte Arbeiten vorlagen, können sich Vorteile aus der ständigen Wiederholung derselben Verrichtung ergeben. Ein weiterer Vorteil der Arbeitsteilung kann daraus resultieren, dass die Produktion in größeren Mengen Produktivitätssteigerungen bewirken kann. Mit steigender Produktionsmenge lohnt sich der Einsatz von Maschinen; Tätigkeiten, die im Produktionsprozess unabhängig von der Produktionsmenge erfolgen müssen, verteilen sich auf größere Produktionsmengen. Mit steigender Produktionsmenge sinken daher die Stückkosten kontinuierlich. Diese Größenvorteile der Produktion werden auch als Gesetz der Massenproduktion bezeichnet.

Den Vorteilen der Arbeitsteilung stehen allerdings auch Nachteile gegenüber: Spezialisierung macht Arbeit monoton und bringt einseitige körperliche und geistige Beanspruchungen der Beschäftigten mit sich. Insbesondere bei Fließbandtätigkeiten ist für alle Beschäftigten das Arbeitstempo vorgegeben; dies senkt die Arbeitsmotivation und bringt negative psychologische Effekte mit sich. Darüber hinaus steigt durch die Arbeitsteilung die Abhängigkeit von speziellen Begabungen. Dies führt zu Risiken für Personen mit Qualifikationen, die nicht universell einsetzbar sind, aber auch zu Risiken für Unternehmen und damit für Regionen, in denen Unternehmen dieser Spezialisierungsrichtung dominieren. Beispiele für einseitige Qualifikationen sind Bergleute bzw. Bergbauunternehmen, die überwiegend in so genannten alten Industrieregionen – nämlich den Standorten mit Rohstoffvorräten – konzentriert sind oder ländliche Regionen, in denen landwirtschaftliche Produktion überwiegt.

Arbeitsteilung führt dazu, dass die meisten Güter über verschiedene Produktionsstufen hinweg in einer mehr oder weniger großen Zahl von selbständigen Unternehmen hergestellt werden. Unternehmen der weiterverarbeitenden Produktionsstufe setzen die Erzeugnisse der vorherigen Stufe als so genannte Vor- oder Zwischenprodukte ein, die sie so weiterverarbeiten, dass sie für den Verwendungszweck besser geeignet sind.

Für die Lieferung eines Möbelstücks für einen Privathaushalt sind unter anderem Leistungen eines Försters, der einen Wald so pflegt, dass regelmäßig Bäume mit geeignetem Holz gefällt werden können, eines Sägewerks und eines Möbelschreiners sowie Leistungen von Unternehmen des Möbelhandels beteiligt. Außerdem sind zwischen den einzelnen Produktionsstufen Transportleistungen erforderlich, da Bäume, Holz bzw. Möbelstücke jeweils zu den Unternehmen der nächsten Stufe gebracht werden müssen. Auf jeder dieser Produktionsstufen kommen Werkzeuge und Maschinen zum Einsatz, die wiederum in anderen Unternehmen hergestellt wurden.

Bei der sektoralen Arbeitsteilung werden üblicherweise die Urerzeugung, weiterverarbeitende Industrien, die Verteilung der Güter durch Handel und Verkehr sowie weitere Dienstleistungen unterschieden.

Die Urerzeugung, der **primäre Wirtschaftsbereich,** umfasst die Bereiche, in denen Vorprodukte aus der Natur gewonnen werden, die unmittelbar konsumiert oder weiterverarbeitet werden können. Zu diesen Bereichen gehören z.B. die Landwirtschaft, Forstwirtschaft, Fischerei, Bergbau und Energiegewinnung. Zur Weiterverarbeitung, den sekundären Wirtschaftsbereichen, gehören industrielle und handwerkliche Unternehmen, in denen aus Vorprodukten Güter hergestellt werden. Zum **sekundären Sektor** zählen die Branchen des Verarbeitenden Gewerbes, in denen Grundstoffe, Investitionsgüter, Konsumgüter und Nahrungs- und Genussmittel hergestellt werden. Wichtige Teilsektoren sind die chemische Industrie, die Eisenschaffende Industrie und die Mineralölverarbeitung (Grundstoffindustrien), die Stahlindustrie, der Maschinenbau, der Fahrzeugbau, die Elektrotechnik sowie Feinmechanische und optische Industrien (Investitionsgüterindustrien) oder die Textil-, Bekleidungs- und Möbelerzeugung und die Lederverarbeitung etc. (Konsumgüterindustrien) sowie die Nahrungs-/Genussmittelindustrien. Darüber hinaus gehört die Bauwirtschaft zum sekundären Sektor.

Zum **tertiären Sektor** gehören alle Wirtschaftsbereiche, in denen Dienstleistungen im weiteren Sinne erstellt werden. Verteilungs- und Transportleistungen werden vom Handel und von der Verkehrswirtschaft erbracht (distributive Dienste). Die Dienstleistungen im engeren Sinne umfassen eine Vielzahl von Tätigkeiten, die früher zu einer als weniger bedeutend angesehenen Restgruppe zusammengefasst wurden. Heute kommt diesen Wirtschaftsbereichen eine wachsende Bedeutung zu. Hierzu gehören z.B. die Tätigkeiten von Kreditinstituten, Beratungsunternehmen, Hotels und Freien Berufen (Ärzte, Rechtsanwälte, Steuerberater).

Es gibt eine Vielzahl von Versuchen, die Entwicklung der Wirtschaftsstruktur – also der Zusammensetzung der gesamten Produktion in einer Volkswirtschaft nach Wirtschaftsbereichen zu erklären. Nach der Drei-Sektoren-Theorie verlagert sich die Wirtschaftstätigkeit zunächst von der Urproduktion zur Weiterverarbeitung und zu den Dienstleistungen. Der

Anteil des warenproduzierenden Sektors an der Gesamtbeschäftigung nimmt ab. Dies wird zum einen durch steigende Arbeitsproduktivitäten in der produzierenden Wirtschaft erklärt. Der technische Fortschritt ermöglicht es, die Güterproduktion zu erhöhen, ohne zusätzliche Arbeitskräfte zu benötigen. Zum anderen wird die wachsende Bedeutung der Dienstleistungen an der Gesamtbeschäftigung dadurch erklärt, dass die Nachfrage nach Diensten mit steigendem Einkommen – also mit dem Entwicklungsniveau einer Volkswirtschaft – an Bedeutung gewinnt. Gleichzeitig wird unterstellt, dass im Dienstleistungsbereich nicht im selben Umfang Maschinen zur Steigerung der Produktionsmenge je Beschäftigtenstunde eingesetzt werden können, wie in der Warenproduktion.

Die **internationale Arbeitsteilung** zwischen verschiedenen Ländern bzw. Volkswirtschaften beruht auf der Überlegung, die Erzeugnisse jeweils in dem Land herzustellen, in dem die Produktion die niedrigsten Kosten verursacht. Durch den Tausch von Gütern zwischen Ländern, in denen Güter mit unterschiedlichen Produktionskosten erzeugt werden können, kommen die Handelspartner möglicherweise in den Genuss einer günstigeren Güterversorgung. Die Vorteile eines solchen Tauschprozesses zwischen Ländern mit unterschiedlichen Produktionsbedingungen stellte David Ricardo (1772–1823) anhand des folgenden Zahlenbeispiels dar: In den beiden Ländern Portugal und England können Tuch und Wein mit unterschiedlich hohem Arbeitseinsatz hergestellt werden. Der jeweils benötigte Arbeitseinsatz ist in Übersicht 1.9 dargestellt. Zur Vereinfachung wird unterstellt, dass im Produktionsprozess keine anderen Produktionsfaktoren (wie z.B. Boden oder Kapital) benötigt werden.

Im Zahlenbeispiel weist Portugal bei beiden Gütern einen Vorteil auf: Hier wird jeweils ein geringerer Arbeitseinsatz je Gütereinheit benötigt. Man bezeichnet dies als absoluten Kostenvorteil. Es ist unmittelbar einsichtig, dass es dem ökonomischen Prinzip entspricht, die Produkte in dem Land herzustellen, in dem ein absoluter Kostenvorteil besteht. Jede Volks-

	Tuch (eine Mengeneinheit)	Wein (eine Mengeneinheit)	Arbeitseinsatz insgesamt
Arbeitseinsatz je Mengeneinheit in Arbeitsstunden			
England	100	120	220
Portugal	90	80	170

Übersicht 1.9: Vorteile der internationalen Arbeitsteilung: Arbeitseinsatz

wirtschaft spezialisiert sich in der Produktion auf diejenigen Güter, die sie mit absolut niedrigeren Kosten als die ausländische Volkswirtschaft herstellen kann. Diese Güter tauscht sie dann gegen Importgüter aus. Das sind solche Güter, die im Inland nur zu höheren Kosten hergestellt werden können. Der Import lohnt, wenn die Kosten niedriger sind als die Kosten der Eigenerzeugung. Im Zahlenbeispiel schiene es daher nahe liegend, beide Güter in Portugal herzustellen.

Ricardo hat jedoch anhand des Zahlenbeispiels gezeigt, dass Arbeitsteilung und internationaler Handel sich selbst dann für beide Länder lohnen, wenn eines der beiden Länder bei allen Gütern gegenüber einem anderen Land einen absoluten Kostenvorteil hat. Voraussetzung ist, dass sich das unterlegene Land auf die Herstellung und den Export derjenigen Produkte spezialisiert, bei denen es den relativ geringsten Kostennachteil hat. Man bezeichnet dies als komparativen Kostenvorteil.

	Opportunitätskosten für eine Einheit	
	Tuch	**Wein**
England	100/120 = 0,833 Einheiten Wein	120/100 = 1,2 Einheiten Tuch
Portugal	90/80 = 1,125 Einheiten Wein	80/90 = 0,889 Einheiten Tuch

Übersicht 1.10: Vorteile der internationalen Arbeitsteilung: Tableau der Opportunitätskosten

Dieser komparative Vorteil lässt sich im Beispiel anhand des Tableaus der Opportunitätskosten verdeutlichen (vgl. Übersicht 1.10). England muss zur Produktion einer Einheit Tuch auf 0,833 Einheiten Wein verzichten. Als Kehrwert ergeben sich die Opportunitätskosten Englands beim Verzicht auf Tuch: Die Mehrproduktion einer Einheit Wein erfordert eine Verringerung der Tuchproduktion um 1,2 Einheiten. In Portugal muss für eine zusätzliche Einheit Tuch auf 1,125 Einheiten Wein verzichtet werden. Umgekehrt ergeben sich die Opportunitätskosten einer Einheit Tuch als 0,889 Einheiten Tuch. England muss also zur Tuchproduktion auf weniger Wein verzichten als Portugal. Es hat bei Tuch einen komparativen Kostenvorteil, d.h. die Opportunitätskosten bei Tuch sind geringer als in Portugal. Portugal hat bei Wein einen absoluten und einen komparativen Kostenvorteil. Es entspricht daher dem ökonomischen Prinzip, wenn in England nur Tuch und in Portugal nur Wein produziert wird und die überschüssigen Mengen dann im Wege des Außenhandels getauscht werden.

Die Vorteile dieser Spezialisierung zwischen den beiden Ländern lassen sich aufzeigen, wenn man ermittelt,

- welche Produktionsmengen bei Spezialisierung mit demselben Arbeitseinsatz wie zuvor produziert werden können (Fall 1) oder
- mit welchem Arbeitseinsatz die zuvor erzeugte Gütermenge bei Spezialisierung hergestellt werden kann (Fall 2).

Land	Tuch	Wein	Arbeitseinsatz	Ausbringungsmengen
Fall 1: konstanter Arbeitseinsatz in beiden Ländern				
England	220	0	220	220/100 = 2,2 Einheiten Tuch
Portugal	0	170	170	170/80 = 2,125 Einheiten Wein
Fall 2: konstante Ausbringungsmengen bei beiden Gütern				
England	2 · 100 = 200	0	200	2
Portugal	0	2 · 80 = 160	160	2

Übersicht 1.11: Vorteile der internationalen Arbeitsteilung: Produktionsmengen und -kosten im Fall der Spezialisierung

Geht man davon aus, dass in jedem der beiden Länder je eine Einheit Tuch und eine Einheit Wein produziert wird, so werden insgesamt 390 Arbeitseinheiten benötigt, 220 in England und 170 in Portugal. Dabei werden insgesamt 2 Einheiten von jeder Güterart hergestellt. Wird in beiden Ländern dieselbe Arbeitsmenge wie zuvor eingesetzt, so lässt sich durch die Spezialisierung die Produktionsmenge bei beiden Gütern vergrößern. Es werden insgesamt 0,2 Einheiten Tuch und 0,125 Einheiten Wein mehr erzeugt – es entspricht der Maximum-formulierung des ökonomischen Prinzips, wenn beide Länder sich spezialisieren. Entspre-chend der Minimumformulierung des ökonomischen Prinzips lässt sich alternativ der Ar-beitseinsatz in Portugal auf 160 Einheiten und in Englang auf 200 Einheiten verringern, wenn wie zuvor nur 2 Einheiten Tuch und 2 Einheiten Wein hergestellt werden sollen (Vgl. Übersicht 1.11).

Arbeitsteilung und Handel zwischen verschiedenen Volkswirtschaften können also auf Kos-tenvorteile einzelner Länder bei der Herstellung bestimmter Güter zurückgehen. Im Beispiel kann durch Spezialisierung und Tausch für beide Länder ein Punkt außerhalb der Transfor-mationskurve realisiert werden. Allerdings hat jedes der beiden Länder nur dann einen Vor-teil, wenn der Tausch so erfolgt, dass der Preis, der im Außenhandel für das jeweilige Im-portgut zu zahlen ist kleiner ist als die Opportunitätskosten der (nationalen) Produktion:

Portugal würde im Tausch „Tuch gegen Wein" ein Austauschverhältnis über 1,125 nicht akzeptieren, denn zu diesen Kosten könnte es selbst Tuch herstellen. Der Verzicht auf eigene Produktion brächte keinen Vorteil. Auf der anderen Seite wäre für England bei einem Aus-tauschverhältnis von 0,83 der Außenhandel nicht vorteilhafter als die eigene Produktion. Es gibt also eine Bandbreite möglicher Austauschrelationen, bei der sich Außenhandel aus der Sicht beider Länder lohnt. Welches Austauschverhältnis im Außenhandel tatsächlich zustan-de kommt – in welchem Umfang jedes der beiden Länder also vom internationalen Handel profitiert -, lässt sich ohne eine detaillierte Analyse allerdings nicht vorhersagen.

Die dargestellte Überlegung wird als **Theorem der komparativen Kosten** bezeichnet. Es besagt, dass Arbeitsteilung, Spezialisierung und Tausch zwischen zwei Volkswirtschaften (Ländern) sich sogar dann lohnen, wenn eines der beiden Länder einen absoluten Kostenvorteil in Bezug auf alle Tauschgüter hat. Es kommt darauf an, dass das Land mit den ungünstigeren Produktionsbedingungen sich auf diejenigen Güter spezialisiert, bei denen es den relativ geringsten Kostennachteil hat. Dieses Theorem gilt auch für den hier nicht dargestellten Fall, dass neben den Arbeitskosten auch andere Kostenfaktoren anfallen wie z.B. Kapitalkosten.

Kritisch anzumerken ist, dass das Theorem der komparativen Kosten streng genommen nur unter den folgenden vereinfachenden Annahmen gilt:

- Die Güter sind homogen, d.h. unabhängig vom Produktionsort gleichwertig; die Konsumenten bevorzugen nicht die Güter aus einem der beiden Länder aufgrund unterschiedlicher Produktqualitäten.
- Die Produktionsfaktoren sind zwischen den beiden Ländern immobil, innerhalb des Landes aber mobil, d.h. sie können problemlos entweder für die Produktion von Tuch oder Wein eingesetzt werden.
- Es werden keine Transportkosten berücksichtigt, d.h. es wird unterstellt, dass diese Kosten so niedrig sind, dass sie die Vorteile der Arbeitsteilung nicht zunichte machen.
- Es bestehen keine Handelsbeschränkungen, weder mengenmäßige Beschränkungen noch Zölle.
- Die Produktionskosten pro Stück sind konstant und unabhängig von der Produktionsmenge. Nimmt man stattdessen an, dass die Stückkosten der Produktion – wie es bei vielen Produktionen der Fall ist -, bei steigender Produktionsmenge zurückgehen (Kostendegression), nehmen die Vorteile der Arbeitsteilung sogar noch zu.

1.2.5   Geld und Geldfunktionen

Spezialisierte Produktion setzt voraus, dass Produkte nicht nur für den Eigenbedarf sondern darüber hinaus für den Tausch hergestellt werden. Keiner, der sich spezialisiert, ist in der Lage, seinen vielschichtigen Bedarf nach Gütern durch Eigenproduktion zu decken. Ursprünglich wurde beim Naturaltausch Gut A (z.B. Fleisch) gegen Gut B (z.B. Getreide) gehandelt. Der Naturaltausch kann sehr kompliziert sein, wenn geeignete Tauschpartner nicht unmittelbar vorhanden sind. Man spricht von der Notwendigkeit der doppelten Koinzidenz. Naturaltausch setzt voraus, dass derjenige, der Gut A gegen Gut B eintauschen möchte, einen Tauschpartner findet, der Gut A anbietet und gleichzeitig gerade Gut B nachfragt. Findet er kein solches Wirtschaftssubjekt, ist ein Ringtausch über verschiedene Güterarten erforderlich – z. B. A gegen C, C gegen D und D gegen E bis schließlich jemand gefunden ist, der bereit ist, E gegen B zu tauschen. Es liegt nahe, zur Vereinfachung von Tauschvorgängen in einer Volkswirtschaft eine Art Universalgut als Zahlungsmittel einzuführen, das von allen Tauschpartnern als Gegenwert für Güter akzeptiert wird. Der Tauschakt Gut A gegen Gut B wird in zwei halbe Tauschakte (Gut A gegen Universalgut G und dann Universalgut G gegen Gut B) unterteilt, die jederzeit durchführbar sind: Im obigen Beispiel kann Fleisch gegen das Universalgut G getauscht werden, wenn der Besitzer weiß, dass er dafür Getreide erhalten kann, auch wenn der Besitzer von Getreide kein Fleisch benötigt. Diese Unterteilung in zwei halbe Tauschakte funktioniert jedoch nur solange, wie sichergestellt ist, dass das Universalgut G jederzeit in andere Güter getauscht werden kann.

Das oben beschriebene Universalgut ist das Geld, das eine Reihe von **Geldfunktionen** erfüllt. In erster Linie dient es zur Vereinfachung von Tauschvorgängen, weil es ein allgemein anerkanntes **Zahlungsmittel** ist. Geld ist insofern als generalisierte Kaufkraft anzusehen. Wer statt eines Gutes mit Gebrauchsnutzen Geld als Gegenwert annimmt, vertraut darauf, später ein beliebig anderes Gut gegen Geld eintauschen zu können. Geld stellt in diesem Sinn das Recht dar, auf Teile der volkswirtschaftlichen Produktion zuzugreifen.

Eine weitere Funktion des Geldes ergibt sich daraus, dass Geld zur Vereinfachung von Tauschakten dient. Tausch setzt voraus, dass die Tauschpartner sich auf ein Austauschverhältnis einigen. Häufig kann man davon ausgehen, dass das Austauschverhältnis zwischen zwei Gütern die Arbeitszeit widerspiegelt, die die Tauschpartner für dasjenige Gut aufzuwenden hätten, dass sie nicht in Eigenproduktion erzeugt haben. Geld dient in diesem Zusammenhang als **Recheneinheit**, die die Austauschverhältnisse zwischen den Tauschgütern benennt. In der Geldwirtschaft ist die Zahl der benötigten Austauschrelationen sehr viel geringer als beim Naturaltausch. Dies lässt sich anhand der Matrix der Tauschrelationen darstellen. Sollen n Güter untereinander getauscht werden, so muss angegeben werden, gegen welche Anzahl von Mengeneinheiten jedes der Güter gegen jedes andere Gut getauscht wird. Bei n Gütern benötigt man n (n − 1) Tauschrelationen, da jedes Gut gegen jedes andere getauscht werden kann, aber nicht gegen sich selbst getauscht werden muss. Dabei entspricht jedoch das Austauschverhältnis von Gut A zu Gut B dem Kehrwert der Tauschrelation Gut B gegen Gut A, die Hälfte der n (n − 1) Tauschrelationen enthält demnach keine zusätzliche Information. Damit werden bei Naturaltausch (n (n − 1))/2 Tauschrelationen benötigt um alle möglichen Austauschrelationen von n Gütern auszudrücken. Die Zahl der benötigten Tauschrelationen steigt bei zunehmender Zahl von Gütern sehr schnell: Sind bei 4 Gütern noch 6 Tauschrelationen ausreichend, so benötigt man bei 5 Gütern schon 10 Tauschrelationen; bei 20 Gütern sind es bereits 190 Austauschverhältnisse. Legt man hingegen Geld als universelles Tauschmittel fest, dass jederzeit als Tauschmittel für jedes andere Gut dienen kann, ist es ausreichend, zu wissen, in welcher Austauschrelation jedes einzelne Gut zum Geld steht. Diese Tauschrelation gegenüber dem Universalgut Geld wird als Preis bezeichnet; benötigt werden n Preise; bei 20 Gütern also 20 Preise.

Geld als Zahlungsmittel
- beruht auf der generellen Bereitschaft, Geld als Gegenwert für eine Ware anzunehmen.
- erleichtert Tauschprozesse, denn Geld als universelles Tauschgut bietet die Möglichkeit, die Kosten des Tauschprozesses (Informations-, Lager-, Transportkosten) zu senken.
- sichert eine von Zeit und Ort unabhängige Zahlungsfähigkeit
- Geld als Recheneinheit
- dient als Bewertungsmaßstab. Anstelle der (n · (n − 1)/2) Austauschrelationen im Naturaltausch gibt es nur n Preise.
- Geld als Wertaufbewahrungsmittel
- stellt sicher, dass der Gegenwert eines Tauschaktes aufgehoben werden kann, um in der Zukunft Güter zu erwerben.

Übersicht 1.12: Geldfunktionen

Ohne Geld als Tauschmittel ist daraufhin eine fortgeschrittene Arbeitsteilung schwer vorstellbar. Der Nachteil der Geldwirtschaft besteht allerdings darin, dass sich alle Wertrelationen verschieben, wenn der Maßstab „Geld" im Wert variiert, d.h. nicht in einer festen Relation zum Gütervolumen steht, das erworben werden kann. In Zusammenhang mit dieser Überlegung steht eine weitere wichtige Funktion des Geldes, die **Wertaufbewahrung**: Jemand, der etwas abgibt, aber nicht sofort selbst ein anderes Gut erwerben möchte, kann das Universalgut Geld aufheben bis er seinerseits einen Kauf tätigen möchte. Damit können im Fall des zeitlichen Auseinanderfallens von Tauschakten „Tauschäquivalente" aufgehoben werden und so der Vorsorge für die Zukunft dienen. Die verschiedenen Geldfunktionen sind in Übersicht 1.12 zusammengefasst.

Vor dem Hintergrund dieser Überlegungen lassen sich zwei Gelddefinitionen formulieren: Unter Geld wird zum einen das in einer Volkswirtschaft gesetzlich anerkannte Zahlungsmittel verstanden. Diese Definition stellt auf den Gesetzgeber ab (**juristische Definition**). Ist eine der Geldfunktionen nicht gesichert, kann sich neben dem gesetzlich anerkannten Zahlungsmittel ein weiteres allgemein anerkanntes Zahlungsmittel etablieren, das bei einer Vielzahl von Tauschvorgängen verwendet wird. In der Vergangenheit wurden unterschiedliche Güter als Tauschmittel verwendet (z.B. Zigaretten), so dass in einem funktionalen Sinn Geld als dasjenige Gut definiert werden kann, das die Geldfunktion erfüllt. (**funktionale Gelddefinition**).

Das Gut, das als Zahlungsmittel und Recheneinheit sowie zur Wertaufbewahrung dienen soll, muss bestimmte Eigenschaften aufweisen: Es muss fast beliebig teilbar sein, damit es auch als Gegenwert für relativ geringfügige Güter dienen kann. Die Einheiten des Gutes müssen homogen, d.h. gleichwertig im Sinne der Tauschmittelfunktion sein. Das Gut sollte leicht transportierbar und – in einem technischen Sinne – haltbar sein: Beispielsweise wäre ein landwirtschaftliches Produkt sicherlich kein geeignetes Universalgut, da es nicht beliebig lange aufgehoben werden kann, also zumindest längere Zeiträume zwischen zwei Tauschprozessen nicht überbrücken könnte. Aber nicht nur in diesem technischen Sinn muss das Geld haltbar sein: Es muss darüber hinaus wertbeständig sein: Da die Zeiträume zwischen Einnahme (Einkommenserzielung) und Ausgabe (z.B. Kauf eines hochwertigen Produktes) lang sein können, muss sichergestellt sein, dass auch nach Ablauf längerer Fristen der Gegenwert – ausgedrückt in Gütermengen -, den man für das Universalgut eintauschen kann, zumindest nicht wesentlich abnimmt. Dazu ist es erforderlich, dass das Universalgut knapp, d.h. nicht beliebig vermehrbar ist. Völlig unerheblich für die Eignung als universales Tauschmittel ist hingegen der Gebrauchswert des Geldes.

Ursprünglich bestand das Geld aus vollwertigen Münzen mit einem Warenwert (Gebrauchswert), der dem aufgedruckten Wert entsprach (Edelmetalle). Unterwertige Münzen, bei denen der Warenwert geringer ist als der aufgeprägte Tauschwert (**Scheidemünzen**), wurden erst später verwendet. Neben den Münzen wird **Papiergeld** verwendet. Zunächst handelte es sich dabei um eine Verpflichtungserklärung einer Bank, den aufgedruckten Betrag in Münzen auszuzahlen. Später verselbständigte sich die Verwendung dieser Forderungen und die Einlösemöglichkeit entfiel. Ein Verbot der Ausgabe von Banknoten durch Private oder Geschäftsbanken wurde erforderlich, um die Geldwertstabilität zu sichern. Heute erfolgt die Ausgabe von Banknoten durch die Zentralbank eines Landes. Neben dem Papiergeld wird im so genannten bargeldlosen Zahlungsverkehr das stofflose Buch- oder Giralgeld verwendet. Daraus ergibt sich die Möglichkeit, dass Banken höhere Guthaben einräumen, als Münzen und Banknoten vorhanden sind. Damit die Wertbeständigkeit des Geldes trotzdem gesichert ist, gibt es in den meisten Ländern gesetzliche Regelungen dazu, wer Geld in Umlauf bringen darf. In der Bundesrepublik liegt das Recht der Münzprägung aus historischen Gründen bei der Bundesregierung, die Ausgabe der Münzen wird aber derzeit von der Deutschen Bundesbank geregelt; das Recht zur Ausgabe von Banknoten liegt allein bei der Zentralbank. **Buch- oder Giralgeld** wird von den Geschäftsbanken, die Geldgeschäfte mit den privaten Wirtschaftssubjekten durchführen, durch Buchungsvorgänge in Umlauf gesetzt. Unsere Geldordnung lässt sich als **zweistufiges Mischgeldsystem** bezeichnen: Zentralbank und Geschäftsbanken bringen Geld in Umlauf. Im Rahmen des Systems werden Münzen, Banknoten und verschiedene Formen von Buchgeld verwendet.

1.2.6 Grundfragen des Wirtschaftens: Was, wie, für wen?

Je weiter die Arbeitsteilung entwickelt ist, desto größer wird die Notwendigkeit, die von einzelnen Wirtschaftssubjekten getroffenen Produktions- und Konsumentscheidungen aufeinander abzustimmen, also zu koordinieren.

Die Hersteller von Fahrzeugen müssen z.B. ihre Produktion an den Wünschen derjenigen Wirtschaftssubjekte orientieren, die Fahrzeuge nachfragen. Sie können jedoch die gewünschte Menge nur herstellen, wenn auch ihre vielen Vorlieferanten geeignete Vorprodukte im benötigten Umfang und in der benötigten Qualität liefern. Vorlieferanten sind etwa die Hersteller der Reifen, der elektrischen Ausstattung, der Sitze und so weiter bis hin zur Stahlindustrie, die die Karosseriebleche bereitstellen muss.

Diese Koordination ist nur dann erfolgreich, wenn gerade diejenigen Güter produziert werden, die vom Verbraucher benötigt werden bzw. wenn solche Güter, die nicht benötigt werden, nicht produziert werden. Da alle modernen Volkswirtschaften arbeitsteilig produzieren, ist die Notwendigkeit, die Pläne der Unternehmen aufeinander abzustimmen und die Pläne der Produzenten von Endnachfrageprodukten mit den Wünschen der Verbraucher zu koordinieren, immer vorhanden.

Im Zuge des Koordinationsprozesses müssen verschiedene Teilfragen beantwortet werden. Als erstes muss über die Zusammensetzung der Produktion entschieden werden. Es stellt sich also die Frage, welche Güter hergestellt werden sollen. Bei arbeitsteiliger Produktion wird diese Frage in den Unternehmen beantwortet. Die Unternehmen müssen dabei aber die Wünsche der Nachfrager beachten, da die produzierten Güter auf dem Markt abgesetzt werden sollen. Zweitens ist über die Wahl der Produktionsmethode zu entscheiden, also die Frage zu beantworten, wie produziert werden soll. Die Produktionsmethode wird ebenfalls in den Unternehmen gewählt. Hier wird entschieden, welche Produktionstechnik bei der Herstellung welcher Güter eingesetzt werden soll. Beispielsweise wird in der Automobilindustrie festgelegt, in welchem Umfang Handfertigung beibehalten oder ein roboterunterstütztes Fertigungsverfahren eingeführt werden soll. Damit wird gleichzeitig darüber entschieden, welche Produktionsfaktoren in der Volkswirtschaft – bei gegebenem Ressourcenvorrat – für alternative Verwendungen verfügbar bleiben. Mit der Wahl der Produktionsmethode wird also bestimmt, in welchem Umfang eine Versorgung mit Gütern erfolgen kann. Drittens muss darüber entschieden werden, für wen produziert wird, wer also die hergestellten Güter ge- oder verbrauchen kann.

Diese drei Teilfragen werden als **Grundfragen des Wirtschaftens** bezeichnet. Zusammen genommen ergibt sich aus den Antworten auf diese Fragen der Umgang mit dem Spannungsverhältnis zwischen Bedürfnissen und verfügbaren Ressourcen – die Antworten auf diese Fragen entscheiden darüber, wie die knappen Ressourcen auf eine Vielzahl von Verwendungsmöglichkeiten verteilt werden sollen (Allokation der Faktoren). Dieses Problem wird als Allokationsproblem bezeichnet.

Es bestehen unterschiedliche Vorstellungen darüber, wie einzelwirtschaftliche Entscheidungen am besten koordiniert werden können. In einer prinzipiell marktwirtschaftlichen Ordnung werden die Grundfragen des Wirtschaftens dadurch beantwortet, dass Produzenten und Konsumenten unabhängig voneinander und eigenverantwortlich planen und entscheiden. Die Konsumenten tauschen Teile ihres Einkommens gegen Güter, die Produzenten tauschen die von ihnen hergestellten Güter gegen Geld. Diese Tauschprozesse vollziehen sich auf Märkten, auf denen sich Anbieter und Nachfrager von Gütern gegenüberstehen. Im Zuge der Tauschprozesse bilden sich Austauschrelationen – nämlich die Preise -, die den Knappheitsgrad der Waren ausdrücken. Güter werden hergestellt, solange zahlungsbereite und zahlungsfähige Nachfrager den Anbietern die Güter abkaufen. Produzenten müssen sich letztlich daran orientieren, welche Produkte zu welchen Preisen auf Märkten absetzbar sind – sie treffen in einer dezentralen Wirtschaftsordnung die Produktionsentscheidungen, müssen aber dabei die Wünsche der Konsumenten beachten (Vgl. Übersicht 1.13).

Welche Güter sollen in welchen Mengen produziert werden?

Da wegen der Knappheit der Produktionsfaktoren nicht alle Bedürfnisse befriedigt werden können, braucht die Volkswirtschaft ein Bewertungssystem für die verschiedenen Güter, das die Dringlichkeit der Konsumentenwünsche widerspiegelt. Güter sollen in der Reihenfolge und in dem Umfang produziert werden, wie es der Bedürfnishierarchie der Konsumenten entspricht. Die Bereitschaft, für ein Gut einen bestimmten Preis zu zahlen, ist Ausdruck der Wertschätzung für ein Gut und zeigt den Produzenten die Knappheit dieses Gutes an. Das Preisgefüge der Güter liefert den Produzenten Hinweise, was sie produzieren sollen.

Mit welchen Produktionsmethoden und in welcher Kombination der Produktionsfaktoren sollen die Güter hergestellt werden?

Die Preise signalisieren den Anbietern die Dringlichkeit des Bedarfs. Da die Anbieter diejenigen Güter produzieren, bei denen sie über hohe Preise einen Gewinn erzielen können, werden die Produktionsfaktoren in die Industrien geleitet, die die am stärksten nachgefragten Güter herstellen. Die Haushalte verkaufen ihre Arbeitskraft an die Unternehmen, die am meisten dafür zahlen. Das sind die Unternehmen, die die am meisten gefragten Güter erzeugen.

Um einen möglichst hohen Gewinn zu erzielen, sind die Unternehmen ferner bestrebt, diejenige Faktorkombination zu wählen, bei denen die Produktionskosten möglichst gering sind. Sie wählen eine Produktionsmethode entsprechend dem ökonomischen Prinzip.

Wie sollen die erzeugten Güter an die Mitglieder der Volkswirtschaft verteilt werden?

Die Verteilung der Güter auf die Haushalte ist abhängig von der Verteilung der Einkommen, also davon, welche Arten und Mengen von Produktionsfaktoren die Haushalte für die Produktion von Gütern bereitstellen und welchen Preis sie dafür erhalten. Wenn die Mitglieder eines Haushalts z.B. ihre Arbeit einem Unternehmen zur Verfügung stellen, das Güter produziert, für die die Nachfrage relativ abnimmt, so müssen sie mit einem – im Verhältnis zum Einkommen anderer – sinkenden Einkommen rechnen.

Übersicht 1.13: Marktwirtschaftliche Antworten auf die Grundfragen des Wirtschaftens

Die Steuerung über Märkte ist allerdings nur eine mögliche Form der Koordination von Wirtschaftsplänen. Eine andere mögliche Form sind zentral erstellte Wirtschaftspläne, bei denen die Produkte den einzelnen Wirtschaftssubjekten zugeteilt werden. Im Abschnitt 1.4 werden die Kriterien, nach denen verschiedene wirtschaftliche Organisationsformen klassifiziert werden können, ausführlicher erörtert.

1.2.7   Aufgaben

1. Ein BWL-Student wird gefragt, wie lange er insgesamt studieren möchte. Er antwortet, dass er einerseits sein Studium mit einer guten Note abschließen möchte, andererseits aber auch die Studiendauer begrenzen möchte. Welche Wahlmöglichkeiten hat der Student, wenn er sich entsprechend dem ökonomischen Prinzip verhalten möchte?
2. Erläutern Sie kurz, was sie unter dem Problem der Knappheit verstehen und stellen Sie dar, inwiefern sich dieses Problem im Konzept der Opportunitätskosten niederschlägt.
3. In einer Volkswirtschaft sei ein bestimmter Vorrat an Arbeitskräften und Kapital zur Herstellung von Konsumgütern oder von Investitionsgütern vorhanden. Folgende Ausbringungsmengen-Kombinationen seien möglich:

Konsumgüter	0	100	200	300	400	450	500
Produktionsgüter	500	475	425	350	250	150	0

   a) Stellen Sie die Produktionsmöglichkeiten in einer geeigneten Grafik dar und prüfen Sie die Möglichkeit der folgenden Produktionsmengenkombinationen:
       Punkt A: 200 Einheiten Investitionsgüter und 200 Einheiten Konsumgüter
       Punkt B: 425 Einheiten Investitionsgüter und 300 Einheiten Konsumgüter
   b) Erläutern Sie den Begriff der Opportunitätskosten und erläutern Sie, wie hoch diese Kosten sind, wenn die Produktionsmenge a) bei den Konsumgütern von 100 auf 200 Einheiten und b) bei den Konsumgütern von 400 auf 450 Einheiten erhöht werden soll.

4. Nach dem zweiten Weltkrieg wurden auf Schwarzmärkten vorübergehend Zigaretten als Zahlungsmittel verwendet.
    a) Erläutern Sie anhand dieses Beispiels den Unterschied zwischen der juristischen und der funktionalen Gelddefinition.
    b) Nennen und erklären Sie die Geldfunktionen.
    c) Erläutern Sie kurz die Vorteile der Geldwirtschaft gegenüber dem Naturaltausch.
5. Moderne Volkswirtschaften zeichnen sich durch Arbeitsteilung, Spezialisierung und Außenhandel aus.
    a) Nennen Sie die Vor und Nachteile der Arbeitsteilung bzw. Spezialisierung.
    b) In Land A und in Land B werden sowohl Radiogeräte als auch Personalcomputer (PC) hergestellt. Der zur Produktion erforderliche Zeitaufwand (in Arbeitsstunden) betrage:

Zeitaufwand	für ein Radiogerät	für einen PC	zusammen
in Land A	40 Stunden (Std)	30 Std	70 Std
in Land B	20 Std	25 Std	45 Std

    Zeigen Sie, dass sich durch Spezialisierung und entsprechenden Außenhandel der Zeitaufwand für die Güterversorgung in beiden Ländern senken lässt! Auf welches Gut sollte sich Land A spezialisieren, wenn es Außenhandelsbeziehungen mit Land B aufnimmt?
    c) Erläutern Sie zwei Faktoren, die einen im Prinzip vorteilhaften Außenhandel zwischen Land A und Land B hemmen könnten.

1.3   Marktwirtschaftliche Grundlagen

Lernziele

In diesem Kapitel

- vollziehen Sie nach, wie die individuellen Wirtschaftspläne der Anbieter und Nachfrager auf Märkten koordiniert werden.
- verstehen Sie die Bedeutung des Marktgleichgewichts und eines markträumenden Preises.
- erkennen Sie die Steuerungsfunktionen der flexiblen Preise. Sie spiegeln die Knappheitsrelationen auf den Güter- und Faktormärkten wider, und erfüllen Informations-, Anreiz- und Selektionsfunktionen.
- lernen Sie, dass bei funktionierender Marktsteuerung die Produkte, die die Nachfrager verwenden wollen, entsprechend dem ökonomischen Prinzip hergestellt werden (statische Preisfunktionen).

- erfahren Sie, dass die Steuerung über Preise sicherstellt, dass technischer Fortschritt realisiert wird und dass notwendige Anpassungen an Datenänderungen vollzogen werden (dynamische Funktionen).
- verstehen Sie die Wirkungen von Höchst- und Mindestpreisen. Diese stellen nicht marktkonforme Interventionen dar, die die Marktversorgung verschlechtern.

1.3.1   Märkte, Angebot und Nachfrage

Auf Märkten treffen Anbieter und Nachfrager von knappen Gütern zusammen und tauschen untereinander Güter aus. Märkte sind also Tauschorte. Tauschprozesse können an „realen Orten" stattfinden (Wochenmarkt, Versteigerungsraum). Angebot und Nachfrage können aber auch per Telefon, Online oder über den Anzeigenteil einer Zeitung zusammentreffen. Im Vergleich zum individuellen Tausch werden auf Märkten die Tauschbedingungen verbessert, weil die notwendigen Informationen in Bezug auf Preise sowie Kauf- und Verkaufswünsche anderer Personen gebündelt werden. Auf Märkten werden Kontaktmöglichkeiten zwischen potentiellen Tauschpartnern geschaffen.

Potentielle Tauschpartner auf Märkten sind private Haushalte und Unternehmen. Auf **Gütermärkten** können Unternehmen als Anbieter und Nachfrager und Haushalte als Nachfrager auftreten. Gütermärkte lassen sich z.B. in Märkte für Investitionsgüter und für Konsumgüter einteilen; ferner in Märkte für Waren und für Dienstleistungen. Auf **Faktormärkten** stehen sich die Haushalte als Anbieter der volkswirtschaftlichen Produktionsfaktoren Arbeit, Boden und Kapital und die Unternehmen als Nachfrager nach entsprechenden Faktorleistungen gegenüber. Arbeitsmärkte betreffen das Angebot und die Nachfrage nach Arbeitsleistungen. Sie finden sich in Zeitungen, beim Arbeitsamt und bei privaten Vermittlungsagenturen. Sie unterscheiden sich in Bezug auf die „gehandelten" Qualifikationen und Einsatzregionen. **Immobilien- bzw. Bodenmärkte** beziehen sich auf Angebot und Nachfrage nach Grundstücken und Gebäuden. **Kapitalmärkte** bringen Nachfrage und Angebot von Kapital z.B. an der Börse zusammen.

Im Folgenden stehen Gütermärkte im Mittelpunkt der Betrachtung. Die auf Märkten angebotenen und nachgefragten Gütermengen hängen von einer Vielzahl von Einflussgrößen ab. In der mikroökonomischen Betrachtung wird das Marktgeschehen unter stark vereinfachenden Annahmen betrachtet, um die komplexen Wirkungsbeziehungen zu untersuchen. Dabei wird zunächst ein Markt betrachtet, auf dem ein bestimmtes Produkt mit eindeutig festgelegten Eigenschaften gehandelt wird, mit dem ein klar umschriebenes Bedürfnis befriedigt werden kann.

Auf dem Automobilmarkt werden z.B. viele verschiedene Fahrzeuge mit unterschiedlichen Ausstattungen und Nutzungsmöglichkeiten gehandelt. Neben dem Preis der Fahrzeuge beeinflussen die verschiedenen Eigenschaften der Autos, Service der Herstellerfirmen und der Händler, Werbung und das Image der verschiedenen Fahrzeuge die Nachfrage- und die Angebotsmenge. Selbst wenn der Markt enger als Pkw-Markt für Neuwagen der Mittelklasse zu einem bestimmten Zeitpunkt abgegrenzt wird, umfasst er noch eine Vielzahl von Fahrzeugtypen. Eine sehr enge Marktabgrenzung auf ein bestimmtes Modell eines bestimmten Herstellers beschränkt die Bestimmungsgrößen der Nachfrage ein, weil Qualitätsmerkmale, bei denen sich Mittelklassewagen verschiedener Hersteller unterscheiden, keine Rolle mehr spielen.

Auf einem – bezogen auf ein bestimmtes Produkt mit eindeutig definierter Qualität – eng abgegrenzten Markt hängen die angebotene und die nachgefragte Menge wesentlich vom Preis dieses Gutes ab. Haushalte und Unternehmen planen unabhängig voneinander eine Nachfrage- und eine Angebotsmenge, die davon abhängt, wie hoch der Marktpreis für das entsprechende Gut ist. Angebot und Nachfrage auf weniger eng abgegrenzten Märkten werden natürlich nicht nur vom Preis der gehandelten Güter, sondern auch von anderen Faktoren beeinflusst; das Funktionieren von Märkten wird aber zunächst für solche Märkte betrachtet, bei denen der Preis als Tauschkriterium dominiert.

Die **Nachfrage** nach einem Gut ist im Regelfall normalerweise preisabhängig. Steigende Preise führen unter sonst gleichen Umständen normalerweise zu einem Rückgang der Nachfragemenge. Dieser Zusammenhang wird im Rahmen der Theorie des Haushalts aus geeigneten Verhaltensannahmen abgeleitet. Die Abhängigkeit der nachgefragten Menge x_N vom Preis p (unabhängige Variable) wird normalerweise als **Nachfragefunktion** dargestellt:

$$x_N = f(p) \text{ mit } dx_N / dp < 0$$

Abb. 1.3 (b) zeigt die Nachfragefunktion in Gestalt einer Nachfragekurve N mit negativer Steigung. Preisänderungen führen zu einer entsprechenden Bewegung auf der Kurve. Eine Preissteigerung von p_0 nach p_1 führt zu einem Rückgang der Nachfragemenge von x_0 nach x_1, d.h. von Punkt D nach Punkt E.

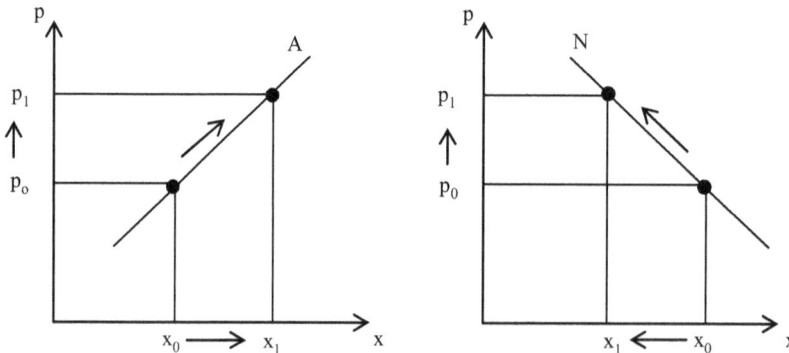

Abb. 1.3: Preisabhängigkeit von Angebot und Nachfrage

Ein hoher Preis ermuntert Unternehmen dazu, das Gut anzubieten. Bleiben andere Einflussfaktoren unverändert, so führt eine Preissteigerung typischerweise zu einer Zunahme der Angebotsmenge. Eine Preissenkung hat den umgekehrten Effekt. Diese Verhaltensannahme wird im Rahmen der Theorie der Unternehmung detaillierter hergeleitet. Die Abhängigkeit der Angebotsmenge x_A vom Preis p lässt sich in Form einer Angebotsfunktion darstellen. Dabei ist zu beachten, dass der Preis als unabhängige und die Angebotsmenge als abhängige Variable anzusehen ist.

$x_A = f(p)$ mit d x_A / dp > 0

Abb. 1.3 (a) zeigt die Angebotskurve als steigende Funktion A. Im Preis-Mengen-Diagramm wird üblicherweise die abhängige Mengengröße an der Abszisse und die unabhängige Preisgröße an der Ordinate abgetragen. Preisänderungen führen c.p. zu einer entsprechenden Bewegung auf der Kurve; eine Preissteigerung von p_0 auf p_1 führt zu einer Zunahme der Angebotsmenge von x_{A0} auf x_{A1}, d.h. ausgehend von Punkt B zu Punkt C.

1.3.2   Marktgleichgewicht

Auf Märkten treffen die Pläne von Anbietern und Nachfragern zusammen. Dabei zeigt sich, inwieweit diese Pläne realisierbar sind, d.h. ob die Anbieter den Nachfragern die Güter in der gewünschten Menge und Qualität bereitstellen und ob die Nachfrager bereit sind, die von den Anbietern produzierten Güter abzunehmen. Der Marktpreis bildet sich im Spannungsverhältnis zwischen Angebot und Nachfrage. Einerseits hängen sowohl die geplante Angebots- als auch die geplante Nachfragemenge vom (hypothetischen) Preis ab. Andererseits ergibt sich der realisierte Marktpreis aus Angebot und Nachfrage. Existiert ein Marktpreis, bei dem die angebotene und die nachgefragte Menge übereinstimmen, haben weder Anbieter noch Nachfrager eine Veranlassung, ihre Pläne zu ändern. Diese Situation wird als **Gleichgewicht** bezeichnet und ist zentral für das Verständnis marktlicher Koordination. Als Gleichgewicht wird allgemein ein stabiler Zustand bezeichnet, der durch die Abwesenheit von Veränderungskräften gekennzeichnet ist.

Abb. 4 zeigt ein Marktdiagramm mit typisch verlaufender Angebots-. und Nachfragekurve. Im Schnittpunkt von Angebots- und Nachfragekurve (Punkt G) stimmen die Angebotsmenge x_A und die Nachfragemenge x_N, die Unternehmen bzw. Haushalte zu diesem Preis p* planen, überein. Es gilt:

$x_A = x_N = x^*$

In Punkt G ist der Markt im Gleichgewicht. Der Preis p* ist der Gleichgewichtspreis und x* die zugehörige markträumende Tauschmenge. Gelangt nämlich die bei dem Preis p* angebotene und nachgefragte Menge ($x_A = x_N = x^*$) tatsächlich zum Austausch, so werden alle realisierbaren Pläne erfüllt. Die nicht zum Zuge kommenden Anbieter bzw. Nachfrager haben bei dem Preis p* kein Interesse an einem Tausch. Somit bestehen keine Kräfte, die unmittelbar auf eine Veränderung dieses Zustands drängen. Die Marktteilnehmer haben zugleich wenig Anlass, ihre künftigen Planungen zu ändern, sofern die Marktsituation sich nicht ändert (c.p.-Klausel).

Bei einem Preis p_1, der oberhalb des Gleichgewichtspreises p* liegt, besteht demgegenüber ein **Angebotsüberschuss** im Umfang der AB. Es liegt ein **Käufermarkt** vor. Nur die Pläne

der Nachfrager als „kurzer" Marktseite lassen sich realisieren. Die Angebotsseite wird dagegen rationiert, d.h. nicht alle Anbieter kommen wie gewünscht zum Zuge (vgl. Punkt A in
Abb. 1.4). Eine solche Situation ist **ungleichgewichtig**; es kommt typischerweise zu Anpassungsreaktionen.

Der Angebotsüberschuss „drückt auf den Preis". Anbieter konkurrieren z.B. mit niedrigeren
Preisen und Sonderangeboten um die knappe Nachfrage. Aufgrund des rückläufigen Preises
wird daraufhin das Angebot zurückgedrängt. Einige Anbieter mit ungünstiger Kostenstruktur
verzichten auf ein Marktangebot. Je flacher die Angebotskurve verläuft, desto stärker wird
das Angebot mengenmäßig zurückgehen. Zugleich steigt bei rückläufigen Preisen die Nachfrage. Einige Verbraucher, denen das Gut bisher zu teuer war, wollen das Gut unter den
geänderten Bedingungen kaufen. Der Preis fällt so lange, bis durch diese Entwicklungen der
Angebotsüberschuss „weggeschmolzen" ist. Dies ist bei dem Preis p* der Fall. Die geschilderten Anpassungen werden in Abb. 1.4. durch Pfeile in die Richtung des Gleichgewichts-
punktes G angedeutet.

Bei einem Preis, der unterhalb des Gleichgewichtspreises p* liegt (z.B. p_2) besteht dagegen
ein **Nachfrageüberschuss** im Umfang der Linie DF. Es liegt ein **Verkäufermarkt** vor. Das
Angebot ist nun die „kurze" Marktseite. Nur die Angebotspläne können umgesetzt werden,
die Nachfrager werden rationiert, d.h. nicht alle Nachfrager werden bei diesem Preis bedient
(vgl. Punkt D). Auch dieser Zustand ist vermutlich instabil, also ungleichgewichtig.

Der Nachfrageüberschuss „treibt den Preis". Einige Nachfrager werden bereit sein, höhere
Preise zu akzeptieren. Bei steigendem Preis werden daraufhin andere Nachfrager auf die
Erfüllung ihrer Wünsche verzichten. Je flacher die Nachfragekurve verläuft, desto stärker
geht die Nachfragemenge zurück. Der steigende Preis stellt andererseits einen Anreiz für die
Ausweitung des Angebots dar. Auch für Anbieter mit höheren Produktionskosten lohnt ein
Angebot. Der Preis steigt so lange, bis der Nachfrageüberschuss vollständig abgebaut wurde.
In der Abb. 1.4 ist die Bewegung zum Gleichgewichtspunkt G wieder durch Pfeile angedeu-
tet.

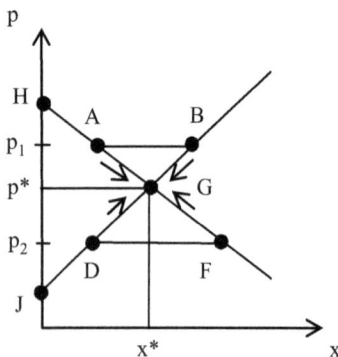

Abb. 1.4: Marktgleichgewicht (Angebots- und Nachfragekurve im Preis-Mengen-Diagramm)

Bei flexiblem Preis strebt der betrachtete Markt stets zum Gleichgewicht. Der gleich-gewichtige Marktpreis p* lässt sich als Ausdruck der Wertschätzung für dieses Gut interpre-tieren. Im Vergleich zu den beschriebenen Ungleichgewichtssituationen ist das Marktgleich-gewicht durch folgende vorteilhafte Eigenschaften gekennzeichnet:

- Die Gleichgewichtsmenge x* ist die maximal handelbare Menge auf einem Markt. An-gebotene bzw. nachgefragte Mengen jenseits der Menge x* sind nicht realisierbar – es handelt sich um Pläne, die aufgrund fehlender Tauschpartner scheitern müssen.
- Im Gleichgewicht stimmen Angebots- und Nachfragepläne mengenmäßig überein (Plankonsistenz). Der Preis hat eine Abstimmung zwischen den Plänen der Anbieter und Nachfrager herbeigeführt. Im Ungleichgewicht gehen dagegen viele Pläne nicht in Erfül-lung.
- Im Gleichgewicht kommen unterschiedliche Akteure zum Zuge. Die meisten Nachfrager hätten auch einen höheren Preis als p* akzeptiert. Diese Nachfrager erzielen im Gleich-gewicht eine **Konsumentenrente** in Höhe der Differenz zwischen p* und den von ihnen maximal akzeptierten Preis. Wer bereit wäre, für das Gut auch einen Preis von p_1 zu be-zahlen, erzielt eine „Ersparnis" im Gegenwert von $(p_1 - p^*)$. Nur der Grenznachfrager geht bei einem Preis von p* bis an die Grenze seiner Zahlungsbereitschaft. Summiert über alle Nachfrager ergibt sich eine Konsumentenrente in Höhe der Fläche GHp* in Abb. 1.4. Die Bezeichnung „Rente" (aus dem englischen rents) soll andeuten, dass die entsprechenden Vorteile den Nachfragern ohne besondere Leistung zufallen.
- Auf der anderen Seite hätten die meisten Anbieter auch einen geringeren Preis als p* akzeptiert. Diese Anbieter erzielen jeweils eine Rente in Höhe der Differenz zwischen p* und dem von ihnen gerade noch akzeptierten Mindestpreis. Summiert über alle An-bieter ergibt sich die **Produzentenrente** in Höhe der Fläche GJp* in Abb. 1.4. Nur der Grenzanbieter geht im Gleichgewichtszustand bis an die Grenze seiner Angebotsbereit-schaft bzw. hätte keinen geringeren Preis als p* akzeptiert.
- Im Gleichgewicht ist die Summe aus Konsumentenrente und Produzentenrente maximal (vgl. die Fläche GHJ). In Ungleichgewichtssituationen ist diese Summe im Vergleich zum Gleichgewicht geringer.

1.3.3   Anpassungsprozesse auf verschiedenen Märkten

In Marktwirtschaften gibt es eine Vielzahl von Märkten für unterschiedliche Güter. Diese sind nicht isoliert voneinander, sondern als Teile eines Systems dezentraler Märkte mit wechselseitigen Beziehungen zu betrachten. Einige Güter gehen als **Vorleistungen** in die Produktion anderer Güter ein. So wird Getreide meist nicht direkt an den Endverbraucher verkauft, sondern dient als Input für die Mühle. Deren Output – das Mehl – fungiert wieder-um als Vorleistungsgut bei der Broterzeugung. Andere Güter stehen in Konkurrenz zueinan-der. So konkurrieren z.B. Tee und Kaffee um den Platz auf dem Frühstückstisch. Preisände-rungen beeinflussen daher nicht nur das Verhalten der Akteure auf dem direkt betroffenen Markt, sondern stets auch das Verhalten auf anderen Märkten.

Bei einer Erhöhung der Rohölpreise sind zahlreiche Folgeanpassungen denkbar. Die Preiser-höhung reduziert direkt die Nachfrage nach Kraftstoffen und Heizöl. Öl ist aber auch in Relation zu anderen Gütern teuerer geworden, die **relativen Preise** haben sich zu Lasten des Öls verschoben. Folglich ist auch auf anderen Märkten mit Anpassungen zu rechnen. In der chemischen Industrie würden möglicherweise rohölbasierte Produktionen zurückgefahren und dafür verstärkt andere Produkte hergestellt (Wasserlacke statt petrochemische Lacke). Forschung und Entwicklung würden stärker als vorher ölsparende Technologien zum Gegenstand haben. In der Automobilindustrie wäre eine Renaissance des Werkstoffes Stahl gegenüber dem Kunststoff vorstellbar, wenn die damit verbundenen Gewichtsprobleme gelöst werden können. Eine solche Umstellung würde ihrerseits steigende Stahl- und (wieder) sinkende Kunststoffpreise, eine verstärkte Nachfrage nach Metallarbeitern und eine rückläufige Nachfrage nach Chemiefacharbeitern mit entsprechenden Auswirkungen auf die Lohnsätze bewirken. Ferner würden sicherlich einige Reisen per PKW durch Bahnreisen ersetzt. Die wirtschaftliche Position der Deutschen Bahn AG und ihrer Beschäftigten würde besser. Weitere Folgewirkungen ließen sich denken.

Die Koordination von Einzelentscheidungen über Märkte und Preise erfolgt im Zusammenspiel der Preisbildung auf allen Märkten der Volkswirtschaft. Angebots- oder Nachfrageüberschüsse auf Einzelmärkten führen zu Folgeanpassungen auf anderen Märkten. Umgekehrt sind Datenänderungen auf einem bestimmten Markt – so gesehen – vielfach Folge von Anpassungsprozessen auf anderen Märkten. Über Markt- und Preismechanismen werden insgesamt die Anpassungsentwicklungen auf allen Märkten einer Volkswirtschaft simultan gesteuert. Erst wenn auf allen Märkten ein Gleichgewicht erreicht ist, kommen die Preise bzw. die relativen Preise zur Ruhe. Dies ist allerdings ein gedanklicher Grenzfall, der fast nie erreicht wird. Marktgleichgewichte verdeutlichen daher eher die Entwicklungsrichtungen von Anpassungsprozessen als realisierte Konstellationen.

1.3.4   Preisfunktionen

In dem beschriebenen Koordinationsprozess haben die Preise mehrere wichtige Funktionen (vgl. Übersicht 1.14). Sie üben zum einen eine **Signalwirkung** aus, indem sie den Anbietern und Nachfragern verdeutlichen, wie dringend die einzelnen Güter benötigt werden. Preise signalisieren z.B. den Anbietern, wie hoch die Zahlungsbereitschaft der Nachfrager für einzelne Güter ist; sie zeigen den Nachfragern, auf wie viele andere Güter sie verzichten müssen, wenn sie ein bestimmtes Gut kaufen. Sie sind insofern ein **Knappheitsindikator.** Anbieter und Nachfrager können z.B. von Preissteigerungen auf eine gestiegene Knappheit der betreffenden Güter schließen. Preise liefern insofern wichtige Informationen für die Planungen der Wirtschaftssubjekte. Weitergehende Kenntnisse der Umwelt – z.B. die Kenntnis technologischer Zusammenhänge und Kostenstrukturen oder die Kenntnis der Ursachen von Preisänderungen – sind für die Erstellung von Wirtschaftsplänen oft nicht erforderlich. Ob etwa der Kaffeepreis wegen gestiegener Nachfrage oder wegen einer Missernte steigt, spielt für die aktuelle Verbrauchsentscheidung eines Haushalts keine Rolle. Da sich sowohl die Anbieter als auch die Nachfrager an den Preisen orientieren, werden die Pläne der beiden Marktseiten über den Preismechanismus koordiniert. Wegen dieser geringen Informationsanforderungen ist die Abstimmung einzelwirtschaftlicher Pläne und Entscheidungen über den Preismechanismus so vorteilhaft.

Preise sorgen auf Märkten zugleich tendenziell für den Ausgleich von Angebot und Nachfrage (**Ausgleichs- bzw. Koordinierungsfunktion**). Hohe Preise locken zusätzliche Anbieter an. Sie signalisieren hohe Gewinnchancen und ermuntern zum Marktzutritt oder zur Produktionsausdehnung (**Anreizfunktion).** Hohe Preise schalten zugleich Nachfrager aus, die für ein Gut nicht viel bezahlen können oder wollen. Niedrige Preise ziehen zusätzliche Nachfrager an und schalten Anbieter aus, die auf Dauer die Preissenkungen nicht mit vollziehen können oder wollen (**Selektionsfunktion**). Über den Preismechanismus gelingt so die Beantwortung der eingangs aufgeworfenen Frage, welche Güter in welchen Mengen produziert werden sollen. Es sind dies die Gütermengen bzw. Güterqualitäten, die die Verbraucher am dringlichsten zu kaufen wünschen. Der Preismechanismus sorgt also dafür, dass die **Zusammensetzung des Güterbündels tendenziell den Vorstellungen der Konsumenten entspricht**.

Erzielen die Produzenten solcher Güter, welche die Haushalte dringend wünschen, vergleichsweise hohe Gewinne, dann sind es auch diese Produzenten, die die zur Produktion benötigten Güter und Ressourcen stark nachfragen und dafür vergleichsweise hohe Preise bieten. In gewinnträchtigen Bereichen der Volkswirtschaft werden Faktoren gesucht und gut entlohnt. In wenig rentablen Bereichen werden Produktionsfaktoren schlecht entlohnt oder sogar freigesetzt. Streben die Anbieter von Faktorleistungen nach einem hohen Faktoreinkommen, dann lenken solche Unterschiede in der Faktorentlohnung die knappen Produktionsfaktoren solange in Richtung der gut entlohnten, d.h. produktiven Verwendung, bis sie insgesamt optimal eingesetzt werden, d.h. bis die **optimale Faktorallokation** gefunden ist (Allokationsfunktion der Preise). Datenänderungen auf den Gütermärkten, die zu einer Neubewertung von Gewinnchancen führen, bewirken somit in der Folge auch zu Faktorpreisänderungen und eine Änderung der Verwendung (**Reallokation**) von Produktionsfaktoren.

Die Faktorpreise beeinflussen auch die Wahl der Produktionsmethode. Im Wettbewerb der Anbieter wird stets versucht, Güter effizient, d.h. ceteris paribus zu den niedrigsten Kosten zu produzieren. Ist etwa der Preis für Arbeit im Vergleich zum Preis für Kapital hoch, dann lohnt eine kapitalintensive Produktionsweise (z.B. der Einsatz von Robotern in der Automobilproduktion). Damit lässt sich auch die Frage beantworten, welche Produktionsmethoden jeweils zur Anwendung kommen: Der Preismechanismus sorgt tendenziell für die Anwendung der jeweils kostengünstigsten Produktionsmethode. Der Wettbewerb zwischen Anbietern vollzieht sich über Preise und Preisänderungen. Anbieter, denen es z.B. durch eine Kostensenkung gelingt, auch zu niedrigeren Preisen noch anbieten zu können, haben einen Wettbewerbsvorteil. Im Wettbewerb kommt es neben dem Preis allerdings auch auf die Qualität der Güter, die Absatz- und Vertriebsorganisation, auf Serviceleistungen und Kundennähe an.

- Der Preis zeigt die Knappheit der Güter an. (**Signalwirkung, Informationsfunktion**).
- Er bringt Angebot und Nachfrage zum Ausgleich (**Markträumung**).
- Beide Funktionen zusammen sorgen für die Orientierung des Angebots an der Nachfrage.
- Dadurch werden die knappen Produktionsfaktoren in die jeweils günstigste Verwendung gelenkt (**Optimale Faktorallokation**).
- Auf den Faktormärkten bewirkt der Preismechanismus, dass die Produktionsfaktoren entsprechend ihrem Produktionsbeitrag entlohnt werden. Es ergibt sich eine **leistungsstimulierende Einkommensverteilung**.
- Da flexible Preise veränderte Knappheitsrelationen bei den Produktionsfaktoren bzw. bei den Gütern schnell anzeigen, liefern sie den Anbietern und Nachfragern die Informationen für notwendige **Anpassungen an Datenänderungen**.
- Der Druck auf die Preise, denen die Anbieter ausgesetzt sind, schafft einen ständigen Anreiz, die Produktionskosten zu senken. Anbieter mit zu hohen Produktionskosten werden von den Gütermärkten verdrängt; das gilt auch für diejenigen Anbieter, die Güter herstellen, die die Nachfrager nicht oder nicht zu einem so hohen Preis kaufen wollen (**Selektionsfunktion**).
- Dieser Druck trägt dazu bei, technischen Fortschritt durchzusetzen (**Fortschrittsfunktion**).

Übersicht 1.14: Funktionen des Preismechanismus

Die Faktorpreise spielen ferner bei der Verteilung der Einkommen auf die Inhaber der Produktionsfaktoren eine wichtige Rolle (**Verteilungsfunktion**). Knappe bzw. für das Produktionsergebnis wichtige Faktorleistungen werden höher entlohnt als reichlich vorhandene. Ein Trend hin zu kapitalintensiver Produktion begünstigt z.B. die Kapitalbesitzer und verschlechtert die Einkommensposition der Anbieter von Arbeitskraft. Über die Wirkung auf die Haushaltseinkommen beeinflusst der Marktmechanismus indirekt auch die Antwort auf die Frage, wie die hergestellten Güter verteilt werden sollen.

Neben diesen **statischen Funktionen**, die sich auf Situationen mit einem gegebenen Stand der Technologie beziehen, d.h. technischen Fortschritt nicht berücksichtigen, haben Preise schließlich auch eine dynamische Funktion: Sie aktivieren und lenken den technischen Fortschritt in Faktor sparende Richtungen. Steigende Preise eines Produktionsfaktors – z.B. der Energie oder des Produktionsfaktors Arbeit – bewirken, dass der technische Fortschritt eine energie- oder arbeitssparende Richtung einnimmt. Die Übersicht 1.14 fasst die beschriebenen Preisfunktionen noch einmal zusammen.

1.3.5   Auswirkungen von Höchst- oder Mindestpreisen

Die **Wirkung von Höchstpreisen** lässt sich anhand eines Marktes darstellen, der sich bei einem Preis p* im Gleichgewicht befindet. Es sei angenommen, dass dieser Preis – z.B. aus sozialen Gründen – als zu hoch angesehen und ein staatlicher Höchstpreis p(h) verordnet wird. Die Wirkung von Höchstpreisen wird anhand der Abb. 1.5 (a) erläutert. Bei dem festgelegten Höchstpreis planen die Nachfrager eine im Vergleich zu p* deutlich höhere Nachfragemenge; gleichzeitig planen die Anbieter nur das deutlich geringere Angebot x(h); die Marktversorgung verschlechtert sich.

Die Einführung von Höchstpreise ist aus vielen Gründen problematisch. Da der resultierende Nachfrageüberschuss nicht durch eine Preissteigerung abgebaut werden kann, kommt es zu Warteschlangen bzw. zur Entwicklung eines Schwarzmarktes für das begehrte Gut. Diese müssen durch marktfremde Zuteilungsverfahren abgebaut werden. Dabei kommt es oft zu Problemen, die weitere Regulierungen erforderlich machen.

Ein Beispiel für Höchstpreise sind Sozialmieten im sozialen Wohnungsbau. Die hohe Nachfrage nach Wohnungen kann in diesem Fall nicht durch Mieterhöhungen abgebaut werden. Als marktfremdes Zuteilungsverfahren kann die Vergabe von Wohnberechtigungsscheinen nach sozialen Kriterien angesehen werden. Dabei kann es zu Fehlbelegungen kommen, deren Korrektur weitere staatliche Maßnahmen (z.B. Fehlbelegungsabgaben) erfordert. Gleichzeitig fehlt ein Anreiz, zusätzliche Sozialwohnungen zu bauen. Es sind daher zusätzliche Anreize für Investitionen in preiswerte Wohnungen erforderlich. Neben der Angebotslücke entsteht zusätzlich das qualitative Problem der mangelhaften Instandhaltung der Wohnungen.

Die Betrachtung bestätigt die Überlegenheit der marktlichen Preisfindung. Eine Gewährung von Wohngeld hätte die Sozialverträglichkeit des Wohnungsmarktes reibungsfreier gesteigert, weil der Preismechanismus am Wohnungsmarkt dadurch nicht beeinträchtigt worden wäre.

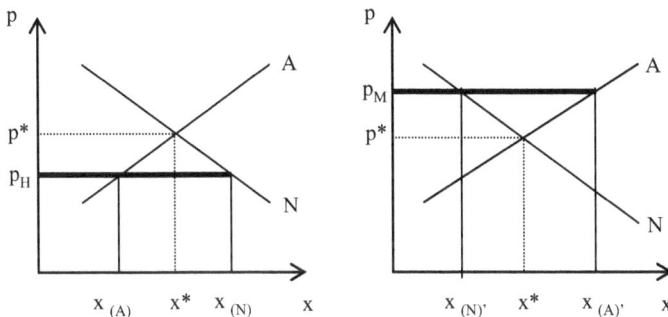

Abb. 1.5: Staatliche Höchst- und Mindestpreise

Problematisch ist auch die Vorgabe staatlicher **Mindestpreise**. Liegt der Mindestpreis auf einem Markt oberhalb des Gleichgewichtspreises, so entsteht die in Abb. 1.5 (b) dargestellte Situation. Zum einen steigt die geplante Angebotsmenge, zum anderen geht die geplante Nachfrage zurück. Es entsteht ein Angebotsüberschuss. Normalerweise würde das Angebot nun bei der Menge x(m) rationiert bzw. es käme zur Bildung eines Schwarzmarktes, auf dem günstigere Preise gelten.

Ein Beispiel für Mindestpreise sind die unter anderem zur Sicherung der bäuerlichen Einkommen erlassenen europäischen Garantiepreise für bestimmte landwirtschaftliche Produkte. Die Europäische Gemeinschaft garantiert die Abnahme der hohen Produktion x'. Der daraufhin entstehende Produktionsüberschuss (x' − xm) muss entweder vernichtet oder gelagert werden. Die europäischen Regelungen nehmen den Anbietern dieses Problem ab. Die entstandenen Überschüsse (z.B. Butter- oder Trockenmilchpulverberge) werden letztlich häufig zu niedrigen Preisen am Weltmarkt verkauft.

Das Problem der Produktionsüberschüsse führt oft zu ergänzenden Regulierungen. So sollen z.B. Milchquoten dafür sorgen, dass das aufgrund der hohen Garantiepreise gestiegene Milchangebot wieder gedrosselt wird. Dies bestätigt die Tendenz, dass ein Eingriff in die Preisbildung auf Märkten weitere Eingriffe nach sich zieht. Das Ziel der Sicherung der bäuerlichen Einkommen wäre durch direkte Einkommensbeihilfen weitaus reibungsfreier (und insbesondere ohne das Problem der Produktionsüberschüsse) zu lösen. Diese Alternative wird im Übrigen in der jüngeren Vergangenheit z.T. bereits umgesetzt.

Staatlich festgesetzte Preisober- oder -untergrenzen setzen den Preismechanismus außer Kraft, sie sind insofern **marktinkonform**. Die Eingriffe führen im Regelfall zu erheblichen Ineffizienzen.

1.3.6   Aufgaben

1. Gegeben ist die Marktsituation für ein Gut x.
    a) Erläutern Sie die Bedeutung des Punktes G mit den Koordinaten $p(o)$ und $x(o)$.
    b) Definieren Sie den Begriff der Konsumentenrente und erläutern Sie, wie sich eine Vergrößerung der Angebotsmenge (Verschiebung der Angebotskurve) auf die Konsumentenrente auswirken würde.

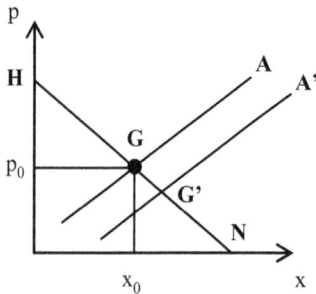

2. Auf dem Markt für den Mittelklassewagen „Sigma", der von einer namhaften deutschen Firma hergestellt wird, habe sich der Gleichgewichtspreis p_0 eingestellt.
    a) Stellen Sie die Situation in einem geeigneten Diagramm dar und beschreiben Sie, welche Eigenschaften diese Marktkonstellation beinhaltet. Ist in dieser Situation zu erwarten, dass ein unerwünschtes Lager produzierter Fahrzeuge entsteht?
    b) Unterstellen Sie, ein preiswerteres Konkurrenzmodell werde neu eingeführt. Stellen Sie die neue Marktkonstellation grafisch dar und erläutern Sie, wie sich die Marktsituation verändert.
    c) Erläutern Sie, welche Funktion die Steuerung über den Preis bei gegebener Nachfrage in diesem Fall hat.

3. Stellen Sie in einem Preis-Mengen-Diagramm den Markt für Mineralwasser in einer Stadt dar.
    a) Erläutern Sie verbal und mit Hilfe der Abbildung, wie sich die Vorgabe eines Höchstpreises p(h) auf den Marktpreis, und auf die am Markt umgesetzte Menge auswirken würde.
    b) Beurteilen Sie, ob mit dem Höchstpreis ein neues Marktgleichgewicht mit geringerem Preis und besserer Marktversorgung erreicht werden kann.
    c) Erläutern Sie an einem selbst gewählten Beispiel inwiefern ein sinkender Preis für Mineralwasser allein durch Marktkräfte, also ohne staatlichen Eingriff, zustande kommen kann.

4. Die Abb. zeigt Angebot und Nachfrage auf dem Markt für Kaminholz. Wie ändert sich die Marktsituation, wenn

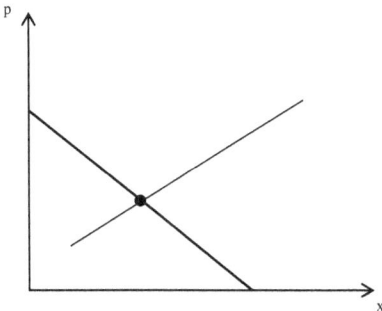

    a) ein ungewöhnlich kalter Winter herrscht
    b) der Sturm Kyrill zahlreiche Bäume umknickt
    c) bekannt wird, dass durch Kaminöfen die Feinstaubbelastung steigen könnte?

    Wie kann die Marktentwicklung bewirken, dass steigende Präferenzen der Nachfrager für Kaminöfen langfristig befriedigt werden können?

5. Es wird behauptet, dass die Marktsteuerung darauf hinwirkt, dass entsprechend dem ökonomischen Prinzip produziert wird und dass die volkswirtschaftliche Produktion sich entsprechend den Konsumentenwünschen zusammensetzt.
    a) Wie wirkt die Selektionsfunktion auf Anbieter und Nachfrager von Gütern?
    b) Inwiefern ist der Preis ein Knappheitsindikator?
    c) Wie wird sichergestellt, dass sich technischer Fortschritt entwickelt und durchsetzt?

1.4   Die Wirtschaftsordnung der sozialen Marktwirtschaft

Lernziele

In diesem Kapitel
- verstehen Sie, dass die realisierte Wirtschaftsordnung alle Regeln, Verhaltensweisen und Institutionen umfasst, die den Aufbau einer Volkswirtschaft und die Abläufe wirtschaftlicher Vorgänge bestimmen. Kriterien zur Unterscheidung von Wirtschaftsordnungen sind die Eigentumsordnung, das Planungs- und Koordinationsverfahren sowie die Ordnungsfunktion des Staates.
- erkennen Sie, dass die soziale Marktwirtschaft eine Wettbewerbsordnung mit freier Preisbildung ist, in der der Schwerpunkt der staatlichen Aktivitäten bei der Ordnungs- und Wettbewerbspolitik liegt, die durch eine Politik der Sozialen Sicherung und durch verteilungspolitische Maßnahmen ergänzt wird. Stabilitätspolitische Maßnahmen und das Angebot von Gütern bzw. Korrekturen des marktbestimmten Güterangebots runden den staatlichen Handlungsrahmen ab.

1.4.1   Formen von Wirtschaftsordnungen

1.4.1.1   Grundelemente von Wirtschaftsordnungen

Für die Funktionsweise der Wirtschaft eines Landes ist es von entscheidender Bedeutung, wer in einer Volkswirtschaft plant und wie die Planungen koordiniert werden, wenn die Planungsbefugnis bei den einzelnen Wirtschaftssubjekten liegt. Regelungen in Bezug auf die Lösung des Planungs- und Koordinationsproblems sind zentrale Elemente der Wirtschaftsordnung eines Landes. Unter der **Wirtschaftsordnung** sind alle Regeln für wirtschaftliches Handeln zu verstehen, die teilweise freiwillig eingehalten werden, teilweise aber auch auf Gesetzen beruhen. Aufgabe der Wirtschaftsordnung ist es, die Rahmenbedingungen für den Einsatz der in einer Volkswirtschaft vorhandenen Produktionsfaktoren und für die Verteilung der Güter so zu gestalten, dass die Knappheit der Güter so weit wie möglich gemildert wird. Zur Wirtschaftsordnung gehören gesetzliche Regelungen, die die Wirtschaftsverfassung bilden, sowie Institutionen und Koordinationsmechanismen, die den Aufbau einer Volkswirtschaft und den Ablauf wirtschaftlicher Steuerungs- und Koordinationsprozesse prägen. Darüber hinaus sind typische Verhaltensweisen entscheidend dafür, wie Wirtschaftsprozesse ablaufen. Vor allem in internationalen Vergleichen wird erkennbar, dass unterschiedliche soziale Umgangsstile, erlernte Normen und ungeschriebene Verhaltensregeln im Umgang mit Mitarbeitern und Geschäftspartnern sowie Leistungsmotivationen Verlauf und Ergebnis wirtschaftlicher Entscheidungsprozesse prägen. Diese von Land zu Land unterschiedlichen Mentalitäten der Wirtschaftssubjekte werden als **Wirtschaftskultur** bezeichnet. Der Begriff umfasst die unterschiedlichen Organisationsformen und Verhandlungsstile, die den Umgang der Wirtschaftssubjekte untereinander prägen.

Die **Wirtschaftsverfassung** umfasst z.B. Teile des Grundgesetzes, das Handelsgesetzbuch, das Gesetz gegen Wettbewerbsbeschränkungen, Steuergesetze, das Arbeits- und Tarifvertragsrecht, die Gewerbeordnung, Umweltschutzbestimmungen sowie das Stabilitäts- und Wachstumsgesetz – um nur einige Regelungen zu nennen.

Die Wahl der Wirtschaftsordnung ist eine politische Entscheidung, die auf generelle Leitvorstellungen und Wertungen zurückgeht. Diese Positionen lassen sich im Einzelnen nicht wissenschaftlich begründen. Trotzdem lassen sich die Auswirkungen der Wirtschaftsordnung auf die Güterversorgung – also die ökonomische Funktionsfähigkeit der gewählten Ordnung – und ihre Bedeutung in Hinblick auf immaterielle Werte wie Freiheit und Gerechtigkeit diskutieren.

Jede Wirtschaftsordnung umfasst – unabhängig von der jeweils gewählten Ausgestaltungsform – Regelungen in Hinblick auf den Umgang mit knappen Produktionsfaktoren wie Natur, Arbeit und Kapital, mit der verfügbaren Produktionstechnik sowie mit Arbeitsteilung und Tausch. Diese Aspekte gelten als systemindifferente Grundelemente. Demgegenüber prägen die system-konstituierenden Elemente die jeweilige Wirtschaftsordnung. Zu diesen Grundelementen gehören die Eigentumsordnung und der Koordinationsmechanismus.

- Die **Eigentumsordnung** umfasst die Regelungen der Eigentumsverhältnisse in Bezug auf Boden und Sachkapital (privat oder kollektiv).
- Der **Koordinationsmechanismus** regelt die Abstimmung der Pläne der Verbraucher (Konsumpläne) und der Unternehmen (Produktionspläne). Dies kann durch den **Markt** oder durch eine staatliche **Zentralplanung** erfolgen. Das Koordinationssystem wird durch ein Sanktionssystem ergänzt, das Mechanismen (Planvorgaben, Preise) umfasst, die die verschiedenen Pläne aufeinander abstimmt und bewirkt, dass übergeordnete Interessen eingehalten werden (administrative Maßnahmen, Gewinne oder Verluste).
- Implizit ist damit auch festgelegt, in welchem Umfang der Staat **ordnend eingreift**. Eigentumsordnung und Koordinationsmechanismus bestimmen, ob die Ziele der einzelnen Wirtschaftssubjekte oder Ziele des Staates Vorrang haben.

Die Wirtschaftsordnung ist Teil der Gesellschaftsordnung und ist von jeweils unterschiedlichen „Leitideen" geprägt. Es existieren unterschiedliche Wirtschaftsordnungen, von denen einige auf ähnlichen Leitvorstellungen basieren, einige aber auch grundsätzliche Unterschiede in Hinblick auf zentrale Steuerungsmechanismen aufweisen. Die prinzipiellen Ausgestaltungsformen werden als **Wirtschaftssysteme** bezeichnet, die in „Reinform" allerdings nie verwirklicht werden. Grundsätzlich können zwei konkurrierende Wirtschaftssysteme unterschieden werden: Freie Marktwirtschaften und Zentralverwaltungswirtschaften. Diese Systeme gehen von gegensätzlichen „Leitideen" aus, die sich mit den Schlagworten Individualismus oder Kollektivismus charakterisieren lassen.

Beim **Individualprinzip** wird die Freiheit des Individuums als höchster Wert angesehen. Demnach ist eine Wirtschaftsordnung dann produktiv, wenn Menschen in einer freiheitlichen Ordnung leben, in der sie ihre Persönlichkeit und ihre Fähigkeiten eigenverantwortlich und frei entfalten können. In einer solchen Wirtschaftsordnung liegen Produktions- und Konsumentscheidungen im Ermessen der einzelnen Wirtschaftssubjekte. Beim **Kollektivprinzip (Sozialprinzip)** wird das Individuum dem Staat untergeordnet. Dahinter steht die Vorstellung, dass der Staat besser in der Lage ist als Individuen, Konsum- und Produktionsentscheidungen so zu treffen und zu koordinieren, dass die Bedürfnisse aller berücksichtigt werden.

1.4.1.2   Freie Marktwirtschaft

Die Koordinationsprinzipien der **freien Marktwirtschaft** gehen auf die Ordnungsvorstellungen des Liberalismus zurück: Ein gesellschaftlicher Idealzustand wird nach dieser Sicht durch die freie Entfaltung der Individuen erreicht. Dazu gehört, dass jeder einzelne auch im wirtschaftlichen Bereich eigenverantwortlich planen und entscheiden kann, dann aber auch die Konsequenzen dieser Entscheidungen selbst tragen muss. Eigenverantwortliche Entscheidungen bewirken, dass jedes Individuum eine optimale Güterversorgung realisieren kann. Damit ist in allen Einsatzbereichen die Verwendung der Produktionsfaktoren entsprechend dem ökonomischen Prinzip möglich. Einzelwirtschaftliche Optima führen nach dem liberalen Grundverständnis auch zu volkswirtschaftlichen Optima. Dahinter steht die Vorstellung, dass das Handeln der Individuen im wohlverstandenen Eigeninteresse automatisch dazu führt, dass auch volkswirtschaftliche Ziele so gut wie möglich erreicht werden. Nach der Grundidee der freien Marktwirtschaft soll der Staat so wenig wie möglich in die individuellen Entscheidungen eingreifen (Laisser-faire Wirtschaft). Hauptvertreter dieser Auffassung sind die klassischen Ökonomen Adam Smith (1723–1790), David Ricardo (1772–1823) und Jean Baptiste Say (1767–1832).

In der freien Marktwirtschaft gehören der Boden und das Sachkapital **privaten Wirtschaftssubjekten**, die über deren Einsatz entscheiden und Gewinne und Verluste, die aus diesen Entscheidungen resultieren, selbst tragen. Diese Eigenhaftung ist der Anreiz, rationale Entscheidungen im Umgang mit den verfügbaren Produktionsfaktoren zu treffen.

Das Streben nach Einkommen wird als Antriebskraft für den Leistungswillen aller Wirtschaftssubjekte angesehen. Die Produktionsentscheidungen der einzelnen Unternehmer werden eigenverantwortlich getroffen. Dabei stehen die einzelnen Produzenten in einer Konkurrenzbeziehung zueinander. Die Unternehmen wetteifern um den Einsatz knapper Produktionsfaktoren. Dies führt zu dem Zwang, die Einsatzbedingungen der Produktionsfaktoren ständig zu verbessern. Daher ist ein Anreiz vorhanden, ressourcen sparende Produktionsverfahren oder Verbesserungen bei der Güterversorgung zu realisieren, wenn sie im Interesse der Nachfrager sind. Nur derjenige Anbieter, der dabei erfolgreich ist, kann Gewinne erzielen und am Markt bestehen. Gleichzeitig trägt er zu einem volkswirtschaftlich sinnvollen Einsatz der Produktionsfaktoren bei.

Die Erfindung eines Ölbrenners mit höherem Wirkungsgrad erhöht z.B. den Gewinn des Herstellers, bewirkt aber gleichzeitig Kosteneinsparungen beim Verbraucher und schont Ressourcen für zukünftige Verwendungen.

Die Konkurrenzbeziehung der Unternehmen untereinander wird als **Wettbewerb** bezeichnet. Ökonomischer Wettbewerb kann als Zuteilungsverfahren knapper Güter angesehen werden.

Im Bereich der Produktion konkurrieren die Unternehmen darum, wer einen Preis für den Einsatz knapper Produktionsfaktoren zahlen kann. Zahlungsfähig sind diejenigen Unternehmen, die dringend benötigte Güter herstellen, weil die Haushalte bereit sind, für diese Güter einen hohen Preis zu zahlen. Die Haushalte konkurrieren um die Möglichkeit, Güter zu nutzen. Es kommen diejenigen Haushalte zum Zuge, die bereit und in der Lage sind, einen hohen Preis für die knappen Güter zu zahlen.

In der freien Marktwirtschaft planen die Konsumenten und die Produzenten selbständig und unabhängig voneinander. Die Konsum- und Produktionspläne werden durch die Preisbildung auf den Märkten aufeinander abgestimmt. Ziel der Haushalte ist es, die einzelnen Güter zu einem möglichst niedrigen Preis zu erwerben, um Einkommensteile für andere Güter einzusetzen. Die Unternehmer wollen im eigenen Gewinninteresse ihre Produkte zu einem möglichst hohen Preis verkaufen. Diese unterschiedlichen Preisvorstellungen der Haushalte und der Unternehmen werden durch den anonymen Marktpreismechanismus ausgeglichen, den Adam Smith als „unsichtbare Hand" bezeichnet hat. Dabei handelt es sich um einen dezentralen Selbststeuerungsmechanismus. Dieser Mechanismus bewirkt ein gleichzeitiges Gleichgewicht auf allen Güter- und Faktormärkten.

Entscheidend dafür, dass die Koordination über den Marktmechanismus die gesamtwirtschaftlich bestmögliche Güterversorgung sicherstellt, ist der Wettbewerb der Anbieter untereinander.

Die Befürworter der freien Marktwirtschaft gehen davon aus, dass es auf Märkten mit funktionierendem Wettbewerb eine große Zahl von Anbietern und Nachfragern gibt. Das Eigentum an Boden und Sachkapital ist breit gestreut, wodurch die Unabhängigkeit und Handlungsfreiheit einer möglichst großen Zahl von Wirtschaftssubjekten sichergestellt wird. Der Markteinfluss der einzelnen Anbieter und Nachfrager ist dann sehr gering. Keiner kann seine Interessen auf Kosten anderer Marktteilnehmer derselben oder der anderen Marktseite durchsetzen. Die Preise sind marktdeterminiert und erfüllen die bereits erläuterten Preisfunktionen (vgl. Abschnitt 1.3.4).

„Wettbewerb ist in erster Linie ein Entmachtungsinstrument. In einer Wettbewerbswirtschaft ist jeder von allen, aber keiner von einem bestimmten anderen abhängig. dass jeder von allen abhängig ist, ist eine Folge der Arbeitsteilung und des Tausches. Dass sich aber diese Abhängigkeit eines jeden von den Wirtschaftsplänen und Reaktionen aller nicht verschärft zu einer Abhängigkeit eines großen Teils der Individuen von wenigen anderen, ist eine Folge des Wettbewerbs. Der Wettbewerb kann uns nicht frei machen von der Furcht vor Schicksalsschlägen, vor Arbeitslosigkeit, Armut und Hunger, aber er macht uns frei von der Furcht vor der Macht des Menschen." (Franz Böhm, Das Kartellproblem, in: Schweizer Zeitschrift für Volkswirtschaft und Statistik, 1951, S.199)

Im Rahmen der freien Marktwirtschaft hat der Staat die Aufgabe **Rahmenbedingungen** des Wirtschaftens unter Wettbewerbsbedingungen zu garantieren. Die Rahmenbedingungen sichern primär die „wirtschaftlichen Freiheiten" der Wirtschaftssubjekte (**Ordnungspolitik**). Darüber hinaus sind Maßnahmen zur Errichtung und Erhaltung eines fairen Wettbewerbs erforderlich. Wettbewerbspolitik umfasst z.B. das Gesetz gegen unlauteren Wettbewerb und das Gesetz gegen Wettbewerbsbeschränkungen (vgl. Kapitel III. 3). Zur Ordnungspolitik gehören beispielsweise

- die **Vertragsfreiheit,** die es dem einzelnen ermöglicht, Produkte zu kaufen und zu verkaufen,
- die **Gewerbefreiheit**, also das Recht, sich wirtschaftlich zu betätigen und
- die freie **Wahl des Arbeitsplatzes**.

Entsprechend dem Individualprinzip haben die Planungen der Konsumenten und der Produzenten Vorrang vor staatlichen Maßnahmen. Da die Individuen im eigenen Interesse dazu beitragen, dass gesellschaftliche Ziele erreicht werden, ist es aus der Sicht der Vertreter der freien Marktwirtschaft nicht erforderlich, staatliche Maßnahmen auf Kosten individueller Planungen durchzusetzen (vgl. Übersicht 1.15.).

Zu den Rahmenbedingungen des Wirtschaftens gehört auch eine stabile **Geldordnung**. Der Staat bestimmt das gesetzlich anerkannte Zahlungsmittel und überträgt der Zentralbank die Aufgabe, die Geldversorgung sicher zu stellen. Die einzelnen Preise der Waren und Dienste bilden sich in der Marktwirtschaft ohne Eingriffe des Staates auf den Gütermärkten. Staatliche Eingriffe in die Gütermärkte beeinträchtigen die marktwirtschaftliche Steuerung und gefährden die bestmögliche Verwendung (bzw. Allokation) der Produktionsfaktoren.

Nach diesem Grundverständnis soll der Staat lediglich kontrollieren, dass die Normen der Wirtschaftsordnung eingehalten werden („Nachtwächterstaat"). Damit wird dem Staat jedoch durchaus ein umfassender Aufgabenkatalog zugewiesen: Er übernimmt Verwaltungsaufgaben und errichtet und sichert eine Rechtsordnung. Darüber hinaus ist er für den Schutz der inneren und äußeren Sicherheit verantwortlich. Außerdem übernimmt er Aufgaben im Bereich des Verkehrs-, Bildungs- und Gesundheitssystems, wenn diese Aufgaben über den Markt nicht realisierbar sind (Vgl. dazu auch Abschnitt 1.4).

Sind die Voraussetzungen für die Funktionsfähigkeit des Marktmechanismus gewährleistet, ergibt sich
- Freiheit in Form von Konsumenten- und Produzentensouveränität
- statische und dynamische Effizienz.
- Orientierung der Produktion an den Konsumentenwünschen.
- Einkommensverteilung entsprechend der Marktleistung
- Gleichgewicht auf allen Güter- und Faktormärkten

Übersicht 1.15: Merkmale des Systems der freien Marktwirtschaft

Die klassischen Ökonomen waren davon überzeugt, dass die marktwirtschaftliche Steuerung einer Zentralverwaltungswirtschaft grundsätzlich überlegen ist. Trotzdem gibt es einige Kritikpunkte, die in den meisten Wirtschaftsordnungen staatliche Maßnahmen begründen, die über die Ordnungs- und Wettbewerbspolitik hinausgehen. Die Kritikpunkte werden im Folgenden dargestellt, ohne dass die Reihenfolge eine Gewichtung beinhaltet (vgl. auch Übersicht 1.16).

- Die Steuerung über Preise führt nicht immer zu optimalen Ergebnissen. Zum einen gibt es Güterarten, bei denen der Preismechanismus aufgrund von speziellen Merkmalen dieser Güter keine optimalen Marktergebnisse herbeiführen kann. In diesem Fall führt individuelles Wirtschaften nicht zu volkswirtschaftlich akzeptablen Ergebnissen. Typischerweise tritt dieses Phänomen bei Gütern auf, an denen ein allgemeines Interesse besteht. Diese Problematik wird in Abschnitt 2.4 ausführlicher erläutert. Sie führt dazu, dass bei Güterarten, die dieses Merkmal erfüllen, ein **staatliches Güterangebot** gefordert wird.

- Die Marktsteuerung kann zu Ergebnissen führen, die von vielen als nicht akzeptabel eingeschätzt werden. In diesen Fällen wird häufig eine Korrektur der Marktergebnisse durch den Staat gefordert. Dabei können auch außerökonomische Ziele der Grund für das staatliche Handeln sein. Aus diesen Überlegungen resultiert in einer Reihe von Fällen die Forderung nach **umweltpolitischen Aktivitäten des Staates** (Vgl. Abschnitt 2.4).

- Die Steuerung über Preise und Märkte kann nur da funktionieren, wo zahlungsfähige Nachfrager am Markt auftreten. Anbieter können sich nur an den Nachfragewünschen derjenigen orientieren, die am Markt eine kaufkräftige Nachfrage entfalten können. Damit sind potentielle Käufer, die nicht zahlungsfähig sind, von der Versorgung über den Markt ausgeschlossen. Da in der Marktwirtschaft die Einkommensverteilung im Prinzip der Marktleistung entspricht, besteht die Gefahr, dass Personengruppen, die nicht oder nur mit geringer Qualifikation arbeiten können, nur geringe Einkommen erzielen und kaum eine Chance haben, ihre Lebenssituation zu verbessern. Diese ungleiche Ausstattung der Haushalte mit Produktionsfaktoren verstärkt sich möglicherweise, weil ein geringes Einkommen weniger Bildung und gesundheitliche Beeinträchtigungen nach sich ziehen kann. Außerdem bestimmt die Einkommenshöhe mit, in welchem Umfang Haushalte Vermögen ansammeln und damit weitere Einkünfte wie Zins- und Mieteinnahmen erzielen können. Einkommenszuwächse in der Zukunft scheinen für Bezieher niedriger Einkommen daher aus eigener Kraft kaum erreichbar, so dass **verteilungspolitische Aktivitäten des Staates** gefordert werden.

---

1. Koordinationsmechanismus: Preis

▪ Es gibt Güterarten, bei denen der Preis als Steuerungsinstrument versagt; bei anderen Gütern werden Korrekturen der Marktergebnisse gefordert, weil außerökonomische Ziele am Markt nicht erreicht werden können.

▪ Die Kaufwünsche der Konsumenten können – z.B. durch Werbung – von den Anbietern „produziert „ sein.

2. Ungleiche Einkommens-/Vermögensverteilung

▪ Die ungleiche Ausstattung mit Produktionsfaktoren (Geschicklichkeit, Intelligenz, Vermögen bzw. Geldkapital, Durchsetzungskraft) verstärkt sich unter Marktbedingungen möglicherweise selbst. Wenn ein niedriges Einkommen dazu führt, dass Bildungsmöglichkeiten nicht genutzt werden können, ist die Chance gering, in der Zukunft höhere Einkommen zu erzielen.

3. Wettbewerbsbeschränkungen

▪ Tendenz zur Einschränkung des Wettbewerbs durch (vorübergehende) Machtpositionen. Wenn es einem Unternehmen z.B. gelingt, die Konkurrenz ausschalten, kann es anschließend überhöhte Preise am Markt durchsetzen. Preise und Gewinne sind dann nicht mehr wettbewerblich bestimmt. Die Preise verlieren die Funktion, korrekte Knappheitsindikatoren zu sein.

▪ Tendenz zur Einschränkung des Wettbewerbs durch Absprachen der Produzenten untereinander (z.B. durch Kartelle, Fusionen)

4. Schwankungen der wirtschaftlichen Aktivitäten

▪ Häufig treten Rezessionsphasen (Konkurse, hohe Arbeitslosigkeit) auf. Es ist umstritten, ob es eine Tendenz zur Auslastung der vorhandenen Produktionsfaktoren gibt oder ob staatliche Eingriffe erforderlich sind.

5. Inflation

▪ Marktwirtschaftliche Systeme sichern nicht automatisch Preisniveaustabilität.

Übersicht 1.16: Kritik am Marktmodell

▪ In einer sich selbst überlassenen Marktwirtschaft besteht die Gefahr, dass sich aus dem Markt heraus Tendenzen zur Aufhebung des Wettbewerbs ergeben. Gelingt es zum Beispiel einem Anbieter, durch gute und qualitativ hochwertige Produkte die Konkurrenz vom Markt zu verdrängen, besteht die Gefahr, dass er anschließend überhöhte Preise am Markt durchsetzen kann. Die Preise und Gewinne auf diesem Markt sind dann nicht mehr wettbewerblich bestimmt. In dieser Situation sind die Preise keine korrekten Knappheitsindikatoren mehr. Konsumenten, die das Gut zu einem niedrigeren Preis nachfragen würden, werden nicht mehr mit entsprechenden Gütern versorgt. Ähnliche Probleme können sich ergeben, wenn die Anbieter Absprachen in Hinblick auf Preise oder andere Angebotsparameter treffen, um wirksame Konkurrenz zu vermeiden und um ihre Position gegenüber den Nachfragern zu verbessern. Solche Vereinbarungen unterbinden den Wettbewerb der Anbieter untereinander und heben den Zwang auf, kostengünstig und entsprechend den Konsumentenwünschen zu produzieren. Aufgrund dieser Überlegungen wird **staatliche Wettbewerbspolitik** gefordert.

▪ Die wirtschaftliche Entwicklung in prinzipiell marktwirtschaftlich gesteuerten Volkswirtschaften zeigt mehr oder weniger deutliche Schwankungen in der Produktionstätigkeit, die mit Schwankungen im Niveau der Arbeitslosigkeit einhergehen. Solche Konjunkturschwankungen legen **stabilitätspolitische Maßnahmen des Staates** nahe. Allerdings ist staatliche Stabilisierungspolitik umstritten, denn viele Befürworter der marktwirtschaftlichen Steuerung gehen davon aus, dass die Marktwirtschaft – zumindest langfristig – zu einem Gleichgewicht bei Vollbeschäftigung tendiert. In diesem Fall würde staatliche Stabilisierungspolitik eher destabilisierend wirken.

- Marktwirtschaftliche Systeme stellen nicht automatisch eine stabile Kaufkraft des Geldes sicher. Es gehört daher in den meisten Wirtschaftsordnungen zu den Aufgaben der Wirtschaftspolitik, die **Stabilität des Preisniveaus zu sichern**.
- Die Marktsteuerung setzt voraus, dass die Nachfrager am Markt die Befriedigung ihrer Bedürfnisse in der Reihenfolge der Dringlichkeit durchsetzen, dass sie sich also rational verhalten. In vielen Fällen sind Nachfrager jedoch nicht vollständig über das Marktangebot informiert oder können von Anbietern z.B. durch Werbung zum Kauf von Produkten veranlasst werden. Es kann also sinnvoll sein, die Stellung der Nachfrager gegenüber den Anbietern durch **verbraucherpolitische Aktivitäten** des Staates zu verbessern.
- Die Kritik an den Ergebnissen der Marktsteuerung führt dazu, dass in den meisten Wirtschaftsordnungen die Marktsteuerung durch weitgehende wirtschaftspolitische Aktivitäten ergänzt wird. Neben der Ordnungs- und Wettbewerbspolitik gehören das Angebot öffentlicher Güter, Verteilungspolitik und Stabilisierungspolitik zu den zentralen Handlungsfeldern der Wirtschaftspolitik. Darüber hinaus lassen sich z.B. Umweltpolitik, Wachstums- und Strukturpolitik, Forschungspolitik und Verbraucherpolitik als staatliche Aufgabenbereiche begründen.

1.4.1.3   Zentralverwaltungswirtschaft

Der **Zentralverwaltungswirtschaft** liegt das Leitbild des Kollektivismus zugrunde, das aus der Kritik an der sozialen Situation im 19. Jahrhundert entwickelt wurde. Die Grundelemente der Zentralverwaltungswirtschaft lassen sich folgendermaßen charakterisieren:

- Es gibt kein privates sondern gesellschaftliches (kollektives) Eigentum an Boden und Sachkapital. Damit soll sichergestellt werden, dass die Entscheidungen über das Wachstum und den Einsatz der Produktionsfaktoren im gesamtgesellschaftlichen Interesse erfolgen. Vor allem soll damit garantiert werden, dass die Auswirkungen der Investitions- und Produktionsentscheidungen für die Arbeitskräfte beachtet werden.
- Die Grundfragen des Wirtschaftens werden im Rahmen eines staatlich erstellten Zentralplans beantwortet. Die zentrale Planungsbehörde legt fest, was, wie und für wen produziert werden soll. Damit ist verbunden, dass die Investitionsgüter den Betrieben zentral zugeteilt werden und dass die Planungsbehörde Menge und Art der bereitgestellten Konsumgüter bestimmt. Die Konsumgüter können dann entweder über ein Bezugsscheinsystem an die Wirtschaftssubjekte verteilt werden oder im Rahmen einer prinzipiell freien Konsumwahl über zentral festgelegte Preise so gelenkt werden, dass die Konsumentscheidungen zum Zentralplan passen. Entscheidend ist, dass die Preise sich nicht auf Märkten bilden und damit keine Informations- und Koordinationsfunktion erfüllen. Stattdessen setzt zentrale Planung voraus, dass die Planungsinstanzen die Konsumwünsche richtig einschätzen und das Konsumgüterangebot daran anpassen.
- Die Entscheidungen der zentralen Planungsbehörde sind für die Betriebe und für die Konsumenten verbindlich.

Die zentrale Planung aller Investitions- und Produktionsentscheidungen erfordert umfangreiche Informationen, die die Betriebe in Form von Meldungen an die Planungsinstanz bereitstellen müssen. Diese Informationen werden im Rahmen eines mehrstufigen Entscheidungsprozesses verarbeitet, um schließlich den Produktionsstätten verbindliche Produktionsziele vorgeben zu können. Ohne auf diesen Planungsprozess im Einzelnen einzugehen, ist unmittelbar ersichtlich, dass dieses Verfahren **bürokratisch aufwendig und schwerfällig** ist. Es ist kaum in der Lage, sich kurzfristig an wechselnde Situationen anzupassen. Darüber hinaus zieht es einen umfangreichen Kontrollapparat nach sich.

Da sich die Planung außerdem an den Daten über bisherige Produktionsmethoden orientieren muss, ist sie tendenziell **innovationsfeindlich.** Veränderungen der Produktionsverfahren machen umständliche Plankorrekturen erforderlich. Innovationen würden möglicherweise das Risiko mit sich bringen, das dem Betrieb vorgegebene Plansoll nicht zu erreichen. Es besteht daher wenig Anreiz, neue Produktionsformen einzuführen. Zügige Anpassungen an Datenänderungen und die Umsetzung technischer Neuerungen sind unter diesen Voraussetzungen schwierig.

Ein weiteres Problem der Zentralverwaltungswirtschaft besteht in der **Motivation** der Wirtschaftssubjekte. Während in der Marktwirtschaft die individuellen Entscheidungen am persönlichen wirtschaftlichen Erfolg des Entscheidungsträgers orientiert sind, befolgen die Betriebe in der Zentralverwaltungswirtschaft Anordnungen und Planvorgaben. Sie können keinen eigenen Vorteil daraus erzielen, wenn ihre ökonomischen Entscheidungen gesamtwirtschaftlich vorteilhaft sind. In den ehemaligen Planwirtschaften Osteuropas wurde daher häufig versucht, die Betriebe durch Prämien (materielle Anreize) dazu zu veranlassen, die Planvorgaben zu erfüllen.

Diese wenigen Hinweise deuten auf wesentliche Steuerungsmängel der zentralverwaltungswirtschaftlichen Wirtschaftsordnungen hin. Da Risiko und Erfolg der wirtschaftlichen Entscheidungen nicht den Entscheidungsträgern zukommen, wird nicht sichergestellt, dass die Akteure die Produktionsfaktoren sparsam und zielgerichtet einsetzen. Dies bringt die Gefahr mit sich, dass die laufende Produktion ineffizient ausgestaltet wird.

Darüber hinaus kann der **Informationsbedarf** für den komplexen Planungsprozess kaum befriedigt werden. Die planenden Behörden sind auf Informationen aus den Betrieben angewiesen. Diese können unter Umständen sogar ein Interesse daran haben, unzureichende Informationen weiterzugeben, um leicht zu erfüllende Planvorgaben zu bekommen. Daraus kann ein Anreiz für die Betriebe resultieren, ihre tatsächliche Leistungsfähigkeit zu verschleiern. Es ist unter diesen Voraussetzungen kaum möglich, die vorhandenen Produktionsfaktoren effizient auf die verschiedenen Produktionsbereiche zu verteilen

Die Informations- und Motivationsprobleme hatten in den realisierten zentralverwaltungswirtschaftlich orientierten Wirtschaftsordnungen zur Folge, dass die Versorgung mit Gütern unzureichend war. Zusätzlich stellte das Fehlen individueller Freiheitsrechte im wirtschaftlichen Bereich ein Problem dar.

1.4.2 Wirtschaftsordnung in der Bundesrepublik Deutschland

1.4.2.1 Konstituierende und regulierende Prinzipien

Die Wirtschaftsordnung der Bundesrepublik Deutschland beruht im Prinzip auf Privateigentum an Sachkapital, auf dezentraler Planung und auf der Steuerung über Märkte unter Wettbewerbsbedingungen. Nach der Harmoniethese lassen sich im Rahmen einer solchen Ordnung einzelwirtschaftliche und gesamtwirtschaftliche Zielsetzungen gleichzeitig realisieren, wenn die privaten Wirtschaftssubjekte eigenverantwortlich handeln. Das eigenverantwortliche Handeln der Anbieter und Nachfrager und ihre Anpassungsfähigkeit führen gleichzeitig zu ökonomischer Effizienz und zum Gleichgewicht auf allen Märkten. Darüber hinaus ergänzt diese Wirtschaftsordnung eine freiheitliche Gesellschaftsordnung im ökonomischen Bereich. Trotz dieser Grundüberzeugung ist die Wirtschaftsordnung in der Bundesrepublik eine **gemischte Wirtschaftsordnung**. Die oben dargestellte Kritik an den Ergebnissen marktwirtschaftlicher Steuerung führt dazu, dass staatliches Handeln gefordert wird, um Mängel der Marktsteuerung zu mildern.

Generell ist das Grundgesetz zwar wirtschaftspolitisch neutral, d.h. die Soziale Marktwirtschaft ist nicht grundgesetzlich verankert. Der Staat soll allerdings eine sachgerechte Wirtschaftspolitik betreiben und dabei die Regelungen des Grundgesetzes beachten. Insbesondere sind allgemeine Handlungs- und Vertragsfreiheit (Art 2), die Vereinigungs- und Koalitionsfreiheit, die Tarifautonomie, die Berufs-/Gewerbefreiheit, die Eigentumsgarantie und das Erbrecht, die Sozialisierungsmöglichkeit sowie die Prinzipien des Rechts-/Sozialstaats einschließlich der bundesstaatlichen Kompetenzabgrenzungen zu sichern. Seit 1967 sind Bund und Länder nach Art. 109 Absatz 2 und 4 außerdem verpflichtet, bei der Gestaltung ihrer Haushalte den Erfordernissen des gesamtwirtschaftlichen Gleichgewichts Rechnung zu tragen.

Der Staat soll demnach die Wirtschaftsordnung bewusst gestalten. Dazu gehört, dass er – nach Eucken – die so genannten **konstituierenden und regulierenden Prinzipien** durchsetzt (vgl. Übersicht 1.17). Die konstituierenden Prinzipien beschreiben, wie eine wettbewerblich organisierte Wirtschaftsordnung errichtet werden kann. Sie umfassen die folgenden Einzelaspekte:

Das Grundprinzip der Marktsteuerung – die **Herstellung eines funktionsfähigen Preissystems** auf allen Gütermärkten – setzt voraus, dass weder Anbieter noch Nachfrager die Preise zu ihren Gunsten beeinflussen können. Der Staat muss also den Wettbewerb auf allen Märkten sichern und selbst Eingriffe in die Preisbildung unterlassen. Gleichzeitig soll der Staat durch eine entsprechend gestaltete Geldordnung eine **stabile Währung** sichern, also anhaltende Preisniveausteigerungen oder -senkungen vermeiden.

Zur Erhaltung des Wettbewerbs gehört der **freie Marktzugang** auf allen Märkten. Märkte, auf denen hohe Gewinne erzielt werden, locken normalerweise neue Anbieter an. Insofern sichert der freie Marktzugang potentielle Konkurrenz. Demgegenüber würden Einfuhrbeschränkungen oder Investitionsverbote eine Zunahme des Wettbewerbs zu Lasten der Nachfrager unterbinden. Ähnliche Wirkungen hätten wettbewerbsbeschränkende Vereinbarungen der Anbieter untereinander.

Privateigentum an Sachkapital allein reicht nicht aus, um dominierende Wettbewerbsstellungen und den Missbrauch der daraus resultierenden Eigentumsrechte zu verhindern. Eucken fordert deshalb die **dezentrale Verteilung des Eigentums an Sachkapital** und gleichzeitig das **Prinzip der vollen Haftung der Eigentümer**. Ziel dieser Forderung ist, dass die Eigentümer die wirtschaftlichen Folgen falscher Entscheidungen selbst tragen und nicht auf andere abwälzen können.

Vertragsfreiheit stellt die Handlungsmöglichkeiten der Unternehmen und der Haushalte sicher. Sie muss jedoch begrenzt werden, wenn Verträge die Handlungsfreiheit anderer Wirtschaftssubjekte einschränken sollen. Dies trifft z.B. auf Kartellverträge zu.

---

a) Konstituierende Prinzipien (Einrichtung der Wettbewerbsordnung)

1. funktionsfähiges Preissystem
2. Stabilität der Währung
3. freier Marktzugang
4. dezentrale Verfügungsmacht über Sachkapital
5. Prinzip der vollen Haftung des Eigentümers
6. Vertragsfreiheit
7. Konstanz der Wirtschaftspolitik

b) Regulierende Prinzipien (zur Verhinderung systemfremder Ordnungselemente)

8. Monopolkontrolle des Staates
9. Korrektur der leistungsgerechten Einkommensverteilung aus „sozialen Motiven"
10. Eingriffe im Fall von anomalem Verhalten der Anbieter am Arbeitsmarkt
11. Regulierende Eingriffe des Staates bei externen Effekten

Übersicht 1.17: Konstituierende und regulierende Prinzipien der Wirtschaftspolitik (Walter Eucken)

Um den Einzelwirtschaften stabile Entscheidungsgrundlagen zu garantieren, wird eine langfristig orientierte, **konstante Wirtschaftspolitik** gefordert. Beispielsweise sollen die Unternehmer vorhersehen können, welche Rahmenbedingungen sie – auch längerfristig – im Zusammenhang mit Arbeitsverträgen (z.B. Kündigungsschutzregelungen), bei der Gestaltung von Produktionsvorgängen (z.B. Umweltschutzbestimmungen) oder im Steuerrecht (z.B. Abschreibungsmodalitäten) berücksichtigen müssen.

Zusätzlich formuliert Eucken regulierende wirtschaftspolitische Prinzipien, die staatliche Aktivitäten zu Schutz des Wettbewerbs und zur Verhinderung systemfremder Ordnungselemente fordern. Die regulierenden Prinzipien dienen dazu, staatliche Maßnahmen zur Korrektur unerwünschter Marktentwicklungen zu rechtfertigen.

Die Forderung nach einer **Monopolkontrolle des Staates** zielt darauf ab, Machtpositionen einzelner Anbieter am Markt zu verhindern. Dies ist auch dann erforderlich, wenn diese Monopolstellungen durch gute Marktleistungen „erarbeitet worden sind" und somit – streng genommen – zu akzeptieren wären. Monopolkontrolle ist aber in jedem Fall dann notwendig, wenn Monopole unvermeidbar sind (vgl. dazu auch Kapitel 3.).

Weitere **Korrekturen der Einkommensverteilung** – z.B. durch ein entsprechend gestaltetes Steuersystem oder durch Transferzahlungen – werden als notwendige, regulierende Ergänzung der Marktordnung angesehen, um eine sozial erwünschte Einkommensverteilung zu erreichen.

Zeigen Anbieter am Arbeitsmarkt atypische Reaktionen, können u.U. keine Marktgleichgewichte erreicht werden. Dieser Fall könnte z.B. auf dem Arbeitsmarkt dann eintreten, wenn bei niedrigem Lohnniveau die Arbeitskräfte bei Lohnsenkungen mehr arbeiten müssen, um ihr Existenzminimum zu sichern. Dies ist ein **atypisches Angebotsverhalten**, denn normalerweise schränken Anbieter bei Preissenkungen ihr Angebot ein, so dass die angebotenen Güter knapper werden und – bei konstanter Nachfrage – wieder eine Tendenz zu Preissteigerungen und somit eine Bewegung zum Marktgleichgewicht eingeleitet wird. Wird das Arbeitsangebot bei Lohnsenkungen ausgeweitet, wird der Produktionsfaktor Arbeit aber nicht knapper, sondern ist in noch größerer Menge verfügbar, was zu weiteren Lohnsenkungen führt. Dies könnte im Extremfall die Arbeitsmärkte destabilisieren und hätte sozialpolitisch unerwünschte Wirkungen. Eucken geht davon aus, dass normalerweise Ausweichreaktionen – wie z.B. das Ausweichen in andere Beschäftigungen – möglich sind, die die Probleme der anomalen Angebotsreaktion auf den Arbeitsmärkten lösen. „Wenn sich trotzdem das Angebot auf einem Arbeitsmarkt nachhaltig anomal verhalten sollte, würde die Festsetzung von Minimallöhnen akut werden." (Walter Eucken, Grundsätze der Wirtschaftspolitik, 6.Aufl., 1990, S.304.)

Darüber hinaus werden für **umweltpolitische Aktivitäten** im Fall von externen Kosten (vgl. dazu Abschnitt 2.4) gefordert.

Nach der Konzeption der sozialen Marktwirtschaft sichert oder verändert der Staat also in verschiedenen politischen Bereichen die Marktergebnisse; seine Zuständigkeit geht insofern über die grundlegenden Aufgaben in der Ordnungs- und Wettbewerbspolitik hinaus. Im Bereich der Ordnungspolitik wird dem Staat die Aufgabe zugewiesen, die Rahmenbedingungen des Wirtschaftens festzulegen und dafür zu sorgen, dass diese Rahmenbedingungen eingehalten werden. Staatliche Wettbewerbspolitik soll sicherstellen, dass die Märkte dauerhaft wettbewerblich organisiert sind.

1.4.2.2   Handlungsfelder der Wirtschaftspolitik in der sozialen Marktwirtschaft

Die Wettbewerbswirtschaft sichert eine effiziente und wachsende Produktion, die die Voraussetzung dafür ist, dass der Staat ein System des sozialen Schutzes errichten kann. Da die Einkommen zwar der Marktleistung entsprechen, aber nicht alle materiell absichern, wird in der sozialen Marktwirtschaft staatliche Sozialpolitik als notwendig angesehen. Diese umfasst eine Existenzsicherung bei individuellen Notlagen, in die jeder geraten kann, ohne dass eine individuelle Vorsorge möglich ist. Außerdem dienen verteilungspolitische Maßnahmen der Korrektur der am Markt entstandenen Einkommensverteilung.

Der Begriff der sozialen Marktwirtschaft kann als eine ordnungspolitische Idee definiert werden, deren Ziel es ist, marktwirtschaftliche Grundelemente wie Wettbewerbswirtschaft und freie Initiative zu nutzen, um die Teilhabe am sozialen Fortschritt für alle zu ermöglichen. Nach Müller-Armack ist eine leistungsfähige Wettbewerbsordnung die Basis dafür, ein breites System des sozialen Schutzes zu finanzieren, das wirtschaftliche Lebensrisiken wie Arbeitslosigkeit oder Krankheit absichern kann.

Ziel der Sozialpolitik ist es, das dezentrale Koordinationssystem, das Wachstum und ökonomische Effizienz sicherstellt, durch eine Politik des sozialen Ausgleichs zu ergänzen. Damit wird das Ergebnis der Marktsteuerung korrigiert und die Wirtschaftsordnung stabilisiert. Dies trägt zur sozialen Gerechtigkeit und zur sozialen Sicherung bei. Diese Ziele sind – in dieser allgemeinen Formulierung – aus der Ordnungsidee der Sozialen Marktwirtschaft ableitbar. Allerdings ist umstritten, wie die vagen Zielformulierungen konkretisiert werden sollen. Der Begriff der Gerechtigkeit impliziert eine Wertung, die unterschiedlich getroffen werden kann. In jedem Fall impliziert er zwei Aspekte:

Zunächst ist eine Korrektur der Marktergebnisse immer dann vorgesehen, wenn einzelne Wirtschaftssubjekte unverschuldet nicht in der Lage sind, ein Einkommen zu erzielen. Zum **System der sozialen Sicherung** gehören die Arbeitslosen-, Kranken-, gesetzliche Unfall- und Rentenversicherung sowie – seit 1995 – die Pflegeversicherung. Ergänzt wird dieses System der sozialen Sicherung durch eine Politik der Erleichterung sozialer Härten im Strukturwandel und durch konjunkturelle Beschäftigungssicherung. Weitere Bausteine des Systems der sozialen Sicherung sind die Gestaltung der Arbeitsverhältnisse als Sozialpartnerschaften durch Tarifautonomie, Betriebsverfassung und Mitbestimmung und die Förderung einer breit gestreuten Vermögensbildung.

Darüber hinaus soll die Einkommens und Vermögensverteilung, die sich am Markt ergibt, korrigiert werden. Zwar spiegelt die Einkommensverteilung die Marktleistung der Wirtschaftssubjekte wider. Trotzdem kann sie zu Ergebnissen führen, die ungerecht erscheinen. Auch hier besteht allerdings das Problem, dass es unterschiedliche Einschätzungen darüber gibt, welche Einkommens- und Vermögensverteilung als gerecht anzusehen ist. Pragmatisch lässt sich das Ziel der Umverteilung als Verringerung der Einkommensunterschiede definieren, die am Markt entstehen. Dabei stehen zwei Aspekte im Vordergrund:

- Zum einen werden die Einkommen der Beschäftigten durch eine progressive Einkommensteuer korrigiert, d.h. dass diejenigen, die hohe Einkommen beziehen, einen höheren Prozentsatz ihrer Einkommen als Steuer abführen müssen als die Bezieher niedrigerer Einkommen.
- Zum anderen verbessert eine unentgeltliche bzw. finanziell geförderte Ausbildung die Einkommenserzielungschancen, um sicherzustellen, dass die soziale Herkunft nicht die lebenslangen Erwerbschancen bestimmt.

Entscheidend ist, dass dieses System der sozialen Sicherung in Verbindung mit einer Wirtschaftsordnung gesehen wird, die leistungsfähig und wachstumsorientiert ist. Wachstumspolitik hat für die Vertreter der sozialen Marktwirtschaft Vorrang vor Verteilungspolitik, weil Wirtschaftswachstum Handlungsspielräume für Umverteilung eröffnet und Verteilungskonflikte entschärft.

Bereits in der Gründungsphase der Bundesrepublik Deutschland wurde gesehen, dass Konjunkturschwankungen, also Schwankungen in der Entwicklung der Produktionstätigkeit, eine Gefahr für marktwirtschaftliche Ordnungen darstellen. Konjunkturschwankungen gehen normalerweise mit Beschäftigungsschwankungen einher, die Wachstumsverluste und soziale Probleme mit sich bringen. In der Gründungs- und Aufbauphase der Bundesrepublik Deutschland gab es zwar zunächst wenig Anlass für eine aktive Bekämpfung von Schwankungen im Niveau der Produktionstätigkeit, da es nur geringe Stabilitätsprobleme gab. 1966/67 führte eine Beschäftigungskrise allerdings dazu, dass nach langer politischer Diskussion das Handlungsfeld der Wirtschaftspolitik ausdrücklich um die **Stabilitätspolitik** erweitert wurde. Die Ziele und Instrumente der Stabilitätspolitik sind im Rahmen des Stabilitäts- und Wachstumsgesetzes von 1967 zusammengestellt. Dieses Gesetz zielt darauf ab, eine stabilitätspolitische Verantwortung des Staates zu verankern, ohne den Ordnungsrahmen der Marktwirtschaft zu verlassen.

Der Zusammenhang zwischen den stabilitätspolitischen Zielen einerseits und den sozialen Zielen andererseits ist offensichtlich: Ein hoher Beschäftigungsstand und Preisniveaustabilität sind Voraussetzungen dafür, dass soziale Sicherheit und Gerechtigkeit verwirklicht werden können. Gleichzeitig gibt wirtschaftliches Wachstum den Handlungsspielraum für sozialen Fortschritt, der genutzt werden kann, um durch sozialpolitische Maßnahmen das soziale Gefälle in der Gesellschaft zu vermindern. Entscheidend ist dabei, dass die ursprüngliche Triebfeder der marktwirtschaftlichen Steuerung – wirtschaftliche Leistungen im wohl verstandenen Eigeninteresse zu erbringen – erhalten bleibt.

Neben den stabilitätspolitischen Maßnahmen werden in der Bundesrepublik Maßnahmen im Bereich der **Strukturpolitik** ergriffen. Strukturpolitik zielt darauf ab, soziale Härten zu mildern, die sich aus Entwicklungsunterschieden zwischen Wirtschaftsbereichen (**sektorale Strukturpolitik)** oder Regionen (**regionale Strukturpolitik**) ergeben. Wenn im Rahmen des Strukturwandels einzelne Branchen unter erheblichen Anpassungsdruck geraten, besteht die Gefahr, dass die Lasten – z.B. Einkommenseinbußen und Arbeitsplatzverluste – sehr ungleich verteilt sind. Das Ziel der Strukturpolitik besteht nicht darin, solche Anpassungen langfristig zu unterbinden. Trotzdem sollen ökonomische und soziale Reibungsverluste durch Anpassungshilfen verringert werden. Dabei besteht jedoch die Gefahr, dass Anpassungshilfen, die gewährt werden, um Übergangsprobleme zu mildern, notwendige Anpassungsprozesse unterbinden oder verzögern und so die negativen Anpassungsfolgen lediglich in die Zukunft verlagern. Branchenbeispiele sind die Werften, die Landwirtschaft, der Bergbau oder die Stahlindustrie. Die Erfahrung zeigt, dass solche Anpassungshilfen zum einen erhebliche Finanzierungsprobleme für den Staat mit sich bringen können. Zum anderen sind die Wirkungen ordnungspolitisch problematisch. Werden **Subventionen** – also finanzielle Leistungen an Unternehmen, denen keine direkt zurechenbare Gegenleistung gegenübersteht

– gewährt, wird normalerweise die Wettbewerbssituation verändert und die Marktsteuerung
– zumindest teilweise – außer Kraft gesetzt (vgl. auch Abschnitt 2.4.2).

Regionale Strukturpolitik zielt darauf ab, zu einer ausgewogeneren Regionalstruktur beizu-
tragen, um die Lebensbedingungen in den verschiedenen Regionen der Bundesrepublik anzugleichen und um das gesamtwirtschaftliche Wachstum dadurch zu beleben, dass regionale
Wachstumsreserven mobilisiert werden. Entwicklungsunterschiede zwischen verschiedenen
Regionen können darauf zurückgehen, dass die Regionen unterschiedliche Produktionsvor-
aussetzungen aufweisen. Solche unterschiedlichen Standortvoraussetzungen können u.U.

durch infrastrukturpolitische Maßnahmen ausgeglichen werden, die darauf abzielen, die
Produktionsbedingungen in wachstumsschwachen Regionen zu verbessern. Infrastruktur
umfasst insbesondere die materielle Ausstattung einer Volkswirtschaft. Materielle Infrastruk-
turelemente sind z.B. Verkehrswege, Einrichtung der Energie/Wasserversorgung, Informati-
onsmedien, Bildungs-/Gesundheitseinrichtungen, Umweltschutzanlagen (Abfallbeseitigung)
aber auch Kultur- und Freizeitanlagen.

Die soziale Marktwirtschaft stellt also insgesamt eine **gemischte Wirtschaftsordnung** dar,
in der dem Staat über die Ordnungs- und Wettbewerbspolitik hinaus eine Reihe von Aufgaben übertragen werden. Der Umfang, in dem der Staat tätig werden soll, ist dabei nicht eindeutig festgelegt, sondern wird immer wieder diskutiert. Da alle genannten ökonomischen
und außerökonomischen Ziele im Rahmen der sozialen Marktwirtschaft realisiert werden
sollen, sind die Maßnahmen zur Erreichung dieser Zielsetzungen auf ihre Vereinbarkeit mit
den grundsätzlichen Merkmalen der Wirtschaftsordnung hin zu prüfen. Dies umfasst eine
Überprüfung der **Ordnungskonformität**, d.h. in Hinblick auf die Vereinbarkeit mit der
gewählten Wirtschaftsordnung. Bei der Frage der Ordnungskonformität staatlicher Maßnahmen geht es darum, ob staatliche Maßnahmen die wesentlichen Merkmale der Wirtschaftsordnung aufrechterhalten oder nicht. Zu diesen wesentlichen Merkmalen gehört z.B. die
Verantwortung des Individuums für die eigene wirtschaftliche Situation. Diese Eigenverantwortung stellt sicher, dass die privaten Wirtschaftssubjekte individuelle Ziele anstreben und
dabei die gesellschaftliche Situation verbessern. Eine Gefährdung des individuellen Leis-
tungsanreizes durch eine zu hohe Besteuerung oder durch Zahlung von leistungsunabhängi-
gen Transfereinkommen kann so gesehen die in der Wirtschaftsordnung verankerten Motiva-
tionsmechanismen gefährden und die ökonomische Leistungsfähigkeit der Wirtschaftsordnung schwächen. Allerdings wird es im Einzelfall umstritten sein, wann die genannten Maßnahmen den Leistungsanreiz schwächen.

Darüber hinaus muss die **Marktkonformität** überprüft werden. Dabei geht es um die Wirkungen der Maßnahmen in Hinblick auf den Marktmechanismus. Als marktkonform werden
Maßnahmen angesehen, die die Steuerung über Märkte nicht grundsätzlich außer Kraft setzen. Marktkonforme staatliche Maßnahmen können zwar die Entscheidungsgrundlagen der
privaten Wirtschaftssubjekte verändern, greifen aber nicht direkt in den Marktprozess ein.
Die Wirtschaftssubjekte orientieren sich weiterhin an Preisen, die sich auf den Märkten bilden. Damit sind Mindest- und Höchstpreise als nicht marktkonform anzusehen, weil die den
Steuerungsprozess über die Preise außer Kraft setzen.

Fallstudie

Im Übergang von zentralverwaltungswirtschaftlich geprägten zu marktwirtschaftlichen Ordnungen (Transformationsprozess) müssen erhebliche Änderungen vorgenommen werden. Dies lässt sich auch anhand der konstituierenden und regulierenden Prinzipien von Eucken verdeutlichen.

Die Wirtschaftsordnung lässt sich nur umwandeln, wenn ein funktionierendes Rechts- und Verwaltungssystem aufgebaut wird, das mit einer marktwirtschaftlichen Ordnung vereinbar ist. Dazu gehört beispielsweise das Privateigentum an Produktionsanlagen (konstituierende Prinzipien 4 und 5 in Übersicht 1.17). Bei der Privatisierung der zuvor staats- oder volkseigenen Betriebe muss darauf geachtet werden, dass Investoren das erforderliche Kapital und gegebenenfalls auch das Know-how zur Fortführung der Betriebe unter veränderten Wettbewerbsbedingungen mitbringen. Häufig wird auch gefordert, dass ehemalige Manager oder Mitarbeiter an den Unternehmen beteiligt werden, um eine dezentrale Führung und Machtverteilung sicherzustellen.

Wird die freie Preisbildung auf allen Märkten (Prinzip 1 in Übersicht 1.17)zugelassen, kann es zu völlig veränderten Preisrelationen kommen, die für die Bevölkerung zu erheblichen Problemen führen können. Voraussetzung ist nicht nur eine stabile Geldordnung sondern auch eine stabile Währungsordnung, denn der Transformationsprozess ist meist mit einer unmittelbaren Öffnung der Märkte für international tätige Unternehmen und damit mit intensivem Wettbewerb für Betriebe verbunden, die zuvor vom Ausland abgeschottet waren. Darüber hinaus können Umstrukturierungs- und Wachstumsprozesse in den Betrieben nur durch ein funktionsfähiges Bankensystem (Finanz- und Kreditvergabesystem) finanziert werden.

Im Zuge der Umstrukturierungen, die sich im Transformationsprozess zwangsläufig ergeben, kommt es häufig Betriebsstilllegungen und zu Arbeitsplatzverlusten. Das bedeutet, dass die Produktionsmöglichkeiten – zumindest vorübergehend – nicht mehr vollständig genutzt werden können. Dies geht meist mit Wachstumseinbußen einher. Damit wird ein soziales Sicherungssystem benötigt, das zuvor überwiegend von den verstaatlichten Betrieben finanziert wurde.

Der Übergang der früheren DDR zur Marktwirtschaft war insofern ein Sonderfall, als durch den Staatsvertrag vom 18.5.1990 die Errichtung einer Währungs-, Wirtschafts- und Sozialunion beschlossen wurde. Dies bedeutete die Übernahme der bestehenden sozialen Marktwirtschaft in Verbindung mit der sofortigen Integration der Märkte bei einem Umrechnungskurs 1:1 zwischen der DDR-Mark und der D-Mark. Gleichzeitig wurden die meisten Preise – eine wichtige Ausnahme waren die Mieten – freigegeben. Mit dem Einigungsvertrag vom 21.8.1990 übernahm die DDR formal das gesamte westdeutsche Rechts- und Verwaltungssystem; allerdings nahm der Aufbau einer funktionsfähigen Verwaltung und die Privatisierung der Betriebe durch die Treuhandanstalt Zeit in Anspruch. Vor allem die Privatisierung brachte Probleme mit sich, da viele Betriebe bei geringer Kapitalausstattung nur eine unterdurchschnittliche Arbeitsproduktivität aufwiesen; darüber hinaus gab es erhebliche Defizite in der öffentlichen Infrastruktur.

Übersicht 1.18: Transformationsprozess

1.4.3   Aufgaben

1. Grenzen Sie die Begriffe Wirtschaftsordnung, Wirtschaftsverfassung und Wirtschaftskultur gegeneinander ab.
2. Anhand welcher Kriterien lassen sich Wirtschaftsordnungen voneinander abgrenzen? Skizzieren Sie die Zentralverwaltungswirtschaft und die Marktwirtschaft anhand der von Ihnen genannten Merkmale.

3. Erläutern Sie den Begriff der Marktkonformität wirtschaftspolitischer Maßnahmen am Beispiel des sozialen Wohnungsbaus.
4. Erläutern Sie die Handlungsfelder der Wirtschaftspolitik, die dem Staat im Rahmen der sozialen Marktwirtschaft zugewiesen werden.
5. Erläutern Sie den Konflikt zwischen der Notwendigkeit, individuelle Leistungsanreize als marktwirtschaftliches Steuerungsinstrument zu erhalten und dem sozialpolitischen Ziel der Sicherung der sozialen Existenz bei Arbeitslosigkeit.
6. Unsere Wirtschaftsordnung ist eine gemischte Wirtschaftsordnung. Erklären Sie, was Sie darunter verstehen und inwieweit diese Wirtschaftsordnung von der freien Marktwirtschaft abweicht.
7. Erläutern Sie, wer in Zentralverwaltungs- und Marktwirtschaften plant und erläutern Sie den Koordinationsbedarf, der sich aus der Verteilung der Planungskompetenzen ergibt. Skizzieren dabei die unterschiedliche Preisfestsetzung in Zentralverwaltungs- und Marktwirtschaften.
8. Nach den konstituierenden Prinzipien von Walter Eucken braucht die Marktwirtschaft unter anderem freien Marktzugang und Eigentum an Sachkapital in Verbindung mit dem Prinzip der vollen Haftung des Eigentums. Erläutern Sie, welche Auswirkungen und Bedeutung diese beiden Prinzipien für die Errichtung und Beibehaltung der marktwirtschaftlichen Steuerung haben.

2 Marktlehre

2.1 Einführung in die Theorie des Haushalts

In diesem Kapitel

- erfahren sie, wie Haushalte sich als Nachfrager nach Konsumgütern verhalten. Dabei wird unterstellt, dass Haushalte rationale Entscheidungen auf der Basis vollständiger Informationen mit dem Ziel treffen, ihren Nutzen zu maximieren.
- verstehen Sie, dass ein Haushalt seinen Nutzen nur ordinal messen kann und dass das erreichte Nutzenniveau normalerweise mit der konsumierten Menge steigt.
- erkennen Sie, wie sich die Präferenzen eines Haushalts in Form von Indifferenzkurven darstellen lassen. Indifferenzkurven veranschaulichen, dass Haushalte ihr Nutzenniveau aufrechterhalten können, wenn sie einen Minderkonsum bei einem Gut durch einen Mehrkonsum bei einem anderen Gut ausgleichen.
- vollziehen Sie nach, wie der Haushalt bei gegebenem Einkommen und gegebenen Präferenzen für zwei Güter im Haushaltsgleichgewicht sein Nutzenmaximum realisiert.
- verstehen Sie, warum die Nachfrage eines individuellen Haushalts vom Preis abhängt, wenn alle anderen Einflussgrößen unverändert bleiben. Die Nachfrage eines Haushalts nach einem bestimmten Gut ist umso größer, je geringer der Preis des Gutes ist.
- erkennen Sie, dass auch die Marktnachfrage vom Preis abhängt. Die Marktnachfragefunktion gibt an, welche Nachfragemenge die Haushalte bei alternativen Preisen planen.
- lernen Sie, dass Änderungen des realisierten Marktpreises zu einer Bewegung auf der Marktnachfragekurve führen, während Änderungen von anderen Einflussgrößen eine Verschiebung der Nachfragekurve im Koordinatensystem bewirken.
- erfahren Sie, wie soziale Einflüsse die Nachfrage einzelner Haushalte verändern können.
- lernen Sie Elastizitäten als Maßzahl für die Stärke der Nachfragereaktionen auf bestimmte Datenänderungen kennen. Die Preiselastizität der Nachfrage spiegelt wider, wie stark der Haushalt bei einer prozentualen Preiserhöhung seine Nachfrage reduziert.
- verstehen Sie, dass nach der Reaktion der Haushalte auf Einkommenserhöhungen superiore, inferiore und absolut inferiore Güter unterschieden werden können (Einkommenselastizität).
- erkennen Sie, dass auch die Preise anderer Güter die Nachfragemenge nach einem Gut beeinflussen können (Kreuzpreiselastizität).

2.1.1   Ausgangsüberlegungen zum Verhalten
der Haushalte

Haushalte verfolgen auf Märkten ihre eigenen Ziele, sie möchten die bestmögliche Versorgungssituation erreichen. Das realisierte Versorgungsniveau lässt sich mit dem erreichten Nutzen – dem Ausmaß der Bedürfnisbefriedigung – beschreiben. Daher ist es nahe liegend anzunehmen, dass die Haushalte sich rational verhalten und ihren Nutzen maximieren möchten. Dazu treffen sie Entscheidungen, die auf verschiedenen Märkten sichtbar werden:

- am Arbeitsmarkt bieten sie ihre Arbeitskraft an, um Einkommen zu erzielen,
- sie verwenden ihr Einkommen für Konsumgüter (Nachfrage am Gütermarkt) oder sparen es (Angebot am Kapitalmarkt) und
- sie teilen die Konsumsumme auf verschiedene Güter auf, um ihre Bedürfnisse bestmöglich befriedigen zu können.

Diese Entscheidungen erfolgen streng genommen simultan, sind also untereinander verbunden. Trotzdem lassen sie sich nur schwer gleichzeitig analysieren. Deshalb steht primär im Blickpunkt, wie die Nachfrager ihre Konsumausgaben auf verschiedene Güterarten aufteilen. Es wird also unterstellt, dass das Haushaltseinkommen und die Höhe des Sparens gegeben sind, dass die Wirtschaftssubjekte rationale Konsumentscheidungen treffen und dabei ihren Nutzen maximieren wollen. Weiter wird angenommen, dass sie vollständig über alle verfügbaren Konsummöglichkeiten informiert sind.

Nachfrager treffen diese Entscheidungen nicht immer isoliert, sondern häufig im Rahmen von Haushalten, in denen mehrere Personen zusammenleben können. Im Folgenden wird nicht näher untersucht, wie die Entscheidungen innerhalb eines Haushalts zustande kommen (Black-Box-Modell), vielmehr wird dargestellt, wie die auf Märkten sichtbaren Entscheidungen der einzelnen Haushalte erklärt werden können und wie diese Entscheidungen sich auf das Marktgeschehen auswirken.

Die Konsumentscheidungen, und damit die Haushaltsnachfrage am Gütermarkt, hängen von einer **Vielzahl von Bestimmungsfaktoren** ab:

- Haushalte haben unterschiedliche Wünsche und Bedürfnisse: beispielsweise fragen ältere Menschen andere Güter nach als junge, Familien andere als Singles. Die **Präferenzen** der Haushalte – ihre individuellen Wünsche, Interessen und Bedürfnisse – bestimmen also, welchen Nutzen Verbraucher aus unterschiedlichen Gütern ziehen können, daher prägen Präferenzen und Nutzen die Nachfragestruktur eines Haushalts.
- Haushalte haben unterschiedliche Finanzierungsspielräume, ihr **Einkommen**, möglicherweise auch ihr Vermögen, das Zinsniveau für Konsumentenkredite oder für Geldanlagen, oder die soziale Absicherung bei Arbeitslosigkeit, Krankheit und Erwerbsunfähigkeit können die Höhe und Zusammensetzung der Konsumausgaben beeinflussen.
- Der **Preis eines Gutes** bestimmt, inwieweit der Haushalt auf andere Konsummöglichkeiten verzichten muss, wenn er sich für ein bestimmtes Gut entscheidet. Er spiegelt also die Opportunitätskosten einer Konsumentscheidung wider.

- Haushalte wählen zwischen verschiedenen Gütern. Die **Verfügbarkeit von Konkurrenzprodukten und andere Konsummöglichkeiten, Preise anderer Güter oder das Verhalten anderer Nachfrager** können den individuellen Konsum mit prägen.
- Natürlich hängt die Konsumentscheidung eines Haushalts auch von der **Qualität der angebotenen Güter** ab.

Diese Liste der Einflussgrößen ist sicherlich nicht vollständig, sie unterscheidet sich von Haushalt zu Haushalt und kann sich im Zeitablauf – z.B. je nach Lebenssituation und Güterangebot – ändern, dabei sind die einzelnen Einflussgrößen jeweils von unterschiedlicher Bedeutung. Vereinfachend wird im Folgenden die Nachfrageentscheidung eines Haushalts für ein bestimmtes Gut zumindest kurzfristig, d.h. zu einem bestimmten Entscheidungszeitpunkt auf den Preis dieses Gutes zurückgeführt. Es scheint plausibel anzunehmen, dass die Nachfragemenge umso höher ist, je niedriger der Preis dieses Gutes ist. Dabei muss allerdings unterstellt werden, dass alle anderen Einflussgrößen konstant sind, dass der Haushalt also z.B. zu diesem Zeitpunkt bei gegebenen Finanzierungsmöglichkeiten (Einkommen, Zinsniveau, Vermögen) entscheidet und selbst keinen Einfluss auf den Preis des Gutes hat.

Insofern ist die Aussage, dass die Nachfragemenge eines Gutes von seinem Preis abhängt, ein vereinfachtes bzw. kurzfristiges Modell **(statische, zeitpunktbezogene Betrachtung)**. Dabei wird angenommen, dass alle anderen Einflussgrößen konstant sind **(ceteris-paribus-Klausel)**. Insbesondere spielt die Produktqualität keine Rolle, d.h. es wird unterstellt, dass es sich um ein **homogenes Gut** handelt.

Eine normale Nachfragereaktion liegt vor, wenn die nachgefragte Menge eines Gutes x sinkt, wenn der Preis p dieses Gutes steigt. Dieser Zusammenhang lässt sich grafisch in einem Preis-Mengen-Diagramm in Form einer Nachfragekurve darstellen. Dabei ist der Preis p die unabhängige Variable, die üblicherweise an der Ordinate abgetragen wird und die Nachfragemenge x die abhängige Variable, die an der Abszisse dargestellt wird (vgl. Abb. 2.1). Für die grafische Darstellung muss beliebige Teilbarkeit der Güter unterstellt werden. Nachfragekurven haben eine negative Steigung und verlaufen im Preis-Mengen-Diagramm von links oben nach rechts unten, d. h.

$$x_N = x\,(p) \text{ mit } dx_N/dp < 0$$

Es scheint plausibel, anzunehmen, dass die längerfristigen Mengenreaktionen der Nachfrage sind stärker als die kurzfristigen, weil die Haushalte Zeit benötigen, um gewohnte Verhaltensweisen zu verändern; sie müssen sich informieren, ehe sie auf Preisänderungen reagieren, insofern ist die häufig getroffene Annahme der vollständigen Information wenig realistisch.

Beispielsweise können Autofahrer auf steigende Benzinpreise kurzfristig nur reagieren, indem sie auf überflüssige Fahrten verzichten und wenn möglich auf andere Verkehrsmittel umsteigen oder einen sparsameren Fahrstil pflegen. Die Benzinnachfrage lässt sich durch diese Maßnahmen nur in begrenztem Umfang senken. Langfristig gibt es jedoch mehr Möglichkeiten: Durch Kauf eines sparsameren Fahrzeugs, durch Umzug, um Fahrten zur Arbeit zu verkürzen, oder durch eine Verbesserung des Angebots an anderen Verkehrsmitteln, lässt sich der Benzinverbrauch senken.

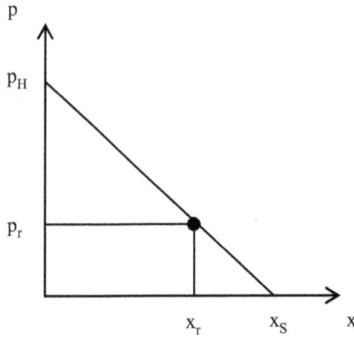

Abb. 2.1: Nachfragefunktion

Abb. 2.1 enthält die grafische Darstellung einer Nachfragefunktion im Preis-Mengen-Diagramm. Der Schnittpunkt mit der Ordinate gibt den **Prohibitivpreis p_H** an. Bei diesem Preis kauft der Nachfrager das Gut nicht mehr, weil er es als zu teuer empfindet. Die Nachfragemenge ist 0. Der Schnittpunkt mit der x-Achse x_S gibt die **Sättigungsmenge** an; selbst wenn der Nachfrager nichts zahlen muss (Preis von 0), fragt er das Gut nicht über diese Menge hinaus nach.

Nachfragekurven stellen dar, welche Menge eines Gutes bei einem bestimmten Preis nachgefragt wird. Dabei handelt es sich um einen hypothetischen Preis- Mengen-Zusammenhang, der die Planungen der Nachfrager verdeutlicht. Am Markt ist jeweils nur einer dieser Preise gültig (realisierter Marktpreis p_r), daher ist nur die zugehörige Nachfragemenge x_r beobachtbar. Das Modell der Haushaltsnachfrage ist in der Übersicht 2.1 zusammengefasst.

Das skizzierte Modell der Haushaltsnachfrage wurde bisher auf der Basis von Plausibilitätsüberlegungen hergeleitet, die mit dem beobachtbaren Verhalten übereinstimmen. Im Folgenden wird erläutert, dass dieses Modell sich auch deduktiv, das heißt logisch widerspruchsfrei aus bestimmten Annahmen ableiten lässt.

Annahmen:

       einzelwirtschaftliche (mikroökonomische) Analyse: Wie verhält sich ein typischer Haushalt?

       Black-Box-Modell in Hinblick auf das Zustandekommen der Entscheidungen in einem Haushalt

       Rationalverhalten

       Nutzenmaximierung und

       gegebene Konsumsumme

Einflussgrößen auf die Nachfragemenge eines Haushalts nach einem Gut:

Präferenzen des Haushaltes (U), Preis des Gutes ($p(x_1)$), Preise anderer Güter ($p(x_n)$), Qualität und Verfügbarkeit von Gütern, Einkommen (Y), Vermögen (V)

Hypothese:

Zu einem bestimmten Zeitpunkt ist die wichtigste Bestimmungsgröße der nachgefragten Menge eines bestimmten (homogenen) Gutes sein Preis, alle anderen Einflussfaktoren können kurzfristig als konstant unterstellt werden (ceteris paribus Klausel = kurzfristige, zeitpunktbezogene Betrachtung)

Formale Darstellung:

Die Nachfragefunktion gibt an, welche Nachfragemenge eines Gutes der Haushalt bei alternativen Preisen plant.

       $x = x\ (\ p(x)\ ,\ p(x_n),\ U,\ Y,\ V\ )$ mit $dx/dp < 0$

$p(x_n)$, U, Y, V als konstant unterstellt (ceteris paribus Klausel = c.p. Klausel)

Übersicht 2.1: Modell der Haushaltsnachfrage

2.1.2   Verhalten individueller Haushalte

2.1.2.1   Präferenzen des Haushalts

Der Nutzen eines Haushalts hängt von seinem Konsum und von seiner Freizeit ab. Je mehr Freizeit ein Haushalt realisiert, umso geringer ist sein Einkommen. Insofern spielt auch der Umfang der Arbeitszeit eine Rolle für das erreichbare Nutzenniveau, denn die Höhe des Einkommens bestimmt auch die Konsummöglichkeiten. Normalerweise steigt mit den Konsummöglichkeiten auch der Nutzen aus Konsum.

Darüber hinaus hängt der Nutzen eines Haushalts davon ab, wie er – bei gegebenem Einkommen und gegebener Höhe des Sparens – seine Konsumausgaben auf verschiedene Güter aufteilt. In Hinblick auf jedes einzelne Gut hängt der Nutzen, den ein Haushalt aus diesem Gut erzielen kann, von der Nachfragemenge ab. Die Änderung des Gesamtnutzens durch die letzte konsumierte Mengeneinheit eines bestimmten Gutes dN/dx (oder N'(x)) wird als Grenznutzen bezeichnet. Normalerweise steigt der Gesamtnutzen mit der konsumierten Menge, dabei nimmt allerdings der Grenznutzen mit zunehmender Konsummenge des Gutes kontinuierlich ab. allerdings gibt es bei den meisten Gütern ein Versorgungsniveau, das sinnvoller weise nicht überschritten werden sollte. Eine größere Konsummenge stiftet dann

keinen größeren Gesamtnutzen mehr, der Gesamtnutzen kann sogar zurückgehen. Das bedeutet, dass dann der Nutzen der zuletzt konsumierten Gütereinheit negativ ist.

An einem heißen Sommertag kann ein Erfrischungsgetränk einem durstigen Wanderer sehr
hohen Nutzen stiften. Je mehr er trinkt, umso besser kann er seinen Durst löschen, hat also
einen höheren Gesamtnutzen. Nach mehreren Gläsern Mineralwasser wird der Durst jedoch
gestillt sein, eine größere Menge stiftet zu diesem Zeitpunkt keinen zusätzlichen Nutzen,
vielleicht wird es sogar als unangenehm empfunden, noch mehr trinken zu müssen. In diesem Fall wäre der Nutzen eines weiteren Glases Mineralwasser (Grenznutzen) negativ, der
Gesamtnutzen sinkt.

Diese Hypothese wird üblicherweise als **1. Gossensches Gesetz** oder **Sättigungsgesetz** bezeichnet. Es besagt: Der Nutzen einer zusätzlich konsumierten Gütereinheit (Grenznutzen)
nimmt bei steigender Ausgangsmenge ab und kann schließlich sogar negativ werden. Bezogen auf einzelne Güter gibt es also Sättigung.

Die Grenznutzenbetrachtung setzt streng genommen voraus, dass die Nutzenänderung, die
entsteht, wenn von einem bestimmten Gut mehr oder weniger konsumiert wird, zahlenmäßig
gemessen werden kann **(kardinale Messbarkeit des Nutzens)**. Dies ist jedoch normalerweise nicht möglich. Darüber hinaus ist der Nutzen von Person zu Person unterschiedlich hoch,
also subjektiv und interpersonell nicht vergleichbar und häufig auch von der jeweiligen Situation abhängig, also im Zeitablauf nicht stabil.

Das Konzept der kardinalen Messbarkeit des Nutzens lässt sich also nicht halten. Trotzdem
können aus der Annahme der Nutzenmaximierung Folgerungen für das Haushaltsverhalten
gezogen werden, wenn **ordinale Messbarkeit des Nutzens** unterstellt wird. Diesem Konzept
zu Folge können Haushalte zwar nicht angeben, wie hoch der absolute Nutzen aus dem Konsum einer bestimmten Menge eines Konsumguts ist; sie sind aber in der Lage eine Rangfolge
für unterschiedliche Versorgungssituationen anzugeben.

Dies lässt sich einfach veranschaulichen, wenn man davon ausgeht, dass der Haushalt nur
zwei Güter 1 und 2 nachfragt. Diese Annahme wird im folgenden durchgängig beibehalten
und vereinfacht zunächst die Darstellung, kann aber leicht aufgehoben werden, wenn unterstellt wird, dass der Haushalt nicht zwei Güter, sondern zwei Güterbündel 1 und 2 mit fester
Zusammensetzung nachfragt. In diesem Fall kann der Haushalt angeben, ob er zwei unterschiedliche Versorgungssituationen x_1/x_2 als gleich gut empfindet oder nicht.

Der angesprochene Wanderer könnte nicht nur durstig sondern auch hungrig sein. Wenn er
ein bestimmtes Nutzenniveau anstrebt, kann er viel trinken und wenig essen oder wenig
trinken und viel essen. Der Wanderer wird vermutlich beides wollen, d.h. eine Mindestmen-
ge des angebotenen Getränks und der Speise (z.B. Wurstplatte), vermutlich gibt es aber einen
gewissen Spielraum: Etwas weniger zu trinken lässt sich durch etwas mehr zu essen ausgleichen, ohne das das Gesamtnutzenniveau sich ändert.

Im Rahmen der Indifferenzkurvenanalyse lässt sich die Präferenzstruktur eines Haushaltes in
einem Zwei-Güter-Diagramm abbilden. **Indifferenzkurven sind Linien gleichen Nutzens,**
stellen also dar, welche unterschiedlichen Mengenkombinationen der beiden Güter dem
Haushalt denselben Nutzen stiften. Indifferenzkurven bilden die Präferenzen des Haushalts

für die beiden Güter vollständig und widerspruchsfrei ab. Dabei wird üblicherweise entsprechend dem 1. Gossenschen Gesetz unterstellt, dass der Nutzen eines Haushalts (bis zur Sättigung) mit steigendem Konsum zunimmt und dass die Sättigungsgrenze noch bei keinem der Güter erreicht ist. In der Grafik wird außerdem angenommen, dass die Güter beliebig teilbar sind.

Bei einer Bewegung entlang der Indifferenzkurve ändert sich der Gesamtnutzen nicht, den der Haushalt aus den beiden Gütern zieht, obwohl dabei stets von einem Gut mehr und vom anderen Gut weniger verbraucht wird.

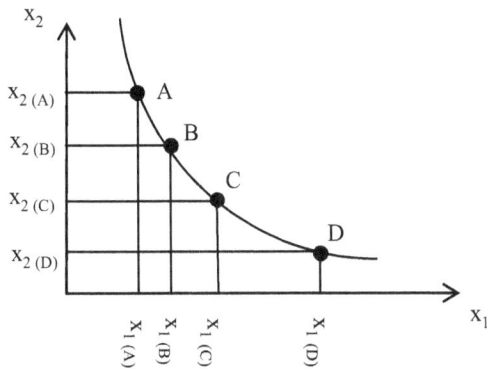

Abb. 2.2: Grenzrate der Substitution entlang einer Indifferenzkurve

Die **Steigung der Indifferenzkurve** gibt das Austauschverhältnis zwischen den beiden Gütern bei konstantem Gesamtnutzen an. Wenn von einem Gut weniger konsumiert wird – also der Nutzen aus dem Konsum dieses Gutes sinkt -, muss vom zweiten Gut mehr konsumiert werden, um das Gesamtnutzenniveau beizubehalten. Dazu ist ein bestimmter Mehrkonsum des zweiten Gutes erforderlich, der von seinem Grenznutzen abhängt. Das Austauschverhältnis zwischen den beiden Gütern bei konstantem Nutzenniveau wird als **Grenzrate der Substitution (GdS)** bezeichnet. Grafisch entspricht die GdS der Steigung der Indifferenzkurve.

Es gilt:

$$GdS = (x_2(A) - x_2(B)) / (x_1(A) - x_1(B)) \text{ oder } dx_2 / dx_1$$

Da bei solchen Substitutionsvorgängen unterhalb der Sättigungsgrenze von einem Gut mehr und vom anderen Gut weniger verbraucht wird, **ist die Grenzrate der Substitution immer negativ.**

Die Mengensenkungen beim Gut 2 beim Übergang von A nach B und von C nach D sind gleich groß, beispielsweise gleich 1 Mengeneinheit des Gutes. Die erforderliche Mengenänderung beim Gut 1 ist beim Übergang von A nach B kleiner als beim Übergang von C nach D. Die GdS ist also zwischen A und B absolut größer als zwischen C und D.

$$\left| (x_2(A) - x_2(B)) \right| / (x_1(A) - x_1(B)) > \left| (x_2(C) - x_2(D)) \right| / (x_1(C) - x_1(D))$$

Daher gilt: **Bei einer Bewegung entlang der Indifferenzkurve von A in Richtung D nimmt der Absolutwert der Grenzrate der Substitution kontinuierlich ab.** Beim Übergang von A nach B erfordert der Nutzenverlust beim Gut 2 nur einen geringen Mehrkonsum von Gut 1, weil der Grenznutzen von Gut 1 (wegen der geringen Ausgangsmenge dieses Gutes) nach dem 1. Gossenschen Gesetz hoch ist. Gleichzeitig ist der Grenznutzen von Gut 2 – wegen der hohen Ausgangsmenge – niedrig.

Indifferenzkurven, die weiter vom Ursprung entfernt sind, spiegeln größere Verbrauchsmengen wider. Sie verdeutlichen also ein höheres Nutzenniveau, sofern die Sättigungsmengen (noch) nicht erreicht sind.

Außerdem können Indifferenzkurven, die verschiedene Nutzenniveaus darstellen, keine Schnittpunkte haben. Dies wird im rechten Teil der Abb. 2.2 ersichtlich. Da die Punkte A', B' und F' auf derselben Indifferenzkurve I2' liegen, stiften die entsprechenden Verbrauchskombinationen der beiden Güter 1 und 2 denselben Nutzen. Dasselbe gilt für die Punkte D', B' und E' auf I1'. Für eine widerspruchsfreie Rangordnung müsste das bedeuten, dass alle 5 Kombinationen denselben Nutzen stiften, denn alle Punkte liegen jeweils auf derselben Indifferenzkurve wie der Schnittpunkt B'. Da aber im Punkt D' im Vergleich zum Punkt A' dieselbe Menge von Gut 2 und eine größere Menge von Gut 1 konsumiert wird, muss der Nutzen in D' größer sein als in A'. Auch die Punkte E' und F' können nicht dasselbe Nutzenniveau widerspiegeln. Indifferenzkurven mit Schnittpunkt spiegeln also keine widerspruchsfreie (transitive) Präferenzordnung wider.

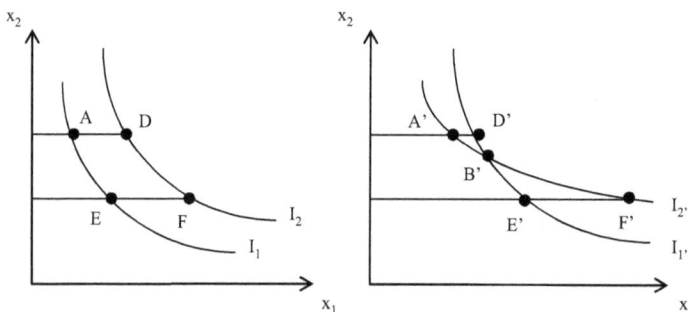

Abb. 2.3: Präferenzstruktur eines Haushalts

Wenn das Gossensche Gesetz gilt, kann die Indifferenzkurve nicht linear sein. Bei einer großen Ausgangsmenge von Gut 2 bedeutet die Verringerung der Konsummenge um eine Mengeneinheit nur eine geringe Nutzeneinbuße – der Grenznutzen von Gut 2 ist wegen der großen Ausgangsmenge gering. Es wird also nur ein geringer Mehrkonsum von Gut 1 benötigt um diesen Nutzenverlust auszugleichen. Dies gilt umso mehr, als der Grenznutzen von Gut 1 wegen der geringen Ausgangsmenge hoch ist. (vgl. Ausgangspunkt A in Abb. 2.3).

Bei unterschiedlichen Ausgangssituationen muss also die Austauschrelation von Gut 2 zu Gut 1 unterschiedlich sein. Bei einer Bewegung entlang einer Indifferenzkurve ändert sich die GdS. In Abb. 3 nimmt der Absolutwert der GdS beim Übergang von A in Richtung D kontinuierlich ab.

Beim Übergang von C nach D muss der entgangene Nutzen aus der veränderten Konsummenge des Gutes 2 durch einen höheren Mehrverbrauch von Gut 1 kompensiert werden, weil bei höherer Ausgangsmenge der Grenznutzen von Gut 1 sehr gering ist und bei niedriger Ausgangsmenge Gut 2 der Grenznutzen von Gut 2 hoch. Dem liegt die Annahme zugrunde, dass die Konsummengen beider Güter unterhalb des Sättigungsniveaus liegen.

Der Haushalt trifft also seine Konsumentscheidung, indem er berücksichtigt, dass bei konstantem Nutzenniveau der Mehrkonsum eines Gutes den Verzicht auf ein anderes Gut beinhaltet. Insofern stellt die Grenzrate der Substitution die Opportunitätskosten einer Konsumentscheidung dar. Im Rahmen der durch die Indifferenzkurven dargestellten widerspuchsfreien Rangordnung der Konsummöglichkeiten strebt der nutzenmaximierende Haushalt eine Güterkombination an, bei der eine möglichst weit vom Ursprung entfernte Indifferenzkurve erreicht wird.

2.1.2.2   Einkommensrestriktion

Bei kurzfristig gegebener Konsumsumme und gegebenen Güterpreisen sind nur bestimmte Mengenkombinationen der beiden Güter 1 und 2 realisierbar. Im Folgenden wird unterstellt, dass die Haushalte nicht sparen, somit entspricht die Konsumsumme dem Einkommen E. Weiter wird angenommen, dass die Haushalte rational handeln und ihren Nutzen maximieren wollen. Bei keinem der zur Wahl stehenden Güter ist Sättigung erreicht. Der Haushalt kann sein Gesamteinkommen für unterschiedliche Mengenkombinationen der beiden Güter verwenden,. Die Ausgabensumme ergibt sich als Produkt von Preisen und Kaufmengen der beiden Güter. Daraus ergibt sich folgende Gleichungsbeziehung:

$$E = p(x_1) \cdot x_1 + p(x_2) \cdot x_2 \quad \text{oder}$$

$$x_2 = -p(x_1)/p(x_2) \cdot x_1 + E/p(x_2)$$

Diese Gleichung wird als Budgetgerade des Haushalts (auch **Bilanzgerade** oder **Budgetlinie**) bezeichnet. Sie stellt alle Mengenkombinationen der Güter 1 und 2 dar, die bei gegebenen Preisen der Güter für ein bestimmtes Einkommen gekauft werden können (vgl. Abb. 2.4). Die Steigung der Budgetgerade entspricht dem negativen (reziproken) Preisverhältnis ($-p(x_1)/ p(x_2)$). Sie gibt an, auf wie viele Mengeneinheiten des Gutes 2 verzichtet werden muss, um eine Einheit von Gut 1 mehr erwerben zu können. Die Achsenabschnitte ergeben sich, wenn man unterstellt, dass das gesamte Einkommen nur für Gut 1 (Achsenabschnitt an der x-Achse, denn $x_2 = 0$) oder nur für Gut 2 (Achsenabschnitt an der x_2-Achse, $x_2 = 0$) ausgegeben wird.

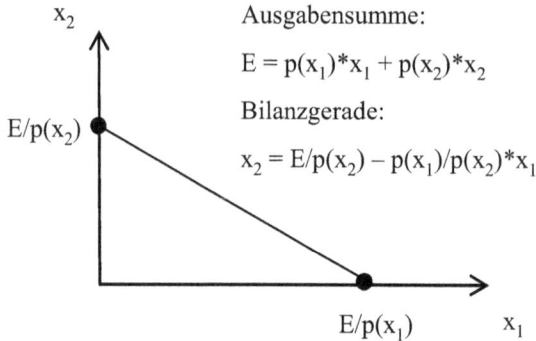

x_2

Ausgabensumme:

$$E = p(x_1)*x_1 + p(x_2)*x_2$$

Bilanzgerade:

$$x_2 = E/p(x_2) - p(x_1)/p(x_2)*x_1$$

$E/p(x_2)$

$E/p(x_1)$ x_1

Abb. 2.4: Einkommensrestriktion

Der Wanderer hat für eine Mahlzeit 20 Euro zur Verfügung. Wenn ein Getränk (Gut 1) 2,50 Euro kostet und eine Wurstplatte (Gut 2) 5 Euro, kann er entweder maximal acht Getränke (Achsenabschnitt x-Achse) oder maximal vier Wurstplatten (Achsenabschnitt x_2-Achse) zu sich nehmen. Für jede Wurstplatte muss er auf 2 Getränke verzichten. Die Steigung der Bilanzgerade beträgt $-1/2$.

Seine Budgetgerade lautet:

$20 = 2,5 \cdot x_1 + 5 \cdot x_2$ oder

$x_2 = 20 / 5 - 2,5 / 5\ x_1$ oder

$x_2 = -1/2\ x_1 + 4$

Wenn sich das Einkommen erhöht, verschiebt sich die Budgetlinie parallel nach rechts oben (vgl. Abb. 2.5, links). Solange die Preise der beiden Güter konstant sind (oder beide Preise sich prozentual in gleicher Weise ändern), bleibt die Steigung der Budgetlinie unverändert. Dies sei am Beispiel verdeutlicht:

Ausgabensumme und Einkommen, nachdem beide Preise und das Einkommen um 50% gestiegen sind:

$30 = 3,75 \cdot x_1 + 7,50 \cdot x_2$

$x_2 = 3,75 / 7,50\ x_1 + 30 / 7,50$

Beide Bilanzgeraden lauten: $x_2 = -1/2\ x_1 + 4$

Sinkt der Preis des Gutes 2, dreht sich die Bilanzgerade um den Achsenabschnitt an der x_2-Achse nach außen, d.h. der Achsenabschnitt an der x_2-Achse vergrößert sich. Gleichzeitig nimmt die die Steigung der Budgetlinie zu (vgl. Abb. 2.5, Mitte). Entsprechend reduziert eine Preiserhöhung bei Gut 1 den Achsenabschnitt an der x_1-Achse (Abb. 2.5 rechts).

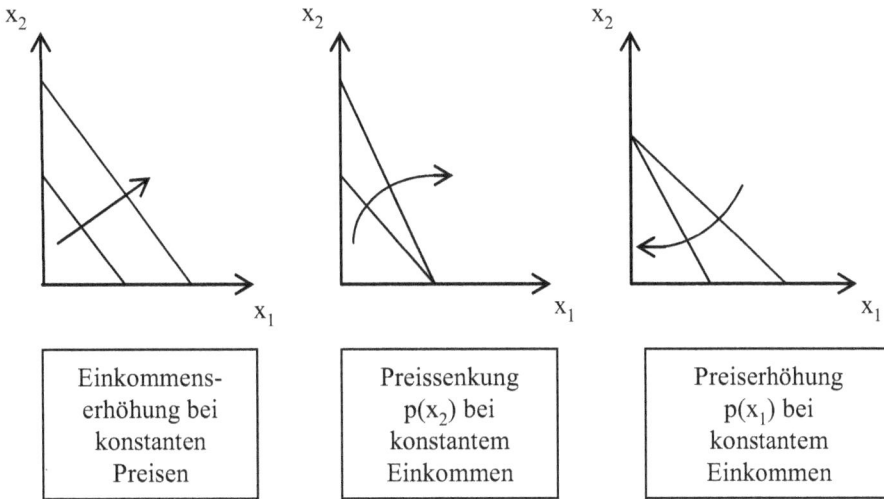

Abb. 2.5: Bilanzgerade des Haushalts

2.1.2.3   Der optimale Verbrauchsplan (Haushaltsgleichgewicht)

Ein nutzenmaximierender Haushalt strebt an, sein Konsumgüterbündel so zusammenzuset-
zen, dass im Rahmen der gegebenen Einkommens- und Preisrestriktionen der größtmögliche
Nutzen realisiert wird. Grafisch lässt sich die nutzenmaximale Kombination im Zwei-Güter-
Diagramm anhand von Indifferenzkurven und Budgetlinie veranschaulichen. Die Budgetlinie
stellt dar, welche Güterkombinationen bei gegebenem Einkommen und gegebenen Güterpreisen realisierbar sind. Die Indifferenzkurven spiegeln jeweils bestimmte Nutzenniveaus
wider. In Abb. 2.6 werden die Präferenzstruktur des Haushalts und die Restriktion einander
gegenübergestellt.

Auf der Indifferenzkurve Io liegen zwei Güterkombinationen A und D, die gleichzeitig auch
auf der Budgetlinie des Haushalts liegen. Die zugehörige Konsumsumme entspricht also dem
Einkommen. Die Güterkombination im Punkt G_1 verursacht ebenfalls Ausgaben in Höhe des
Einkommens, da sie ebenfalls auf der Budgetlinie liegt. Gleichzeitig liegt der Punkt G_1 auf
der höheren Indifferenzkurve I1, repräsentiert also ein höheres Nutzenniveau. Bei gegebenem Einkommen und gegebenen Güterpreisen – also bei gegebener Budgetlinie – wird der
nutzenmaximierende Haushalt also nicht die Güterkombinationen A oder D nachfragen sondern den Punkt G_1 realisieren, der im Rahmen der gegebenen Restriktionen das höchste erreichbare Nutzenniveau widerspiegelt. Der Punkt G_1 wird daher als optimaler Verbrauchsplan bzw. als Haushaltsgleichgewicht bezeichnet. Bei gegebenen Güterpreisen und gegebenem Einkommen stellt das Haushaltsgleichgewicht diejenige Mengenkombination der beiden
Güter 1 und 2 dar, mit der ceteris paribus das Nutzenmaximum realisiert wird. Dies entspricht der **Maximumvariante des ökonomischen Prinzips.**

.Der Punkt Go stellt ebenfalls ein Optimum dar: Mit der zugehörigen Güterkombination wird das Nutzenniveau Io realisiert, allerdings liegt der Punkt Go unterhalb der eben angesprochenen Budgetlinie. Er ist innerhalb der gegebenen Restriktionen, d.h. bei geg. Einkommen und gegebenen Güterpreisen realisierbar, schöpft aber das verfügbare Einkommen nicht ganz aus. Es könnte bei gegebener Nachfragemenge nach dem Gut 1 mehr von Gut 2 gekauft werden oder bei gegebener Nachfragemenge von Gut 2 mehr von Gut 1. Insofern verzichtet der Haushalt im Punkt Go auf das höchste erreichbare Nutzenniveau, realisiert aber die Versorgungssituation Io mit der geringstmöglichen Ausgabensumme. Dies entspricht der **Minimumvariante des ökonomischen Prinzips**: Das gegebene Nutzenniveau Io wird mit der geringstmöglichen Ausgabensumme realisiert. Grafisch drückt sich das darin aus, dass die Budgetlinie Bo parallel zur Budgetlinie B1, aber näher zum Ursprung verläuft.

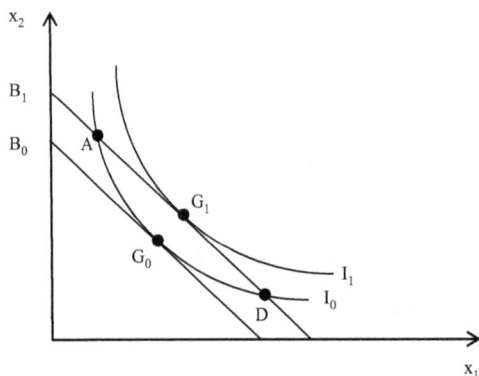

Abb. 2.6: Haushaltsgleichgewicht bzw. optimaler Verbrauchsplan

Aus der Grafik ergibt sich die Bedingung für das Haushaltsoptimum: Budgetlinie und Indifferenzkurve müssen sich tangieren, damit

(a) auf einer **gegebenen Budgetlinie** die Güterkombination realisiert wird, die das höchstmögliche Nutzenniveau repräsentiert oder

(b) auf einer **gegebenen Indifferenzkurve** die Güterkombination mit der geringsten Kostensumme erreicht wird.

Die Bedingung für den Tangentialpunkt lautet, dass die Steigungen der Indifferenzkurve und der Budgetlinie gleich sein müssen. Die (negative) Grenzrate der Substitution muss also dem negativ reziproken Preisverhältnis entsprechen.

$$dx_2/dx_1 = -p(x_1)/p(x_2)$$

Da die Grenzrate der Substitution im Haushaltsgleichgewicht auch dem Verhältnis der Grenznutzen entspricht (vgl. Übersicht 2.2) kann die Bedingung auch anders formuliert werden. Im Zwei-Güter-Fall realisiert ein Haushalt c.p. den höchsten Nutzen, wenn die mit den

Preisen gewogenen Grenznutzen bei beiden Gütern übereinstimmen. Dies bedeutet, dass eine Verringerung der Ausgaben für eines der beiden Güter zugunsten des anderen Gutes, d.h. eine Umschichtung bei der Verwendung des Geldes den Gesamtnutzen durch den Konsum der beiden Güter nicht vergrößern kann.

Diese Aussage wird auch als **zweites Gossensches Gesetz** bezeichnet. Das Haushaltsgewicht ist dann erreicht, wenn der mit den Preisen gewogene Grenznutzen bzw. der Grenznutzen des Geldes für alle Güter gleich ist (Für die Herleitung vgl. Übersicht 2.2).

Es gilt die Nutzenfunktion
$N = N(x_1, x_2)$

Da der Gesamtnutzen bei einer Bewegung auf einer Indifferenzkurve konstant ist, gilt:
$dN = 0 = (\delta N / \delta x_1) \cdot dx_1 + (\delta N / \delta x_2) \cdot dx_2 = 0$
mit
$(\delta N / \delta x_1) = N'(x_1)$ Grenznutzen des Gutes 1
$(\delta N / \delta x_2) = N'(x_2)$ Grenznutzen des Gutes 2

also:
$N'(x_1)\, dx_1 + N'(x_2)\, dx_2 = 0$

Daraus ergibt sich:
$N'(x_1)\, dx_1 = -\, N'(x_2)\, dx_2$ oder
$-N'(x_1) / N'(x_2) = dx_2 / dx_1$

d.h. im Haushaltsgleichgewicht entspricht die (immer negative) Grenzrate der Substitution dem negativ reziproken Verhältnis der Grenznutzen beider Güter und dem negativ reziproken Preisverhältnis.

$dx_2 / dx_1 = -\, (N'(x_1) / N'(x_2)) = -p(x_1) / p(x_2)$
$dx_2 / dx_1 = -N'(x_1) / -p(x_1) = N'(x_2) / p(x_2)$

Somit wird ein Haushaltsgleichgewicht erreicht, wenn die mit den Preisen gewogenen Grenznutzen bei beiden Gütern gleich sind (**2. Gossensches Gesetz = Gesetz vom Ausgleich der Grenznutzen des Geldes**).

Streng genommen lässt sich die Nutzenfunktion nur darstellen, wenn Nutzen kardinal messbar ist. Das Gesetz von Ausgleich der Grenznutzen gilt aber unabhängig von der verwendeten Messskala, denn Gleichheit der Grenznutzen kann auch auf einer ordinalen Messskala festgestellt werden.

Übersicht 2.2: Nutzenfunktion und Haushaltsgleichgewicht (erweiterte Bedingung)

2.1.2.4 Auswirkungen von Einkommensänderungen auf das Haushaltsgleichgewicht

Die Zusammensetzung der Güternachfrage ist von den Präferenzen, den Preisen der Güter und vom Einkommen bzw. von der Konsumsumme des Haushalts abhängig. Insofern führen Veränderungen dieser Größen zu einem neuen Haushaltsgleichgewicht. Erhöht sich das Einkommen steigt c.p. der Finanzierungsspielraum des Haushalts, es ist also zu erwarten, dass die Nachfrage nach den beiden Gütern steigt. Dies wird im Folgenden genauer dargestellt.

Steigendes Einkommen bedeutet in der grafischen Darstellung des Haushaltsgleichgewichts eine Parallelverschiebung der Bilanzgerade nach rechts oben. Es kann somit ein höheres Nutzenniveau realisiert werden (vgl. Abb. 2.7). Bei kontinuierlich steigendem Einkommen ergibt sich eine Abfolge von Haushaltsgleichgewichten. Die Verbindungslinie dieser Haushaltsgleichgewichte heißt **Einkommens-Konsum-Kurve** (vgl. Abb. 2.7, links). Sie gibt an, wie sich die optimale Verbrauchsstruktur c.p. bei steigendem Einkommen und damit auch steigendem Nutzenniveau verändert. In den jeweiligen Haushaltsoptima ändert sich die Grenzrate der Substitution dx_2/dx_1 nicht, da die GdS der Steigung der Budgetlinie, also dem unveränderten negativ reziproken Preisverhältnis entsprechen muss.

Die Einkommens-Konsum-Kurve ist eine Linie, die im Ursprung beginnt und linear oder gekrümmt verlaufen kann. Wenn die Einkommens-Konsum-Kurve linear ist, sind die Präferenzen für die beiden Güter 2 und 1 einkommensunabhängig. Wenn sich dagegen die Einkommens-Konsum-Kurve z.B. zur Achse des Gutes 2 hinbiegt, bedeutet das, dass mit steigendem Einkommen (bei höherem Nutzenniveau) nicht nur absolut sondern auch relativ mehr von Gut 2 nachgefragt wird. Die Präferenz für das Gut 2 erhöht sich dann mit steigendem Einkommen. Güter, deren Nachfrage bei steigendem Einkommen überproportional stark steigt, werden **superiore Güter** genannt. Meist handelt es sich um Güter des gehobenen Bedarfs, die Wahlbedürfnisse befriedigen.

Nehmen wir an, unser Wanderer sei zunächst Student mit geringem Einkommen. Wahrscheinlich fragt er während seiner Wanderung eher preiswerte Getränke und Würstchen nach, übernachtet in einer preiswerten Unterkunft und trägt seine normalen Straßenschuhe. Behält er nach dem Berufseintritt seine Wanderleidenschaft bei, könnte sich sein Verbrauchsverhalten ändern. Bei höherem Einkommen kehrt er möglicherweise in teurere Restaurants ein, übernachtet im Sporthotel und trägt hochwertige Wanderschuhe. In diesem Fall sinkt, unabhängig vom Preis, mit steigendem Einkommen seine Nachfrage nach preiswerten Getränken und Unterkünften, die nach höherwertigen Gütern, die meist teurer sind und die er sich deshalb zuvor wegen seines geringeren Einkommens nicht leisten konnte, steigt. Seine Verbrauchsstruktur ändert sich also zugunsten höherwertiger Güter, obwohl sich die Preise bzw. Preisrelationen nicht geändert haben.

Im folgenden Diagramm sind eine lineare und eine nicht-lineare Einkommens-Konsumkurve dargestellt. Im linken Diagramm steigt bei zunehmendem Einkommen die Nachfrage nach beiden Gütern, ohne dass sich die optimale Zusammensetzung des Güterbündels (x_2/x_1). Handelt es sich bei Gut 1 um ein Gut des täglichen Bedarfs, das nicht in wesentlich unterschiedlichen Qualitäten zur Verfügung steht – also etwa Mineralwasser – dürfte die Nachfrage weitgehend konstant bleiben oder nur geringfügig zunehmen, obwohl das Einkommen gestiegen ist. Solche Güter werden als **(relativ) inferiore Güter** bezeichnet, sie müssen auch bei geringem Einkommen in einem gewissen Umfang nachgefragt werden, da sie nicht vollständig ersetzbar sind (Brot, Margarine, preiswerte Kleidung). Bei steigendem Einkommen wird der Haushalt die Nachfrage nach diesen Gütern aber kaum ausweiten sondern höherwertige Bedürfnisse befriedigen (Fleisch, Butter oder teures Olivenöl, Markenkleidung). Im Extremfall werden geringwertige Güter sogar durch höherwertige ersetzt. In diesem Extremfall kann bei steigendem Einkommen die Nachfrage nach geringwertigen Gütern sogar zugunsten von höherwertigen Konkurrenzprodukten zurückgehen. In diesem Fall handelt es sich um **absolut inferiore Güter, beispielsweise könnten bei steigendem Einkommen no-name-Produkte durch Markenware ersetzt werden.**

In Abb. 2.7, links ist erkennbar, dass die Einkommens-Konsum-Kurve bei einkommensunabhängiger Präferenzstruktur eine Ursprungsgerade ist. Ist eines der beiden Güter superior, folglich das andere inferior, biegt sich die Einkommens-Konsum-Kurve zur Achse des superioren Gutes (in der rechten Darstellung Gut 2). Die Änderung der nachgefragten Menge ist relativ größer als die Einkommenserhöhung, der Ausgabenanteil für dieses Gut steigt mit steigendem Einkommen.

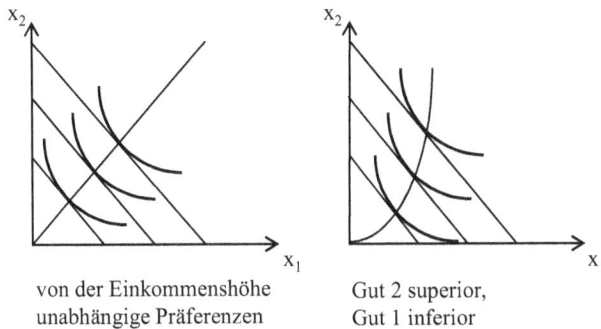

von der Einkommenshöhe
unabhängige Präferenzen

Gut 2 superior,
Gut 1 inferior

Abb. 2.7: Einkommens-Konsum-Kurve bei unterschiedlichen Güterarten

Bei steigendem Einkommen wird der nutzenmaximierende Haushalt in beiden Fällen von beiden Gütern mehr nachfragen. Ob die Nachfrage nach einem der beiden Güter stärker steigt als das Einkommen, hängt davon ab, ob die Präferenzen des Haushalts für die Güter 1 bzw. 2 sich mit steigendem Einkommen ändern. Gegebenenfalls steigt die Nachfrage nach superioren Gütern – meist höherwertige Güter, die Wahlbedürfnisse befriedigen – überproportional, die nach (relativ) inferioren Gütern wächst nur unterproportional.

Eine zu dieser Beschreibung passende Nachfrageentwicklung wurde im England des 19. Jhd. empirisch beobachtet. Bei steigendem Einkommen wuchsen die Ausgaben für Mieten und Nahrungsmittel nur unterproportional, der Ausgabenanteil sank also. Dieser als **Engel-Schwabesches Gesetz** bezeichnete Zusammenhang zeigt, dass Nahrung und Wohnen existenzielle Bedürfnisse sind, die inferior sind.

2.1.2.5   Auswirkungen von Preisänderungen auf das Haushaltsgleichgewicht

Steigt der Preis für das Gut 1, dreht sich die Bilanzgerade im Zwei-Güter-Diagramm um den Schnittpunkt mit der x_2-Achse in Richtung Ursprung (von AB zu AC in Abb. 2.8). Auch in diesem Fall ändert sich das Haushaltsgleichgewicht. Die Anpassung der Nachfragestruktur an die veränderte Preisrelation lässt sich gedanklich in zwei Teilschritte aufspalten. Erstens wirkt die Preiserhöhung beim Gut 1 wie eine (Real-)Einkommenssenkung. Bei unveränderter Ausgabensumme kann nur noch weniger von beiden Gütern eingekauft werden, dadurch reduziert sich das erreichbare Nutzenniveau. Das ist daran zu erkennen, dass alle Punkte der neuen Bilanzgerade AC unterhalb der Indifferenzkurve I1 liegen. Zweitens ändert sich die Zusammensetzung des nachgefragten Güterbündels im neuen Haushaltsgleichgewicht. Durch die Preiserhöhung beim Gut 1 ändert sich c.p. die Steigung der Bilanzgerade, sie verläuft steiler, d.h. der Absolutwert der Preisrelation sinkt. Daher muss nach der Gleichgewichtsbedingung im neuen Gleichgewicht auch eine (absolut) niedrigere GdS gelten. Das neue Gleichgewicht liegt demnach bei einer geringeren Verbrauchsmenge von Gut 1 und einer höheren Verbrauchsmenge von Gut 2. Die Preiserhöhung beim Gut 1 ändert also die Zusammensetzung des optimalen Güterbündels zu Lasten des verteuerten Gutes. Wäre die alte Indifferenzkurve noch erreichbar, läge der optimale Verbrauchsplan bei einem Punkt links oberhalb des alten. Es würde weniger von Gut 1 und mehr von Gut 2 verbraucht. (vgl. etwa Punkt S in Abb. 2.8). Diese Verschiebung entlang der (alten) Indifferenzkurve I_1 (von G_1 zu S) heißt **Substitutionseffekt** und gibt an, wie sich bei einer Preisänderung die Konsumstruktur im Nutenmaximum ändert. Der Punkt S spiegelt wider, welche Konsumstruktur nachgefragt worden wäre, wenn bei dem neuen Preisverhältnis $p(x_1)/p(x_2)$ das alte Nutzenniveau noch erreicht werden könnte. Grafisch lässt er sich konstruieren, indem die neue Bilanzgerade gedanklich parallel nach rechts-oben verschoben wird, bis sie die Indifferenzkurve I_1 gerade tangiert.

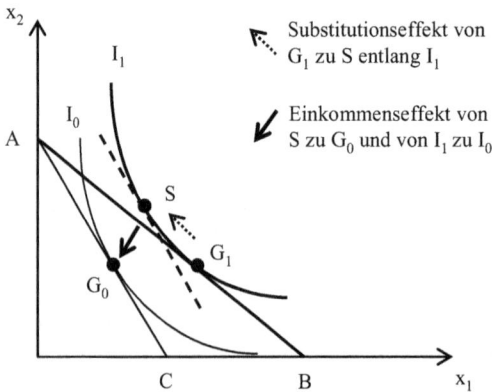

Abb. 2.8: Einkommens und Substitutionseffekt bei steigendem Preis $p(x_1)$

Der Punkt S kann aber nicht das neue Haushaltsgleichgewicht sein, da er oberhalb der neuen Bilanzgerade AC liegt. Bei einem Preisanstieg muss das Nutzenniveau c.p. sinken, es wird nur noch die niedrigere Indifferenzkurve I_0 erreicht. Dabei handelt es sich um diejenige Indifferenzkurve, die die neue Bilanzgerade AC gerade noch tangiert. Diese Reduzierung des Gesamtnutzens, also der Übergang von I_1 zu I_0 bzw. von S zu G_2 wird als **Einkommenseffekt** bezeichnet. Grafisch lässt er sich veranschaulichen, indem man die Bilanzgerade soweit parallel in Richtung Ursprung verschiebt, bis sie die niedrigere Indifferenzkurve I_0 gerade tangiert. Eine solche Verschiebung der Bilanzgerade entspräche einer (realen) Einkommenssenkung.

Bei steigendem Preis für das Gut 1 ändert sich also das Haushaltsgleichgewicht in Hinblick auf das erreichbare Nutzenniveau und in Hinblick auf die Zusammensetzung des nutzenmaximalen Güterbündels. Da im Haushaltsgleichgewicht die mit den Preisen gewogenen Grenznutzen gleich sein müssen, wird im neuen Haushaltsgleichgewicht eine Konsumgüterwahl realisiert, bei der der Grenznutzen des Gutes 1 höher ist. Die nachgefragte Menge des Gutes 1 sinkt, aber auch die Nachfrage nach Gut 2 geht zurück, obwohl dessen Preis konstant geblieben ist. Dies geht auf den Realeinkommenseffekt zurück. Übersicht 2.3 fasst die Überlegungen zum Einkommens- und Substitutionseffekt zusammen.

Steigt der Preis des Gutes 1, ändert sich im Nutzenmaximum die Güternachfrage. Der Gesamteffekt lässt sich gedanklich in zwei Teilschritte aufspalten:

(1) Bestünde bei der Möglichkeit, die höhere Indifferenzkurve I_2 zu erreichen, dieselbe Preisrelation $p(x_2)/p(x_1)$ wie bei AC, würde auf der Indifferenzkurve I_2 nicht G_1 sondern S realisiert. Im Haushaltsoptimum ergäbe sich eine andere Zusammensetzung des Güterbündels (x_1, x_2) als in G_1. Der **Substitutionseffekt ist eine Bewegung auf der Indifferenzkurve**, d.h. bei veränderter Zusammensetzung des Güterbündels wird dasselbe Nutzenniveau beibehalten. Der Substitutionseffekt wirkt sich immer zulasten des verteuerten Gutes aus.

(2) Der Einkommenseffekt resultiert daraus, dass die Preiserhöhung beim Gut 1 c.p. wie eine Senkung des realen Einkommens wirkt. Eine daraus folgende Senkung des realen Einkommens würde das erreichbare Nutzenniveau senken. Der **Einkommenseffekt verursacht eine Bewegung von der Indifferenzkurve I_2 zu I_1** und ist normalerweise für beide Güter gleichgerichtet. Die Zusammensetzung des Güterbündels x_2/x_1 ändert sich gegenüber dem alten Gleichgewicht G_1, weil die Preisrelation und damit die GdS sich ändern.

Der **Gesamteffekt** ($G_1 \rightarrow G_2$), der durch eine Preiserhöhung beim Gut 1 (AB $\rightarrow$ AC) ausgelöst wird, lässt sich demnach in einen Substitutionseffekt ($G_1 \rightarrow E$) (auf der ursprünglichen Indifferenzkurve, verursacht durch die Veränderung der Preisrelationen) und in einen (Real-) Einkommenseffekt ($E \rightarrow G_2$) unterteilen.

Sinkt c.p. der Preis des Gutes 1, ist der Einkommenseffekt auf die Nachfragemenge beim Gut 1 normalerweise positiv und der Substitutionseffekt ebenfalls. Beide Effekte wirken insofern gleichgerichtet.

Ist das Gut 1 (relativ) inferior Gütern ist der Substitutionseffekt ebenfalls positiv, aber nur schwach ausgeprägt. Der Einkommenseffekt ist gering, denn die Nachfrage nach inferioren Gütern wächst bei steigendem Einkommen nur unterproportional.

Werden im Fall absolut inferiorer Güter preiswerte Produkte bei steigendem (Real-)Einkommen durch höherwertige ersetzt, ist der Einkommenseffekt negativ. Wenn der Substitutionseffekt absolut geringer ist als der Einkommenseffekt, resultiert bei einer Preissenkung $p(x_1)$ insgesamt ein Nachfragerückgang.

Übersicht 2.3: Einkommens- und Substitutionseffekt

2.1.3   Nachfragefunktionen

2.1.3.1   Individuelle Nachfragefunktion

Aus der Veränderung der Haushaltsgleichgewichte lässt sich herleiten, wie die nachgefragte Menge nach einem Gut 1 von dessen Preis abhängt. Der nutzenmaximierende Haushalt wird im Regelfall seine Nachfragemenge mit steigendem Preis senken. Der Anpassungsprozess des Haushaltsgleichgewichts an den steigenden Preis ist in Abb. 2.9 dargestellt. Bei steigendem Preis dreht sich die Bilanzgerade um den Schnittpunkt mit der Ordinate in Richtung Ursprung (AB → AC), es entsteht eine Abfolge von Haushaltsgleichgewichten, die angibt, wie sich die Nachfragemengen der Güter 1 und 2 bei steigendem Preis $p(x_1)$ ändern. Die Verbindungslinie dieser Haushaltsgleichgewichte wird **Preis-Konsum-Kurve** genannt. Zur Herleitung der im unteren Teil der Abb. dargestellten Nachfragekurve wird lediglich die Änderung der nachgefragten Menge des Gutes 1 benötigt. Sie wird im unteren Teil der Abb. dargestellt.

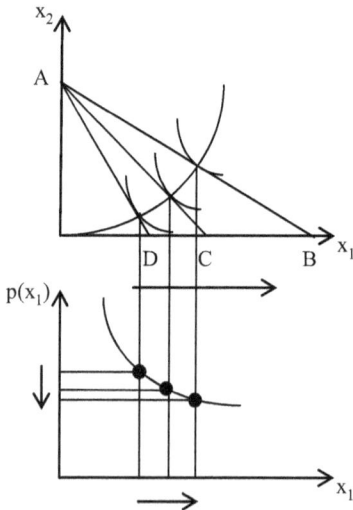

Abb. 2.9: Herleitung der Nachfragefunktion eines Haushaltes

Unterstellt man „normale" (d.h. konvex gekrümmte) Indifferenzkurven, gilt:

Ein nutzenmaximierender Haushalt fragt bei sinkendem Preis $p(x_1)$ eine steigende Menge von Gut 1 nach. Dabei wird unterstellt, dass die Präferenzstruktur, der Preis des Gutes 2 und das Einkommen kurzfristig konstant bleiben (ceteris-paribus-Klausel).

Wenn der Preis des Gutes 1 sinkt, ändert sich im Regelfall auch die nachgefragte Menge nach Gut 2.

Damit ist die zuvor als plausibel bezeichnete Nachfragefunktion deduktiv aus der Annahme, dass der Haushalt rational danach strebt, seinen Nutzen zu maximieren, hergeleitet. Die in der Nachfragefunktion beschriebene Abhängigkeit der nachgefragten Menge eines (homogenen) Gutes vom Preis dieses Gutes ist allerdings ein stark vereinfachtes, statisches Modell. Der Herleitung aus dem Haushaltsgleichgewichten liegt die Annahme zugrunde, dass die Präferenzstruktur, der Preis des anderen Gutes und das Einkommen konstant sind, sie unterliegen also der ceteris-paribus-Klausel. Ändern sich diese Einflussgrößen, ändert sich die Lage der Nachfragefunktion im Zwei-Güter-Diagramm. Beispielsweise könnte ein Haushalt bei gegebenem Preis von Gut 1, aber höherem Einkommen eine größere Menge des Gutes 1 nachfragen.

Allerdings gibt es Ausnahmen vom dargestellten Zusammenhang zwischen dem Preis und der nachgefragten Menge eines Gutes. Als Beispiel sei das häufig genannte **Giffen-Paradoxon** erläutert. Der britische Ökonom Giffen beobachtete im 19. Jhd., dass in England die Nachfrage nach Kartoffeln stieg, obwohl deren Preis stieg. Dies erklärte er dadurch, dass für Bezieher geringer Einkommen Kartoffeln ein wichtiges und preiswertes Nahrungsmittel sind, das nicht durch Preiswertere ersetzt werden kann. Steigt der Kartoffelpreis, steigt die Ausgabensumme für Kartoffeln und das Realeinkommen sinkt. Höherwertige Nahrungsmittel wie z.B. Fleisch müssen durch Kartoffeln ersetzt werden, weil es kein anderes preiswertes Substitutivgut gibt.

Die Indifferenzkurven nähern sich in diesem Fall bei sinkendem Einkommen der Achse des Gutes Kartoffeln, Kartoffeln sind hier ein inferiores Gut.

2.1.3.2   Marktnachfrage

Ausgehend von den Nachfragefunktionen für einzelne Haushalte lässt sich die Marktnachfrage herleiten, indem ermittelt wird, wie groß die Gesamtnachfrage aller Haushalte bei alternativen Preisen wäre. In Abb. 2.10 ist zur Vereinfachung der Fall unterstellt, dass es am gesamten Markt nur 2 Haushalte gibt. Grafisch wird die Marktnachfragefunktion durch Horizontaladdition ermittelt.

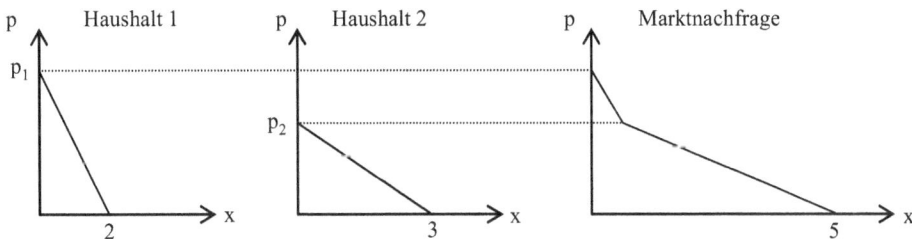

Abb. 2.10: Marktnachfragefunktion für ein Gut

Liegt der Marktpreis p zwischen p_1 und p_2 fragt nur der erste Haushalt das Gut nach. Die Marktnachfrage entspricht der individuellen Nachfrage. Bei Preisen unterhalb von p_2 fragen beide Haushalte das Gut nach. Die Marktnachfrage entspricht der Summe der beiden Nachfragemengen. Die Summe der beiden Sättigungsmengen (2 für Haushalt 1 und 3 für Haushalt 2) ergibt die Sättigungsmenge am Gesamtmarkt. Bei der Horizontaladdition muss allerdings unterstellt werden, dass die beiden individuellen Nachfragefunktionen unabhängig voneinander sind; die Haushalte beeinflussen sich also nicht gegenseitig.

Neben den Preisen wirken weitere Größen auf die Marktnachfrage ein. Beispielsweise ist die Marktnachfrage auch von der Zahl der Haushalte oder von der Einkommens- und Vermögensverteilung abhängig. Geht man davon aus, dass Haushalte mit niedrigerem Einkommen einen höheren Anteil ihres Einkommens konsumieren während Bezieher hoher Einkommen mehr sparen, bewirkt eine Einkommensumverteilung zugunsten der Bezieher niedriger Einkommen, dass die Konsumausgaben c.p. steigen. Darüber hinaus kommen **soziale Einflussfaktoren** zum Tragen, denn es ist denkbar, dass die Haushalte sich bei den Konsumausgaben an der Nachfrage anderer Haushalte orientieren. Dabei sind verschiedene Wechselwirkungen denkbar:

- Orientieren Haushalte sich an einer für sie relevanten Bezugsgruppe kann es sein, dass sie bei einem bestimmten Preis eines Gutes mehr von diesem Gut kaufen, wenn andere es auch kaufen. Der Kauf des Gutes stiftet Zusatznutzen, denn durch den Kauf wird ein Zugehörigkeitsgefühl vermittelt **(Mitläufereffekt)**. Bestimmte Modemarken profitieren davon, dass junge Leute sie kaufen, um „dazuzugehören".
- Auch die gegenteilige Wirkung ist denkbar: Haushalte, die sich von der Mehrheit der Käufer absetzen wollen, kaufen ein bestimmtes Gut, weil es nur wenig gekauft wird (Snob-Effekt). Der Käufer würde das Gut beim gleichen Preis in geringerer Menge kaufen, bzw. manche Käufer würden es nicht mehr kaufen, wenn viele andere dieses Gut auch benutzen. Neben dem Preis ist in diesem Fall die Marktnachfragemenge eine Bestimmungsgröße der individuellen Nachfrage; je höher die Marktnachfrage, umso geringer die Nachfragemenge der Snobs.
- Beim **Prestige-Effekt** oder **Veblen-Effekt** geht es um einen ähnlichen Zusammenhang: Der Käufer kauft ein Gut, weil es teuer ist oder weil er hofft, dass andere eine hohen Preis vermuten. Er demonstriert, was er sich leisten kann. Der Preis-Mengen-Zusammenhang hat ein positives Vorzeichen. Je höher der Preis, umso höher die individuelle Nachfragemenge des Prestigekäufers. Sinkt der Preis des Gutes, würden die Prestigekäufer teurere Konkurrenzprodukte erwerben. Der Snob-Effekt und der Veblen-Effekt gehen häufig Hand in Hand, denn selten gekaufte Güter sind häufig auch teurere Güter, beispielsweise wenn jemand einen Wagen der Luxusklasse kauft. Damit fällt er auf, weil es wenige davon verkauft werden und gleichzeitig demonstriert der Käufer seinen Reichtum.
- In anderen Fällen kann die Kaufentscheidung davon abhängen, welche Wirkungen von dem Gut auf andere Haushalte ausgehen. Die Verbrauchsentscheidung hängt davon ab, ob es auch anderen Haushalten gut geht **(Altruismus)**. Beispielsweise werden von manchen Haushalten fair-gehandelte Produkte trotz des höheren Preises gekauft, weil der Handel verspricht, dass die Arbeitskräfte bei der Produktion einen ausreichenden Lohn erhalten.

Auch bei der Marktnachfragefunktion handelt es sich um ein statisches Modell, dem die ceteris-paribus-Annahme zugrunde liegt. Neben dem Marktpreis beeinflussen weitere Faktoren die Nachfragemenge, die kurzfristig als konstant angesehen werden. Einige dieser Faktoren sind in Abb. 2.11 genannt.

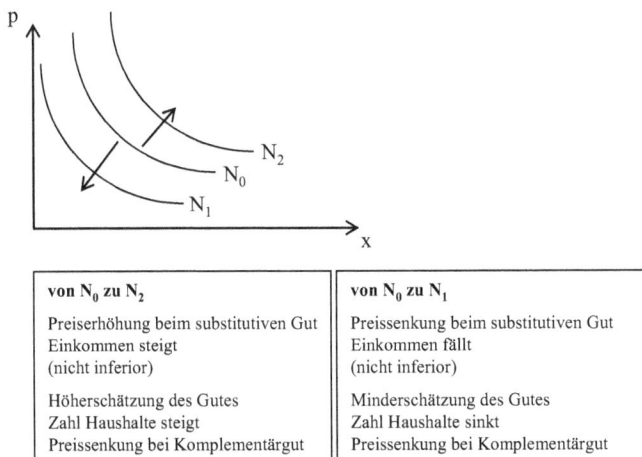

von N_0 zu N_2	von N_0 zu N_1
Preiserhöhung beim substitutiven Gut	Preissenkung beim substitutiven Gut
Einkommen steigt	Einkommen fällt
(nicht inferior)	(nicht inferior)
Höherschätzung des Gutes	Minderschätzung des Gutes
Zahl Haushalte steigt	Zahl Haushalte sinkt
Preissenkung bei Komplementärgut	Preissenkung bei Komplementärgut

Abb. 2.11: Nachfragefunktionen und ceteris-paribus Klausel

2.1.4   Nachfrageelastizitäten

Nachfragefunktionen haben eine negative Steigung, sie sind aber nicht zwingend linear, außerdem kann die Steigung – je nach Gut – unterschiedlich sein. Es liegt nahe, anzunehmen, dass bei dringend benötigten Gütern die Reaktionen auf Preiserhöhungen gering sind, weil die Konsumenten trotz der Preiserhöhung auf diese Güter angewiesen sind. Bei Gütern, die Wahlbedürfnisse befriedigen, dürfte die Reaktion stärker sein. Ein relativ einfaches Maß für die Stärke der Nachfragereaktion auf Preisänderungen ist die **direkte Preiselastizität der Nachfrage**. Generell geben Elastizitäten die relative Änderung einer abhängigen Variable an, die durch eine bestimmte relative Änderung der unabhängigen Variablen verursacht wird. Im Fall der Nachfragereaktion auf Preisänderungen eines Gutes x lautet die Definition

$$|\varepsilon| = \frac{\text{prozentuale Mengenänderung bei der Nachfrage nach Gut x}}{\text{prozentuale Preisänderung bei Gut x}}$$

Die direkte Preiselastizität der Nachfrage ist normalerweise negativ, da eine Preiserhöhung eine Nachfragesenkung auslöst, während eine Preissenkung eine Nachfrageerhöhung verursacht. Die Stärke des Zusammenhangs zwischen Preis- und Mengenänderung lässt sich am Absolutwert der Elastizität ablesen.

Ist die relative Mengenänderung absolut größer als die relative Preisänderung, wird die Reaktion der Nachfrage als elastisch bezeichnet. Ein Anbieter, der seinen Preis beispielsweise
um 10% erhöht, muss dann damit rechnen, dass die Nachfrage um mehr als 10% sinkt. In
diesem Fall würde die Preiserhöhung Umsatzeinbußen bewirken. Dies ist häufig der Fall bei
Gütern, die nicht dringend benötigt werden, beispielsweise weil es Konkurrenzprodukte zu
einem geringeren Preis gibt

$$|\varepsilon| > 1 \text{ oder } |\Delta x/x| \quad > \quad |\Delta p/p, \text{ elastisch}$$

Bsp.: Ein Gastwirt weiß, dass die Nachfrage nach Würstchen preiselastisch ist. Der Absolutwert der Elastizität betrage 2. Bei einer 10%igen Preiserhöhung liegt dann der Nachfragerückgang bei 20%. Der Umsatz (die Ausgabensumme der Nachfrager für dieses Gut) sinkt.
Wenn der ursprüngliche Preis bei 2 € lag, und zu diesem Preis 50 Würstchen verkauft wurden, lag der Umsatz in der Ausgangssituation bei $50 \cdot 2 = 100$ €. Steigt der Preis auf 2,20 €
und sinkt deshalb die Menge auf 40 Würstchen, liegt der Umsatz nach der Preiserhöhung nur
noch bei 88 € $(2,20 \cdot 40)$.

Ist der Absolutwert der relativen Mengenänderung kleiner als der der relativen Preisänderung, durch die sie ausgelöst wird, wird die Nachfrage als unelastisch bezeichnet. Der Absolutwert der Elastizität ist dann kleiner als 1. Häufig handelt es sich dabei um Güter des täglichen Bedarfs, für die es keine Substitutionsmöglichkeiten gibt. Beispielsweise ist für den
Berufspendler, der öffentliche Nahverkehrsmittel benutzt, weil er kein eigenes Auto hat, die
Nachfrage nach Transportleistungen vermutlich kurzfristig unelastisch. Dies gilt vor allem
dann, wenn kurzfristig, z.B. aufgrund eines geringen Einkommens, der Kauf eines PKW
nicht möglich ist.

$$|\varepsilon| < 1 \text{ oder } |\Delta x/x| \quad < \quad |\Delta p/p|, \text{ unelastisch}$$

Bsp.: Ein Bäcker weiß, dass die Nachfrage nach Brot preisunelastisch ist. Der Absolutwert
der Elastizität betrage 0,5. Bei einer 10%igen Preiserhöhung liegt dann der Nachfragerückgang bei 5%. Die Ausgabensumme der Nachfrager für Brot lag bei einem Ausgangspreis von
3 € und einer Menge von 100 vor der Preiserhöhung bei 300 €. Nach der Preiserhöhung um
10% und einem Mengenrückgang um 5% liegt die Ausgabensumme nach der Preiserhöhung
bei $3,30 \cdot 95 = 313,50$, sie steigt also, weil die Nachfrager die Preiserhöhung nicht „in vollem
Umfang" durch Senkung der Nachfragemenge ausgleichen können. Das ist immer dann der
Fall, wenn ein Gut dringend benötigt wird und es keine oder nur wenige Substitutivprodukte
gibt.

Ein Extremfall liegt vor, wenn die Nachfragemenge trotz Preiserhöhung unverändert bleibt,
weil das Gut immer in einer bestimmten Menge benötigt wird. Dies ist bei lebensnotwendigen Gütern der Fall, für die es überhaupt keine Substitute gibt. Die relative Mengenänderung
ist unabhängig von der relativen Preisänderung immer gleich 0, in diesem Fall wird die
Nachfrage als starr bezeichnet. Die Nachfragekurve verläuft in diesem Fall senkrecht, d.h.
parallel zur Ordinate.

Ein Beispiel für eine starre Nachfrage stellt die Nachfrage nach lebensnotwendigen Medika-
menten dar, auf die ein Haushalt auch bei steigendem Preis nicht verzichten kann. Eher wird

er auf die Befriedigung anderer Bedürfnisse verzichten. Allerdings kann er auch lebensnotwendige Güter nur nachfragen, wenn sein Einkommen zur Bezahlung ausreicht.

Die direkte Preiselastizität der Nachfrage kann ausnahmsweise bei einzelnen Haushalten auch positiv sein, beispielsweise im Fall der bereits angesprochenen Prestigegüter. Einzelne Haushalte könnten bei Preiserhöhungen aus Prestigegründen dazu übergehen, diese Güter zu kaufen. Dabei bleibt offen, ob die Nachfragemenge auch am Gesamtmarkt steigt, denn Anbieter müssen damit rechnen, dass gleichzeitig andere Kunden wegen der Preiserhöhung ihre Nachfrage senken. Das Vorzeichen der direkten Preiselastizität der Nachfrage zeigt also an, ob es sich um eine normale (negatives Vorzeichen) oder eine atypische Nachfragereaktion (positives Vorzeichen) handelt.

Elastizitäten beziehen sich auf einen bestimmten Punkt der Nachfragekurve und sind bei linearen Nachfragefunktionen entlang der Kurve nicht konstant, wie das nachfolgende Zahlenbeispiel verdeutlicht (vgl. auch Übersicht 2.4).

Zahlenbeispiel: Nachfragefunktion $x = 15 - p$

P	x	$\Delta x/x$	$\Delta p/p$	$|\varepsilon|$
5	10			
5,5	9,5	–0,5 / 10	0,5/5	0,05/0,1 = 0,5
10	5			
11	4	–1,5	1/10	0,2/0,1 = 2

Auch zwischen dem Preis eines Gutes 2 und der Nachfragemenge eines Gutes 1 kann ein Zusammenhang bestehen. Die Relation zwischen der relativen Mengenänderung beim Gut 1 und der auslösenden relativen Preisänderung beim Gut 2 heißt **Kreuzpreiselastizität.**

$$\eta = \frac{\text{relative Mengenänderung beim Gut 1}}{\text{relative Preisänderung beim Gut 1}}$$

Das Vorzeichen der Kreuzpreiselastizität gibt an, ob es sich um substitutive oder um komplementäre Güter handelt. Wenn beim Gut 2 eine normale Nachfragereaktion auftritt, wird bei Preiserhöhungen die Nachfrage nach diesem Gut sinken. Wird dann ersatzweise das Gut 1 gekauft, handelt es sich um ein Konkurrenz- bzw. Substitutionsprodukt. Steigt also die Nachfragemenge beim Gut 1, wenn der Preis des Gutes 2 steigt, muss es sich um substitutive Güter handeln. In diesem Fall ist die Kreuzpreiselastizität positiv. Beispielsweise wäre es denkbar, dass die Nachfrager bei einer Preissteigerung bei Fahrkarten für den öffentlichen Personennahverkehr (Gut 2) öfter mit dem eigenen PKW fahren, also mehr tanken. Die Benzinnachfrage (Gut 1) steigt, weil zunehmend Fahrten mit öffentlichen Verkehrsmitteln durch PKW-Fahrten ersetzt werden.

Aus der Definition der direkten Preiselastizität der Nachfrage ergibt sich:

$$|\varepsilon| = dx/x \,/\, dp/p = dx/dp \cdot p/x$$

Bei einer linearen Nachfragefunktion ist die Steigung dx/dp konstant; da sich die Relation p/x entlang der Nachfragefunktion ändert, kann die Elastizität jeden Wert zwischen 0 (im Schnittpunkt mit der x-Achse und unendlich (im Schnittpunkt mit der p-Achse) annehmen. Eine lineare Nachfragefunktion hat also einen preiselastischen Teil, bei dem die Nachfrage bei einer 1%igen Preiserhöhung um mehr als 1% sinkt, und eine unelastischen Teil; hier ist der Absolutwert der Mengenänderung kleiner als die Preisänderung, durch die sie verursacht wird. In dem Punkt, in dem die Relation p/x dem Kehrwert der Steigung entspricht, ist die Nachfrageelastizität gleich 1, d.h. Mengen- und Preisänderung sind (absolut) gleich, weisen aber entgegen gesetzte Vorzeichen auf.

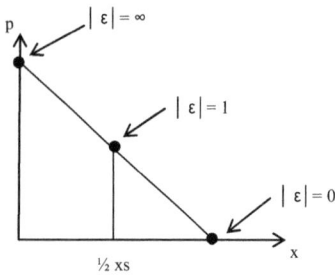

Übersicht 2.4: Entwicklung der Nachfrageelastizität entlang einer linearen Nachfragefunktion

Umgekehrt wäre es denkbar, dass die Nachfrage nach Pfeifentabak steigt, wenn Pfeifen billiger werden. In diesem Fall wäre das Vorzeichen der Kreuzpreiselastizität negativ. Die stärkere Nachfrage nach Pfeifen, die durch die Preissenkung verursacht wird, zieht eine steigende Nachfrage nach Pfeifentabak nach sich, da diese beiden Güter komplementär sind.

Die bereits oben angesprochene Beziehung zwischen der Einkommensentwicklung und der Nachfrageentwicklung bei Gütern wird in der **Einkommenselastizität** abgebildet.

$$\lambda = \frac{\text{relative Änderung der Nachfragemenge}}{\text{relative Einkommensänderung}}$$

Normalerweise steigt die Nachfrage nach einem Gut, wenn das Einkommen steigt. Man würde also erwarten, dass die Einkommenselastizität der Nachfrage ein positives Vorzeichen aufweist. Wächst die Nachfrage nach einem bestimmten Gut stärker als das Einkommen, handelt es sich um ein superiores Gut. Die Elastizität ist dann größer als 1. Ein Beispiel könnten etwa Urlaubsreisen sein. Wächst die Nachfrage nach einem Gut bei steigendem Einkommen langsamer als das Einkommen – nimmt also der Ausgabenanteil für dieses Gut am Einkommen ab – handelt es sich um ein inferiores Gut. Im Extremfall des absolut inferioren Gutes ist das Vorzeichen der Einkommenselastizität negativ, da bei steigendem Einkommen die Nachfragemenge sinkt, weil das Gut durch höherwertige Güter ersetzt wird.

Elastizitäten
Direkte Preiselastizität der Nachfrage ▫ Vorzeichen normalerweise negativ ▫ Bei positivem Vorzeichen atypische Nachfragereaktion (z.B. Prestigekonsum) ▫ $\mid \varepsilon \mid > 1$ elastische Nachfrage ▫ $\mid \varepsilon \mid < 1$ unelastische Nachfrage ▫ $\mid \varepsilon \mid = 0$ starre Nachfrage
Kreuzpreiselastizität ▫ $\eta > 0$ substitutive Güter ▫ $\eta < 0$ komplementäre Güter
Einkommenselastizität ▫ $\lambda > 1$ superiore Güter ▫ $\lambda < 1$ inferiore Güter ▫ $\lambda < 0$ absolut inferiore Güter ▫ $0 < \lambda < 1$ Engel-Schwabesches Gesetz (Nahrungsmittel, Wohnungen inferior)

Übersicht 2.5: Elastizitäten

Nachfrageelastizitäten messen die Stärke des Zusammenhangs zwischen einer Preis- bzw. Einkommensänderung und der Nachfragemenge eines Gutes zu einem bestimmten Zeitpunkt (vgl. auch Übersicht 2.5). Dieser Zusammenhang wird von weiteren Einflussgrößen bestimmt, die zwar kurzfristig konstant sind (c.p.Klausel), sich aber im Zeitablauf ändern können.

▫ Zunächst spiegeln die Elastizitäten die Dringlichkeit des Bedarfs wieder. Sie hängen davon ab, ob es sich um Güter des täglichen Bedarfs handelt oder um Güter, die höherwertige Bedürfnisse befriedigen. Beispielsweise entsprach es in den sechziger Jahren des 20. Jahrhunderts den generellen Lebensbedingungen, dass die Entfernungen zwischen Wohnort und Arbeitsort geringer waren als heute, daher ist es heute wichtiger, einen eigenen PKW zu besitzen. Dies dürfte sowohl die Einkommens- als auch die Preiselastizität bei PKW beeinflussen.

▫ Darüber hinaus könnte die Preiselastizität bei geringwertigen Gütern tendenziell geringer sein als bei höherwertigen Gütern, weil die Kaufentscheidungen für geringwertige Güter weniger überlegt getroffen werden. Dies dürfte auf viele Güter des täglichen Bedarfs zutreffen, die regelmäßig gekauft werden (z.B. Tempotücher). Setzt aber eine Preisdiskussion ein, wie beispielsweise bei Molkereiprodukten oder Benzin, erhöht sich die Aufmerksamkeit für die Preise dieser Güter – das kann dazu führen, dass die Preiselastizität steigt.

- Natürlich spiegelt sich in den Elastizitäten auch die Konkurrenzsituation auf den Märkten wider. Je mehr Konkurrenzprodukte es auf einem Markt gibt, je besser die Konsumenten also Preiserhöhungen ausweichen können, umso höher dürfte die Preiselastizität sein; auch die Einkommenselastizitäten steigen vermutlich, wenn z.B. Produkte in unterschiedlichen Qualitäten angeboten werden. Produkte, für die es vielseitige Verwendungsmöglichkeiten gibt, weisen hohe Elastizitäten auf, weil bzw. wenn sie in den verschiedenen Einsatzbereichen unterschiedlich gut substituierbar sind.
- Die Möglichkeiten der Konsumenten, Preiserhöhungen auszuweichen nehmen im Zeitablauf zu. Beispielsweise können Haushalte bei steigenden Heizkosten kurzfristig weniger heizen oder nach preiswerteren Einkaufsquellen suchen. Längerfristig können sie unter Umständen andere Heizungen auf der Basis preiswerterer Energieträger einsetzen, sie können ihre Häuser besser gegen Wärmeverluste dämmen usw. Längerfristig können also Preis-Mengen-Zusammenhänge bzw. Einkommens-Mengenzusammenhänge sich ändern.

2.1.5   Zusammenfassende Bewertung

Die Überlegungen zeigen, dass die Nachfragefunktion, die einleitend aufgrund von Plausibilitätsüberlegungen aufgestellt wurde, sich auch aus den genannten vereinfachenden Annahmen auf der Basis des Modells eines nutzen maximierenden Haushalts deduktiv herleiten lässt.

Im dargestellten Modell der Haushaltsnachfrage wird angenommen, dass Haushalte bei vollständiger Information rationale Entscheidungen treffen. Dabei entscheiden sie selbst und in eigener Verantwortung (Konsumentensouveränität). Natürlich wird die Annahme, dass Haushalte immer als Homo oeconomicus handeln, immer wieder in Frage gestellt. Haushalte wählen zwischen Gütern mit unterschiedlicher Qualität (heterogene Güter), sie treffen manchmal spontane Kaufentscheidungen, sie sind beeinflussbar durch andere Konsumenten oder durch Werbung, sie sind nicht immer vollständig über alle Konsummöglichkeiten informiert oder schätzen den Nutzen von Produkten falsch ein. Bei vielen Produkten, vor allem bei Dienstleistungen, lässt sich der Nutzen des Gutes nicht im Vorhinein, sondern erst nach dem Konsum beurteilen (Vertrauensgüter). Darüber hinaus gibt es Bereiche, in denen die Konsumentensouveränität gesetzlich eingeschränkt wird (Drogen, Versicherungspflicht für PKW). In diesen Fällen wird unterstellt, dass der Haushalt seine „wahren" Bedürfnisse falsch einschätzt, beispielsweise künftige Risiken (gesundheitliche Gefahren von Drogen, das Risiko, bei Unfällen sich selbst und andere zu schädigen) unterschätzt. Diese Argumente sprechen gegen das Modell des homo oeconomicus.

Hinzu kommt, dass in der Realität Entscheidungsprozesse nicht unendlich schnell erfolgen können sondern Zeit benötigen. Neben dem Zeitaufwand treten bei Abwägung aller Kosten und Nutzen einer Konsumentscheidung weitere Kosten auf, die als **Transaktionskosten** bezeichnet werden. Der Käufer eines Hauses muss sich beispielsweise über Angebote am Markt informieren, indem er Häuser besichtigt oder Kontakt zu Maklern aufnimmt, und Zeitungsinserate oder Internetplattformen studiert (**Informationskosten**). Er muss geeignete Verkäufer suchen (**Suche nach Transaktionspartnern**), möglicherweise treten im Zusammenhang mit dem Verkauf weitere Kosten auf wie beispielsweise Vertragsabschlusskosten (Makler- und Notariatsgebühren). Generell umfassen Transaktionskosten alle Kosten, die im Zusammenhang mit Tauschprozessen auf Märkten bzw. Geschäfts- oder Vertragsabschlüssen anfallen können, dazu gehören – in anderen Beispielen – auch Transportkosten oder Versicherungsprämien. Diese Kosten verändern die Entscheidungssituation des Haushalts. Wenn hohe Transaktionskosten auftreten, kann es rational sein, nur solange weitere Informationen einzuholen, wie angenommen werden kann, dass der Informationsaufwand durch eine Verbesserung der Kaufentscheidung gerechtfertigt wird (Entscheidung auf der Basis **rational begrenzter Informationen**).

Außerdem zeigt sich in Experimenten, dass Versuchspersonen manchmal auch uneigennützig handeln, wenn sie das als kooperativer oder gerechter empfinden. Solche Verhaltensweisen lassen sich auch in der Realität beobachten, beispielsweise wenn Käufer bereit sind für bestimmte Produkte einen höheren Preis zu zahlen, weil Hersteller oder Händler garantieren, dass die Produktion unter sozial fairen Bedingungen erfolgt, also beispielsweise Kaffeepflücker einen fairen Lohn erhalten oder bei der Produktion von Teppichen auf Kinderarbeit verzichtet wird. Die höhere Zahlungsbereitschaft geht in diesem Fall auf das Gerechtigkeitsempfinden zurück, das „gute Gewissen" beim Kauf kann auch als mit dem Konsum verbundener Zusatznutzen angesehen werden, so dass auch eine solche Entscheidung mit der Annahme der Nutzenmaximierung vereinbar ist.

Trotz der genannten Einwände bietet das Modell der rationalen Konsumwahl einen guten Erklärungsansatz für verallgemeinerungsfähige Aussagen über das Konsumentenverhalten. Zudem lässt sich das Modell erweitern und durch andere Annahmen abwandeln, ohne dass wesentliche Wirkungszusammenhänge dadurch verloren gehen würden.

2.1.6   Aufgaben

1. Der nutzenmaximierende Haushalt zieht u.a. Nutzen aus Konsum.
   a) Erläutern Sie die Probleme im Zusammenhang mit der Messung des Nutzens für einen Haushalt. Welche Konzepte zur Nutzenmessung gibt es?
   b) Was beinhaltet das 1.Gossensche Gesetz? Warum wird es auch als Sättigungsgesetz bezeichnet?
   c) Inwiefern umgeht Indifferenzkurvenanalyse die Probleme der Nutzenmessung?
2. In einem 2-Güter-Diagramm ist eine Budgetlinie für einen Haushalt dargestellt.
   a) Ergänzen Sie die Graphik zu einem Haushaltsgleichgewicht.
   b) Welche Bedingung muss im Haushaltsgleichgewicht erfüllt sein?
   c) Gehen Sie davon aus, dass das Haushaltseinkommen ceteris paribus steigt. Stellen Sie graphisch dar und erläutern sie, wie sich die Haushaltsnachfrage nach den beiden Gütern normalerweise ändert.
   d) Unterstellen Sie, dass das Gut 2 ein lebensnotwendiges Grundnahrungsmittel ist. Welche Reaktion auf Einkommenserhöhungen sind in diesem Fall zu erwarten?

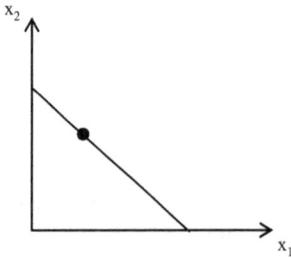

3. Der optimale Verbrauchsplan eines Haushaltes (Haushaltsgleichgewicht) gibt an, wie der Haushalt den für Konsum bestimmten Teil seines Einkommens bestmöglich auf den Kauf verschiedener Güter verteilt.

   a) Skizzieren Sie in einer geeigneten Graphik für den 2-Güter-Fall den optimalen Verbrauchsplan.

   b) Erläutern Sie anhand des Diagramms, wie die Lage des optimalen Verbrauchsplans durch die Änderung des Preises für das Gut 1 beeinflusst werden kann. Stellt der von Ihnen gezeichnete Fall ein typisches oder ein atypisches Verhalten des Haushaltes dar?

   c) Unterstellen Sie nun, das für Konsum verfügbare Einkommen nehme zu. Erläutern Sie (ohne Diagramm), wie die Nachfrage nach dem Gut 1 jeweils reagiert, wenn Gut 1 superior ist und wenn es inferior ist. Bitte erläutern Sie dabei auch die Begriffe „superior" und „inferior".

4. Im folgenden Diagramm ist ein Haushaltsgleichgewicht dargestellt. Skizzieren Sie, wie sich normalerweise eine Preiserhöhung beim Gut 1 auswirkt und stellen Sie den Einkommens- und Substitutionseffekt dar. Erläutern Sie die Bedeutung dieser Effekte.

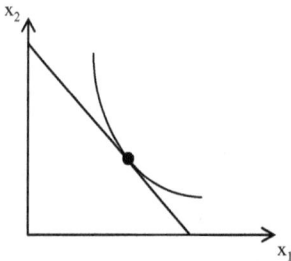

5. Ein Getränkehändler bietet verschiedene Getränke an, möchte aber seine Angebotspalette weiter ausbauen. Aus Marktstudien ist ihm bekannt, dass die Einkommenselastizität λ für die von ihm angebotenen Getränke

   bei $\lambda = 0$ für Mineralwasser,

   bei $\lambda = -0,5$ für einfache Tischweine und

   bei $\lambda = 1,5$ für qualitativ hochwertigere Weinsorten liegt.

   a) Definieren Sie die Einkommenselastizität und erläutern Sie, welche Informationen Sie aus den Zahlenwerten ableiten können.

   b) Im Zuge des allgemeinen Einkommenswachstums rechnet der Unternehmer damit, dass auch seine Kunden im nächsten Jahr (bei konstanten Preisen) eine Einkommenserhöhung erzielen können. Wie würden Sie an seiner Stelle die Angebotspalette umstrukturieren? (Begründung)

c) Definieren Sie die direkte Preiselastizität der Nachfrage. Welche Größenordnung der direkten Preiselastizität würden Sie bei den oben genannten c.p. Getränken erwarten?

6. Wie groß wäre in den folgenden Fällen die direkte Preiselastizität der Nachfrage in Bezug auf Bier?
   - bei einem Menschen, der nie Alkohol trinkt
   - bei einem Biertrinker, der auf jeden Fall abends eine Flasche Bier trinkt.
   - bei einem Biertrinker, der seinen Bierkonsum halbiert, wenn der Preis um 10% steigt
   Mit welcher Umsatzveränderung muss ein Bieranbieter normalerweise rechnen, der seinen Preis um 25% erhöht und der weiß, dass seine Kunden eine direkte Preiselastizität der Nachfrage von –1,5 haben? Sollte man dem Anbieter zur Preiserhöhung raten?

7. Wie ändert sich die Marktnachfragekurve nach Mittelklasse-PKW, wenn die folgenden Änderungen auftreten?
   - aufgrund der konjunkturellen Lage erwarten die Konsumenten Einkommensverluste
   - attraktive Konkurrenzprodukte aus dem Ausland werden verstärkt nachgefragt
   - Umweltprobleme bei der Produktion werden stärker öffentlich diskutiert
   - es werden langfristig anhaltend hohe Benzinpreise erwartet
   - der öffentliche Personennahverkehr wird qualitativ verbessert und die Preise werden gesenkt

8. Welche Einkommens- und Preiselastizitätswerte (Vorzeichen und Größenordnung) erwarten Sie bei folgenden Produkten? Handelt es sich um superiore oder um inferiore Güter?
   Brot, Markenkleidung, Luxuslimousinen, Surfbretter, Wohnungen mit eher geringer Miete, fair gehandelter Tee

9. Es gelte die im folgenden Diagramm dargestellte anomale Nachfragefunktion für ein Konsumgut.

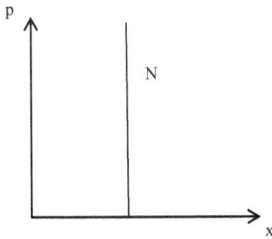

a) In welchen Fällen ist eine solche Nachfragereaktion denkbar (Beispiel)?
b) Welchen Wert hat die direkte Preiselastizität der Nachfrage in diesem Fall?
c) Welche Konsequenz hat dieses Nachfrageverhalten für einen Anbieter, der Preiserhöhungen durchsetzen möchte?

10. In einem Zwei-Güter-Diagramm seien eine Indifferenzkurve und eine Budgetlinie dargestellt.
    a) Welche Bedeutung haben diese beiden Kurven? Warum realisiert der Haushalt im Punkt G sein Nutzenmaximum?

b)   Wegen einer Mehrwertsteuererhöhung steigen die Preise der beiden Güter c.p. um 5% steigen. Wie ändert sich die Grafik in diesem Fall und wie wird sich das Haushaltsgleichgewicht normalerweise verändern?

c)   Der Haushaltstheorie liegt unter anderem die Annahme des rationalen Käuferverhaltens zugrunde. Wie ist vor diesem Hintergrund die Tatsache zu beurteilen, dass Käufer manchmal durch Werbemaßnahmen zum Kauf eines Gutes veranlasst werden, ohne die Eigenschaften des Gutes genau zu kennen?

11.   Der Finanzminister möchte seine Steuereinnahmen erhöhen, indem er eine Verbrauchssteuer erhöht. Er hat die Wahl, entweder die Mineralölsteuer zu erhöhen oder eine Steuer auf Kinokarten einzuführen. In beiden Fällen geht er davon aus, dass diese Steuern zu steigenden Preisen führen werden. Wovon hängt es ab, wie hoch die zusätzlichen Steuereinnahmen ausfallen.

2.2   Einführung in die Theorie der Unternehmung

Lernziele

In diesem Kapitel

- verstehen Sie die Zusammenhänge zwischen Faktoreinsatz und Güterproduktion sowie die Bedeutung der Substituierbarkeit von Produktionsfaktoren und erkennen, wie die Kosten des Unternehmens mit dem Produktionsprozess zusammenhängen.
- lernen Sie die Überlegungen zur Kostenminimierung und zur Herleitung der Kostenfunktion kennen.
- lernen Sie unterschiedliche Kostenverläufe kennen und verstehen, wie Gesamtkosten, Durchschnittskosten und Grenzkosten zusammenhängen.
- vollziehen Sie die Überlegungen zur optimalen Planung des Güterangebots nach und unterscheiden dabei zwischen kurz- und langfristiger Angebotsbereitschaft.
- verstehen Sie kurz- und langfristige Preisuntergrenzen.
- beurteilen Sie mögliche Auswirkungen von Datenänderungen auf das Verhalten von Anbietern.
- vollziehen Sie die Herleitung der Marktangebotskurve aus individuellen Angebotskurven einzelner anbietender Unternehmen nach.

Unternehmen sind Wirtschaftseinheiten, die durch Kombination der Produktionsfaktoren Güter herstellen und im Rahmen der Angebotsplanung auf Gütermärkten anbieten. Sie treten auf den Güter- und Faktormärkten mit Haushalten und mit anderen Unternehmen in Tauschbeziehungen. Auf den Faktormärkten fragen sie die Produktionsfaktoren Arbeit, Boden und Kapital nach; auf den Gütermärkten bieten sie die hergestellten Produkte oder Dienstleistungen an. Die Existenz von Unternehmen erklärt sich durch Vorteile der Arbeitsteilung und Spezialisierung.

In diesem Kapitel geht es primär um die Erklärung des Angebots der Unternehmen auf Gütermärkten. Im Verlauf der Produktions- und Absatzprozesse werden dabei interne Entscheidungen getroffen, deren Zustandekommen im Folgenden nicht näher betrachtet wird. Unternehmensinterne Kompetenzverteilung, Zielkonflikte und Reibungen bzw. Ineffizienzen, die durch Interessengegensätze zwischen Anteilseignern, Management und Belegschaft entstehen können, bleiben unberücksichtigt. Unternehmen werden insofern – ebenso wie zuvor die Haushalte – als „black box" angesehen.

Im Folgenden werden Unternehmen betrachtet, die kurzfristig, d.h. periodenbezogen danach streben, ihre Gewinne zu maximieren. Andere Ziele wie z.B. langfristige Gewinnerzielung, Rendite, Umsatz bzw. Marktanteil oder Gestaltung des Leistungsprogramms (z.B. Diversifikation), sowie der Verzicht auf Optimierung (z.B. Streben nach Mindestgewinn) werden nicht in die Überlegungen einbezogen.

Da sich der Gewinn als Differenz zwischen Erlös (Produkt aus Absatzpreis und Absatzmenge) und Kosten (mit Preisen bewerteter Einsatz an Produktionsfaktoren) ergibt, muss das Unternehmen zum einen den Faktorverbrauch und die daraus resultierenden Kosten im Blick haben und zum anderen die erzielbaren Absatzmengen und Absatzpreise. Dementsprechend wird zunächst der technische Zusammenhang zwischen Faktoreinsatz und Gütererzeugung dargestellt (Produktionstheorie). Danach folgt die Analyse produktionsbedingter Kosten (**Kostentheorie**) und schließlich die Analyse des Gewinns im Zusammenhang mit der **Planung des Güterangebots.**

Um das Optimierungskalkül gewinnmaximierender Unternehmen besser darstellen zu können, geht die Argumentation von folgenden vereinfachenden Annahmen aus:

- Die Betrachtung ist kurzfristig. Es gilt die c.p.-Klausel. Beispielsweise ist der Stand der Produktionstechnik konstant, d.h. es gibt (kurzfristig) keinen technischen Fortschritt.
- Das betrachtete Unternehmen stellt nur ein Produkt her (Einproduktunternehmen).
- Die Betriebsgröße ist gegeben, sie wird nicht durch Erweiterungsinvestitionen verändert.

2.2.1   Produktionstheorie

Die Produktionstheorie betrachtet den mengenmäßigen Zusammenhang zwischen Faktoreinsatzmengen und Güterproduktion, also die technischen Bedingungen, die ein Unternehmen nutzen kann.

Dabei werden **variable und fixe Produktionsfaktoren** unterschieden. Der Einsatz variabler Faktoren ändert sich mit der Produktionsmenge (z.B. Material, Vorprodukte, Leiharbeitnehmer). Der Einsatz fixer Produktionsfaktoren variiert kurzfristig nicht mit der Produktionsmenge. Langfristig werden unter Umständen auch fixe Faktoren variabel (wenn z.B. Mietverträge auslaufen oder unkündbare Mitarbeiter „in Rente" gehen und über den Umfang des Arbeitseinsatzes neu entschieden werden kann).

Unter der Voraussetzung, dass bei der Produktion nur zwei variable Faktoren zum Einsatz kommen und das Produkt und die Faktoren homogen und beliebig teilbar sind, lässt sich der Zusammenhang zwischen Faktoreinsatzmengen (v_1, v_2) und Ausbringungsmenge (x) durch eine **Produktionsfunktion** des Typs

$$x = f(v_1, v_2)$$

beschreiben. Dieser dreidimensionale Zusammenhang kann zu einer Betrachtung von zwei Variablen vereinfacht werden, wenn man eine der Größen als konstant unterstellt. Dabei sind folgende Varianten denkbar:

(1) Müssen aus technischen Gründen die variablen Produktionsfaktoren immer in einem festen Verhältnis zueinander eingesetzt werden (**limitationale Produktionsfunktion**), so lässt sich untersuchen, wie die Ausbringungsmenge x sich ändert, wenn der gesamte Faktoreinsatz variiert (**Niveauvariation**). So gehören z.B. bei der Herstellung bestimmter Tische zu einer Platte immer vier Tischbeine. Die Ausbringungsmenge kann erhöht werden, wenn man den Faktoreinsatz in der Relation 1:4 vervielfacht.

(2) Bei vielen Produktionsprozessen kann die Herstellung einer bestimmten Gütermenge mit verschiedenen Kombinationen der variablen Faktoren erfolgen, z.B. eher arbeitsintensiv oder eher kapitalintensiv (etwa mit Fertigungsrobotern), d.h. die variablen Faktoren können sich in gewissem Maß ersetzen bzw. substituieren (**substitutionale Produktionsfunktion**). In diesem Fall ist es sinnvoll zu untersuchen, mit welchen unterschiedlichen Faktorkombinationen eine gegebene Produktionsmenge produziert werden kann (**Faktorsubstitution**). Langfristig und volkswirtschaftlich ist Substituierbarkeit realistischer als kurzfristig bzw. „betrieblich", weil sich im Zuge des technischen Fortschritts die Faktoreinsatzrelationen normalerweise ändern.

(3) Bei isolierter bzw. partieller Variation hängt der Effekt auf den Output x bei konstant gehaltenem Einsatz des variablen Faktors v_2 nur von der Variation des Faktors v_1 ab (**partielle Faktorvariation**). Formal ergibt sich die Funktion $x(v_1)$, graphisch eine Produktionsfunktion bei partieller Faktorvariation, deren Steigung (dx/dv_1) angibt, wie stark die Ausbringungsmenge sich erhöht, wenn die Einsatzmenge des variablen Faktors bei Konstanz des zweiten Faktors erhöht wird. Die Ertragsänderung wird als **Grenzertrag** des betrachteten Faktors bezeichnet. Abb. 2.12 zeigt zwei mögliche Verläufe der Produktionsfunktion bei partieller Faktorvariation.

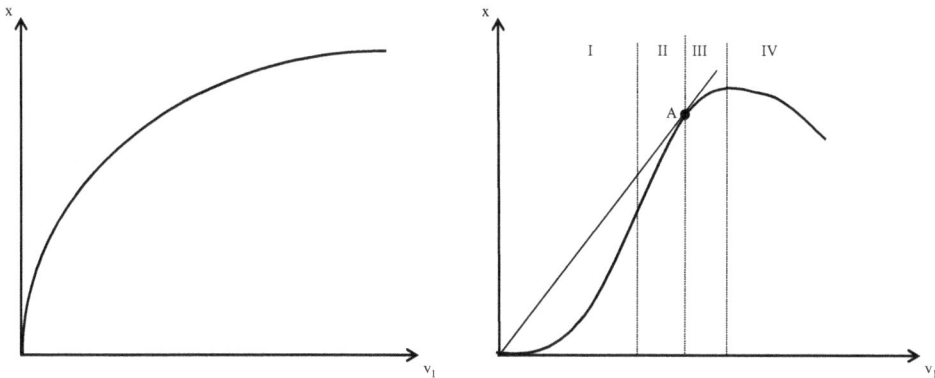

Abb. 2.12: Produktionsfunktion bei partieller Faktorvariation

Im linken Diagramm ist eine degressive Produktionsfunktion dargestellt: Bei zunehmendem Faktoreinsatz v_1 nimmt der Zuwachs der Produktionsmenge von Anfang an ab (abnehmende Grenzerträge). Dies trifft z.B. auf einen Erntehelfer zu, der wegen Müdigkeit mit zunehmender Arbeitszeit immer weniger leistet.

Im rechten Diagramm ist die Produktionsfunktion eines variablen Faktors mit erst zunehmendem, dann abnehmendem und schließlich negativem Grenzertrag abgebildet. Grafisch entspricht der Grenzertrag der Tangente an die Produktionsfunktion. Mit steigendem Faktoreinsatz nimmt die Produktionsmenge erst beschleunigt (Phase I), dann verlangsamt zu (Phase II und III) und schließlich sogar ab (Phase IV). Dieser Verlauf wird als **Ertragsgesetz** bzw. als **ertragsgesetzliche Produktionsfunktion** bezeichnet. Ein Beispiel ist der Düngereinsatz. Die ertragssteigernde Wirkung des Düngers nimmt zunächst zu. Die Phase I endet mit dem Maximum des Grenzertrags (Wendepunkt der Produktionsfunktion), bei Überschreiten der zugehörigen Einsatzmenge des Faktors v_1 nimmt der Grenzertrag aber ab (Phase II). Am Ende der Phase II befindet sich das Maximum des Durchschnittsertrags x/v_1. In Punkt A erreicht der Fahrstrahl aus dem Ursprung als Tangente an die Produktionsfunktion die maximale Steigung, das Verhältnis x/v_1 ist hier maximal. Hier entsprechen sich der Grenzertrag und der Durchschnittsertrag. Mit steigender Einsatzmenge des Faktors v_1 (rechts von Punkt A) nehmen sowohl der Durchschnittsertrag als auch der Grenzertrag weiter ab. Im Maximum der Produktionsfunktion ist der Grenzertrag null. Schließlich wird der Grenzertrag des Düngers negativ („Überdüngung"), die Erntemenge sinkt dann sogar (Phase IV).

Nachfolgend werden die limitationale und die substitutionale Produktionsfunktion näher beschrieben.

2.2.1.1   Limitationale Produktionsfunktion

Bei limitationaler Produktionsfunktion mit vorgegebenem festem Einsatzverhältnis zweier variabler Faktoren kann – ausgehend von der optimalen Faktorkombination – die Produktionsmenge nur erhöht werden, wenn von beiden Faktoren mehr eingesetzt wird. In diesem

Fall ist partielle Faktorvariation nicht sinnvoll. Abb. 2.13 zeigt im linken Diagramm, wie die Ausbringungsmenge sich ändert, wenn die Einsatzmenge des Faktors v_1 bei Konstanz des zweiten Faktors zunimmt. Im Bereich I ist Faktor v_1 „Engpassfaktor". Ein Faktormehreinsatz steigert das Produktionsergebnis. In Punkt P ist das sinnvolle Einsatzverhältnis v_1/v_2 erreicht. In Bereich II ist Faktor v_2 Engpassfaktor. Faktor v_1 ist Überschussfaktor, dessen Mehreinsatz die Produktionsmenge nicht verändert. Eine Erhöhung des Faktoreinsatzes v_1 ist also Verschwendung, während im Bereich I der Faktor v_2 verschwendet wird.

Abb. 2.13 zeigt rechts Linien von Faktoreinsatzkombinationen, die zum gleichen Produktionsergebnis führen. Diese Linien heißen **Isoquanten**. Unterschiedliche Ausbringungsmengen lassen sich durch ein **Isoquantensystem** darstellen. Im „Eckpunkt" der Isoquante (z.B. Punkt A für die Menge x') ist die **Faktoreinsatzmischung** v_2/v_1 jeweils optimal. Dies lässt sich auch ohne Kenntnis von Kosten erkennen. Die Isoquante verläuft vom Eckpunkt aus bei Mehreinsatz von v_2 (von v_1) waagrecht (senkrecht). Vom Eckpunkt aus wäre isolierter bzw. partieller Mehreinsatz von v_1 oder v_2 also ohne jeden Mengeneffekt, d.h. eine Verschwendung. Anders gesagt: nur der Eckpunkt der Isoquante ist **technisch effizient**, nur hier erfolgt eine Produktion entsprechend dem ökonomischen Prinzip. Im gezeigten Fall ist die Verbindungslinie aller Eckpunkte eine Ursprungsgrade (konstante optimale Faktoreinsatzrelation v_1/v_2). Vorstellbar sind auch limitationale Produktionsfunktionen, bei denen die optimale Faktoreinsatzkombination mit der Ausbringungsmenge variiert. Beispielsweise kann eine Spedition, die nur Transporte im Nahbereich durchführt, einen LKW mit einem Fahrer besetzen. Werden Transporte über weitere Strecken angeboten, müssen jedoch die LKW oft mit 2 Fahrern besetzt werden.

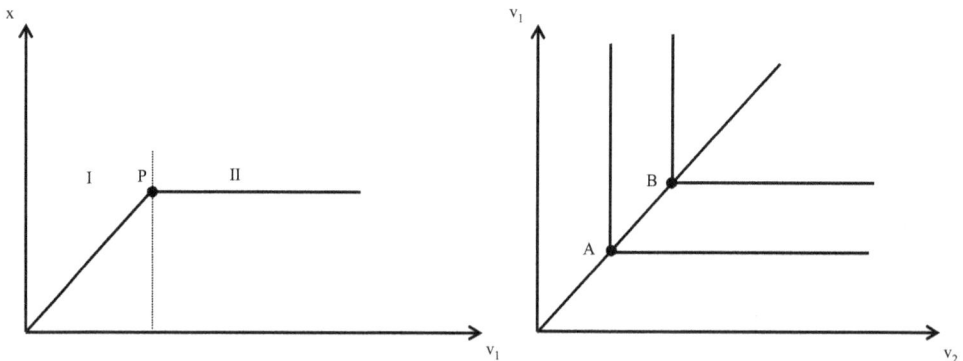

Abb. 2.13: Limitationale Produktionsfunktion bei partieller Faktorvariation und Isoquanten

2.2.1.2   Substitutionale Produktionsfunktion

Bei einer substitutionalen Produktionsfunktion kann die „Faktoreinsatzmischung" geändert werden, ohne dass sich der Output ändert. Für jedes Outputniveau lässt sich dann darstellen, mit welchen unterschiedlichen Faktoreinsatzkombinationen es hergestellt werden kann. Ohne nähere Kenntnis der Kosten kann in diesem Fall nicht beurteilt werden, welche dieser Faktoreinsatzkombinationen im Sinne des ökonomischen Prinzips optimal ist. Die in Abb. 2.14 dargestellten **Isoquanten** haben folgende Eigenschaften:

- **negative Steigung**: die Faktoren ersetzen sich in ihrer „Produktionswirkung". Der negative Wert der Steigung dv_1/dv_2 zeigt an, wie stark der Einsatz des Faktors v_2 zur Aufrechterhaltung des Produktionsniveaus erhöht (reduziert) werden muss, wenn der Einsatz von v_1 sinkt (steigt). Die Isoquantensteigung dv_1/dv_2 wird auch als **Grenzrate der technischen Substitution** (GdtS) bezeichnet.
- **zum Ursprung gekrümmter Verlauf**: wenn bzw. weil beide variablen Faktoren durch abnehmende Grenzerträge gekennzeichnet sind, nimmt auch ihre „Ersetzungskraft" in Bezug auf den jeweils anderen variablen Faktor ab.
- Isoquanten für höhere Ausbringungsmengen (etwa I" in Abb. 2.14) verlaufen oberhalb bzw. „außerhalb" von Isoquanten für niedrige Ausbringungsmengen (etwa I').
- Begrenzte Substituierbarkeit der Faktoren (**periphere Substitution**): auf keinen der beiden Faktoren kann ganz verzichtet werden. Die Isoquanten haben keinen Achsenabschnitt. (Denkbar wäre auch eine vollständige Substituierbarkeit, d.h. Isoquanten mit einem Achsenabschnitt. Dann könnte die Produktion auch mit einem der beiden variablen Faktoren erfolgen).
- Isoquanten schneiden sich nicht: eine bestimmte Faktoreinsatzkombination kann nicht zugleich zwei Outputniveaus darstellen.

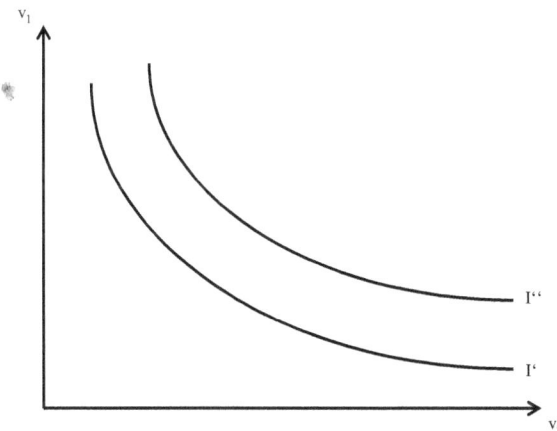

Abb. 2.14: Isoquanten einer (begrenzt) substitutionalen Produktionsfunktion

Abb. 2.15 zeigt die Wirkungen einer Faktorvariation bei substitutionaler (links) und bei limitationalen (rechts) Produktionsfunktion, ausgehend jeweils vom Faktoreinsatzpunkt A:

- **proportionaler Faktormehreinsatz** (A→B): Die proportionale Ausdehnung des Einsatzes aller Faktoren (totale Faktorvariation bzw. **Niveauvariation** des Faktoreinsatzes) erhöht die Produktionsmenge. Sowohl bei der limitationalen Produktionsfunktion (Abb. 2.15 rechts) als auch bei einer substitutiven Produktionsfunktion (Abb. 2.15 links) wird eine höhere Isoquante bzw. eine höhere Ausbringungsmenge erreicht. Die Zunahme der Produktion kann proportional zum Faktormehreinsatz, oder über- oder unterproportional sein; die Produktionsfunktion weist dann konstante, zu- oder abnehmende **Skalenerträge** auf.

- **partielle Faktorvariation** (A→C oder A→D): bei limitationaler Produktionsfunktion ändert sich die Ausbringungsmenge nicht (Abb. 2.15 rechts), eine Ertragssteigerung wird nur bei substitutionaler Produktionsfunktion erzielt (Abb. 2.15 links).
- **Faktorsubstitution** $v_1 \rightarrow v_2$ (A→E): bei limitationaler Produktionsfunktion resultiert ein Ertragsrückgang, da die Faktoren dann in suboptimaler Relation eingesetzt werden. Bei substitutionaler Produktionsfunktion bleibt der Ertrag unverändert, wenn die Faktorsubstitution gerade einer Bewegung auf einer Isoquante entspricht.

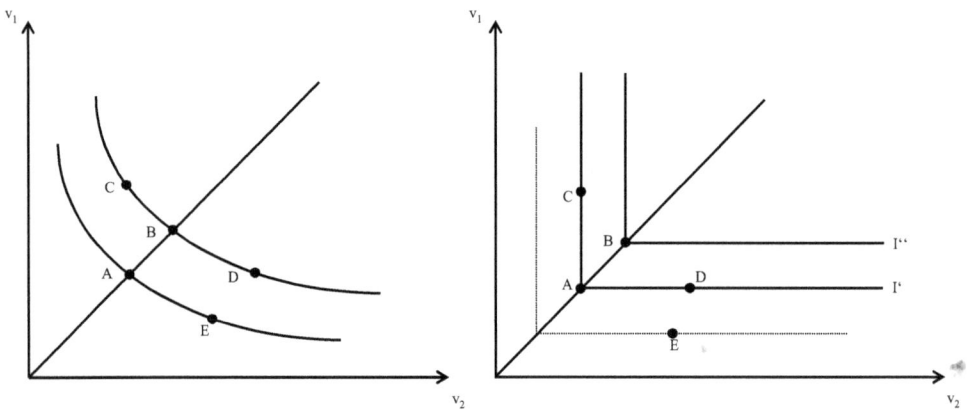

Abb. 2.15: Faktorvariation

Die Produktionstheorie erlaubt nur im Fall der limitationalen Produktionsfunktion eine Aussage darüber, welche Faktorkombination dem ökonomischen Prinzip entspricht. Im Fall der substitutionalen Produktionsfaktoren kann zwar dargestellt werden, welche Faktorkombinationen möglich sind, aber nicht, welche optimal für ein gewinnmaximierendes Unternehmen sind. Insofern muss die Analyse erweitert werden, indem die Preise der Produktionsfaktoren in die Betrachtung einbezogen werden. Dies geschieht im Rahmen der Kostentheorie, die auf den dargestellten grundlegenden produktionstechnischen Zusammenhängen aufbaut.

2.2.2   Kostentheorie

Die Produktionskosten eines Unternehmens ergeben sich durch Multiplikation der Faktoreinsatzmengen mit den jeweiligen Faktorpreisen (bewerteter Faktoreinsatz bzw. Faktor-

verbrauch). Die Kosten sind somit produktionstheoretisch begründet. Die nachfolgend dargestellte Kostenanalyse erfolgt unter einschränkenden Annahmen. Betrachtet werden nur

- **tatsächlich anfallende Kosten** des Faktoreinsatzes bzw. des Faktorverbrauchs. Alterna-
  tiv- bzw. **Opportunitätskosten**, d.h. entgangene Erträge bei alternativer Verwendung
  der Faktoren (z.B. kalkulatorischer Unternehmerlohn) werden nicht berücksichtigt.
- private bzw. **interne**, in Kalkulation erfasste **Kosten** der Produktion. **Externe bzw.
  soziale Kosten** der Produktion, die bei „Unbeteiligten" entstehen und das Unternehmen
  nicht direkt belasten, werden nicht berücksichtigt.
- im laufenden Betrieb, d.h. bei gegebener Betriebsgröße bzw. gegebenem Faktoreinsatz
  anfallende Kosten. Eine langfristige Kostenbetrachtung schließt demgegenüber auch die
  bei Änderung der Betriebsgröße (z.B. bei Investitionen) anfallenden Kosten ein.
- aktuelle und insofern **entscheidungsrelevante Kosten**. Demgegenüber sind **versunkene
  Kosten** (früherer Investitionen) für heutige Entscheidungen irrelevant.

Die betrachteten internen Kosten bestehen aus **fixen Kosten** (K_f), die auf dem Einsatz fixer
Faktoren beruhen (z.B. Mieten, Löhne unkündbarer Mitarbeiter usw.) und durch Variation
der Produktionsmenge kurzfristig nicht beeinflussbar sind, sowie **variablen Kosten** (K_v), die
mit der Produktionsmenge variieren und nicht anfallen, wenn die Produktion ruht. Die fixen
Kosten können als Kosten der Betriebsbereitschaft angesehen werden. Sie werden von der
Betriebsgröße bzw. Kapazität des Unternehmens und vom gewählten Produktionsverfahren
bestimmt. Neue Produktionsverfahren ändern im Regelfall auch die Höhe der fixen Kosten.

2.2.2.1   Kostenfunktion bei substitutionaler Produktionsfunktion

Bei einer substitutionalen Produktionsfunktion kann eine bestimmte Outputmenge mit unterschiedlichen Faktorkombinationen hergestellt werden. Die produktionstheoretische Betrachtung ermöglicht dann noch keine Entscheidung für eine bestimmte Faktorkombination. Vielmehr sind auch die Faktorpreise zu berücksichtigen. Die Kostenfunktion enthält fixe und – in
Abhängigkeit von den Einsatzmengen v der variablen Faktoren und von deren Preisen p –
variable Kosten. Bei zwei variablen Faktoren gilt:

$$K(v_1,v_2) = K_f + p_1 \cdot v_1 + p_2 \cdot v_2$$

Das gewinnmaximierende Unternehmen sucht nun für jede Produktionsmenge die kostenminimale Faktoreinsatzkombination bzw. die minimalen Kosten. Um die **Minimalkostenkombination** für eine Produktionsmenge x zu ermitteln, werden zunächst alle (technisch gegebenen) Produktionsmöglichkeiten betrachtet. Im Fall abnehmender Ertragszuwächse ist die
Isoquante konvex gekrümmt. (vgl. Abb. 2.16).

Beispiel: Ein Bauer, der ein Weizenfeld gegebener Größe abernten will (x), sucht die beste
Einsatzkombination für eine Erntemaschine (v_1) und einen Landarbeiter (v_2), die jeweils
stundenweise zu bezahlen sind. Abnehmende Ertragszuwächse bedeuten hier, dass der Landarbeiter bei „Dauereinsatz" ermüdet und die Erntemaschine am Schluss in den Ecken des
Feldes weniger produktiv ist.

Ferner müssen die Kosten berücksichtigt werden. Alle Faktorkombinationen, die bei gegebenen Faktorpreisen dieselben Kosten verursachen, lassen sich im Zwei-Faktor-Diagramm als **Isokostenlinie** darstellen.

Der Bauer des obigen Beispiels kann, wenn eine Erntemaschinenstunde 100 € kostet ($p_1 = 100$) und eine Landarbeiterstunde 50 € ($p_2 = 50$), bei einem Budget von 1.000 € beispielsweise 10 Maschinenstunden oder 20 Landarbeiterstunden oder 5 Maschinenstunden und 10 Landarbeiterstunden einsetzen. Bei höherem Budget können entsprechend mehr Faktoreinheiten eingesetzt werden.

Graphisch ergeben sich die in Abb. 2.16 dargestellten Isokostenlinien. Je höher das Budget, desto weiter außen verläuft die zugehörige Isokostenlinie. Der Verlauf der Isokostenlinien lässt sich formal herleiten. Dafür ist die angesprochene Kostenfunktion $K(v_1, v_2)$ nach v_1 aufzulösen:

$$v_1 = K/p_1 - v_2 \cdot (p_2/p_1)$$

Bei $v_2 = 0$ ergibt sich für v_1 der Achsenabschnitt: $v_1 = K/p_1$. Je höher das verfügbare Budget bzw. die akzeptierte Kostensumme K, desto höher ist dieser Achsenabschnitt, desto weiter außen verläuft die entsprechende Isokostenlinie. Die Steigung der Isokostenlinie ergibt sich als

$$dv_1/dv_2 = - (p_2/p_1)$$

Die kostenminimierende Faktoreinsatzkombination $v_1{}^*$ und $v_2{}^*$ ergibt sich für die Produktionsmenge x im Tangentialpunkt der betrachteten Isoquante Io mit der niedrigstmöglichen Isokostenlinie. Die Minimalkostenkombination (MKK) befindet sich also dort, wo die Steigungen von Isoquante und Isokostenlinie übereinstimmen (vgl. Abb. 2.16). In Punkt A wird zwar auch die Produktionsmenge x hergestellt, aber zu höheren Kosten. A liegt auf einer höheren Isokostenlinie. Ausgehend von A lassen sich bei gleicher Produktionsmenge die Kosten solange senken, bis auf der Isoquanten der Punkt erreicht wird, der die am nächsten zum Ursprung liegende Isokostenlinie tangiert. Dann wird bei gegebenen Faktorpreisen die geringste Kostensumme verursacht.

Die Steigung der Isokostenlinie entspricht dem negativ reziproken Verhältnis der Faktorpreise, die Steigung der Isoquanten entspricht der Grenzrate der technischen Substitution, die auch negativ ist, da bei einer Bewegung auf der Isoquanten immer von einem Faktor mehr und vom anderen weniger eingesetzt wird. Die **Bedingung für die Minimalkombination** lautet daher

$$dv_1/dv_2 = GdtS = -p_2/p_1$$

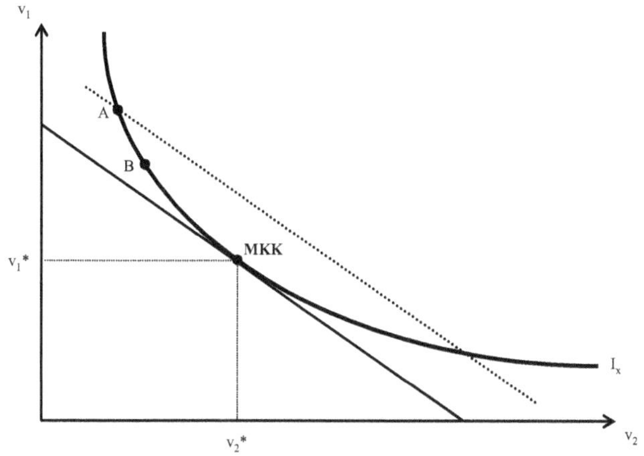

Abb. 2.16: Minimalkostenkombination

Diese Bedingung der Minimalkostenkombination lässt sich formal näher interpretieren. Bei einer Bewegung auf einer Isoquante, z.B. von Punkt A nach B gilt in Bezug die Änderungen der Faktoreinsatzmengen: Die Verringerung der Einsatzmenge des Faktors v_1 wird durch den Mehreinsatz des Faktors v_2 ausgeglichen, so dass insgesamt die Ausbringungsmenge entlang der Isoquanten konstant bleibt. Die Ertragsänderung entlang der Isoquanten lässt sich unter Berücksichtigung der Grenzerträge der variablen Faktoren ($\delta x/\delta vi$) wie folgt durch das totale Differential beschreiben:

$$dx = 0 = dv_1 \cdot (\delta x/\delta v_1) + dv_2 \cdot (\delta x/\delta v_2)$$

Durch Umformung erhält man daraus:

$$dv_1/dv_2 = - (\delta x/\delta v_2)/(\delta x/\delta v_1)$$

Die (negative) Steigung der Isoquanten, die GdtS, entspricht also dem negativen umgekehrten Verhältnis der Grenzerträge. Diese entsprechen im Kostenminimum zugleich dem negativen umgekehrten Preisverhältnis.

$$GdtS = dv_1/dv_2 = - (\delta x/\delta v_2)/(\delta x/\delta v_1) = - p_2/p_1$$

Das Verhältnis der Faktorpreise und der Grenzerträge muss also im Optimum gleich sein. Wäre dagegen der Faktor 2 doppelt so teuer wie Faktor 1, aber nicht ergiebiger, wäre eine Umschichtung zugunsten von Faktor 1 lohnend. Das Faktorpreisverhältnis bestimmt somit den optimalen Faktoreinsatz. Durch eine weitere Umformung ergibt sich:

$$(\delta x/\delta v_2)/p_2 = (\delta x/\delta v_1)/p_1$$

Im Optimum bringt die letzte Geldeinheit in beiden Verwendungen (d.h. für v_1 bzw. für v_2) den gleichen Ertrag (**Ausgleich des Grenzertrags des Geldes**). Dann würde jede weitere

Faktorsubstitution zu einer Kostensteigerung führen. Die Umschichtung einer Geldeinheit von einem Faktor zum anderen ist dann nicht mehr lohnend. Dieses zentrale, dem 2. Gossenschen Gesetz entsprechende Ergebnis ist auf n Faktoren verallgemeinerbar.

Solange das Kostenminimum noch nicht erreicht ist, lassen sich dagegen die Kosten durch Umschichtung noch senken. Ist z.B. der „Grenzertrag des letzten €" bei v_1 größer als bei v_2, lohnt eine Umschichtung von v_2 zu v_1. Daraufhin sinkt Grenzertrag bei v_1 und steigt bei v_2. Ein rational handelndes und gewinnmaximierendes Unternehmen wird diese Umschichtung so lange vornehmen, bis der letzte € in beiden Verwendungen den gleichen Grenzertrag aufweist.

Während bei der limitationalen Produktionsfunktion stets eine eindeutig „technisch" effiziente Faktorkombination vorliegt, sind bei substitutiven Produktionsfaktoren die Faktorpreise mit ausschlaggebend für die Wahl der Faktoreinsatzkombination.

Analog zur Minimum- und Maximumvariante des ökonomischen Prinzips lässt sich die **ökonomische Effizienz** in zwei Varianten formulieren. Wird – wie dargestellt – eine gegebene Ausbringungsmenge mit den geringstmöglichen Kosten produziert, handelt es sich um die **Minimalkostenkombination**. Denkbar ist auch, dass bei einer gegebenen Kostensumme – d.h. bei gegebenen Finanzierungsspielräumen eines Unternehmens – die größtmögliche Produktionsmenge realisiert werden soll. Gesucht wird dann die **Maximalertragskombination**. Dieser formal dem optimalen Verbrauchsplan in der Haushaltstheorie entsprechende Fall wird nachfolgend nicht weiter betrachtet.

Die Überlegungen zum kostengünstigsten Faktoreinsatz können für verschiedene Produktionsmengen durchgeführt werden. Für steigende Produktionsmengen lässt sich eine Abfolge von Minimalkostenkombinationen herleiten. Abb. 2.17 zeigt vier Minimalkostenkombinationen (Punkte A, B, C und D). Für beliebige Produktionsmengen existiert eine Verbindungslinie aller Optima, der **Expansionspfad**. Höhere Mengen führen dabei zu höheren Kosten.

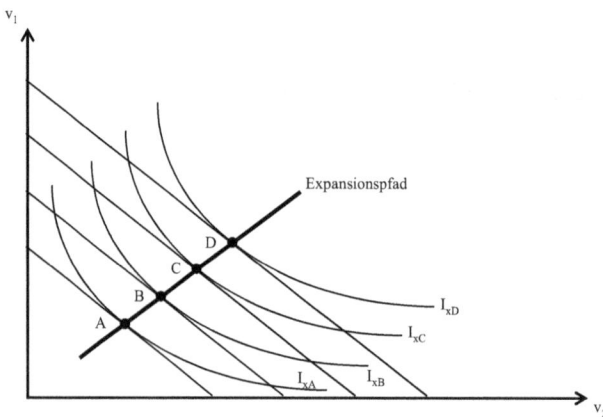

Abb. 2.17: Expansionspfad

Der Expansionspfad ordnet bei gegebenen Faktorpreisen und gegebenen Isoquanten jeder Produktionsmenge die kostenminimale Faktoreinsatzkombination und die jeweils (minimale) Summe der (variablen) Kosten zu. Über den Expansionspfad lässt sich daher die Kostenfunktion $K(x)$ herleiten. Den Punkten A bis D des Expansionspfads entsprechen in Abb. 2.18 die Punkte A′ bis D′ auf der **Kostenfunktion K(x)**.

Der Verlauf von Expansionspfad und Kostenfunktion hängt von den Eigenschaften der zugrunde liegenden Produktionsfunktion ab. In Abb. 2.18 verläuft der Expansionspfad linear aus dem Ursprung. Die optimale Faktoreinsatzrelation kann aber variieren, wenn die Grenzerträge der beiden Produktionsfaktoren sich mit steigender Ausbringungsmenge ändern. Für größere Ausbringungsmengen kann z.B. eine kapitalintensivere Fertigung kostenoptimal sein.

Ein linearer Expansionspfad führt bei gleichen Isoquantenabständen zu einer linearen Kostenkurve. Die Kostenkurve verläuft dagegen progressiv steigend, wenn die Ausbringungsmenge bei einer Niveauvariation unterproportional steigt bzw. Produktionszuwächse immer höhere Faktormehreinsätze erfordern. Graphisch würden in Abb. 2.17 die Abstände der Isoquanten bei steigender Produktionsmenge „auseinander rücken". Die zugrunde liegende Produktionsfunktion weist dann abnehmende Skalenerträge auf. Abnehmende Abstände der Isoquanten (zunehmende Skalenerträge) führen umgekehrt zu einer degressiv verlaufenden Kostenfunktion. Produktionsfunktionen mit zunächst zu-, dann abnehmenden Skalenerträgen können zunächst degressive, dann progressive Kostenverläufe begründen.

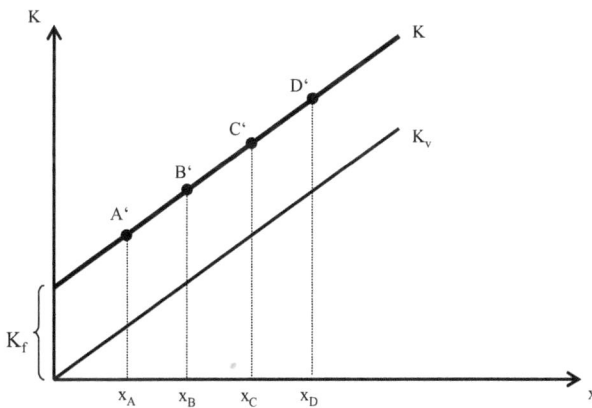

Abb. 2.18: Herleitung der Kostenfunktion K(x)

Bisher wurde das optimierende Unternehmen unter konstanten produktions- und kostenbezogenen Bedingungen betrachtet. Die Rahmendaten können sich aber ändern. **Änderungen der Produktionstechnik** – etwa bei technischem Fortschritt – verändern bzw. verschieben z.B. die Produktionsfunktion, die daraus abgeleiteten Isoquanten und die Minimalkostenkombinationen, den Expansionspfad und die Kostenfunktion. Die Kostenfunktion K(x) gilt insofern nur für einen bestimmten „Stand der Technik".

Näher betrachtet seien nun **Änderungen bei Faktorpreisen** bzw. Faktorpreisrelationen. Ist Faktorsubstitution möglich, so wird bei steigendem Faktorpreis die Einsatzmenge des verteuerten Faktors reduziert. Abb. 2.19 zeigt links die Minimalkostenkombination für unterschiedliche Faktorpreise p_1 unter der Annahme, dass das **Kostenbudget gegeben** ist. Bei niedrigem Preis p_1 ist der Achsenabschnitt K/p_1 groß, die Isokostenlinie verläuft steil bzw. weit oben, die Minimalkostenkombination liegt in Punkt A. Bei hohem Preis verläuft die Isokostenlinie dagegen flach bzw. unten, kostenminimal ist dann Punkt B. Die Verbindungslinie aller derartigen Optima, die **Preis-Faktor-Kurve**, zeigt, dass c.p. eine Zunahme des Faktorpreises p_1 zu einem Mindereinsatz des verteuerten Faktors 1 und zu einer Produktionsdrosselung auf x' führt.

Abb. 2.19 zeigt rechts die Anpassung an eine Faktorpreisänderung für den Fall, dass die **Produktionsmenge konstant** bleiben soll. Um eine konstante Produktion zu realisieren, muss das Unternehmen bei steigendem Preis p_1 höhere Kosten in Kauf nehmen. Die entsprechende Verschiebung der neuen, flachen Isokostenlinie nach außen führt für die gegebene Menge x zum neuen Optimalpunkt C. Dieser ist durch verminderten Einsatz des teurer gewordenen Faktors v_1 und vermehrten Einsatz des relativ billiger gewordenen Faktors v_2 gekennzeichnet. Es ist lohnend, den teurer gewordenen Faktor 1 durch Faktor 2 zu substituieren. Zum Beispiel wird sich das vom Lohn-Zins-Verhältnis bestimmte Einsatzverhältnis von Arbeit und Kapital kurzfristig zugunsten des Kapitals verschieben, wenn der Lohn bei konstantem Zinsniveau steigt. Im Zuge der Kostenminimierung wird Arbeit durch Kapital ersetzt. Die Kostenfunktion K(x) gilt somit nur für gegebene Faktorpreise. Darüber hinaus erhöhen steigende Arbeitskosten langfristig den Anreiz zu Investitionen in arbeitssparende Technik, Neue Produktionsverfahren gehen dann mit veränderten Kostenfunktionen einher.

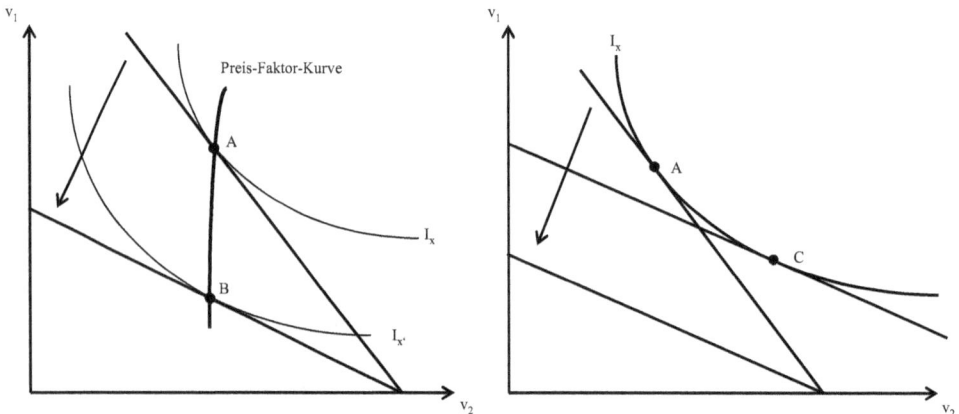

Abb. 2.19: Anpassung des Faktoreinsatzes bei Faktorpreisänderung

Bei **limitationaler Produktionsfunktion** führen Faktorpreisänderungen dagegen nicht zu Substitution. Hier ist unabhängig von Faktorpreisen immer der Eckpunkt der Isoquante optimal, Minimalkostenkombinationen, Expansionspfad und Faktornachfrage bleiben bei Änderungen der Faktorpreise also unverändert.

2.2.2.2   Kostenfunktion bei partieller Faktorvariation

Variiert man in einem Produktionsprozess nur einen variablen Faktor v_1 (Bsp. Getreideernte: gegebene Bodenfläche und Saatgutmenge, variabler Düngereinsatz), so lautet die Kostenfunktion:

$$K(v_1) = K_f + K_v = K_f + p_1 \cdot v_1$$

Für ein gewinnmaximierendes Unternehmen stellt sich die Frage, in welcher Weise die Kosten mit der Ausbringungsmenge x zusammenhängen. Diese Frage lässt sich wieder produktionstheoretisch beantworten. Die Produktionsfunktion stimmt für konstanten Faktoreinsatz v_2 mit der Funktion x = f(v_1) überein. Setzt man einfach die zugehörige „Umkehrfunktion" $v_1 = f^{\circ}(x)$ in die Kostenfunktion K(v_1) ein, so erhält man bereits die gesuchte Kostenfunktion K(x):

$$K(x) = K_f + p_1 \cdot f^{\circ}(x).$$

Grafisch ergibt sich die Funktion K(x) durch „Spiegelung" der Funktion f(v_1) an der 45°-Achse, anschließende Multiplikation der Faktoreinsatzmengen mit p_1 und Addition der fixen Kosten. Diese können bei partieller Faktorvariation durch den Einsatz des konstanten Faktors verursacht sein. Dies ist in Abb. 2.20 für zwei Fälle dargestellt. Bei konstanten Grenzerträgen (linkes Diagramm) resultiert eine **lineare Kostenfunktion**. Beim Ertragsgesetz (rechtes Diagramm) ergibt sich eine „gespiegelt s-förmig", d.h. erst degressiv, dann progressiv verlaufende **„ertragsgesetzliche" Kostenfunktion**. In diesem Fall wächst der variable Faktor bei steigendem Einsatz zunächst in eine günstige Relation zum Fixfaktor hinein. Bei weiter steigendem Einsatz wird die Relation wieder ungünstiger.

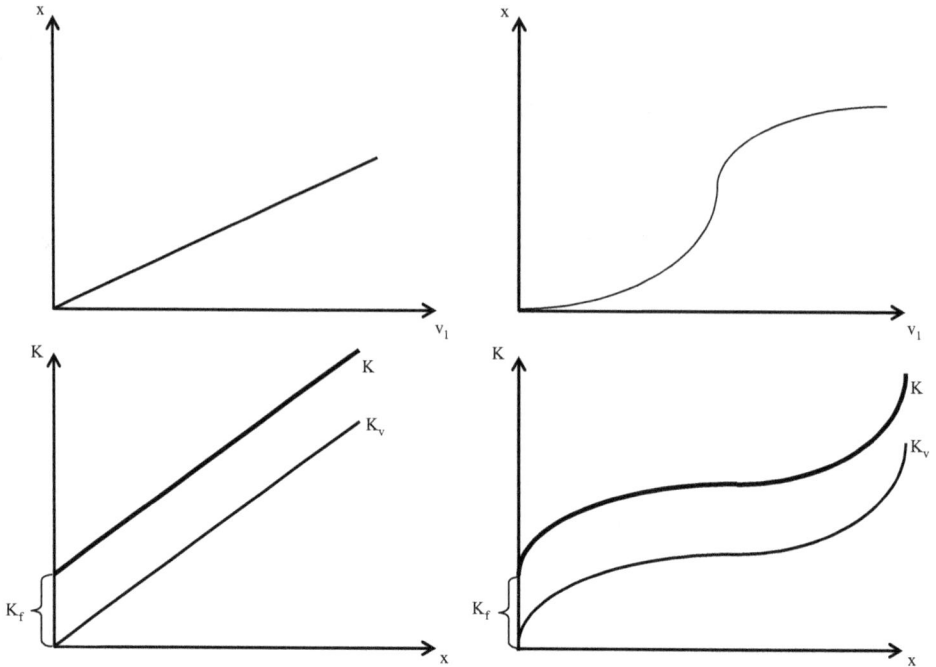

Abb. 2.20: Produktionstheoretische Herleitung der Kostenfunktion bei partieller Faktorvariation

2.2.2.3   Gesamtkosten, Durchschnittskosten und Grenzkosten

Die Kostenverläufe lassen sich anhand unterschiedlicher Kostenbegriffe charakterisieren, die für ein nach Gewinnmaximierung strebendes Unternehmen interessant sind.

Neben den **Gesamtkosten** $K(x)$ sind die Kosten pro Mengeneinheit (**Durchschnitts- bzw. Stückkosten**) und die Kosten der zuletzt produzierten Mengeneinheit von Interesse, also die Kosten, die zusätzlich entstehen, wenn eine Mengeneinheit mehr produziert wird (**Grenzkosten**). Während die Gesamtkosten in Geldeinheiten (z.B. €) angegeben werden, sind die abgeleiteten Kosten jeweils in Geldeinheiten pro Mengeneinheit (z.B. €/ME) notiert (vgl. Übersicht 2.6).

Gesamtkosten	$K(x)$		€
Gesamte Durchschnitts- bzw. Stückkosten	K/x	DK	€/ME
Durchschnittliche variable Kosten (variable Stückkosten)	K_v/x	DVK	€/ME
Durchschnittliche fixe Kosten (Fixkosten pro Stück)	K_f/x	DFK	€/ME
Grenzkosten	K' bzw. dK/dx	GK	€/ME

Übersicht 2.6: Relevante Kostenzusammenhänge

Bei einer **ertragsgesetzlichen**, d.h. erst steil, dann flach, dann wieder steil verlaufenden **Kostenfunktion** verlaufen die Grenzkosten (GK) – entsprechend der Steigung der Gesamtkostenkurve – „u-förmig" (vgl. Abb. 2.21). Die Durchschnittskosten (DK) verlaufen ebenfalls u-förmig. Sie sind bei einer kleinen Produktionsmenge wegen der Fixkosten zunächst hoch, nehmen dann mit zunehmender Produktionsmenge ab („Fixkostendegression") und steigen wieder, wenn die Grenzkosten das Niveau der Stückkosten übersteigen.

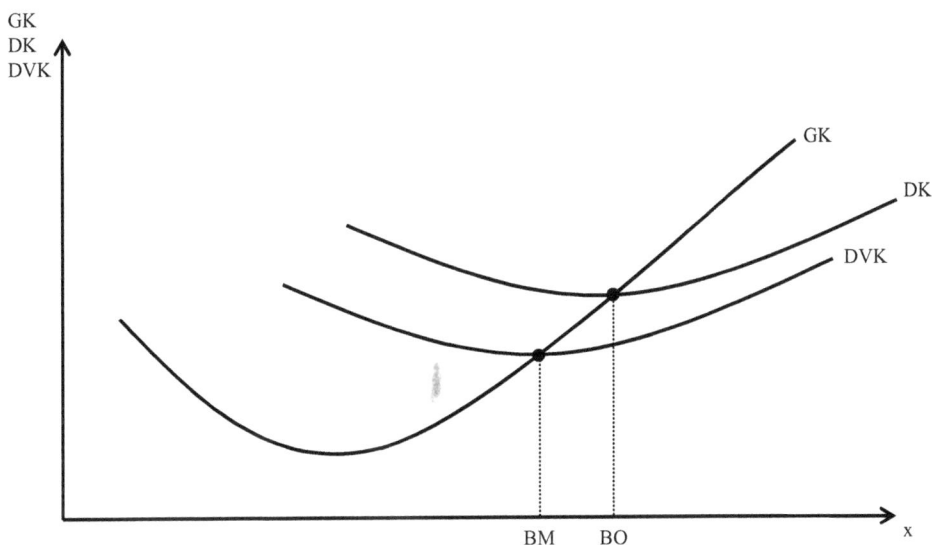

Abb. 2.21: Grenz- und Durchschnittskosten bei „ertragsgesetzlichem" Kostenverlauf

Die GK-Kurve schneidet die DK-Kurve in deren Minimum. Dies ist wie folgt erklärbar: Links vom DK-Minimum liegen die Grenzkosten unter den Durchschnittskosten. Dann sind die Kosten einer zusätzlich produzierten Einheit geringer als die Durchschnittskosten bei dieser Produktionsmenge. Die Durchschnittskosten sinken, wenn diese zusätzliche Mengeneinheit produziert wird. Rechts vom DK-Minimum liegen die Grenzkosten über den Durchschnittskosten, so dass bei der Mengenausweitung die Durchschnittskosten steigen. Das Minimum der Durchschnittskosten muss daher gerade im Schnittpunkt mit den Grenzkosten liegen. Wegen der minimalen Durchschnittskosten spricht man in Bezug auf die mit diesem Punkt verbundene Produktionsmenge auch vom **Betriebsoptimum** (BO).

Die Kurve der variablen Durchschnittskosten (DVK) verläuft unterhalb der DK-Kurve, aber ebenfalls u-förmig. Der Abstand zwischen den gesamten Durchschnittskosten und den variablen Durchschnittskosten entspricht dem Fixkostenanteil pro Mengeneinheit; er muss also mit steigender Ausbringungsmenge abnehmen. Niedrige (hohe) Grenzkosten ziehen die variablen Durchschnittskosten nach unten (oben), das DVK-Minimum befindet sich daher im

Schnittpunkt mit der Grenzkostenkurve. Aus später zu erläuternden Gründen liegt hier das **Betriebsminimum** (BM) vor.

Bei der **linearen Kostenfunktion** verlaufen die gesamten Durchschnittskosten bei wachsender Ausbringungsmenge durchgängig fallend, da die Fixkosten auf größere Mengen verteilt werden können (Fixkostendegression). Dies wird auch als **Gesetz der Massenproduktion** bezeichnet. Die Grenzkosten und die variablen Stückkosten stimmen dann überein und verlaufen parallel zur x-Achse, sind also unabhängig von der Produktionsmenge konstant (vgl. Abb. 2.22). Sie entsprechen den variablen Stückkosten. Die in Abb. 2.22 jeweils dargestellte senkrechte Linie ist als **Kapazitätsgrenze** zu deuten. x' ist die maximal mögliche Ausbringungsmenge des betrachteten Unternehmens.

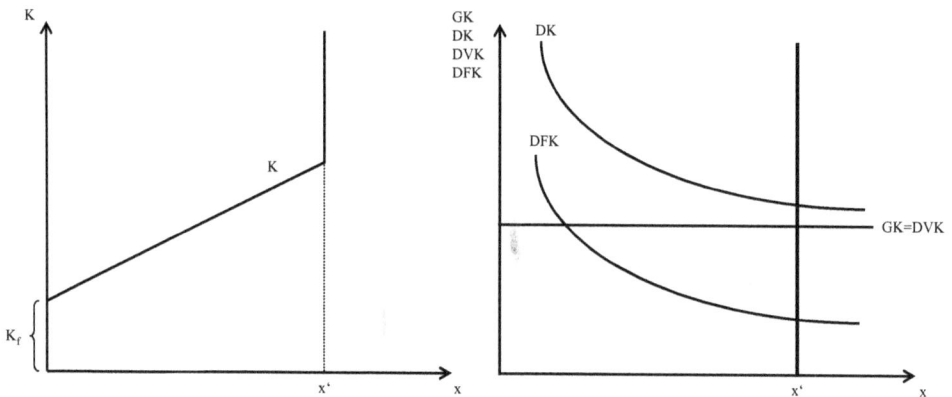

Abb. 2.22: Kostenverläufe bei linearer Gesamtkostenkurve

2.2.3 Angebotsplanung

2.2.3.1 Individuelle Angebotsfunktion

Vor dem Hintergrund der dargestellten Überlegungen zur Kostenminimierung lässt sich nun die Angebotsplanung des gewinnmaximierenden Unternehmens darstellen. Bei Konstanz sonstiger Einflussgrößen ergibt sich der **Gewinn** in Abhängigkeit von x als:

$$G(x) = E(x) - K(x)$$

Unterstellt ist, dass K(x) für jedes Ausbringungsniveau die zugehörigen geringstmöglichen Kosten angibt. Ist der für das produzierte Gut auf dem Absatzmarkt erzielbare Marktpreis p konstant bzw. von Anbieter nicht beeinflussbar, ist das betrachtete Unternehmen insofern also **Preisnehmer** bzw. Mengenanpasser, gilt

E = p · x, also:

G(x) = p · x – K(x)

Notwendige Bedingung für ein Gewinnmaximum ist dann:

$dG/dx = 0 \quad \rightarrow \quad p - dK/dx = 0 \quad \rightarrow \quad p = dK/dx$

Die **Preis=Grenzkosten-Regel** besagt als **Outputregel**: Preisnehmende Unternehmen deh-
nen die Angebotsmenge so weit aus, dass der auf dem Absatzmarkt erzielbare Marktpreis die
Grenzkosten gerade noch deckt.

Bei **ertragsgesetzlicher Kostenfunktion** lässt sich die Angebotsplanung anhand von Abb.
2.23 und 2.24 erläutern. Der Gewinn G(x) ergibt sich in Abb. 2.23 als senkrechter Abstand
zwischen Erlösfunktion E(x) und Kostenfunktion K(x). Aus Sicht eines Preisnehmers verläuft die Erlösfunktion linear aus dem Ursprung mit der Steigung p; im dargestellten Fall
verläuft sie zum Teil oberhalb der Kostenkurve. Der Gewinn ist maximal, wenn der Abstand
zwischen E und K maximal ist und zugleich die Erlöskurve oberhalb der Kostenkurve liegt.
In Punkt A hat die Gewinnfunktion einen Maximalpunkt, ihre Steigung ist null (dG/dx = 0)
Im Verlustmaximum (Punkt B) ist die Steigung der Gewinnfunktion zwar auch null, aber die
Kostenkurve liegt oberhalb der Erlöskurve.

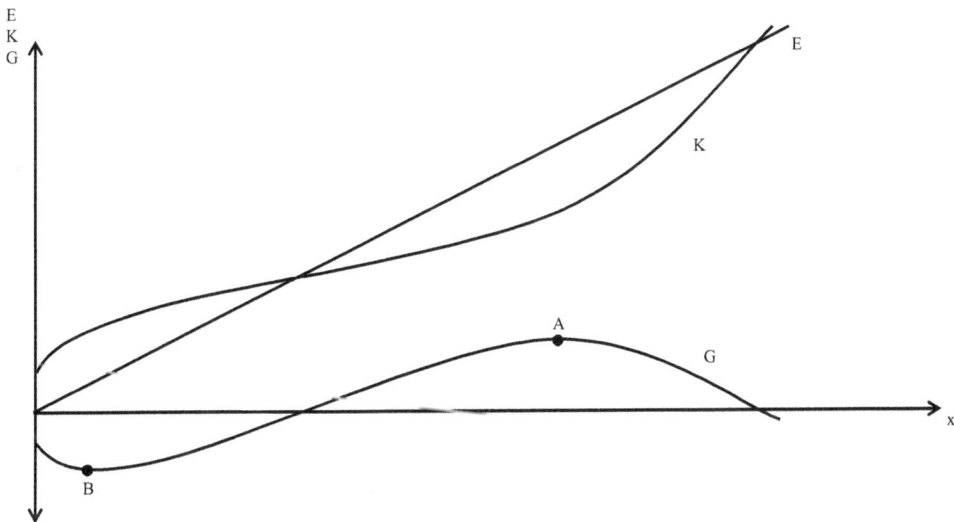

Abb. 2.23: Erlös-, Kosten- und Gewinnfunktion

Abb. 2.24 zeigt den gleichen Sachverhalt anhand der Stückkosten- bzw. Grenzkostenkurve.
Die Grenzkosten einer ertragsgesetzlichen Kostenkurve verlaufen u-förmig, der Preis lässt
sich als waagrechte Preislinie darstellen. Bei Preis p erfüllt Punkt A* die Preis=Grenzkosten-

Regel; x* ist die **gewinnmaximierende Menge** (das im absteigenden Ast der Grenzkostenkurve liegende Verlustmaximum ist nicht dargestellt). Die Planung der Angebotsmenge
hängt vom erzielbaren Marktpreis ab: bei einem Preisrückgang von p auf p' verschiebt sich
das Gewinnmaximum gemäß Grenzkosten=Preis-Regel von A* auf A', die vom gewinnmaximierenden Unternehmen angebotene Menge sinkt von x* auf x'.

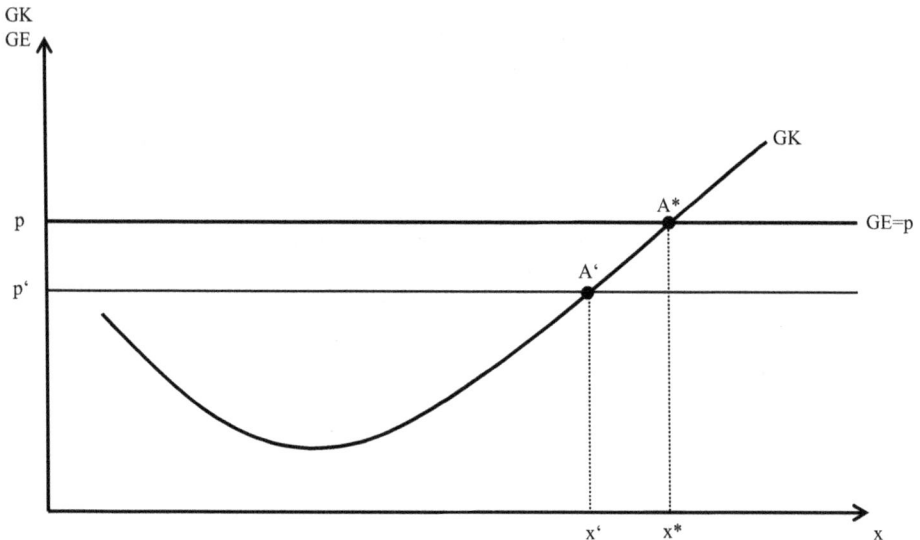

Abb. 2.24: Angebotsplanung eines Preisnehmers bei ertragsgesetzlichem Kostenverlauf

Eine Verallgemeinerung dieser Überlegung lautet: der aufsteigende Ast der Grenzkostenkurve bestimmt bei unterschiedlichen Preisen auf dem Absatzmarkt die jeweilige gewinnmaximierende Menge. Er entspricht insofern der **Angebotskurve** eines Unternehmens, welches
den Markpreis als gegebene Größe hinnimmt.

Es stellt sich allerdings die Frage, inwieweit das Angebot bei rückläufigem Preis aufrechterhalten wird. Zur Analyse dieser Frage werden in Abb. 2.25 die Durchschnittskostenkurven
DK und DVK ergänzt. In Punkt A* übersteigt der Preis die Stückkosten um die senkrechte
Stückgewinnlinie. Wird dieser **Stückgewinn** mit der gewinnmaximalen Menge x* multipliziert, ergibt sich der (in Abb. 2.23 unmittelbar ablesbare) Gewinn in Abb. 2.25 als Fläche.

Bei einem Rückgang des Preises p wird die Gewinnfläche kleiner. Bei Preis pl entspricht der
Preis den gesamten Stückkosten, der (Stück-)Gewinn ist bestenfalls gleich 0. Die „verlust-
vermeidende" Menge liegt im Minimum der Durchschnittskostenkurve, d.h. im Betriebsoptimum (BO). Fällt der Preis unter das Minimum der gesamten Stückkosten, ist die Produktion bzw. das Angebot nur mit Verlust möglich. pl ist daher die **Preisuntergrenze bzw. Ge-
winnschwelle**. Die **langfristige Angebotskurve** beginnt bzw. endet in Punkt A'.

Diese Überlegung gilt allerdings nur langfristig. Bei Preisen zwischen pk und pl macht das Unternehmen zwar – trotz Anwendung der Preis=Grenzkosten-Regel – Verlust. Der Preis liegt aber über dem Minimum der variablen Stückkosten. Da das Unternehmen die fixen Kosten, die Kosten der Betriebsbereitschaft, kurzfristig nicht vermeiden kann, ist es sinnvoll, weiterzuproduzieren. In dem Umfang, in dem der Preis die variablen Stückkosten (DVK) übersteigt, ist der Verlust geringer als bei Aufgabe der Produktion, denn ein Teil der Fixkosten kann gedeckt werden. Erst bei (mittelfristig denkbarem) Abbau der Fixkosten (z.B. Auslaufen von Miet-/Kreditverträgen, Ausscheiden von Mitarbeitern nach der Kündigungsfrist) senkt die Aufgabe der Produktion den Verlust.

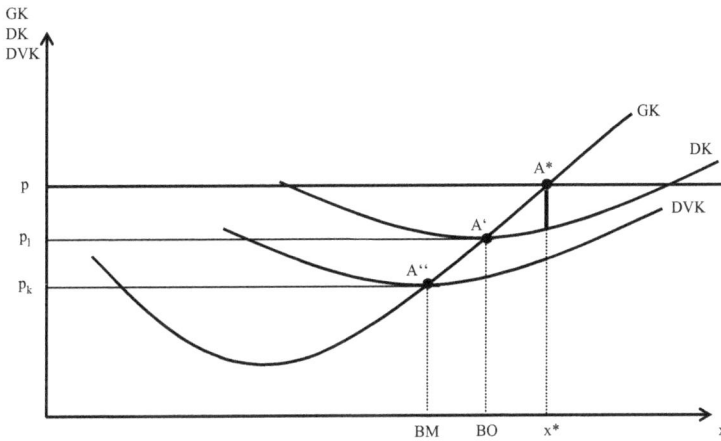

Abb. 2.25: Preisuntergrenzen eines Preisnehmers bei ertragsgesetzlichem Kostenverlauf

Fällt der Preis allerdings unter das Minimum der variablen Stückkosten, wird der Verlust durch die Aufrechterhaltung der Produktion über die Fixkosten hinaus vergrößert. Im Minimum der variablen Stückkosten (Betriebsminimum BM) liegt die verlustminimierende Menge. Fällt der Preis unter pk, werden nicht einmal mehr die variablen Kosten gedeckt, Produktion und Angebot werden aufgegeben (daher die Bezeichnung „Betriebsminimum"), der Verlust wird auf die Höhe der Fixkosten begrenzt. Daher ist pk die **kurzfristige Preisuntergrenze bzw. Produktionsschwelle**. Die **kurzfristige Angebotskurve** beginnt bzw. endet in Punkt A", also im Betriebsminimum.

Für Unternehmen, die den Marktpreis nicht beeinflussen können, gilt somit im Fall einer ertragsgesetzlichen Kostenfunktion: Die Angebotskurve entspricht dem aufsteigenden Ast der Grenzkostenkurve, langfristig ab dem Betriebsoptimum BO bzw. ab der langfristigen Preisuntergrenze pl, kurzfristig ab dem Betriebsminimum BM bzw. ab der kurzfristigen Preisuntergrenze pk. Ein positiv steigender Verlauf der Angebotskurve lässt sich also aus einzelwirtschaftlichen Optimierungsüberlegungen herleiten.

Bei einer **linearen Kostenfunktion** gelten für Unternehmen, die den Marktpreis nicht beeinflussen können, andere Überlegungen zur Angebotsplanung. Die Grenzkosten sind konstant, so dass die **Preis=Grenzkosten-Regel nicht anwendbar** ist. Entweder weicht der Preis von den Grenzkosten ab (stets p ≠ GK), oder p = GK gilt immer; dann ist die gewinnmaximierende bzw. verlustminimierende Menge mit dieser Regel nicht bestimmbar. Liegt der Preis unter den (konstanten) Grenzkosten, verursacht die Produktion bei jeder Produktionsmenge Verlust, d.h. der Anbieter muss sich vom Markt zurückziehen (vgl. Abb. 2.26). Ist der Preis höher als die Grenzkosten, dann lohnt es sich, im Falle einer Produktionsaufnahme die maximal mögliche Produktionsmenge zu realisieren, d.h. an der **Kapazitätsgrenze** bzw. im Durchschnittskostenminimum zu produzieren.

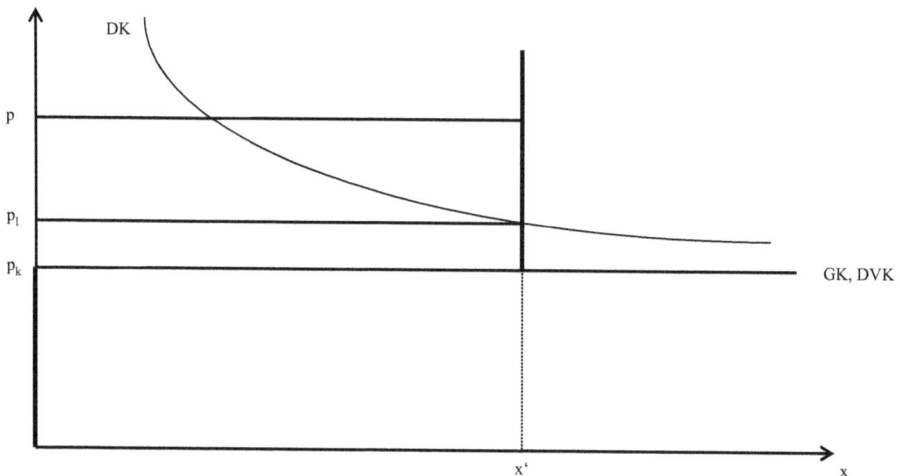

Abb. 2.26: Angebot bei linearer Kostenfunktion

Auch in diesem Fall kann allerdings das kurzfristige Verhalten vom langfristigen abweichen. Die langfristige Angebotskurve entspricht der Kapazitätsgrenze, wenn der Preis die gesamten Stückkosten übersteigt. Liegt der Preis unter den gesamten Stückkosten, aber über den variablen Stückkosten ($p_k < p < p_l$), entsteht ein Verlust, der allerdings kleiner ist als die Fixkosten. Kurzfristig wird also auch in diesem Fall an der Kapazitätsgrenze angeboten. Erst wenn der Preis die variablen Stückkosten unterschreitet, wird die Produktion vollständig eingestellt (vgl. Abb. 2.26). Wenn ein Unternehmen mit linearer Kostenfunktion anbietet, sollte es somit immer an der Kapazitätsgrenze produzieren, weil hier seine Stückkosten am geringsten sind. Auch im Fall der linearen Kostenfunktion variiert die Angebotsmenge einzelner Anbieter mit dem Preis, allerdings nicht kontinuierlich sondern sprungweise: Sobald der Preis die Grenzkosten (die gesamten Stückkosten) übersteigt, kann der Anbieter kurzfristig (langfristig) anbieten, er weitet seine Angebotsmenge aber nicht schrittweise aus sondern bietet sofort die gesamten produzierbare Menge an.

2.2.3.2   Marktangebotsfunktion

Aus den individuellen Angebotsfunktionen einzelner Unternehmen lässt sich das Marktangebot aller Unternehmen ermitteln, die zu einem bestimmten Zeitpunkt auf einem Gütermarkt anbieten. Für den einfachen Fall zweier Anbieter lässt sich aus individuellen Angebotskurven A1 und A2 durch Horizontaladdition die **aggregierte (Markt-)Angebotskurve** A ermitteln. Abb. 2.27 zeigt im linken Diagramm individuelle Angebotskurven, im rechten Diagramm das Marktangebot. Bei Preisen oberhalb von p_1 ist zunächst nur Anbieter 1, bei Preisen oberhalb von p_2 dann auch Anbieter 2 angebotsbereit. In Höhe von p_2 hat A daher eine „Sprungstelle".

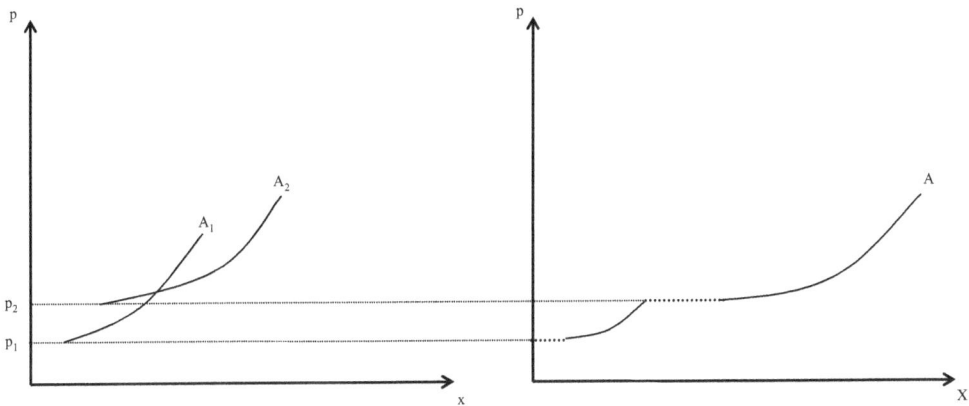

Abb. 2.27: Herleitung der Marktangebotskurve

Ändert sich der Marktpreis p auf dem Gütermarkt, passen die gewinnmaximierenden Anbieter ihre Angebotsmenge entsprechend der Marktangebotskurve an: Bei sinkendem Preis wählt z.B. jeder einzelne Anbieter nach der Regel Preis=Grenzkosten eine kleinere Angebotsmenge. Möglicherweise müssen auch einzelne Anbieter die Produktion einstellen, wenn ihre Preisuntergrenze erreicht wird. Diese Anpassungen werden als Bewegung entlang der Angebotskurve veranschaulicht.

Ändern sich dagegen andere Faktoren, so verschiebt sich die (in Abb. 2.28 zur Vereinfachung linear gezeichnete) Marktangebotskurve. Es gibt zahlreiche Faktoren, deren Änderung zur Verschiebung einzelner Grenzkostenkurven oder zur Änderung der Anbieterzahl führen kann (vgl. Übersicht 2.7).

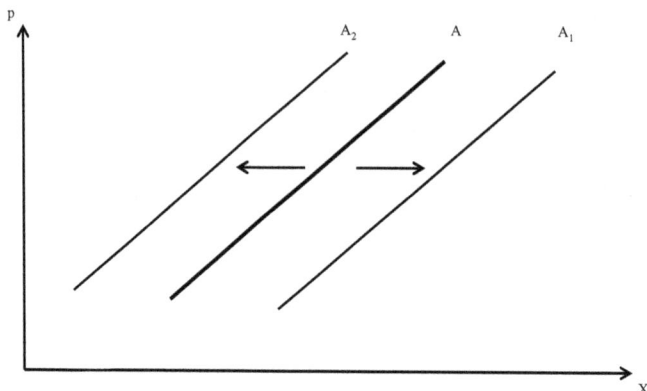

Abb. 2.28: Verschiebung der Marktangebotskurve

Rechtsverschiebung (A → A₁)	Linksverschiebung (A → A₂)
Hinzutreten von Anbietern (z.B. bei Marktöffnung oder besseren Gewinnchancen)	Ausscheiden von Anbietern (z.B. wegen verschlechterter Gewinnchancen)
Faktorpreissenkungen	Faktorpreissteigerungen
andere Kostensenkungen (z.B. bei technischem Fortschritt oder im Zuge von Lerneffekten)	Andere Kostensteigerungen (z.B. bei Steuererhöhungen)

Übersicht 2.7: Mögliche Ursachen für eine Verschiebung der Marktangebotskurve

Die dargestellte Theorie der Unternehmung macht deutlich, wie sich einzelwirtschaftliche Optimierung auf das Marktangebot auswirkt. Die hier vereinfacht dargestellte Theorie kann erweitert bzw. modifiziert werden, z.B. in folgenden Bereichen:

- In Mehrproduktunternehmen stellt sich die Frage, wie die Gemeinkosten einzelnen Produkten zuzurechnen sind.
- Ferner lässt sich die Frage nach der optimalen Unternehmensgröße, die z.B. durch Investitionen änderbar ist, untersuchen.
- Bei Gütern und Faktoren lassen sich neben quantitativen auch qualitative Aspekte untersuchen. Insbesondere gilt dies für Produkt- und Verfahrensinnovationen (s.u.).
- Wenn Unternehmen (insbesondere Unternehmen mit hohen Marktanteilen) den Marktpreis – z.B. durch Wahl der Angebotsmenge – beeinflussen, also als Preissetzer, agieren können, kann Preispolitik zur Gewinnsteigerung genutzt werden (s.u.).
- Bedient ein Unternehmen verschiedene, z.B. räumlich abgrenzbare Teilmärkte, lässt sich die optimal differenzierte Mengen- und Preispolitik analysieren (s.u.).

2.2.4   Aufgaben

1. Gegeben sei die substitutionale Produktionsfunktion $x = 2 \cdot v_1^{0,5} \cdot v_2^{0,5}$. Zeigen Sie, dass in diesem Fall der Grenzertrag von v_1 positiv (1. Ableitung > 0) und abnehmend (2. Ableitung < 0) ist. Ermitteln Sie die Isoquante für $x = 12$ und zeigen Sie, dass bei dieser Produktionsfunktion konstante Skalenerträge vorliegen, der Output also bei Niveauvariation relativ gesehen genauso schnell wächst wie die Faktoreinsätze.

2. Ein Unternehmen kann 10 Mengeneinheiten (ME) eines Gutes mit folgenden Einsatzkombinationen der variablen Produktionsfaktoren v_1 und v_2 herstellen:

	A	B	C	D	E
v_1	1	2	3	4	5
v_2	8	4	2	1	1,5

   a) Sind alle diese Faktorkombinationen technisch effizient? Begründen Sie Ihre Antwort.

   b) Bestimmen Sie die kostenminimale Faktorkombination, wenn der Preis für Einsatzfaktor v_1 8 Geldeinheiten/ME und für Einsatzfaktor v_2 5 Geldeinheiten/ME beträgt.

   c) Der Leiter der Produktion behauptet, es sei bei diesen Faktorpreisen nicht möglich, 10 Mengeneinheiten des Gutes zu geringeren Kosten als 35 Geldeinheiten zu produzieren. Unter welcher Annahme ist diese Aussage richtig?

   d) Nehmen Sie an, der Preis des Faktors v_2 erhöht sich auf 10 Geldeinheiten/ME. Beschreiben Sie, wie sich das Unternehmen an die neue Lage anpassen muss, wenn es weiterhin die Kosten minimieren möchte.

   e) Welche Datenänderung könnte bewirken, dass der Faktor v_2 trotz der in d) beschriebenen Verteuerung weiterhin in gleichem Umfang wie in a) eingesetzt wird?

3. Gegeben seien die substitutionale Produktionsfunktion: $x = 2 \cdot v_1^{0,5} \cdot v_2^{0,5}$ und die Faktorpreise $p_1 = 100$ sowie $p_2 = 50$. Ermitteln Sie für die Menge $x = 12$ die Minimalkostenkombination. Beurteilen Sie, ob die nachstehende tabellarische Aufstellung eine gute Näherung in Bezug auf das Kostenminimum erlaubt.

x	v_1	$v_1 \cdot p_1$	v_2	$v_2 \cdot p_2$	K_v
12	1	100	36	1800	1900
12	2	200	18	900	1100
12	3	300	12	600	900
12	4	400	9	450	850
12	5	500	7,2	360	860
12	6	600	6	300	900

4. Ein Unternehmen produziert ein Gut unter Einsatz der variablen Faktoren v_1 und v_2. Die Produktionsverhältnisse lassen sich durch die Produktionsfunktion $x = 0,5 \cdot v_1 \cdot v_2$ beschreiben.

   a) Lassen sich die Produktionsverhältnisse dieses Unternehmens durch eine substitutionale oder durch eine limitationale Produktionsfunktion beschreiben? Liegen abnehmende Ertragszuwächse vor? Wie hoch sind die Skalenerträge? Formulieren Sie die Isoquantenfunktion für $x = 16$.

b)   Ermitteln Sie die Isokostenlinie und die Minimalkostenkombination für die Menge x = 16, wenn die Faktorpreise $p_1 = 2$ und $p_2 = 4$ betragen. Wie hoch sind in diesem Fall die variablen Kosten? Wie hoch ist die technische Grenzrate der Substitution im Kostenminimum?

c)   Nun steige der Preis p_1 auf 8. Welche Faktoreinsatzkombination wäre vorzuziehen, wenn das Unternehmen weiterhin die Menge x = 16 ausbringen möchte? Wie würde sich dagegen die Menge ändern, wenn das Niveau der variablen Kosten gegenüber a) nicht erhöht werden soll? (Antwort ohne Rechnung)

5.   Ein PKW-Hersteller, der zur Produktion die variablen Faktoren Arbeit und Kapital einsetzt, fertigt 100 PKW in relativ arbeitsintensiver Produktion (vgl. Faktorkombination Q in der Abbildung).

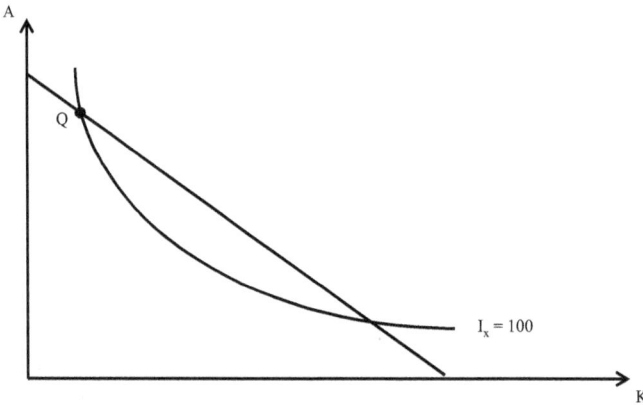

a)   Welche Linien sind in der Abb. dargestellt? Erläutern Sie, inwiefern die gewählte Faktorkombination zur Produktion von 100 PKW suboptimal ist.

b)   Wie sollte das Unternehmen die Faktorkombination ändern, um die 100 PKW kostengünstiger zu produzieren? Deuten Sie die Minimalkostenkombination in der Abb. an und erläutern Sie, welche Bedingung im Optimum gelten muss.

c)   Nehmen Sie an, die Preise beider Produktionsfaktoren steigen um den gleichen Prozentsatz. Stellen Sie diese Konstellation graphisch dar und erläutern Sie, ob und wenn ja wie die MKK sich durch diese Änderung der Faktorpreise verändert.

d)   Wie würde das Unternehmen dagegen auf eine Lohnerhöhung reagieren, wenn es weiterhin 100 PKW möglichst kostengünstig produzieren will?

e)   Das Unternehmen würde gerne – aus sozialen Gründen – mehr Arbeitskräfte im Produktionsprozess einsetzen. Welche Änderung wäre notwendig, damit dieses Ziel in einem neuen Kostenminimum erreicht werden könnte?

6.   Vergleichen Sie durch Vervollständigung der folgenden Übersicht das Haushaltsgleichgewicht und die Minimalkostenkombination.

Merkmal	Haushaltstheorie	Theorie der Unternehmung
Konstanz der Zielgröße	Indifferenzkurve; konstantes Nutzenniveau Darstellung im 2-Güter-Diagramm	
Austauschverhältnis		Grenzrate der technischen Substitution
Ausgabesumme	Budgetlinie (konstante Konsumsumme)	
Optimum		Minimalkostenkombination (Minimumvariante des ökonomischen Prinzips)
Budgetvariation	Einkommens-Konsum-Kurve	
Variation der relativen Preise		Preis-Faktor-Kurve

7. Erläutern Sie die Begriffe „Expansionspfad" und „Preis-Faktor-Kurve".

8. Gegeben seien die mengenanpassenden Unternehmen A und B mit einer Produktionskapazität von jeweils 20 Mengeneinheiten und mit den Kostenfunktionen
    $KA = 80 + 6x + 1{,}5x^2$
    $KB = 210 + 10x$.
    a) Welche Gütermengen bieten die Unternehmen an, wenn sie jeweils den Gewinn maximieren wollen und der am Absatzmarkt erzielbare Preis 30 Geldeinheiten/ME beträgt?
    b) Wie hoch ist bei beiden Unternehmen der Gewinn?
    c) Aufgrund eines Zustroms von weiteren Anbietern auf diesen Markt fällt der Marktpreis auf 21 Geldeinheiten/ME. Wie entwickelt sich daraufhin die Gewinnsituation von Unternehmen A? Unter welchen Voraussetzungen verbleibt es am Markt?

9. Gegeben ist die folgende Kostenfunktion eines Unternehmens: $K = 100 + 5x + x^2$.
    a) Ermitteln Sie zu dieser Funktion die totalen und variablen Stückkosten sowie die Grenzkosten.
    b) Errechnen und erläutern Sie, wo für dieses Unternehmen die langfristige Preisuntergrenze liegt.
    c) Erläutern Sie verbal (ohne Rechnung), wo die kurzfristige Preisuntergrenze liegt. Wann würde das Unternehmen ein kurzfristig aufrecht erhaltenes Angebot doch einstellen?

10. Was versteht man unter einer „ertragsgesetzlichen" Kostenfunktion?

11. Der Anbieter von Glühlampen hat folgende Grenzkostenkurve (GK) ermittelt:

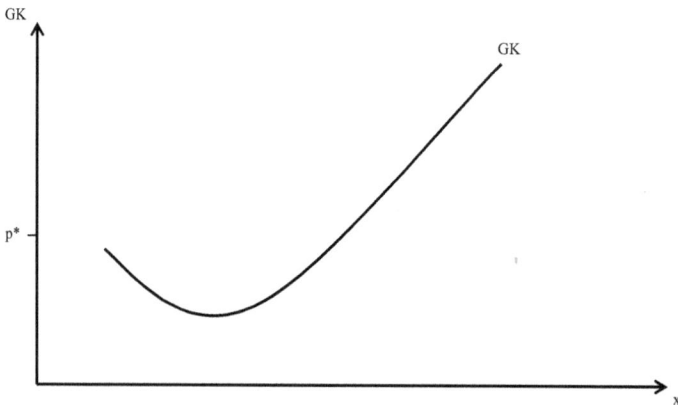

a) Erläutern Sie – unter sinnvoller Ergänzung der Abb. – welcher Teil der Grenzkos-
    tenkurve sich kurzfristig bzw. langfristig als Angebotskurve des Unternehmens in-
    terpretieren lässt.

b) Wie groß wäre die gewinnmaximierende Menge, wenn am Markt der Preis p* er-
    zielt werden kann?

c) Wie würde sich die Angebotssituation des Herstellers ändern
    – wenn die Löhne oder Lohnnebenkosten steigen?
    – bei technischem Fortschritt in der Glühbirnenherstellung?

12. Ein als Preisnehmer agierendes Unternehmen rechnet auf seinem Markt mit dem Preis
    $p = 100$. Seine Kosten lassen sich durch die Kostenfunktion $K = 10 + 20x + 4x^2$ darstellen.

a) Erläutern Sie den Begriff „Preisnehmer".

b) Ermitteln Sie die Menge und den Gewinn für den Fall, dass sich das Unternehmen
    gewinnmaximierend verhält.

c) Erläutern Sie, wie sich die Marktsituation für den Anbieter verändern könnte, wenn
    aufgrund von Nachfrageänderungen Preissenkungen auftreten würden.

2.3   Preisbildung auf Märkten

Lernziele

In diesem Kapitel

- lernen Sie die Merkmale der vollständigen Konkurrenz kennen: „atomistische" Marktstruktur, Homogenität der Güter, Markttransparenz und beliebig hohe Anpassungsgeschwindigkeit bei Ungleichgewichten.

- verstehen Sie, dass Märkte interdependent sind. Auf offenen Märkten treten immer wieder kostengünstig agierende Anbieter hinzu und Anbieter mit hohen Kosten müssen sich
  zurückziehen.

- erfahren Sie, wie durch den Ausgleich von Angebot und Nachfrage auf allen Märkten ein Konkurrenzmarktgleichgewicht zustande kommt, welches zur Erfüllung der Pläne, zur langfristigen Minimierung der Kosten und zum Abbau ungerechtfertigter Gewinne führt.
- verstehen Sie, dass Marktgleichgewichte flexible Preise und offene Märkte voraussetzen.
- erfahren Sie, in welcher Weise Marktformen und Marktstrukturen von vollständiger Konkurrenz abweichen können und inwiefern sich dann ein anderes Marktverhalten, andere Preisbildungsprozesse und andere Marktergebnisse ergeben können.
- vollziehen Sie nach, wie sich Marktergebnisse verändern, wenn ein Monopolanbieter einen gewinnmaximalen (hohen) Preis festlegen und darüber hinaus durch Preisdifferenzierung seinen Gewinn steigern kann.
- erkennen Sie, dass das Marktergebnis im bilateralen Monopol über einen ergebnisoffenen Verhandlungsprozess zustande kommt.
- lernen Sie, wie unterschiedliche Produktqualitäten die Preisbildung verändern.
- erfahren Sie, welche Verhaltensweisen für oligopolistische Märkte typisch sind (oligopolistische Interdependenz).
- verstehen Sie, warum Kartellabsprachen aus Sicht der Anbieter attraktiv, aber instabil sein können.
- erfahren Sie, wie Verzögerungen bei der Anpassung des Angebots die Entwicklung zum Gleichgewicht auf einem Markt erschweren kann.
- lernen Sie die Bedeutung von Innovation und Imitation für die zeitliche Entwicklung von Märkten und das Marktphasenschema kennen.

Unternehmen und Haushalte planen ihre Angebots- und Nachfragemengen in Abhängigkeit vom Marktpreis, gleichzeitig ergeben sich die realisierten Marktpreise aus dem Zusammenwirken von Angebot und Nachfrage auf Märkten. Welche Preise und welche Tauschmengen zustande kommen, hängt von den Bedingungen ab, die auf Märkten gegeben sind. Im Folgenden werden Besonderheiten der Preisbildung bei unterschiedlichen Marktkonstellationen dargestellt. Dazu werden bestimmte Marktformen näher beschrieben und die Preisbildungsprozesse bei diesen Marktformen genauer betrachtet. Durchgängig wird unterstellt, dass die Marktteilnehmer sich rational verhalten, die Haushalte also ihren Nutzen und Unternehmen ihren Gewinn maximieren wollen. Die Analyse konzentriert sich zunächst auf Preise und Mengen. Natürlich spielen in der Realität auch qualitative Aspekte wie Produktqualität und Innovation, Kundendienst und Service eine große Rolle. Diese Aspekte können die Marktergebnisse und den Wettbewerb zwischen Unternehmen ebenso beeinflussen wie der Preis und werden in diesem Kapitel später angesprochen.

2.3.1 Marktstruktur, Marktverhalten und Marktergebnis

Die **Marktstruktur** lässt sich durch quantitative und durch qualitative Merkmale beschreiben. Zum einen unterscheiden sich Märkte danach, wie viele Anbieter und Nachfrager sich gegenüberstehen. Die zahlenmäßige Besetzung der beiden Marktseiten (**Marktformen**) bestimmt dann das Marktverhalten und das Marktergebnis. Unterscheidet man jeweils die

Fälle „ein" Marktteilnehmer, „wenige" und „viele" Marktteilnehmer, so ergeben sich gemäß dem Marktformenschema nach von Stackelberg neun Fälle (vgl. Übersicht. 2.8). Die schattiert hervorgehobenen Marktformen werden in den folgenden Abschnitten näher betrachtet.

	Viele Nachfrager	Wenige Nachfrager	Ein Nachfrager
Viele Anbieter	**Polypol** (z.B. Markt für gebrauchte PKW)	**Oligopson** (z.B. Markt für Auto-Zulieferteile: Nachfrager sind wenige Autofirmen)	**Monopson** (z.B. einzige Molkerei einer Region, an die viele Milchbauern liefern.)
Wenige Anbieter	**Oligopol** (z.B. Markt für neue PKW)	**Bilaterales Oligopol** (z.B. Märkte für Investitionsgüter)	**Beschränktes Monopson** (z.B. Rüstungsgüter auf dem nationalen Markt)
Ein Anbieter	**Monopol** (z.B.: Gebietsmonopole von Stromversorgern)	**Beschränktes Monopol** (z.B. Stromversorgung für große Industrieunternehmen)	**Bilaterales Monopol** (z.B. Teilnehmer an Tarifverhandlungen)

Übersicht 2.8: Marktformenschema

Im einfachen Schema wird unterstellt, dass alle Akteure einer Marktseite jeweils in etwa gleich groß sind, also einen etwa gleich großen Markteinfluss haben (Symmetrieannahme). Das Schema ließe sich weiter differenzieren. So könnte auch der asymmetrische Fall „viele kleine und einige große Anbieter" angesprochen werden. Ferner könnte durch nähere Auslegung des Begriffs „wenige" das enge und das weite Oligopol unterschieden werden.

Qualitativ lassen sich vollkommene und unvollkommene Märkte unterscheiden. Auf **vollkommenen Märkten**

▪ werden **homogene Produkte** gehandelt. In den Augen der Nachfrager sind die gehandelten Güter völlig gleichartig. Nachfrager und Anbieter haben weder persönliche Präferenzen (z.B. aufgrund verwandtschaftlicher Beziehungen oder aufgrund von Herstellermarken), noch räumliche oder zeitliche Präferenzen für bestimmte (z.B. leicht erreichbare) Tauschpartner. Insofern liegen die Bedingungen eines zeitlichen und räumlichen Punktmarktes vor.

▪ sind alle Anbieter und Nachfrager vollständig über alle Tauschangebote informiert (**vollständige Markttransparenz**) und können unverzögert reagieren, wenn sich günstigere Tauschoptionen bieten. Nachfrager und Anbieter auf einem vollkommenen Markt handeln bei Datenänderungen sehr schnell und flexibel (genauer: mit **unendlicher Anpassungsgeschwindigkeit**).

Unter diesen Bedingungen ist der Preis der Güter die einzige kaufentscheidende Determinante. Für homogene Güter kann sich bei vollkommener Marktübersicht nur ein Preis bilden (Gesetz der Unterschiedslosigkeit der Preise von Jevons, 1871).

In der Realität sind die genannten Bedingungen beispielsweise bei dem Börsenhandel mit einem breit gestreuten Wertpapier (z.B. die Telekom-Aktie) weitgehend erfüllt. Hier werden homogene Güter gehandelt. Persönliche Präferenzen spielen keine Rolle. Räumliche und zeitliche Präferenzen scheiden aufgrund des Punktmarktcharakters der Börse aus. Die Börsenteilnehmer verfügen über eine gute Marktübersicht und reagieren auf Marktänderungen relativ schnell. Es gibt für das gehandelte Papier nur einen Preis. Einzelne kleine Anleger können diesen Preis nicht beeinflussen.

Demgegenüber liegen **unvollkommene Märkte** vor, wenn mindestens ein Merkmal des vollkommenen Marktes nicht gegeben ist, d.h.

- wenn die gehandelten **Güter heterogen** sind, also Qualitätsunterschiede aufweisen oder wenn vermutet wird, dass es Qualitätsunterschiede zwischen den Produkten verschiedener Anbieter gibt. Unterscheiden sich ferner die Angebote in Bezug auf den Service, so ist von **Präferenzen** der Nachfrager für einzelne Anbieter auszugehen.
- wenn die **Marktübersicht unvollständig** ist. Da die Beschaffung von Informationen Kosten verursacht, kann es rational sein, keine vollständige Marktinformation anzustreben, also auf der Basis rational begrenzter Informationen zu entscheiden. Dies ist immer dann der Fall, wenn erwartet wird, dass zusätzliche Informationen die Kaufentscheidung nicht so stark verbessern, dass die höheren Informationskosten aufgewogen werden.
- wenn **Blockaden** eine schnelle Anpassung an Datenänderungen verhindern.

Auf unvollkommenen Märkten ist es in allen genannten Fällen denkbar, dass mehrere Preise für sehr ähnliche Güter nebeneinander bestehen und von verschiedenen Käufern gezahlt werden.

Bei der Beurteilung der Marktstruktur ist auch die sachliche und räumliche **Marktabgrenzung** von Bedeutung, d.h. die Frage, welche Produkte, Anbieter bzw. Nachfrager einem Markt zuzuordnen sind. Je weiter der Markt abgegrenzt wird, desto größer ist die Zahl der betrachteten Marktteilnehmer und desto heterogener die Güter bzw. desto unvollkommener der Markt. Je nach Fragestellung kann eine enge oder eine weite Marktabgrenzung angemessen sein. Die sachliche Abgrenzung des Automarktes kann z.B. Mittelklassewagen eines bestimmten Anbieters betreffen oder alle Mittelklassewagen oder alle PKW insgesamt. Die räumliche Marktabgrenzung des Marktes für PKW kann z.B. den Teilmarkt NRW oder den deutschen oder europäischen Markt betreffen.

Märkte unterscheiden sich schließlich auch darin, wie leicht der Marktzu- und -austritt ist. Auf **offenen Märkten** existieren **keine Marktzutritts- bzw. Marktaustrittshemmnisse**. Allerdings kann der Zutritt von potentiellen Anbietern erhebliche Investitionen in Produktionsanlagen erfordern, so dass es schwierig sein kann, das erforderliche Kapital aufzubringen. Der Marktaustritt wird z.B. erschwert, wenn die Produktion Fixkosten verursacht, die kurzfristig nicht gesenkt werden können, wie z.B. laufende Kredit-/Miet-/Pacht-/Arbeitsverträge, die nicht kurzfristig gekündigt werden können.

Die Marktstruktur beeinflusst insgesamt das **Verhalten der Marktteilnehmer**. Je geringer z.B. die Zahl der Anbieter auf einem Markt ist, desto eher werden diese den Marktpreis „aktiv" zu beeinflussen suchen. Der Spielraum für Preissetzerverhalten ist zugleich umso größer, je heterogener die am Markt gehandelten Güter aus Sicht der Nachfrager sind, denn mit zunehmender Heterogenität können die Präferenzen für einzelne Produktvarianten zunehmen. Preissetzungsspielräume sind außerdem umso höher, je geringer die Preiselastizität der Nachfrage ist.

Je unwahrscheinlicher ein Zutritt neuer Anbieter ist, desto höher können „etablierte" Anbieter den Preis setzen. Zu den Determinanten des Marktverhaltens gehören neben der Marktstruktur aber auch die Stärke des Gewinnstrebens und das Ausmaß, in dem Aktionen einzelner Marktteilnehmer von den Konkurrenten wahrgenommen werden und deren Verhalten beeinflussen (Reaktionsverbundenheit bzw. Rivalitätsempfinden zwischen den Akteuren einer Marktseite). Insgesamt lassen sich „Kampfstrategien" und kooperative Verhaltensweisen unterscheiden. Diese Strategien können ihrerseits wieder die Marktstruktur beeinflussen. Kampfstrategien führen z.B. zum schnelleren Ausscheiden von Marktteilnehmern und insofern zu einer geringeren Zahl verbleibender Akteure.

Marktstruktur und Marktverhalten beeinflussen das **Marktergebnis**, wozu – neben den Marktpreisen die mengenmäßige Marktversorgung gehört. Aber auch Kosten, Gewinne, Kapazitätsauslastung, Produktqualität und technischer Fortschritt sind wesentliche Merkmale des Marktergebnisses. Das Marktergebnis wirkt seinerseits auf die Marktstruktur und auf das Marktverhalten zurück. So ist z.B. – wie bereits beschrieben – zu erwarten, dass hohe Gewinne zu einem Zustrom von Anbietern führen. Das Rivalitätsempfinden könnte andererseits gerade bei niedrigen Gewinnen besonders stark ausgeprägt sein.

2.3.2   Preisbildung auf vollständigen Konkurrenzmärkten

2.3.2.1.   Verhalten bei vollständiger Konkurrenz

Preisbildungsprozesse lassen sich besonders gut unter den Bedingungen des vollkommenen Marktes untersuchen, denn hier ist der Preis die einzige kaufentscheidende Größe. Liegt gleichzeitig ein **Polypol** vor, handelt es sich um **„vollständige Konkurrenz"**. In diesem Fall gibt es viele unabhängige Anbieter und Nachfrager mit jeweils geringen Anteilen am gesamten Marktangebot bzw. an der Gesamtnachfrage (**„atomistische" Marktstruktur**). Einzelne Marktteilnehmer haben aufgrund ihres geringen Marktanteils keine Möglichkeit, den einheitlichen Marktpreis zu beeinflussen. Ändern sie ihre individuellen Angebots- und Nachfragemengen, bleibt die Marktsituation insgesamt fast unverändert.

Da die einzelnen Anbieter im Polypol kleine Marktanteile und damit auch wenig Markteinfluss, geringe Kapazitäten und eine geringe Kapitalausstattung haben, können sie durch ihre Aktivitäten die Marktsituation nicht spürbar verändern. Auf dem vollkommenen Markt bedeutet das, dass sie keinen Einfluss auf den Marktpreis haben. Der Preis ist für sie eine vorgegebene Größe, ein Datum, an das sie ihre Angebotsmenge anpassen müssen. Jede von ihnen angebotene Menge können sie, wenn überhaupt, nur zu diesem Preis absetzen. Die Preis-Absatzfunktion, die angibt, welche Mengen ein einzelner Anbieter eines Gutes bei alternativen Preisen absetzen kann, entspricht in diesem Fall grafisch einer Parallele zur x-Achse im Preis-Mengen-Diagramm. Polypolisten maximieren ihren Gewinn nach der **Gewinnmaximierungsregel**

$G(x) = E(x) - K(x) \to$ max! mit der notwendigen Bedingung

$dG/dx = 0$ oder $dE/dx = dK/dx$.

Ist der Preis ein Datum und unabhängig von der Angebotsmenge des Anbieters, so entspricht der Grenzerlös dem Marktpreis p (vgl. Abschnitt 2.2). Die **notwendige Bedingung für ein Gewinnmaximum** lautet daher in diesem Fall

$p = dK/dx$ bzw. $p = GK$.

Polypolisten auf dem vollkommenen Markt passen also ihre Angebotsmenge an den Marktpreis an. Sie realisieren ihr Gewinnmaximum, indem sie diejenige Menge anbieten, deren Grenzkosten durch den Preis gerade gedeckt wird. Insofern nehmen sie den Marktpreis „passiv" hin und verhalten sich als Preisnehmer bzw. als Mengenanpasser. Dieses Verhalten war in der Theorie der Unternehmung unterstellt worden. Bei steigendem Preis entspricht die Angebotsfunktion eines Polypolisten dem aufsteigenden Ast der Grenzkostenkurve, kurzfristig vom Betriebsminimum und langfristig vom Betriebsoptimum an.

Mit dem Begriff der vollständigen Konkurrenz ist keine Wertung verbunden. „Vollständig" ist lediglich eine gedankliche Vereinfachung, die es erlaubt, die Markergebnisse und den Preismechanismus „in Reinform" zu untersuchen, ohne dass andere Faktoren die Ergebnisse der Markt-Preis-Koordination überlagern. Die Markergebnisse bei vollständiger Konkurrenz sind allerdings in einer noch zu erläuternden Weise optimal, so dass die Marktform der vollständigen Konkurrenz phasenweise sogar als Leitbild der Wettbewerbspolitik angesehen wurde (vgl. dazu Kapitel 3).

Ein Anbieter produziere gemäß der Kostenfunktion $K = 30 + 10x + 37{,}5x^2$.

Der Marktpreis betrage p= 85.

Der Polypolist auf dem vollkommenen Markt realisiert sein Gewinnmaximum, wenn er die Angebotsmenge so wählt, dass der Preis den Grenzkosten entspricht, also im Beispiel wenn $85 = 10 + 75x$ also wenn $x = 1$.

Der Gewinn ergibt sich dann als $p \cdot x - (30 + 10x + 37{,}5x^2)$ und beträgt 7,5.

Übersicht 2.9: Zahlenbeispiel zur Gewinnmaximierung im Polypol

In den folgenden Abschnitten wird die Markt-Preisbildung auf einem Markt für ein bestimmtes Gut mit vollständiger Konkurrenz betrachtet (**Partialbetrachtung**). In Abschnitt 2.3.2.5. wird die Preisbildung für den Fall untersucht, dass alle Märkte der Volkswirtschaft als vollständiger Konkurrenzmarkt ausgebildet sind (**Totalbetrachtung**).

2.3.2.2   Marktgleichgewicht bei vollständiger Konkurrenz

Marktgleichgewicht herrscht, wenn die dezentral von Anbietern und Nachfragern erstellten Pläne auf dem Markt zueinander passen und sich somit realisieren lassen. Weder Anbieter noch Nachfrager haben dann Anlass, ihre Pläne zu ändern.

Die Preisbildung bei vollständiger Konkurrenz lässt sich auf der Marktebene und auf der individuellen Ebene des einzelnen Anbieters betrachten. Abb. 2.29 zeigt links ein Marktdiagramm mit typisch verlaufender Angebots- und Nachfragekurve. Dabei lässt sich die Annahme einer steigenden Angebotsfunktion aus der Theorie der Unternehmung und die Annahme einer fallenden Nachfragefunktion aus der Theorie des Haushalts begründen.

Im Schnittpunkt von Angebots- und Nachfragekurve (Punkt G) stimmen die Angebotsmenge x_A der vielen Anbieter und die Nachfragemenge x_N der vielen Nachfrager überein. In Punkt G ist der Markt im **Gleichgewicht**, der Preis p* ist der Gleichgewichtspreis und x* die zugehörige „markträumende" Tauschmenge.

Rechts ist beispielhaft die Situation eines einzelnen Polypolanbieters und Mengenanpassers i dargestellt. Da er den Marktpreis nicht beeinflussen kann, verläuft seine Preis-Absatzfunktion horizontal. Der Anbieter wird bei dem Preis p* die gemäß Preis=Grenzkosten-Regel gewinnmaximierende Menge x_i* wählen, eine kleine Teilmenge von x*. Da bei x_i* der Preis die Stück- bzw. Durchschnittskosten (DK_i) übersteigt, erzielt Anbieter i einen Gewinn.

Bei Preisen oberhalb des Gleichgewichtspreises p* besteht im linken Diagramm ein **Angebotsüberschuss** – bei p_1 z.B. im Umfang der Linie U_1V_1. Der Anbieter i wird eine Menge $x_i1 > x_i$* absetzen wollen. Ob das gelingt, ist aber unklar. Nur die Pläne der „kurze" Marktseite – hier: der Nachfrage – lassen sich nämlich vollständig realisieren. Bei Preisen unterhalb des Gleichgewichtspreises p* besteht ein **Nachfrageüberschuss** (bei p_2 z.B. im Umfang der Strecke U_2V_2). Die Pläne der Anbieter können umgesetzt werden, aber nicht alle Nachfrager können ihre Pläne realisieren.

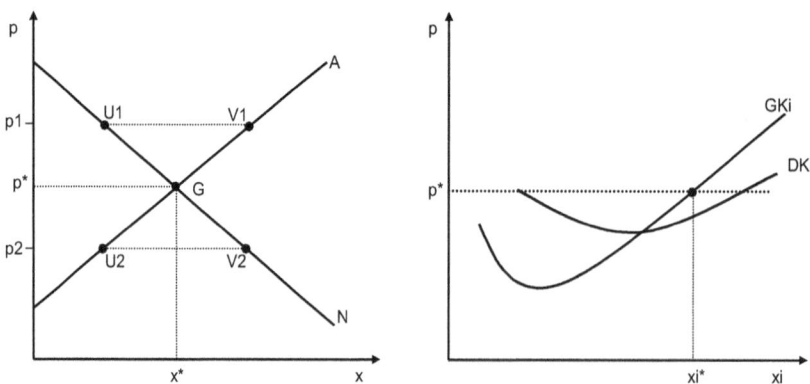

Abb. 2.29: Marktgleichgewicht bei vollständiger Konkurrenz

Es gibt unterschiedliche Vorstellungen, wie Märkte zu einem Gleichgewicht finden können. Im Regelfall verfügen die Marktteilnehmer selbst über Reaktionsmöglichkeiten, die zu einem Gleichgewicht führen. Im Fall eines Angebotsüberschusses können die Anbieter z.B. mit niedrigeren Preisen um die knappe Nachfrage konkurrieren; als Reaktion auf sinkende Preise werden dann geringere Angebotsmengen geplant. Zugleich steigt bei rückläufigen Preisen die Nachfragemenge. Der Preis wird so lange gesenkt, bis der Angebotsüberschuss „weg geschmolzen" ist. Bei einem Nachfrageüberschuss könnten die Anbieter dagegen den Preis anheben. Die Nachfragemenge wird sinken und die Angebotsmenge steigen, bis der Nachfrageüberschuss vollständig abgebaut wurde. Bei normalem Verlauf der Angebots- und Nachfragekurven führt dieser **Preismechanismus** auf Märkten zu einem Ausgleich von angebotener und nachgefragter Menge (**Gleichgewichtstendenz**). In diesem Fall ist das **Marktgleichgewicht stabil**, so lange sich Faktoren, für die zunächst die c.p.-Klausel unterstellt wird, nicht ändern, also z.B. so lange, wie keine neuen Anbieter in den Markt eintreten. Bei atypischem Angebots- und/oder Nachfrageverhalten ist dagegen nicht sicher, dass stets ein stabiles Marktgleichgewicht erreicht wird.

Auf vollständigen Konkurrenzmärkten agieren annahmegemäß nur reine Preisnehmer bzw. Mengenanpasser. Die soeben geschilderte aktive Preisanpassung ist somit streng genommen auf vollständigen Konkurrenzmärkten nicht möglich. Es sind jedoch spezielle Spielregeln vorstellbar, die das Auffinden des Gleichgewichts auch auf vollständigen Konkurrenzmärkten ermöglichen bzw. die verhindern, dass ein ungleichgewichtiger Preis zustande kommt. Ein solcher Prozess ist z.B. mit Hilfe eines Maklers organisierbar, wenn dieser die verschiedenen preisabhängigen Angebote und Nachfragewünsche zunächst sammelt und feststellt, bei welchem Preis Angebot und Nachfrage zueinander passen, und dann erst der Tausch zum Gleichgewichtspreis abgewickelt wird. Haben dagegen die Marktteilnehmer gewisse Preisanpassungsmöglichkeiten, so übernimmt der Preismechanismus als anonymer Steuerungsmechanismus diese Anpassungsfunktion, ein Makler ist dann nicht erforderlich.

2.3.2.3   Veränderung des Gleichgewichts, Anpassung an Datenänderungen

Angebot und Nachfrage werden nicht nur vom Preis der gehandelten Güter, sondern auch von anderen Daten beeinflusst. Das Angebot hängt auch von den Produktionskosten und von sonstigen externen Faktoren ab (z.B. von der Produktionstechnologie). Die **allgemeine Angebotsfunktion** enthält somit als Argument neben dem Absatzpreis p auch die Faktorpreise (Löhne, Zinsen) und sonstige externe Faktoren:

$$x_A = f(p, \text{Faktorpreise, externe Faktoren}).$$

Die Nachfrageentscheidungen hängen auch vom verfügbaren Einkommen, von Vorlieben im Geschmack bzw. in der Mode (Präferenzen), von den Preisen anderer Güter oder von der (empfundenen) Qualität des am Markt gehandelten Gutes ab. Die **allgemeine Nachfragefunktion** verzeichnet somit neben dem Preis des gehandelten Gutes auch die Preise anderer Güter (p_i), das Einkommen, welches am Markt nachfragewirksam wird, und qualitative Einflussgrößen:

$x_N = f(p, p_i,$ Einkommen, qualitative Einflussgrößen$)$.

Verschiebung der Nachfragekurve: Neue Erkenntnisse zu den mit dem Verzehr von Rindfleisch möglicherweise verbundenen Gesundheitsrisiken reduzieren die empfundene Qualität des angebotenen Rindfleisches bzw. ändern die Präferenzen der Nachfrager zuungunsten von Rindfleisch. Unabhängig vom Preis bzw. bei jedem beliebigen Preis wird die Nachfrage nach Rindfleisch zurückgehen. Die Wirkung dieses Effektes lässt sich somit durch eine Verschiebung der Nachfragekurve nach links darstellen – in Abb. 2.30 z.B. von N nach N'. Ausgehend vom alten Gleichgewicht G entsteht beim alten Preis p* ein Angebotsüberschuss (Linie FG). Daraufhin setzen Anpassungsreaktionen ein, die erst dann aufhören, wenn bei einem niedrigeren Preis p_1 und einer geringeren Verbrauchsmenge x_1 das neue Gleichgewicht G_1 erreicht ist. Im Diagramm ist zwar nicht der Anpassungsprozess selbst, aber das neue Gleichgewicht nach dem Abschluss der Anpassung erkennbar.

Verschiebung der Angebotskurve: Kann – später – durch verbesserte Zuchtmethoden Rindfleisch billiger (genauer: mit geringeren Grenzkosten) angeboten werden (Verschiebung der Angebotskurve nach rechts unten von A nach A'), so entsteht – ausgehend vom Gleichgewicht G_1 – erneut ein Ungleichgewicht und ein Angebotsüberschuss (vgl. die von G_1 ausgehende Strecke). Zum Preis p_1 lohnt sich jetzt ein größeres Angebot als vorher, die vorherige Menge kann zu einem geringeren Preis angeboten werden. Der Markt tendiert zu einem neuen Gleichgewicht G_2, das im Vergleich zu G_1 durch einen niedrigeren Preis, aber eine höhere Menge gekennzeichnet ist.

Übersicht 2.10: Wirkung von Datenänderungen am Markt für Rindfleisch

Im zweidimensionalen Preis-Mengen-Diagramm lassen sich direkt nur die rein preisabhängige **spezielle Angebotsfunktion** $x_A = f(p)$ und die **spezielle Nachfragefunktion** $x_N = f(p)$ darstellen. Diese Kurven gelten aber nur bei Konstanz der angesprochenen anderen Daten (c.p.-Klausel). Preisänderungen führen zu Bewegungen auf den Kurven. Die Änderung von Daten äußert sich dagegen graphisch in einer Verschiebung der speziellen Angebots- bzw. Nachfragekurve. Dann erfolgt auch eine **Verlagerung des Marktgleichgewichts**.

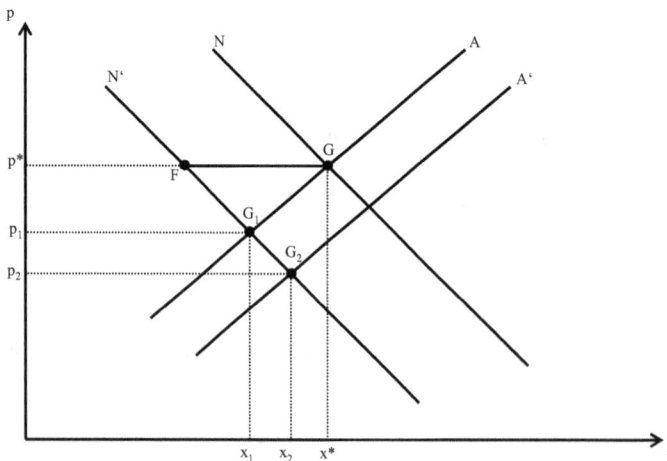

Abb. 2.30: Veränderung des Marktgleichgewichts, Anpassung an Datenänderungen

Märkte reagieren also auf Datenänderungen mit Anpassungen in Richtung auf neue Gleichgewichte. Hierin zeigt sich die Koordinationsleistung von Märkten.

Unklar ist allerdings die **Geschwindigkeit** bzw. Dynamik, mit **der** diese **Anpassung** erfolgt. Die Bedingungen der vollständigen Konkurrenz implizieren streng genommen eine „unendliche Anpassungsgeschwindigkeit". Verlauf und Dauer des Anpassungsprozesses brauchen dann nicht näher untersucht zu werden. Stabilität bedeutet in diesem Zusammenhang, dass nach Änderungen der Marktsituation – also nach Änderungen von Faktoren, für die zunächst die c.p.-Klausel unterstellt wurde – sehr schnell ein neues Gleichgewicht erreicht wird. Während aber an der Börse der Makler dafür sorgt, dass Ungleichgewichte sehr schnell beseitigt werden, dauert es auf Märkten ohne „Vermittler" normalerweise eine gewisse Zeit, bis nach einer Datenänderung ein neuer Gleichgewichtszustand erreicht ist. Es kommt zu zeitraumbezogenen (dynamischen) Anpassungsprozessen. Bei wiederholt auftretenden Datenänderungen werden Marktgleichgewichte nur selten bzw. nur vorübergehend erreicht. Weil Datenänderungen ständig für Verschiebungen von Gleichgewichten sorgen, sind somit Anpassungen im Ungleichgewicht typischer als die Gleichgewichtszustände selbst.

Dennoch wird die Reaktion auf Datenänderungen oft ohne nähere Analyse der dynamischen Anpassungsprozesse im Rahmen eines **Vergleichs von altem und neuem Gleichgewicht** untersucht. Dadurch lässt sich zeigen, welche Wirkung c.p., d.h. wenn alle anderen Einflussgrößen unverändert bleiben, von einer einzelnen Datenänderung ausgeht. Eine solche Analyse wird als **komparativ-statisch** bezeichnet.

Auch die Steigung von Angebots- und Nachfragefunktion hängt im Übrigen von der Zeit ab. Je mehr Zeit für Anpassungen zur Verfügung steht, desto vielfältiger sind meist die Möglichkeiten der Anpassung an geänderte Daten; die Angebots- und Nachfragekurven verlaufen flacher. Steigende Preise führen normalerweise langfristig zu stärkeren Nachfragerückgängen als kurzfristig. Allerdings sind auch andere Verhaltensweisen denkbar: Erhöhen sich beispielsweise die Preise für Zigaretten, kann es sein, dass Raucher kurzfristig versuchen, weniger zu rauchen, langfristig aber zu ihren alten Gewohnheiten zurückkehren.

Kurzfristig reagiert die Kraftstoffnachfrage nur wenig auf steigende Benzinpreise. Viele PKW-Besitzer sind auf ihren Wagen angewiesen und reagieren kurzfristig fast nur über eine verbrauchsärmere Fahrweise. In Abb. 2.31 gilt ausgehend vom alten Preis p_0 die kurzfristige Nachfragefunktion N. Mit zunehmender Anpassungszeit organisieren die Nachfrager aber weitere Anpassungsmöglichkeiten wie z.B. Bildung von Fahrgemeinschaften, Umstieg auf den öffentlichen Personennahverkehr oder auf verbrauchsarme Modelle. Langfristig besteht zugleich für PKW-Hersteller ein Anreiz, die Entwicklung sparsamer Modelle weiter voranzutreiben. Die Benzinnachfrage wird somit bei steigenden Preisen langfristig deutlich stärker sinken als kurzfristig, die langfristige Nachfragekurve N' verläuft – ausgehend vom alten Preis p_0 – tendenziell flacher als die kurzfristige.

Übersicht 2.11: Reaktion der Benzinnachfrage auf einen Benzinpreisanstieg

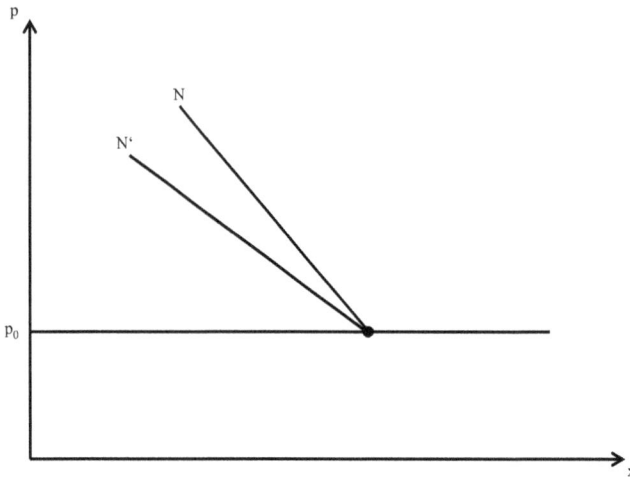

Abb. 2.31: Kurzfristige und langfristige Nachfragekurve

Auch die Angebotsmenge wird langfristig stärker auf Preisänderungen reagieren als kurzfristig. Während die Anbieter kurzfristig auf eine Steigerung des erzielbaren Güterpreises im Wesentlichen innerhalb „vorgegebener" Produktionskapazitäten reagieren, ist mittelfristig mit Investitionen und einer dadurch gestiegenen Angebotsbereitschaft zu rechnen. Steigt etwa der Ölpreis, so wird die Erforschung weiterer Lagerstätten durch Suchbohrungen attraktiver. Die langfristigen Kosten- und Angebotskurven verlaufen also flacher als die entsprechenden kurzfristigen Kurven. Besonders ausgeprägt sind die Angebotsreaktionen auf offenen Märkten mit freiem Zutritt und Austritt. Dies soll im Folgenden näher betrachtet werden.

2.3.2.4   Anpassungsprozesse und langfristiges Gleichgewicht auf dem offenen Markt

Ausgehend von einem Marktgleichgewicht kann die gegebene Kapazität bzw. das Angebot durch Investitionen steigen. Ist der Marktzugang offen, so ist auch denkbar, dass neue Anbieter in den Markt eintreten und das Angebot erhöhen. Umgekehrt führen sinkende Preise mittelfristig dazu, dass einige Anbieter den Markt verlassen müssen. Solche Veränderungen sind häufiger, wenn die Anbieter am Markt unterschiedliche Kostenstrukturen und daher auch unterschiedlich hohe Gewinne aufweisen.

In Abb. 2.32 sind – im linken Teil – die Marktsituation und daneben die Situation zweier Anbieter mit unterschiedlichen Durchschnittskostenkurven DK dargestellt. Die Kosten von Anbieter 1 sind niedriger als die von Anbieter 2. Beim Preis p^* besteht ein Marktgleichgewicht, bei dem der Anbieter 1 als Mengenanpasser die Menge x_1^* ($p=GK_1$) anbietet und Anbieter 2 die Menge x_2^*. Im Gleichgewicht macht Anbieter 1 Gewinn (in der Abb. als schattierte Fläche dargestellt, die durch den Stückgewinn AB und die Menge x_1^* gebildet ist). Anbieter 2 deckt gerade die Kosten, sein Gewinn ist gleich 0. Bei niedrigerem Preis würde er Verluste machen. Anbieter 2 ist **Grenzanbieter**.

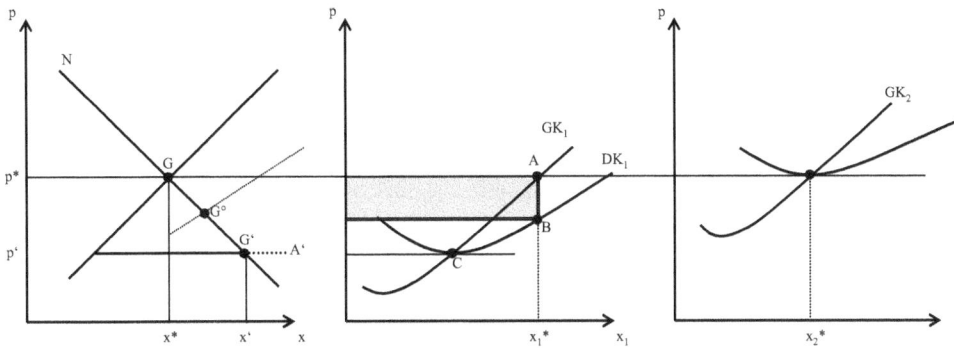

Abb. 2.32: Kurzfristiges und langfristiges Konkurrenzgleichgewicht

Herrscht vollständige Marktübersicht bei offenem Marktzugang, so werden die Gewinne des Anbieters 1 im beschriebenen kurzfristigen Gleichgewicht weitere Anbieter mit ähnlich günstiger Kostenstruktur an den Markt locken bzw. Anbieter 1 zu Investitionen veranlassen. Diese Kapazitätserweiterung verschiebt im linken Diagramm die gesamte Angebotskurve nach rechts (gestrichelte Linie). Bei gegebenem Preis wird mehr angeboten. Es entsteht ein Angebotsüberschuss, woraufhin der Preis unter den vorherigen Gleichgewichtspreis p* fällt.

Diese Preissenkung hat zur Folge, dass Anbieter 2 Verlust macht. Er wird – zumindest mittelfristig – den Markt verlassen oder auf kostengünstigere Produktionstechniken umstellen. Zugleich wird entsprechend der unveränderten Nachfragefunktion eine größere Menge nachgefragt. Ein neues kurzfristiges Gleichgewicht bildet sich z.B. im Punkt G°.

Solange Anbieter mit günstiger Kostenstruktur am Markt Gewinne erzielen, halten Marktzutritte und Kapazitätsausdehnung einerseits und das Ausscheiden von Anbietern mit ungünstiger Kostenstruktur andererseits an. Bei hoher Markttransparenz wird die Anpassung erst dann zum Stillstand kommen, wenn der Preis so weit gefallen ist, dass selbst Anbieter mit der günstigsten Kostenstruktur (fast) keinen Gewinn mehr erzielen. Im Extremfall sind alle Anbieter zu Grenzanbietern geworden. Sämtliche Anbieter mit ungünstiger Kostenstruktur haben dann den Markt verlassen, alle verbleibenden Anbieter weisen eine identische Kostenstruktur auf. Sie produzieren jeweils im Minimum der Durchschnittskosten (vgl. Punkt C im mittleren Diagramm). Die langfristige Angebotskurve A' verläuft dann zumindest bis zur Menge x' horizontal in Höhe dieses Durchschnittskostenminimums. In Abb. 2.32 (links) ist diese Situation durch den Punkt G', den Preis p' und die Menge x' bezeichnet. Punkt G' kennzeichnet ein **langfristiges Gleichgewicht**, bei welchem nicht nur Angebot und Nachfrage übereinstimmen, sondern zugleich kein Anreiz für weitere Marktzutritte bzw. Marktaustritte mehr besteht. Wird unterstellt, dass in den Kosten ein „angemessener" Unternehmerlohn und eine „angemessene" Eigenkapitalrendite enthalten sind, dauert die geschilderte Marktanpassung so lange an, bis die Rendite für das eingesetzte Kapital auf das Niveau einer „Normalrendite" gefallen ist, die auch in anderen Verwendungen des Kapitals erzielbar ist.

Letztlich setzen sich aufgrund von sinkenden Preisen die günstigsten (derzeit bekannten) Kostenstrukturen bzw. Produktionstechnologien durch. Diese Entwicklung bewirkt, dass Technologie- und Kostenstrukturen sich angleichen.

Das langfristige Gleichgewicht G' wird allerdings nur erreicht bzw. bleibt nur stabil, wenn keine weiteren Datenänderungen auftreten. Denkbar ist aber z.B., dass während des Anpassungsprozesses – etwa aufgrund von Einkommenszuwächsen – die Nachfrage steigt. In diesem Fall würde bei steigendem Marktpreis sofort wieder ein Zustrom weiterer Anbieter einsetzen. Das Bekannt werden einer (noch) günstigeren Produktionstechnik würde ebenfalls wieder Gewinne ermöglichen und den geschilderten Anpassungsprozess wieder aufleben lassen. Der Preis würde sich dann noch unterhalb von p' einpendeln.

Im Vergleich zu dem kurzfristigen Gleichgewicht G ist das langfristige Gleichgewicht G' durch einen niedrigeren Preis und eine größere Menge gekennzeichnet. Die am Markt verbliebenen Anbieter erzielen keine Gewinne mehr (bzw. nur noch die „Normalrendite"), sie produzieren zugleich im Minimum ihrer gesamten Durchschnittskosten. (vgl. Punkt C in Abb. 2.32). Bei dem zugrunde liegenden Stand der Technik kann das betrachtete Gut nicht kostengünstiger hergestellt werden. Aus Sicht der Verbraucher kommt es zur günstigsten Versorgung mit diesem Gut. Anbieter, die ihren Gewinn erhöhen möchten, müssten ihre Kosten weiter senken, da sie den Marktpreis nicht beeinflussen können.

2.3.2.5   Vollständige Konkurrenz auf allen Märkten

Die hier beschriebenen Anpassungsprozesse vollziehen sich auf allen Märkten gleichzeitig. Dabei besteht eine Vielzahl von Wechselwirkungen zwischen den einzelnen Teilmärkten, die bisher nicht berücksichtigt wurden. Insofern handelt es sich bei der bisherigen Darstellung um eine **Teil- oder Partialbetrachtung**. Die damit verbundene Vereinfachung ist aber erheblich. Beispielsweise hängt die Wahl des Verkehrsmittels eines Berufspendlers von vielen Einflussgrößen ab. Neben den Preisen für Fahrzeuge, den Benzinpreisen, der Verkehrssicherheit und der Verkehrsdichte wird die Entscheidung auch davon abhängen, wie attraktiv alternative Fahrmöglichkeiten sind. Lässt sich die Fahrt zur Arbeit kostengünstiger organisieren, kann der Pendler mehr Geld für Urlaub, Wohnung oder Freizeitgüter ausgeben, denn alle Konsumgüter „konkurrieren" um die Einkommensverwendung der Haushalte. Insofern werden Anpassungsprozesse auf einzelnen Märkten die Gleichgewichte an anderen Märkten „stören" und auch dort Veränderungen von Angebot und Nachfrage auslösen.

Über den Preismechanismus werden die Anpassungen auf allen Märkten einer Volkswirtschaft simultan gesteuert. Es herrscht **totale Interdependenz**. Erst wenn auf allen Märkten stabile Gleichgewichte erreicht werden, kommen die Anpassungsprozesse zum Stillstand (**totales Gleichgewicht**). Dies ist ein theoretischer Grenzfall. Die Annäherung an ein solches Gleichgewicht kann aber als Verbesserung interpretiert werden. Ein totales Konkurrenzgleichgewicht impliziert nämlich, dass es nicht mehr möglich ist, einen Marktteilnehmer besser zu stellen, ohne zugleich einen anderen schlechter zu stellen, ansonsten lohnte ja eine entsprechende Änderung. Daraufhin kann ein solches Gleichgewicht als bestmögliche Versorgungssituation angesehen werden. In Abschnitt 1.3.4 wurde bereits angesprochen, inwiefern die Preisfunktionen auf statische **Effizienz** hinwirken. Vor dem Hintergrund der beschriebenen Anpassungsprozesse, die bei vollständiger Konkurrenz erfolgen, lässt sich das genauer beschreiben.

Bei offenen Märkten und flexiblen Preisen besteht über Marktzutritte und Marktaustritte ständig die Möglichkeit und der Anreiz, wirtschaftliche Aktivitäten zu verlagern. Anbieter von Gütern suchen die Produktion, die den höchsten Gewinn verspricht. Anbieter der Produktionsfaktoren (z.B. Arbeit und Kapital) streben der Verwendung zu, in der sie die höchsten Einkommen erzielen können. Nach einer in diesem Sinne erfolgreichen Anpassung wird das bei gegebenem Faktorbestand maximal mögliche Produktionsergebnis realisiert. Dabei sind die Kosten der Produktion soweit gesunken, wie der Stand der Technik es zulässt. Bei offenem Marktzugang werden dennoch am Ende alle Anbieter zu Grenzanbietern. In diesem Sinn liegt im langfristigen Konkurrenzgleichgewicht auf allen Märkten **Produktionseffizienz** vor.

Gleichzeitig fragen die Haushalte diejenigen Güter nach, die ihnen den höchsten Nutzen stiften. Lässt sich der Nutzen durch den Kauf eines anderen Güterbündels steigern, werden – dem Rationalitätspostulat folgend – Änderungen vorgenommen. Somit wird sich die Nachfragestruktur auf den Gütermärkten ändern. Erst im totalen Gleichgewicht kann kein Haushalt mehr den Nutzen steigern, indem er das Einkommen anders verwendet. In diesem Sinne ist das totale Gleichgewicht durch **Tauscheffizienz** gekennzeichnet.

Aufgrund dieser Anpassungen ist in einem totalen Konkurrenzmarktgleichgewicht sichergestellt, dass die Produktions- bzw. Angebotsstruktur der Bedürfnisstruktur bzw. den Konsumentenwünschen entspricht (**optimale Produktionsstruktur bzw. optimale Faktorallokation**). Denn Unternehmen können Gewinne nur bei hinreichend stark nachgefragten Gütern bzw. bei hinreichender Zahlungsbereitschaft der Nachfrager erzielen.

Ausgehend von Ungleichgewichtssituationen besteht im Prinzip die Tendenz zu einem totalen Konkurrenzmarktgleichgewicht. Nutzenmaximierende Haushalte und gewinnmaximierende Unternehmen werden bei flexiblen Preisen auf den Güter und Faktormärkten alle lohnenden Umschichtungen bei der Güterwahl bzw. beim Faktoreinsatz vornehmen. Sind also die Bedingungen der vollständigen Konkurrenz auf allen Märkten erfüllt, so nähert sich eine Marktwirtschaft langfristig einem Zustand, der durch Produktions- und Tauscheffizienz und optimale Faktorallokation bzw. optimale Produktionsstruktur gekennzeichnet ist. Die dezentrale Koordination von Angebot und Nachfrage über den Preis (die von A. Smith so genannte „unsichtbare Hand" des Marktes) führt insofern zu vorteilhaften Ergebnissen.

Es ist aber an die einschränkenden Voraussetzungen zu erinnern, unter denen diese Ergebnisse abgeleitet wurden. Sie gelten streng genommen nur für offene Märkte mit vollständiger Konkurrenz und ungehinderten Anpassungsprozessen. Bereits die Änderung einzelner Annahmen führt zu deutlich anderen Marktergebnissen. Ist z.B. der Marktzutritt blockiert, so können die Faktoren nicht mehr uneingeschränkt zur besten Verwendung wandern. Dann werden auch nicht alle Anbieter zu Grenzanbietern. Ferner werden die Bedingungen der vollständigen Konkurrenz durch Innovationen und Investitionen und die damit verbundenen Risiken regelmäßig verletzt. In den folgenden Abschnitten wird dargestellt, wie sich Preise bilden, wenn die Bedingungen der vollständigen Konkurrenz nicht erfüllt sind und welche Marktergebnisse sich dann ergeben.

2.3.3   Preisbildung im Monopol

2.3.3.1   Das Cournot-Modell

Auf vielen Märkten verhalten sich die Anbieter nicht wie Mengenanpasser, sondern können aufgrund hoher Marktanteile den Marktpreis beeinflussen. Sie müssen aber beachten, dass bei höherem Preis die Nachfragemenge zurückgeht. Ihre Preis-Absatzfunktionen, die diesen Preis-Mengen-Zusammenhang widerspiegeln, verlaufen im Preis-Mengen-Diagramm mit negativer Steigung.

Den extremen Fall hoher Marktanteile stellt das Monopol dar. Ein **Monopol** liegt vor, wenn auf einem Markt viele Nachfrager ohne Markteinfluss einem einzigen Anbieter gegenüberstehen und es für die Nachfrager keine Ausweichmöglichkeiten gibt. Im Folgenden wird das Monopol zunächst auf dem vollkommenen Markt untersucht, d.h. es gibt keine Qualitätsunterschiede und somit nur einen Marktpreis für das betrachtete Gut. Wegen der vollkommenen Markttransparenz kennt der Monopolist die Marktnachfrage. Man kann sich z.B. vorstellen, dass er diese Kenntnis durch Marktforschung erreicht hat. Unter diesen Bedingungen kommt es im Monopol zu einem Ergebnis, das erstmals von **A. Cournot** (1838) vorgestellt wurde.

Da der Monopolist keine direkten Konkurrenten hat, kann er – anders als der Polypolist bei vollständiger Konkurrenz – den **Preis setzen**. Aus Sicht des Monopolisten gibt die (im Normalfall negativ geneigte) Marktnachfragefunktion x = f(p) an, welche Mengen er bei alternativen Preisen absetzen könnte, sie entspricht seiner **Preis-Absatzfunktion (PAF)** und ist als p(x) darstellbar.

Der rational handelnde Monopolist wird diejenige Preis-Mengen-Kombination auf der PAF wählen, die seinen Gewinn maximiert. Dazu muss er nach Cournot zunächst die gewinnmaximierende Menge ermitteln und diese anschließend in die PAF einsetzen. Der Monopolist interpretiert die PAF „in umgekehrter Richtung", d.h. als Funktion p = f(x), und sucht den Preis, der seinen Gewinn maximiert. Da Kosten und Erlöse mengenabhängig sind, lässt sich zunächst die **gewinnmaximierende Menge** über die Lösung der folgenden Maximierungsaufgabe ermitteln:

$$G(x) = E(x) - K(x) \to max!$$

Die hierfür notwendige Bedingung lautet:

$$dG/dx = 0$$

Die hinreichende Bedingung, die z.B. bei der Betrachtung eines Monopolisten mit einer S-förmigen Kostenfunktion von Bedeutung ist, wird nicht behandelt. Im hier betrachteten einfachen Fall mit stetigen Kurven liegt die gewinnmaximierende Menge vor, wenn die Bedingung:

$$dE/dx = dK/dx \quad bzw. \quad GE = GK$$

erfüllt ist. Wird die Produktion ausgeweitet, steigen die Erlöse und die Kosten. Solange der Erlöszuwachs den Kostenzuwachs übertrifft, steigt der Gewinn bei einer Angebotsausweitung. Sobald dagegen der Kostenzuwachs den Erlöszuwachs übersteigt, sinkt der Gewinn.

Maximal ist der Gewinn (folglich) genau bei der Menge, bei der die Grenzerlöse den Grenz-kosten genau entsprechen (**Grenzerlös = Grenzkosten-Regel**).

Hier zeigt sich der Unterschied zwischen der Marktstellung eines preisnehmenden Polypol-unternehmens und der eines Monopolisten. Für den Preisnehmer ist der Preis unabhängig von der Angebotsmenge und konstant vorgegeben. Sein Grenzerlös entspricht dem Preis. Für ihn wird die „Grenzerlös = Grenzkosten – Regel" zur „Preis = Grenzkosten – Regel". Im Monopol hingegen variiert der Grenzerlös mit der Absatzmenge, weil eine größere Ange-botsmenge gemäß Preis-Absatzfunktion nur zu einem niedrigeren Preis abgesetzt werden kann. Der Erlös einer zusätzlichen Einheit ist daher niedriger als der Preis dieser Einheit.

Dies lässt sich auch formal zeigen. Durch Multiplikation der Preis-Absatzfunktion mit der Menge erhält der Monopolist die Erlösfunktion:

$E(x) = x \cdot p(x).$

Daraus ergibt sich gemäß Produktregel als Grenzerlös der Ausdruck

$GE = dE/dx = p + x \cdot (dp/dx).$

Wegen $dp/dx < 0$ gilt für den Monopolisten $GE < p$. Die Grenzerlöskurve verläuft somit unterhalb der Preis-Absatzfunktion.

Der **gewinnmaximierende Preis** ist – im zweiten Schritt – so zu wählen, dass die Nachfra-ger genau die gewinnmaximierende Menge kaufen wollen. Dieses Vorgehen wird nun an einem Beispiel und graphisch veranschaulicht.

Gegeben seien die Kostenfunktion: $K = 100 + 10x + 5x^2$
und die lineare PAF: $p = 160 – 10x$.
(für $x = 0$ gilt ein Prohibitivpreis $p = 160$; bei $p = 0$ ergibt sich eine Sättigungsmenge $x = 16$)

Daraus ergeben sich folgende Grenz- und Stückkosten-, Erlös- und Grenzerlösfunktionen:
$GK = 10 + 10x$
$DK = 100/x + 10 + 5x$
$E = x \bullet p = 160x – 10x^2$ und
$GE = dE/dx = 160 – 20x.$
(Bei linearer PAF verläuft die GE-Kurve ausgehend vom gleichen Achsenschnittpunkt mit doppelter negativer Steigung).

1. Schritt: Die gewinnmaximierende Menge x^* ermittelt sich aus der Bedingung $GE = GK$:
$160 – 20x = 10 + 10x \leftrightarrow 150 = 30x \leftrightarrow x^* = 5.$

2. Schritt: Durch Einsetzen von $x^* = 5$ in die PAF findet der Monopolist den gewinnmaximierenden Preis:
$p^* = 160 – 10 \cdot 5 = 110.$

3. Schritt: Der Gewinn (für $x^* = 5$) ermittelt sich als:
$G = E – K: (160 \cdot 5 – 10 \cdot 25) – (100 + 10 \cdot 5 + 5 \cdot 25) = 550 – 275 = 275$

Übersicht 2.12: Zahlenbeispiel zur Gewinnmaximierung im Monopol

Die Abb. 2.33 illustriert die Zusammenhänge. Der obere Teil der Abb. zeigt eine lineare
Preis-Absatzfunktion PAF und die zugehörige lineare Grenzerlöskurve GE. Ausgehend vom
Prohibitivpreis verläuft die Grenzerlösfunktion im Vergleich zur Preis-Absatzfunktion mit
doppelter negativer Steigung. Die Grenzerlöskurve schneidet die x-Achse daher bei der halben Sättigungsmenge. Der Schnittpunkt der Grenzkostenkurve GK und der Grenzerlöskurve
GE bestimmt die gewinnmaximierende Menge x^*. Diese Menge kann gemäß der Preis-
Absatzfunktion zum Preis p^* abgesetzt werden. Graphisch wird dieser Punkt durch „Hochlo-
ten" vom Schnittpunkt GK=GE auf die PAF bestimmt, der zugehörige Preis p^* lässt sich an
der Ordinate ablesen. Der zugehörige **Cournotsche Punkt** C kennzeichnet das Gewinnmaximum des Monopolisten. Die Höhe des Gewinns ergibt sich unter Berücksichtigung der
Durchschnittskostenkurve DK als Fläche. Die Höhe der Fläche bezeichnet den Stückgewinn
(p^*-DK). Die Multiplikation mit x^* (Breite der Fläche) führt zum Gesamtgewinn.

Der untere Teil zeigt (in Geldeinheiten ausgedrückt) die Erlösfunktion E und die Kostenfunktion K. Als „Differenz" dieser Kurven ergibt sich die Gewinnfunktion G. Der maximale
positive Abstand zwischen Erlös- und Kostenfunktion bzw. der „Gipfelpunkt" der Gewinnfunktion liegt bei der Menge, bei der die Steigungen von Erlös- und Kostenfunktion übereinstimmen. Diese Menge x^* ist kleiner als die Umsatz maximierende Menge x'. Der Monopolist verzichtet im also im Gewinnmaximum auf höhere Umsätze.

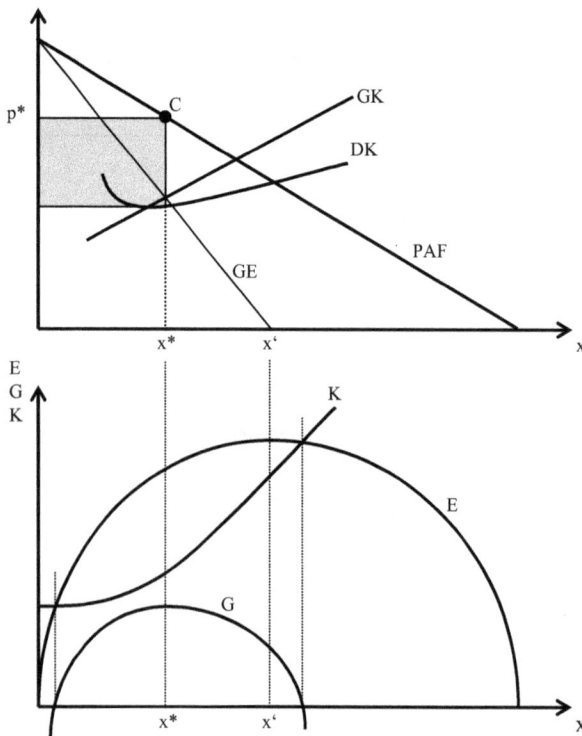

Abb. 2.33: Preisbildung im Monopol

2.3.3.2   Marktergebnisse im Monopol und im homogenen Polypol

Die Marktergebnisse im Monopol lassen sich mit den Marktergebnissen im homogenen Polypol vergleichen, wenn identische Angebots- und Nachfragekurven unterstellt werden.

Angenommen, eine Vielzahl bislang unabhängiger Polypolisten schließt sich zu einem Gemeinschaftsunternehmen zusammen, das dann eine Monopolstellung am Markt innehat. Dieser Zusammenschluss ändert zunächst nichts an der Marktnachfrage. Bewirkt der Zusammenschluss kurzfristig keine Kostenänderung, so bleibt die Angebotskurve A unverändert.

Unter diesen Voraussetzungen illustriert Abb. 2.34 den Vergleich der Marktergebnisse. Dargestellt sind die Marktangebotskurve A, die sich – nach dem Zusammenschluss – als Grenzkostenkurve GK des Gemeinschaftsunternehmens interpretieren lässt, und die aggregierte Marktnachfrage N, die nach dem Zusammenschluss der Preis-Absatzfunktion des Gemeinschaftsunternehmens entspricht. Hieraus leitet sich auch die Grenzerlöskurve GE ab.

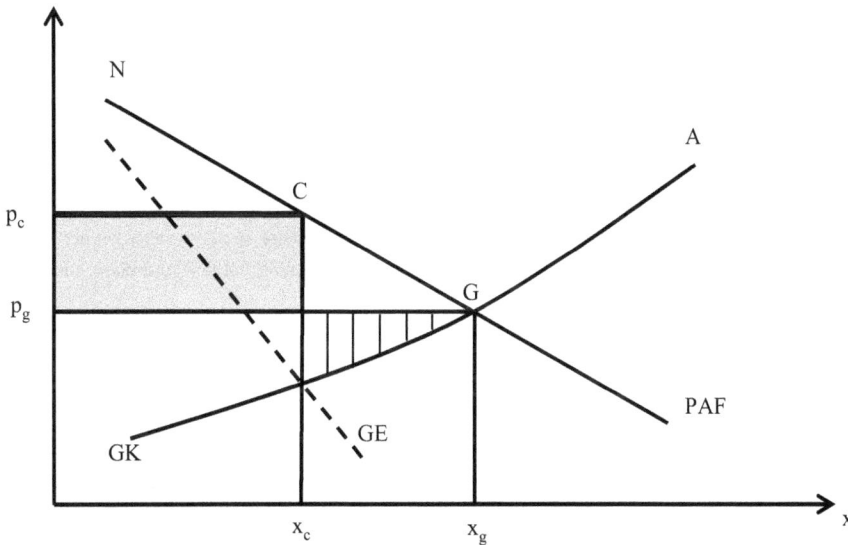

Abb. 2.34: Vergleich der Marktergebnisse im Monopol und Polypol

Vor dem Zusammenschluss kommt es auf diesem Markt zum Gleichgewichtspunkt G. Das Gemeinschaftsunternehmen hat als Monopolist den Anreiz, die Angebotsmenge zu reduzieren, da bei der Menge x_g die Grenzkosten deutlich über den Grenzerlösen liegen. Für einen Monopolisten ist die kleinere Menge x_c gewinnmaximal, es erfolgt eine Preisanhebung von p_g auf p_c. Nach dem Zusammenschluss wird als neuer Gleichgewichtspunkt der Cournotsche Punkt C realisiert.

Das Marktergebnis hat sich aus Sicht der Nachfrager durch den Zusammenschluss verschlechtert, denn die mengenmäßige **Marktversorgung ist im Monopol schlechter als im Polypol** (xc < xg) **und der Preis ist höher** (pc > pg). Die Konsumentenrente ist um die Fläche GCpcpg geringer als zuvor. Aus Verbrauchersicht ist ein Monopol auch deshalb nachteilig, weil der Monopolist keinem Qualitäts-, Service- oder Innovationswettbewerb ausgesetzt ist. Er muss also weder sein Produkt verbessern noch seine Produktionskosten senken. Neben dem höheren Preis dürfte das Marktergebnis im Monopol also auch „leistungsseitig" relativ ungünstig ausfallen.

Aus Anbietersicht kommt es dagegen durch den Zusammenschluss bzw. durch die Preisanhebung zu einer Gewinnsteigerung. Der Gewinn des Monopolisten (bei C) ist höher als die Summe der Gewinne aller Polypolanbieter (bei G). Der Monopolist verzichtet nämlich auf das Angebot der zwischen xc und xg liegenden Mengeneinheiten, bei denen die Grenzkosten höher sind als die Grenzerlöse. Der aufgrund der Angebotsdrosselung entstandene Rückgang der Produzentenrente (senkrecht schraffierte Fläche) ist geringer als die aufgrund der Preisanhebung erzielten Mehrerlöse (schattierte Fläche).

Unterstellt seien jeweils die

Angebots- bzw. Grenzkostenfunktion GK = 10 + 10x und die
Nachfrage- bzw. Preisabsatzfunktion p = 160 – 10x.

Im Polypol ergeben sich dann im Gleichgewicht die Menge x = 7,5 und der Preis p = 85. Der Monopolist wählt hingegen den höheren Preis p = 110 und setzt die geringere Menge x = 5 ab. Bei dem Monopolpreis p = 110 würden die Anbieter im Polypol insgesamt eine Angebotsmenge von x = 10 planen. Diese Menge ist aber bei der gültigen Nachfragefunktion nur zum Preis von p = 60 absetzbar, es käme also zum Überangebot und zu Preissenkungen, bis der markträumende Preis von 85 erreicht ist.

Übersicht 2.13: Zahlenbeispiel zum Vergleich der Marktversorgung im Monopol und Polypol

Die Voraussetzungen für solche Vergleiche sind allerdings sehr restriktiv. Besonders die Annahme, dass die Kostenstrukturen im Polypol und im Monopol übereinstimmen, ist fragwürdig. Oftmals erschließen sich durch einen Zusammenschluss Kostensenkungspotentiale, z.B. wenn größere Produktionsmengen mit sinkenden Stückkosten realisiert werden können. Der Monopolist kann unter Umständen auch kostengünstigere Technologien einsetzen. In diesem Fall verschiebt sich die Grenzkosten- bzw. die Angebotskurve nach unten bzw. nach rechts, es kommt zu niedrigeren Preisen als pc und besserer Marktversorgung als xc.

Das Ausmaß der Abweichung zwischen den Preisen im Monopol und im Polypol hängt – bei gegebenen Kosten – vom Verlauf der Nachfragekurve ab. Je steiler bzw. unelastischer die Nachfragekurve, umso weniger schränken die Nachfrager bei Anhebung des Preises durch den Monopolisten ihre Nachfragemenge ein bzw. umso deutlicher fallen die Preisanhebungen des Monopolisten aus. Je stärker insofern die Marktmacht des Monopolisten ist, umso stärker steigt c.p. dessen Gewinn. Je elastischer umgekehrt die Nachfrage ist, desto ähnlicher sind sich die Preise und Mengen im Monopol und im Polypol, desto geringer also die Marktmacht des Monopolisten.

Sonntagsökonom

Das Gute an den Monopolen
Von Patrick Weiter

25. September 2006 In der Marktwirtschaft ist es manchmal gut, wenn alle das Gleiche tun. Es ist effizient, wenn viele Menschen auf ihren Computern das gleiche Betriebssystem installiert haben, weil sie so leichter Dateien austauschen können. Es ist vorteilhaft, wenn Benutzer von Videorecordern das gleiche System nutzen, weil sie dann leichter Filme tauschen können und in Videotheken ein größeres Angebot vorfinden. Kurzum, es ist sinnvoll, wenn sich Standards entwickeln und durchsetzen.

Für Ökonomen sind Standards Güter, die sich durch Netzwerkexternalitäten auszeichnen. Der erste Käufer eines Faxgerätes steht ziemlich einsam da. Einen Wert erhält das Gerät erst, wenn auch andere Menschen Faxgeräte besitzen und man Faxe hin- und herschicken kann. Je mehr Menschen sich dem Netzwerk anschließen, desto größer ist der Wert des Faxgerätes für jeden einzelnen. Liegen Netzwerkexternalitäten vor, steigt der Nutzen eines Gutes für jeden Anwender mit der Zahl der Menschen, die sich für das Gut entscheiden. Deshalb ist solchen Märkten eine Tendenz zur Monopolisierung eigen. Schädlich müssen solche Monopole nicht sein, denn es ist in diesen Fällen ja sinnvoll, dass viele Menschen das gleiche Produkt oder den gleichen Standard verwenden.

Standards entwickeln Beharrungskraft

Ist ein Standard erst einmal eingeführt, entwickelt er eine enorme Beharrungskraft. Innovative, bessere Standards haben es am Markt dann schwerer, weil für einzelne Nutzer die Kosten eines Wechsels prohibitiv hoch sind. Wenn alle Microsoft Windows als Betriebssystem für ihre Computer verwenden, ist es für niemanden ratsam, als einziger eine andere Software zu verwenden.

Damit sich ein neuer Standard durchsetzt, bedarf es einer kritischen Masse von Nutzern. Märkte mit Netzwerkexternalitäten sind deshalb durch Pfadabhängigkeiten gekennzeichnet: Der erste Standard, der viele Nutzer vereint, kann für sehr lange Zeit das Angebot dominieren. Die Nutzer bleiben in dem Netzwerk, weil die Vorteile, dazuzugehören, überwiegen. So könnte der historische Zufall und nicht die wettbewerbliche Innovation die Entwicklung eines Marktes bestimmen.

Die Fabel von Qwerty

Ökonomen sind für ihr Misstrauen bekannt. Könnte es sein, dass die Marktwirtschaft versagt, weil die Konsumenten in ineffizienten Netzen gefangen sind? In den achtziger Jahren des vergangenen Jahrhunderts war es populär, Pfadabhängigkeiten als Marktversagen zu untersuchen. Als Beispiel musste die Qwerty-Buchstabenbelegung auf Schreibmaschinen herhalten. Mit Q-W-E-R-T-Y beginnt auf den Tastaturen amerikanischer Schreibmaschinen die erste Buchstabenreihe. In Europa müsste es Qwertz heißen, weil hier das Z an der Stelle des amerikanischen Y sitzt.

Der Qwerty-Standard entstand nach Analyse des Ökonomen Paul David aus einer technischen Notwendigkeit heraus. Auf mechanischen Schreibmaschinen sei es sinnvoll gewesen, häufig angeschlagene Buchstaben weit entfernt voneinander anzuordnen, damit die Buchstabentypen sich in der Maschine nicht verhedderten. Diese Schwierigkeiten gibt es auf modernen Computern nicht mehr. Dennoch tippen wir alle noch nach Qwerty. Ist das sinnvoll? Könnten wir mit einer anderen Buchstabenbelegung schneller und mit weniger Fehlern tippen?

In den dreißiger Jahren entwickelte August Dvorak in Amerika eine angeblich bessere Tastaturbelegung, die er sich patentieren ließ. Die Dvorak-Tastatur setzte sich nicht durch, obwohl eine viel zitierte Studie der amerikanischen Navy aus den vierziger Jahren ihre Vorteile bestätigte. Die Kosten des Umstiegs auf das Dvorak-System waren zu hoch, nachdem Qwerty zum Standard geworden war, analysiert David. Freilich wurde die Navy-Studie wahrscheinlich unter Leitung von Dvorak selbst durchgeführt, und andere Studien kamen zum gegenteiligen Schluss. Für viele Ökonomen hält die Geschichte der Qwerty-Tastatur dennoch als Beleg her, dass Netzwerkexternalitäten zu Marktversagen führen.

Betamax gegen VHS

Mancher mag sich auch noch an das Videosystem Betamax von Sony erinnern, das in den achtziger Jahren im Kampf der Standards den VHS-Bändern unterlag. Auch hier wird kolportiert, dass Betamax technisch überlegen war, sich aber gegen das schnell Verbreitung findende VHS-System nicht habe durchsetzen können. Doch auch hier widerlegt die Geschichte die Theorie, wie Stan Liebowitz und Stephen Margolis zeigen. Sony hatte den Startvorteil und war mit Betamax ganze zwei Jahre vor den VHS-Konkurrenten am Markt.

Doch verlor das Unternehmen dann rasant Marktanteile, weil VHS im Gegensatz zu Betamax die Aufzeichnung ganzer Spielfilme am Stück ermöglichte, was die Kunden schätzten. Die Geschichte des Videostandards zeigt damit gerade keine Ineffizienz, im Gegenteil: Trotz Netzwerkexternalitäten setzte sich der Standard durch, den die Verbraucher bevorzugen.

Vereinigte Staaten gegen Microsoft

Bei genauer Betrachtung spricht auch in der Theorie einiges dafür. Solange Standards durch Patentrechte geschützt sind, schöpfen Unternehmen die Vorteile ihrer Verbreitung als Gewinn ab. Im Wettbewerb am Markt werden die Netzwerkexternalitäten internalisiert, wie Ökonomen sagen – und sie bieten den Unternehmen gerade den Anreiz, um die Verbreitung ihrer Standards zu wetteifern. Im Rennen um die Vorherrschaft gilt es, schnell viele Kunden anzuziehen, um dann über die Netzwerkvorteile weitere Kunden zu gewinnen. Deshalb lohnen sich subventionierte Einführungspreise. Den längsten finanziellen Atem in diesem Wettlauf hat dabei üblicherweise das Unternehmen, dessen Standard größeren Nutzen bietet.

Obwohl die Theorie der schädlichen Nebenwirkungen von Netzwerkexternalitäten schwach fundiert ist, hat sie Prominenz gewonnen. Sie war ein Argument der Anklage im Prozess Vereinigte Staaten gegen Microsoft. Das Unternehmen habe wegen der Netzwerkexternalitäten Monopolmacht gewonnen und diese ausgenutzt. Aus Verbrauchersicht ist diese Anklage nicht nachvollziehbar: Microsoft hat mit jeder Version sein Betriebssystem verbessert, neue Funktionen wie den Internet-Explorer eingebaut, und dennoch wurde das Programm billiger. Genau das erwarten Verbraucher von einem Unternehmen im Wettbewerb. Greifen Regierungen hier bestrafend ein, mindern sie den Anreiz für andere Unternehmen, Microsoft die Vorherrschaft streitig zu machen. Das ist Politik-, aber nicht Marktversagen.

Paul David: Clio and the Economics of Qwerty. American Economic Review, Bd. 75, Mai 1985, S. 332–337.

S.J. Liebowitz und Stephen Margolis: The Fable of the Keys. Journal of Law and Economics. Bd. 33, April 1990, S. 1–26.

Quelle: www.faz.net, Abfrage vom 17.03.2009, Text Frankfurter Allgemeine Sonntagszeitung, 24.9.2006, Nr.38, S.36

2.3.3.3   Preisdifferenzierung

Ein Monopolist kann seine Gewinnposition weiter verbessern, wenn die Zahlungsbereitschaft einzelner Nachfrager nach dem Monopolgut unterschiedlich ausgeprägt ist. Er muss dazu den **Absatzmarkt in geeigneter Weise aufteilen** – z.B. indem er auf den Teilmärkten verschiedene Produktvarianten anbietet, für die er dann unterschiedliche Preise verlangen kann. Dies setzt voraus, dass das Produkt mit unterschiedlichem Zusatznutzen verknüpft werden kann (Produkt- und Preisdifferenzierung).

Ein einsam gelegener Waldgasthof bietet für Wanderer weit und breit die einzige Möglichkeit, ihren Durst zu löschen. Nimmt der Wirt, der zunächst seine Getränke zum Einheitspreis anbot, eine Preisdifferenzierung vor, indem er (an einem sonnigen Tag) die Getränke draußen auf der Terrasse teurer verkauft, hat er den Gesamtmarkt aufgeteilt. Nachfrager mit einer hohen Zahlungsbereitschaft genießen das Getränk in der frischen Luft, Nachfrager mit einer geringen Zahlungsbereitschaft nehmen mit dem Raum im stickigen Lokal vorlieb.

Der Vorteile einer solchen Differenzierung sei vereinfacht mit Hilfe der Abb. 2.35 erläutert. In dieser Grafik wird die Nachfrage auf beiden Teilmärkten zur Vereinfachung durch dieselbe Nachfragekurve dargestellt; insofern werden Qualitätsunterschiede vernachlässigt. Die Nachfrager auf dem Teilmarkt 2 sind einfach die mit der höheren Zahlungsbereitschaft. Der Monopolist, der zunächst bei einheitlichem Preis p* den Cournotschen Punkt C realisiert, kann die höhere Zahlungsbereitschaft in Markt 2 (und damit einen Teil der Konsumentenrente) abschöpfen, wenn er die beiden Teilmärkte erfolgreich voneinander isolieren kann. In diesem Fall erzielt der Monopolist einen Zusatzerlös in Höhe der schattierten Fläche. Auf dem Teilmarkt 2 (draußen auf der Terrasse) wird dann die Menge x' zum höheren Preis p' abgesetzt, auf dem Teilmarkt 1 (im Lokal) die Menge x* – x' weiterhin zum Preis p*. Dabei werden eventuell anfallende zusätzliche Kosten etwa für die Marktsegmentierung vernachlässigt.

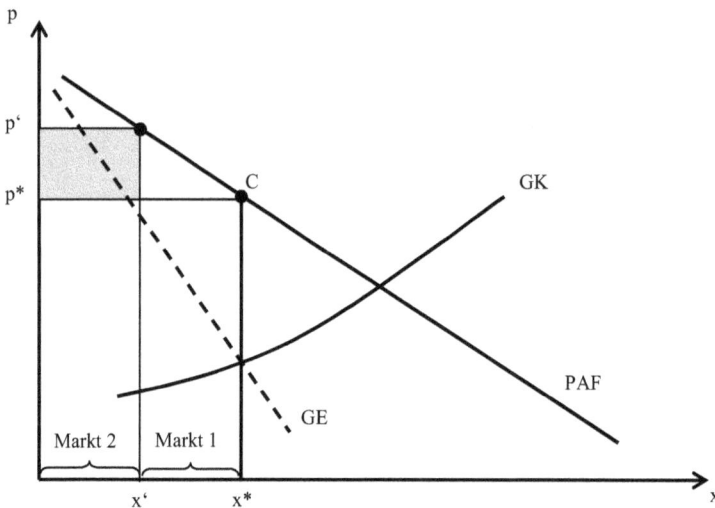

Abb. 2.35: Preisdifferenzierung im Monopol

Preisdifferenzierung ist auch bei homogenen Gütern möglich, wenn nämlich mehrere z.B. räumlich voneinander getrennte Märkte mit jeweils eigener Nachfragekurve vorliegen. Reagieren die Nachfrager unterschiedlich elastisch auf Preisänderungen, so wird ein gewinnmaximierender Monopolist auf Teilmärkten mit hoher Preiselastizität der Nachfrage einen relativ geringen Preis setzen, um dort die Nachfrager nicht zu verlieren. Auf Teilmärkten mit niedriger Preiselastizität der Nachfrage wird er demgegenüber einen höheren Preis setzen und ausnutzen, dass die Nachfrager nicht abwandern können oder wollen. Eine Trennung von Märkten in Teilmärkte liegt auch vor, wenn Gebrauchsgüter auf unterschiedlichen Vertriebswegen (Fachhandel oder Kaufhausketten) als Markenartikel des Herstellers zu einem höheren Preis verkauft werden als die baugleichen No-Name-Produkte. Manche Käufer sind aufgrund ihrer geringeren Preiselastizität bereit, für Markenprodukte einen höheren Preis zu zahlen, weil sie z.B. bessere Qualität oder besseren Service vermuten. Ein anderes Beispiel ist die zeitliche Differenzierung. Eintrittspreise – z.B. im Kino oder im Theater – sind in vielen Fällen am Wochenende höher als an Werktagen.

Eine Segmentierung der Märkte ist allerdings stets gefährdet. Wird z.B. bekannt, dass die Markenprodukte und die No-Name-Produkte baugleich sind, wird die Preisdifferenzierung bzw. die Segmentierung von Märkten erschwert. Beim Versuch, Märkte in Inlands- und Auslandsmärkte mit unterschiedlichen Preisen aufzuteilen, kann die Segmentierung durch „graue Importe" unterlaufen werden.

2.3.3.4   Anfechtbarkeit der Monopolstellung

Nicht jeder Alleinanbieter eines bestimmten Gutes hat tatsächlich eine echte Monopolstellung inne. Die Marktstellung eines Monopolisten kann zum einen nachfrageseitig gefährdet sein. Ein vollständiges Monopol liegt nur dann vor, wenn die Nachfrager keine Alternativen zu dem Gut des Monopolisten haben. Je leichter die Nachfrager auf substitutive Güter umsteigen können, desto schwächer ist die Monopolstellung. Beispielsweise ist die Bahn zwar der Alleinanbieter im Schienenverkehr, die Kunden können aber auf private PKW oder Flugzeuge umsteigen. Dies engt den Spielraum dafür ein, den Monopolpreis über die Grenzkosten anzuheben.

Monopolstellungen sind zum anderen oft auch durch potentielle Konkurrenten anfechtbar. Die tatsächliche Marktstellung eines Monopolisten hängt maßgeblich davon ab, wie groß die **Markteintrittshemmnisse** sind, denen sich potentielle Anbieter gegenübersehen. Bei geringen Eintrittshemmnissen locken hohe Preise und Gewinne neue Konkurrenten, mit günstigeren Angeboten in den Markt einzutreten. Versucht der Monopolist in dieser Situation, den Preis auf die gewinnmaximale Höhe anzuheben, verliert er möglicherweise sein Monopol. Auf völlig **bestreitbaren Märkten** muss sich der Anbieter im Extremfall so verhalten, als stünde er in direkter Konkurrenz. Das Marktergebnis ist dabei weitgehend unabhängig davon, ob die potentiellen Konkurrenten den Markt tatsächlich betreten oder nicht.

Beispiel: Die Firma Intel war in den 90er Jahren marktführender Hersteller von Computerchips. Dennoch glaubte Intel, seine Marktstellung nur dann halten zu können, wenn die Leistung der Chips alle $1^1/_2$ Jahre verdoppelt wird, und investierte entsprechend in Forschung und Entwicklung. Ohne potentielle Konkurrenz hätte sich Intel deutlich anders verhalten.

Bei spürbaren Markteintrittshemmnissen ist dagegen die Position potentieller Konkurrenten geschwächt. Derartige Hemmnisse basieren oft auf Kostenvorteilen des etablierten Monopolisten. Mögliche Gründe für derartige Kostenvorteile sind z.B.:

- Mindestbetriebsgrößen bzw. Massenproduktionsvorteile (z.B. in der Stahlindustrie)
- fehlende „Anlaufkosten" (wohingegen hohe Anlaufkosten potentielle New-Comer vom Marktzutritt abhalten)
- eingearbeitetes Personal (Lerneffekte und Erfahrungsvorsprünge),
- bessere Voraussetzungen zur Nutzung neuer Techniken (große F&E-Abteilung),
- günstigerer Zugang zu Rohstoffen (aufgrund von Marktmacht),
- günstigere Finanzierungsbedingungen. Neue Anbieter müssen dagegen ungünstigere Konditionen in Kauf nehmen, wenn Banken und andere Geldgeber das Risiko des Markteintritts für hoch halten,
- kleiner Werbeaufwand, da das Produkt des Herstellers am Markt bekannt ist.

Der Monopolist kann daraufhin androhen, bei Markteintritt von Konkurrenten den Preis so weit zu senken, dass er selbst Gewinne erzielt, die neuen Anbieter aber Verluste machen (**Limit-Pricing-Strategie**). In diesem Fall würde er auf einen Teil seines Monopolgewinns verzichten, um seine Marktmacht zu erhalten. Eventuell muss er seine Drohung aber gar nicht wahr machen, da potentielle Anbieter angesichts dieser Perspektive den Markt gar nicht erst betreten.

2.3.3.5   Das bilaterale Monopol

Monopolistische Marktmacht wird reduziert bzw. teilweise „neutralisiert", wenn sie auf beiden Marktseiten gleichzeitig auftritt. Dies ist der Fall, wenn einem marktmächtigen Anbieter nicht viele kleine Nachfrager, sondern nur wenige große Nachfrager gegenüberstehen. Der Extremfall ist in diesem Zusammenhang das bilaterale Monopol. Dabei stehen sich auf einem Markt genau ein Anbieter und ein Nachfrager gegenüber. Diese sind aufeinander angewiesen, da sie nicht anderweitig verkaufen bzw. kaufen können. Diese Situation liegt z.B. vor, wenn am Arbeitsmarkt der Lohn für Arbeit einer bestimmten Qualität zwischen einer Gewerkschaft und einem Arbeitgeberverband in Tarifverhandlungen ausgehandelt wird. Ein anderes Beispiel könnten nicht exportierbare Rüstungsgüter sein, die nur von einem Unternehmen angeboten werden und nur von Staat nachgefragt werden (dürfen).

Im bilateralen Monopol kommt es im Regelfall zu **Verhandlungslösungen**. Hier lässt sich kein konkretes Marktergebnis, sondern nur eine Bandbreite denkbarer Verhandlungsergebnisse angeben. Für das konkrete Verhandlungsergebnis kommt es entscheidend auf das Kräfteverhältnis und auf das Verhandlungsgeschick der beiden Marktteilnehmer an. Die Verhandlungsposition eines Akteurs wird von seinen finanziellen Reserven (z.B. Streikkasse), von der Qualität der Informationen über die tatsächliche Lage des jeweils anderen (z.B. Kenntnis der Gewinnsituation, realistische Entwicklungsprognosen) und vom Ausmaß der Abhängigkeit vom Marktpartner bestimmt.

Zur Veranschaulichung sei das bilaterale Monopol auf dem Markt für ein Gut betrachtet, das nur in einer einzigen Menge gehandelt werden kann – oder gar nicht.

Ein Beispiel ist die mögliche Lieferung von 50 kg Plutonium durch einen Geheimdienst an einen Staat, der unerkannt Atomwaffen produzieren möchte. Andere Anbieter bzw. Nachfrager existieren in Bezug auf dieses Geschäft nicht.

Der Anbieter möchte das Gut möglichst teuer verkaufen, der Nachfrager möchte es möglichst billig kaufen. Zugleich ist denkbar, dass der Anbieter unterhalb eines bestimmten (kostendeckenden) Mindestpreises nicht bereit ist, das Geschäft abzuschließen. Umgekehrt ist aus Sicht des Nachfragers ein Höchstpreis denkbar, oberhalb dessen er das Geschäft nicht abschließen möchte (Grenze der Zahlungsbereitschaft). Höchst- und Mindestpreis markieren somit die „Eckpunkte" des Möglichkeitsraums der Verhandlungsergebnisse. Als Verhandlungsergebnis kommt a priori jeder Preis zwischen dem Höchstpreis und dem Mindestpreis in Frage (ist der Höchstpreis niedriger als der Mindestpreis, so kommt das Geschäft nicht zustande). Verfügt der Nachfrager über die stärkere Verhandlungsposition, wird das Ergebnis näher beim Mindestpreis liegen, hat der Anbieter die bessere Verhandlungsposition, liegt das Ergebnis vermutlich näher beim Höchstpreis.

Im Extremfall gelingt es dem Anbieter, den Höchstpreis durchzusetzen, d.h. den gesamten Vorteil des Geschäftes auf sich zu vereinigen. Dies lässt sich als **Ausbeutungspunkt** bezeichnen. Der umgekehrte Ausbeutungspunkt liegt beim Mindestpreis vor. Hier profitiert nur der Nachfrager von dem Geschäft.

Es ist allerdings unwahrscheinlich, dass einer der beiden Marktteilnehmer seine Marktstellung ungeschmälert ausspielen kann und somit einer der genannten Ausbeutungspunkte realisiert wird. Wahrscheinlicher ist, dass ein Preis zustande kommt, bei dem beide Partner von dem Geschäft profitieren (win-win-Situation). Dies gilt insbesondere, wenn sich die Akteure im bilateralen Monopol häufiger gegenüberstehen, wie es z.B. bei Tarifverhandlungen der Fall ist. Würde dann ein Akteur einmal den Ausbeutungspunkt realisieren, müsste er damit rechnen, dass die Verhandlungen in der kommenden Periode schwieriger werden, da der andere Akteur einen „Nachholbedarf" anmelden könnte.

2.3.4   Preisbildung im heterogenen Polypol (monopolistische Konkurrenz)

Bisher wurden überwiegend Märkte betrachtet, auf denen homogene Güter gehandelt werden bzw. keine Präferenzen von Nachfragern gegenüber Anbietern auftreten. Häufig gibt es aber solche Präferenzen. Sie können entstehen, wenn

- Anbieter in den Augen der Nachfrager unterschiedliche Produktvarianten anbieten,
- Anbietern durch Werbung der Aufbau einer Stammkundschaft (d.h. eine Kundenbindung) gelingt oder
- die Nachfrager eine geringe Marktübersicht haben, d.h. nur die Angebote weniger Anbieter kennen.

In all diesen Fällen ist der Markt unvollkommen bzw. heterogen, die Anbieter gewinnen gegenüber ihren Stammkunden eine gewisse Marktmacht.

Sind auf einem heterogenen Markt viele Anbieter und Nachfrager mit geringen Marktanteilen präsent, so liegt die Marktform des heterogenen Polypols vor. Trotz der polypolistischen Struktur können Anbieter bei dieser Marktform das reine Preisnehmer- bzw. Mengenanpasserverhalten zumindest teilweise durch ein monopolistisches Preissetzerverhalten ersetzen. Das heterogene Polypol wird daher zuweilen auch als monopolistische Konkurrenz bezeichnet.

Im heterogenen Polypol können einzelne Anbieter aufgrund der unterschiedlich starken **Präferenzbindungen** der Nachfrager für ihre Produktvariante verschiedene Preise setzen. Es entsteht kein einheitlicher Marktpreis. Gutenberg stellt die Situation eines einzelnen Anbieters im heterogenen Polypol durch eine **doppelt geknickte Preis-Absatzfunktion** dar (vgl. Abb. 2.36). Normalerweise verliert der Anbieter einige Kunden, wenn er seinen Preis erhöht, viele Stammkunden nehmen aber innerhalb gewisser Grenzen die Preissteigerung hin, ohne

zur Konkurrenz abzuwandern. Erst bei einem **oberen Grenzpreis** po enden diese Präferenzbindungen. Eine weitere Preisanhebung würde sämtliche verbliebenen Nachfrager zur Konkurrenz abwandern lassen. Der Anbieter würde beim Preis po zum Preisnehmer bzw. Mengenanpasser.

Senkt der Anbieter dagegen den Preis, so gewinnt er (zunächst) nur in begrenztem Maße
Nachfrage hinzu, da Präferenzbindungen an andere Anbieter bestehen bzw. überwunden
werden müssen. Erst wenn sein Preis deutlich unter dem Konkurrenzpreis liegt, verlieren die
Präferenzen der Kunden für die Konkurrenten an Bedeutung und es kommt zu einem Zustrom weiterer Nachfrager. Beim **unteren Grenzpreis** pu kann der betrachtete Anbieter jede
im Bereich seiner Produktionsmöglichkeiten liegende Menge absetzen, er wählt dann die
gewinnmaximierende Menge wie ein Mengenanpasser.

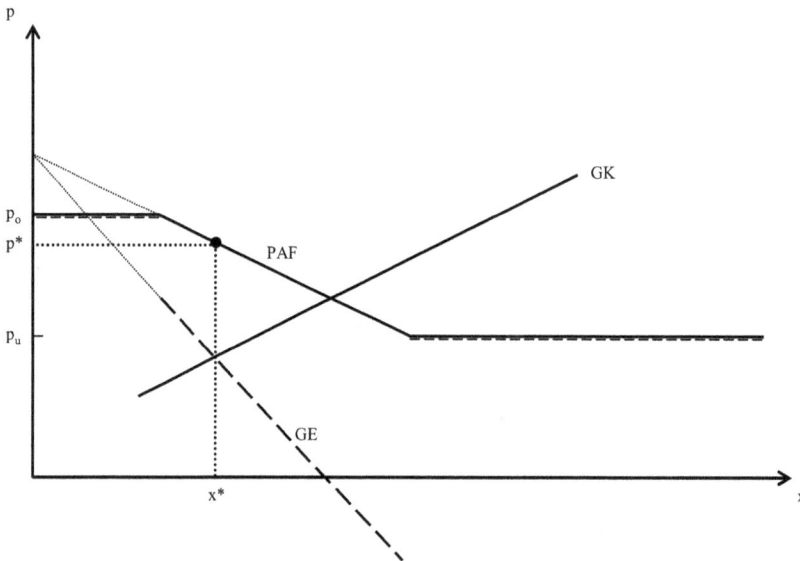

Abb. 2.36: Doppelt geknickte Preis-Absatzfunktion

Im Bereich zwischen oberem und unterem Grenzpreis ist der Anbieter in den Augen der
Stammkunden anderen Anbietern vorzuziehen. Dieser Teil wird **monopolistischer Bereich**
genannt, hier verläuft die Preis-Absatzfunktion mit (typisch) negativer Steigung. Hier kann
der Anbieter wie ein Monopolist nach der Gewinnmaximierungsregel „Grenzerlös gleich
Grenzkosten" agieren, indem er den gewinnmaximierenden Preis setzt. Der Anbieter muss
also den Preis p* setzen, um die Menge x* absetzen zu können. Der Gewinn ergibt sich
durch Multiplikation der Absatzmenge x* mit dem (in der Abb. nicht dargestellten) Stückgewinn, also als Differenz zwischen Preis und gesamten Stückkosten.

Der Verlauf der Grenzerlöskurve stimmt in den waagerechten Bereichen mit der Preis-Absatzfunktion überein. Im negativ geneigten Teil der Preis-Absatzfunktion verläuft die Grenzerlöskurve – wie in Abschnitt 2.3.3 erläutert – unterhalb der Preis-Absatzfunktion. Je nach Lage der Grenzkostenkurve liegt der Schnittpunkt zwischen Grenzerlös- und Grenzkostenkurve im monopolistischen Bereich der Preisabsatzfunktion (vgl. Abb. 2.36) oder im oberen oder unteren waagrechten Bereich.

Der Verlauf der doppelt geknickten Preis-Absatzfunktion ist „gestaltbar". Der Anbieter im heterogenen Polypol kann z.B. versuchen, durch qualitativ hochwertige Produkte und/oder Werbung den monopolistischen Bereich zu vergrößern und/oder die Steigung der Kurve in diesem Bereich zu erhöhen. Je enger die Präferenzbindungen der Nachfrager werden, desto steiler verläuft die Kurve, desto größer wird die Möglichkeit, monopolähnliche Gewinne zu erzielen. Verbessert sich dagegen die Informationslage der Verbraucher über Preise und Qualitäten verschiedener Anbieter, so führt dies tendenziell zu einem flacheren Verlauf der Kurve. Die Kundenbindung und damit die Preissetzungsspielräume des einzelnen Anbieters nehmen ab.

Die in Abb. 2.36 gezeigte Preis-Absatzfunktion stellt die Situation eines einzelnen Anbieters im heterogenen Polypol dar. Unterstellt man, dass es sich dabei um einen „typischen" Anbieter handelt, so lässt sich folgender **Vergleich der Marktergebnisse zwischen homogenem und heterogenem Polypol** ziehen:

Für die Anbieter ist das heterogene Polypol attraktiv. Während sie im homogenen Polypol bei offenem Marktzugang langfristig keinen Gewinn (bzw. nur noch die „Normalrendite") erzielen, sind im heterogenen Polypol durchaus Gewinne möglich, die den Unternehmerlohn unter Konkurrenzbedingungen übersteigen. Die erzielbaren Preise sind dabei umso höher, je besser es den Anbietern gelingt, ihre Marktstellung bei den Stammkunden auszunutzen.

Die Nachfrager profitieren im homogenen Polypol von niedrigen Preisen und einer mengenmäßig guten Marktversorgung, haben dafür aber keine Auswahlmöglichkeiten zwischen verschiedenen Produktvarianten. Im heterogenen Polypol ist demgegenüber die Auswahl größer. Die Nachfrager können zwischen verschiedenen Produktqualitäten wählen. Die Marktform des heterogenen Polypols ist auch offen für neue Produktvarianten. Unter Umständen ist die Produktwahl allerdings mit einem höheren Informationsaufwand verbunden, denn die Markttransparenz ist im heterogenen Polypol niedriger als im homogenen Polypol.

2.3.5 Verhalten und Preisbildung im Oligopol

Auf Oligopolmärkten stehen sich viele Nachfrager und wenige Anbieter mit relativ hohen Marktanteilen gegenüber. Aufgrund der hohen Marktanteile hat einerseits jeder einzelne Anbieter Markteinfluss, kann also seine Preise setzen. Andererseits nehmen die Konkurrenten jede Maßnahme (auf dem vollkommenen Markt sogar unverzögert) wahr, weil Maßnahmen der Konkurrenten sich auf ihre eigene Absatzsituation auswirken. Die wenigen Anbieter stehen demnach in hoher Reaktionsverbundenheit: Preisänderungen oder Qualitätsverbesserungen, die ein einzelner Anbieters vornimmt, wirken sich auf die Absatzsituation aller anderen Oligopolisten aus. Die Konkurrenten spüren diese Aktionen und stehen vor der Frage, wie sie darauf reagieren sollen (**oligopolistische Interdependenz**).

Im Oligopol ist eine **Vielzahl von Verhaltensweisen** denkbar. Die Mitanbieter können bei einer Preisänderung z.B. ebenfalls den Preis oder einen anderen Aktionsparameter (auf unvollkommenen Märkten etwa die Qualität) ändern oder gar nicht reagieren. Auch der agierende Anbieter hat mehrere Möglichkeiten. Nimmt er an, dass die Mitanbieter auf seine Aktionen nicht reagieren, vernachlässigt er also bei seinen Handlungen die oligopolistische Interdependenz, so verhält er sich **autonom**. Wahrscheinlicher ist ein **heteronom**es Verhalten. Demnach berücksichtigen Oligopolisten die möglichen Reaktionen der Mitanbieter auf ihre Aktionen. Ein Oligopolist, der durch eine Preissenkung seinen Marktanteil erhöhen will, wird z.B. abzuschätzen versuchen, inwieweit der Erfolg dieser Aktion dadurch geschmälert wird, dass die Konkurrenten ihrerseits mit Preissenkungen nachziehen.

Im Folgenden werden nur einige „markante" Fälle angesprochen. Dabei wird zunächst von homogenen Gütern ausgegangen. Dann wird der Wettbewerb nur über den Preis ausgetragen (**homogenes Oligopol**, z.B. auf Edelmetallmärkten). Bei vollständiger Markttransparenz bildet sich in diesem Fall ein einheitlicher Marktpreis. Betrachtet sei zunächst der Fall eines Oligopols mit nur zwei Anbietern, in dem sich beide Anbieter autonom verhalten (**Cournotsches Dyopol**). Jeder Anbieter akzeptiert die Marktstellung seines Konkurrenten und richtet sich auf dem verbleibenden „Restmarkt" als Monopolist ein. Beide Anbieter setzen den Preis, der den auf dem jeweiligen Teilmarkt erzielbaren Gewinn maximiert. Zu einem Kampf um Marktanteile kommt es nicht.

Dieser Marktprozess sei nun für den einfachen Fall untersucht, dass die beiden Anbieter symmetrisch sind, eine lineare Preis-Absatzfunktion vorliegt, die Grenzkosten des Angebots gleich 0 sind und dass jeder Anbieter von einer bestimmten Angebotsmenge des Konkurrenten ausgeht und seinen Gewinn auf dem Restmarkt maximieren will. Nimmt jeder gewinnmaximierende Dyopolist an, dass der Konkurrent nichts anbietet, betrachtet er die Marktnachfragefunktion als seine Preis-Absatzfunktion. Nach der Regel Grenzerlös gleich Grenzkosten bietet er wegen $E' = 0$ die Hälfte der Sättigungsmenge an. Nimmt dagegen jeder Dyopolist an, dass der andere die Sättigungsmenge anbietet, bietet er nichts an, weil er den Markt als vollständig vom Konkurrenten bedient ansieht. In beiden Fällen wäre aber die Marktstellung des Konkurrenten falsch eingeschätzt. Bei einer zutreffenden (und auch mit der Symmetrieannahme kompatiblen) Einschätzung des Konkurrenzangebotes muss das Angebot beider Dyopolisten zwischen 0 und der halben Sättigungsmenge liegen. In der von Cournot für den Symmetriefall hergeleiteten Dyopollösung teilen sich die beiden autonom handelnden Anbieter sich den Markt und bieten jeweils ein Drittel der Sättigungsmenge, zusammen also zwei Drittel der Sättigungsmenge an.

Wechselt ein Anbieter zu heteronomem Verhalten, so liegt ein **asymmetrisches Dyopol nach von Stackelberg** vor. Der aktive Anbieter versucht, seinen Gewinn unter Berücksichtigung der Reaktion des Konkurrenten zu steigern. Beispielsweise könnte ein durch Preissenkung erzielter Marktanteilszuwachs gewinnsteigernd wirken. Der weiterhin autonom agierende Anbieter wird dagegen seine Position verschlechtern, wenn er die verbesserte Marktstellung seines Konkurrenten akzeptiert und sich auf dem verkleinerten „Restmarkt" einrichtet.

Asymmetrische Verhaltensweisen sind vor allem denkbar, wenn die Anbieter unterschiedlich groß bzw. marktmächtig sind. Ein Beispiel ist die informelle **Preisführerschaft**. Marktmächtige, heteronom agierende Anbieter setzen ihre Preise fest. Dabei erwarten sie, dass die passiven bzw. autonom handelnden Anbieter dieser Setzung folgen. Die Preisführerschaft kann aber auch bei einem kleineren, aber als besonders sachkundig geltenden Anbieter liegen, nach dessen Preisen sich die anderen Anbieter wie nach einem Barometer richten (barometrische Preisführerschaft). Bei funktionierender Preisführerschaft kommt es zu einem parallelen Preisverhalten. Der Preiswettbewerb ist dann weitgehend ausgeschaltet.

Die Beobachtung, dass die Preise im Oligopol oft nur in eingeschränktem Maße beweglich sind, lässt sich allerdings auch mit der Annahme begründen, dass Oligopolisten bei Preiserhöhungen anders reagieren als bei Preissenkungen (**asymmetrisches Reaktionsverhalten**). Wenn Oligopolisten in erster Linie daran interessiert sind, keine Marktanteile zu verlieren, werden sie bei Preissenkungen der Konkurrenten ebenfalls ihre Preise senken; setzen die Konkurrenten ihre Preise herauf, werden sie ihre Preise beibehalten, um Kunden zu gewinnen. Die Konsequenzen dieser Annahme veranschaulichte **Paul Sweezy** im Modell der einfach geknickten Preis-Absatzfunktion. In Abb. 2.3.9 bezeichne Punkt Q (bzw. die Preis-Mengenkombination p^* und x^*) die Situation eines Anbieters, der von seinen Konkurrenten glaubt, dass sie sich derartig asymmetrisch verhalten. Hebt er den Preis über p^* an und lassen die Konkurrenten ihre Preise unverändert, so wird sein Absatz stark zurückgehen. Die oberhalb von Q relevante Preis-Absatzfunktion bei konstanten Preisen der Konkurrenz verläuft relativ flach. Der negative Mengeneffekt der Preisanhebung wird den positiven Preiseffekt wahrscheinlich übertreffen, eine Umsatzsteigerung ist unwahrscheinlich. Aus Sicht des Anbieters erscheint die Preisanhebung somit unattraktiv. Senkt andererseits der Anbieter den Preis unter p^* ab und reduzieren die Konkurrenten ebenfalls den Preis, so wird der erzielbare Mehrabsatz nur gering ausfallen. Die unterhalb von Q zutreffende Preis-Absatzfunktion bei parallelem Preisverhalten verläuft relativ steil. Der positive Mengeneffekt der Preissenkung reicht vermutlich nicht aus, um den negativen Preiseffekt zu kompensieren; auch hier dürfte der Umsatz zurückgehen. Auch eine Preissenkung erscheint also unattraktiv. In diesem Fall ist es plausibel und wahrscheinlich, dass Oligopolisten ihren Preis beibehalten. Kalkulieren alle Anbieter in entsprechender Weise, so tendiert der Markt zur Preisstarrheit.

Diese Preisstarrheit kann selbst dann fortdauern, wenn sich – z.B. durch technischen Fortschritt – die Kostenstruktur des betrachteten Anbieters verbessert. Da die (als durchgezogene Linie gezeichnete) relevante Preis-Absatzfunktion in Q eine „Knickstelle" hat, weist die – in beiden Teilstücken mit doppelter negativer Steigung verlaufende – Grenzerlöskurve an der entsprechenden Stelle eine Sprungstelle auf (vgl. Abb. 2.37). Gilt in der Ausgangssituation die Grenzkostenkurve GK_1, so ist zwar das Optimalkriterium Grenzerlös = Grenzkosten nicht erfüllt. Der Vergleich von Grenzkosten und Grenzerlös abseits der Menge x^* zeigt aber, dass ausgehend von größeren oder kleineren Angebotsmengen der Übergang zu x^* stets gewinnsteigernd ist. Verlagert sich nun die Grenzkostenkurve nach einem technischen Fortschritt nach GK_2, so bleibt dennoch die Menge x^* optimal und damit auch der vorher gültige Preis p^*.

p

GK₁

p*   Q

GK₂

GE

PAF

x*   x

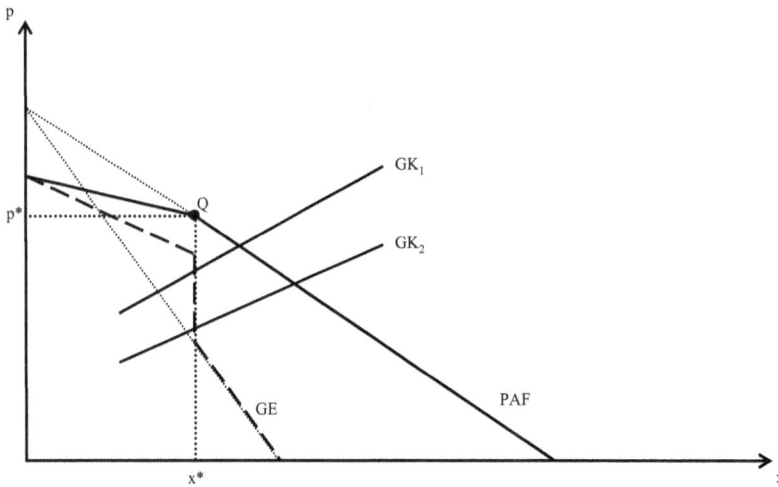

Abb. 2.37: Einfach geknickte Preis-Absatzfunktion

Diese – streng genommen nur für einen einzelnen Anbieter geltende – Partialbetrachtung lässt sich als Erklärung dafür deuten, dass die Preise auf Oligopolmärkten oft weniger flexibel sind als auf Märkten mit (annähernd) vollständiger Konkurrenz (z.B. Börsen). Wie Oligopolisten allerdings auf Kostenänderungen reagieren, die alle Anbieter gleichzeitig betreffen (z.B. eine allgemeine Erhöhung der Energiesteuern), lässt sich aus diesem Modell nicht ablesen.

Die Marktform des Oligopols ist insgesamt eine sehr weit verbreitet. Die meisten Märkte in modernen Industriegesellschaften sind – in der einen oder anderen Weise – oligopolistisch strukturiert. Das Oligopol ist somit von hoher praktischer Bedeutung. Es ist auf der anderen Seite aber einer modellhaften Beschreibung weniger zugänglich als etwa das Polypol oder das Monopol.

Wegen der hohen Reaktionsverbundenheit und der daher nahe liegenden Preisstarrheit kommt es häufig dazu, dass Anbieter versuchen, dem intensiven Preiswettbewerb auszuweichen, indem sie Produktvarianten anbieten. Im **heterogenen Oligopol**, d.h. auf Märkten mit heterogenen bzw. qualitativ differierenden Gütern (z.B. auf dem Markt für PKW) ist die Markttransparenz geringer. Hier kann es zu unterschiedlichen Preisen kommen. Neben dem Preiswettbewerb herrscht auch Qualitäts-, Service- und/oder Innovationswettbewerb. Dieser Wettbewerb ist im Allgemeinen sogar „schärfer" als der Preiswettbewerb. Es ergeben sich Preissetzungsspielräume, die zwar den Konsumenten „benachteiligen", andererseits aber größere Wahlmöglichkeiten eröffnen.

Ein Softwareanbieter kann die konkurrierenden Anbieter herkömmlicher Software durch Einführung einer neuen leistungsstärkeren Software im Regelfall wirkungsvoller attackieren als durch reine Preissenkung bei herkömmlicher Software.

2.3.6   Kooperatives Verhalten: Absprachen und Kartelle

Wenn der Wettbewerb sehr intensiv ist, kann es aus Sicht der Anbieter attraktiv sein, sich dem Wettbewerbsdruck durch kooperatives Verhalten ganz oder teilweise zu entziehen. Dies ist im Oligopol leichter als im Polypol, weil Absprachen zwischen nur wenigen Anbietern vergleichsweise einfach zu organisieren sind. Durch kooperatives Verhalten verschlechtert sich im Regelfall das Marktergebnis zu Lasten der Nachfrager.

Kooperationen sind in unterschiedlicher Form möglich. Absprachen können z.B. durch formlose Übereinkunft („gentlemen's agreement") erfolgen oder durch einen formellen Kartellvertrag zwischen rechtlich selbständigen Unternehmen. Für das Marktergebnis ist es aber zweitrangig, in welcher Form die Absprachen getroffen werden. Im Folgenden werden die Vorteile von Absprachen für Oligopolanbieter, aber auch ihre Instabilität beispielhaft am Fall des **Kartells** dargestellt. Unterstellt ist zur Vereinfachung, dass das betrachtet Gut homogen ist und dass auf der Angebotsseite des betrachteten Marktes n Anbieter mit gleichen Kosten und mit einem Marktanteil von jeweils 1/n agieren (Symmetrieannahme), die individuell als Mengenanpasser agieren.

Abb. 2.38 zeigt den Markt, auf dem zunächst der Gleichgewichtspunkt G bzw. die gleichgewichtige Preis-Mengenkombination p* und x* gilt. Gelänge dem Kartell eine Preisanhebung auf p' bzw. Reduktion der Angebotsmenge auf x', so entstünde – da die eingesparten Grenzkosten größer wären als die entgangenen Grenzerlöse – für die „Anbietergemeinschaft" ein Zusatzgewinn in Höhe der markierten Dreiecksfläche. Dies entspräche der Monopollösung bzw. dem Fall, dass sich die Anbieter zu einem Monopolunternehmen zusammenschließen.

Der höhere Preis lässt sich allerdings nur halten, wenn alle Anbieter zusammen nicht über die zu diesem Preis absetzbare Angebotsmenge x' hinaus produzieren. Die Preisabsprache macht also auch eine Mengen- bzw. Quotenabsprache erforderlich. Um den „gemeinsamen Monopolpunkt" C zu realisieren, müssen die Quoten so festgelegt werden, dass die Angebotsmengen in der Summe unterhalb der zuvor realisierten Gesamtangebotsmenge x* liegen. Bei symmetrischer Behandlung muss zu diesem Zweck jeder einzelne Anbieter die individuelle Angebotsmenge um den gleichen Prozentsatz drosseln, alle Anbieter produzieren also unterhalb ihrer Kapazitätsgrenze.

Die Situation eines einzelnen Anbieters i sei unter der Annahme untersucht, dass n Anbieter jeweils einen Marktanteil von 1/n und identische Kostenstrukturen haben. Dann geht die individuelle Angebotsmenge in Folge der Kartellabsprache von x_i* (=x*/n) auf x_i' (=x'/n) zurück, die der Anbieter allerdings zu dem höheren Kartellpreis p' absetzen kann. Der Gewinn von Anbieter i steigt um (1/n)-tel des gesamten Zusatzgewinns der Anbietergemeinschaft. Im dargestellten Symmetriefall sind somit die Kartellabsprache und die Drosselung der Absatzmenge auch für jeden einzelnen Anbieter von Vorteil.

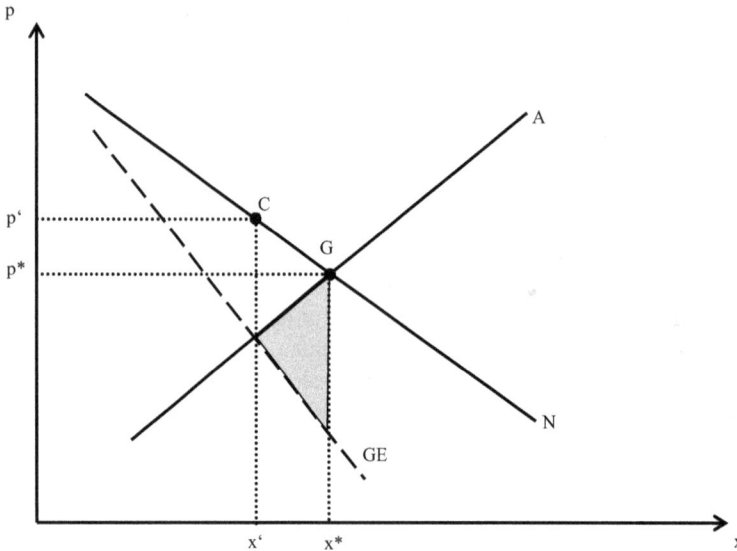

Abb. 2.38: Mögliche Preisbildung bei Vorliegen eines Kartells

Die Vorteile derartiger Absprachen sind allerdings nur unter Inkaufnahme von Verhand-
lungskosten zu erreichen. **Enge Oligopole** mit wenigen Großanbietern sind daher „anfälli-
ger" für Absprachen als weite Oligopole mit einer größeren Zahl von Anbietern, da weniger
Beteiligte „an einen Tisch" gebracht werden müssen. Nicht immer kommen derartige Absprachen zustande.

Kartelle sind zudem oft instabil. Meist ist es für die Anbieter schwieriger als im dargestellten
Symmetriefall, sich darüber zu einigen, wer in welchem Umfang seine Angebotsmenge reduzieren muss. Werden etwa die individuellen Anteile an der Gesamtangebotsmenge auf
Basis eines Kapazitätsmaßes festgelegt, so besteht für einzelne Anbieter ein Anreiz, im Vorfeld das Anrecht auf eine höhere Quote zu gewinnen, indem sie ihre Kapazitäten erhöhen.
Daraufhin droht der Aufbau einer Überkapazität, die wiederum die Absatzreduktion und
damit den hohen Kartellpreis gefährdet.

Es gibt weitere **Hemmnisse für die Stabilität von Kartellen**, die zur Folge haben, dass
nicht alle im Prinzip lohnenden Absprachen tatsächlich dauerhaft realisiert werden:

▪ Die vorteilhafte **Außenseiterposition**: Anbieter i kann – entgegen der Absprache – die
eigene Menge über xi' hinaus ausdehnen. Ist diese Mengenausdehnung so klein, dass die
Gesamtangebotsmenge nicht spürbar erhöht und somit der Kartellpreis p' nicht gefährdet
wird, und wahren die anderen Anbieter die „Mengendisziplin", so kann Anbieter i als
„Außenseiter" dadurch einen individuellen Gewinnzuwachs realisieren. Dieser Anreiz
zur Einnahme der Außenseiterposition besteht für jedes Kartellmitglied. Besonders
wenn einige Anbieter bereits die Außenseiterposition eingenommen haben, ist es
schwierig, die Gesamtmenge von x* auf x' zu reduzieren und den hohen Kartellpreises p'

zu „verteidigen". Die langwierigen Verhandlungen innerhalb des OPEC-Kartells zur Verteidigung eines hohen Rohölpreises und die geringe Kartelldisziplin einiger OPEC-Mitglieder illustrieren dieses Problem.

▫ Mit einem von p* auf p' steigenden Preis werden eventuell bestehende Markteintritts-hemmnisse geringer, es wird wahrscheinlicher, dass **neue Anbieter** in den Markt eintre-ten. Solche Marktzutritte vergrößern das Gesamtangebot und „drücken" auf den hohen Kartellpreis p'. Erneut kann die OPEC als Beispiel dienen. Die vergleichsweise hohen Kosten der Förderung des Nordseeöls hatten für Großbritannien einen Marktzutritt zu-nächst nicht lukrativ erscheinen lassen. Erst nach Anhebung der Rohölpreise lohnte es sich für Großbritannien, auch als Anbieter von Rohöl aufzutreten. Der hohe Kartellpreis lässt sich in dieser Situation nur verteidigen, wenn die Kartellmitglieder ihr Angebot er-neut reduzieren. Das Kartell kann auch den Preis so weit senken, dass er zwar noch über p*, aber unterhalb der für die „Neuanbieter" möglicherweise geltenden Preisuntergrenze liegt (**Limit-Pricing-Strategie**). Schließlich kann das Kartell versuchen, neue Anbieter zu einem Beitritt zum Kartell zu bewegen. Alle genannten Strategien können die „Le-bensdauer" eines Kartells verlängern, sind aber – aus Sicht der etablierten Kartellmit-glieder – jeweils mit einem Verlust an Kartellgewinnen verbunden.

▫ Weisen einzelne Kartellmitglieder **unterschiedliche Kosten- oder Erlösstrukturen** auf, ist es schwierig, sich auf einen einheitlichen Kartellpreis zu einigen. Kartellanbieter mit ungünstigen Kostenstrukturen werden für einen hohen, Kartellanbieter mit günstigen Kostenstrukturen dagegen für einen niedrigen Kartellpreis plädieren. In den OPEC-Verhandlungen hat sich Saudi-Arabien als Land mit besonders niedrigen Förderkosten meist für „gemäßigte" Rohölpreise ausgesprochen, während z.B. die Golfstaaten oft hö-here Preise anstrebten. Instabil sind Kartellabsprachen auch dann, wenn der insgesamt anfallende (Zusatz-)Gewinn sich sehr ungleichmäßig auf einzelne Kartellmitglieder ver-teilt. Besonders die Verhandlungen über Quotenzuteilungen werden durch Unterschiede in der wirtschaftlichen Ausgangslage erschwert. Die – an sich wirtschaftlich vernünftige – Lösung, dass Anbieter mit günstigen Kostenstrukturen relativ große Quoten zugeteilt bekommen, lässt sich oft nicht durchsetzen. In der OPEC hat vielfach gerade Saudi-Arabien durch Reduktion seiner Fördermenge geholfen, den Rohölpreis zu stabilisieren.

▫ **Produktdifferenzierung**: die Anbieter können z.B. über die Variation der Produktquali-tät oder durch andere absatzpolitische Maßnahmen versuchen, spezielle Präferenzbin-dungen der Nachfrager aufzubauen und so ihren Marktanteil zu vergrößern. Rohstoffkar-telle sind noch relativ leicht zu stabilisieren. Je heterogener aber ein Produkt ist, umso schwieriger wird es, ein Kartell zu bilden und zu stabilisieren.

▫ Auch **technischer Fortschritt** kann durch neue Produkte und Produktqualitäten oder in Form neuer Verfahren bestehende Unterschiede zwischen Anbietern erhöhen und er-schwert damit die Bildung und die Stabilisierung von Kartellen.

2.3.7   Dynamische Aspekte

Märkte sind selten im Gleichgewicht, weil die Verhaltensweisen von Anbietern und Nach-fragern sich immer wieder ändern, ehe die Anpassungsprozesse zu neuen Gleichgewichten abgeschlossen wurden. Daher ist es interessant, auch die zeitliche Entwicklung von Märkten zu untersuchen. Entwicklungen im Zeitablauf erfordern dynamische Modelle, in denen die betrachteten Größen sich auf unterschiedliche Zeitpunkte beziehen. Im Folgenden werden zwei einfache dynamische Modelle dargestellt.

2.3.7.1   Verzögerte Angebotsanpassung: das Cobweb-Modell

Wenn die Produktion von Gütern eine gewisse Zeit dauert, können Anbieter auf Datenänderungen nicht unendlich schnell reagieren.

Wein muss gelagert werden, bevor er angeboten werden kann. Mastrinder oder -schweine müssen eine gewisse Zeit angefüttert werden. Studenten haben eine mehrjährige Ausbildung zu durchlaufen, bevor sie als qualifizierte Arbeitsanbieter am Arbeitsmarkt auftreten können.

Die Anbieter müssen in diesem Fall die Entscheidung über die Angebotsmenge treffen, bevor sie den am Markt erzielbaren Preis kennen. Man kann sich vorstellen, dass die Anbieter in diesen Fällen die angebotene Menge am Preis der Vorperiode orientieren. Wenn die Anbieter keine Lagerhaltung betreiben können (etwa weil es sich um ein verderbliches Gut handelt), sind sie darauf angewiesen, die geplanten Mengen auch direkt abzusetzen. Einmal getroffene Angebotsentscheidungen lassen sich im Lichte von Datenänderungen kurzfristig nicht revidieren. Es kommt daraufhin zu unvollständiger bzw. **verzögerter Angebotsanpassung**.

Sind z.B. die im laufenden Jahr erzielbaren Preise für Schlachtrinder hoch, so ist denkbar, dass sich die Landwirte entschließen, viele Rinder zu mästen. Im kommenden Jahr ist daraufhin das Angebot an Schlachtrindern besonders reichlich.

Die Analyse der Preisbildung bei verzögerter Angebotsanpassung erfasst mehrere Perioden, es handelt sich somit um eine **dynamische Analyse**. Im Folgenden wird eine solche Analyse zunächst für den Fall durchgeführt, dass das Gut nicht lagerbar ist. Dies trifft auf viele landwirtschaftliche Produkte zu. Da es unter Umständen aber teuer ist, Produkte zu lagern, können die nachfolgenden Überlegungen teilweise auch für nicht verderbliche Ware zutreffen.

Im linken Teil der Abb. 2.39 zeigt der Punkt G den Gleichgewichtszustand auf einem Markt für Schlachtrinder mit dem beschriebenen Angebotsverhalten. Die Anbieter planen auf Basis des Preises p_0 eine Menge x_1 für die kommende Periode. Normalerweise ließe sich diese Menge nach erfolgreicher Anfütterung der Rinder in Periode 1 erneut zum Preis p_0 absetzen. Kommt es in der Zwischenzeit – z.B. aufgrund neuer Erkenntnisse über Gesundheitsrisiken, die mit dem Verzehr von Rindfleisch verbunden sind – zu einem Rückgang der Nachfrage (d.h. zu einer Verschiebung der Nachfragekurve von N nach N'), so drückt das nicht lagerbare Angebot x_1 auf einen geschrumpften Markt. Kurzfristig ist die senkrechte Linie über x_1 die (völlig unelastische) Angebotskurve. Die Menge x_1 lässt sich statt zum Preis p_0 nur zu dem deutlich niedrigeren Preis p_1 absetzen. Die Landwirte planen das Angebot für die folgende Periode 2 auf der Basis des niedrigen Preises p_1. Gemäß der langfristigen Angebotsfunktion A ist das die Menge x_2. In der Periode 2 kommt es wieder zu einer Überraschung. Das niedrige Angebot x_2 wird von den Nachfragern gemäß Nachfragekurve N' zum unerwartet hohen Preis p_2 abgenommen. Wenn die Landwirte aus diesen Erfahrungen nichts lernen und ihre Angebotsplanung weiterhin am Preis der Vorperiode orientieren, setzt sich dieses Wechsel-

spiel von Angebotsüberschüssen und -defiziten in der Folgezeit fort. Die Anpassungsvorgänge ergeben dann zeichnerisch das Bild eines **Spinngewebes** (englisch: **cobweb**). Im dargestellten Fall konvergiert die Entwicklung, die Anpassungsvorgänge führen letztlich zu einem
neuen Gleichgewicht G' (Preis-Mengen-Kombination p'/x'), es herrscht **dynamische Stabilität**. Bei vollständiger Konkurrenz wäre G' sofort nach Bekannt werden der Gesundheitsrisiken (d.h. ohne verzögerte Angebotsanpassung) erreicht worden.

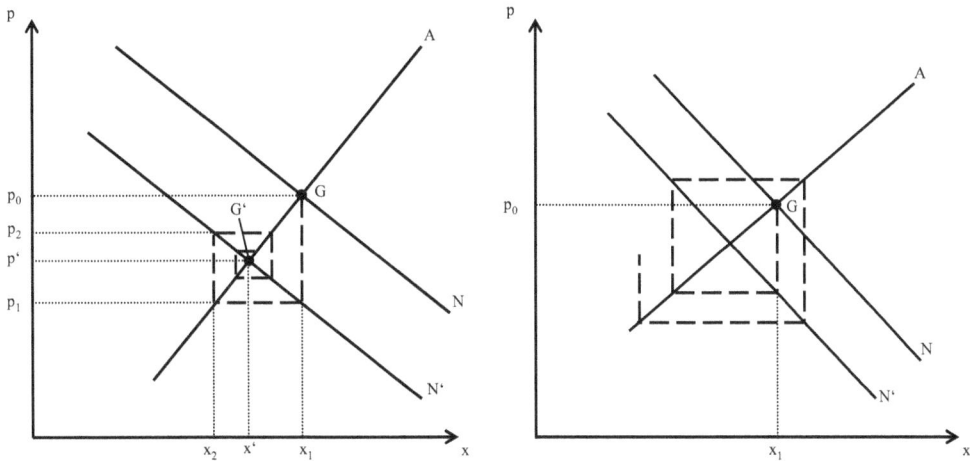

Abb. 2.39: Marktentwicklung bei verzögerter Angebotsanpassung

Abb. 2.39 zeigt im rechten Teil eine ähnliche Spinngewebedarstellung. Allerdings führt hier
die Anpassung vom Schnittpunkt der Angebots- und Nachfragefunktion weg. Die Abweichungen zwischen den Angebots- und Nachfragemengen nehmen zu. Dies ist darauf zurückzuführen, dass die langfristige Angebotskurve hier – anders als im linken Teil – (absolut)
flacher verläuft als die Nachfragekurve. Die (verzögerten) Angebotsreaktionen fallen also
vergleichsweise heftig aus. Links klingen die Schwankungen von Preisen und Mengen ab.
Rechts werden sie dagegen immer größer. Der Markt ist in diesem Fall durch **Instabilität**
gekennzeichnet. Nach einmaliger Abweichung wird kein neues Gleichgewicht erreicht.

Wird unterstellt, dass die produzierten Güter in Grenzen lagerbar sind, so reduziert sich die
Wahrscheinlichkeit instabiler Entwicklungen. Dann können die Anbieter bei sehr niedrigen
Preisen einen Teil des Angebotes auf Lager nehmen, bei hohen Preisen dagegen den Lager-
bestand (wieder) reduzieren. Die Schwankungen von Preisen und Mengen können so ge-
dämpft werden.

Obwohl wiederkehrende Preisschwankungen auf Märkten für landwirtschaftliche Produkte
beobachtet werden, ist umstritten, ob der instabile Fall realistisch ist. Anbieter werden normalerweise im Lauf der Zeit aus den Erfahrungen der Vergangenheit lernen. Bei zunehmen-
den Schwankungen werden sie irgendwann aufhören, ihr Angebotsverhalten streng am Preis

der Vorperiode auszurichten. Sie könnten z.B. darauf verzichten, sehr hohe bzw. sehr niedrige Preise zur Basis der erneuten Angebotsentscheidung zu machen.

Ein Lernen aus Erfahrung ist allerdings schwierig, wenn einzelne Anbieter nur selten bzw. nur einmal am Markt auftreten. Der Arbeitsmarkt für Hochschulabsolventen ist z.B. dadurch gekennzeichnet, dass jeder Jahrgang die Studienentscheidung nur einmal trifft und dass Jahr für Jahr neue bzw. andere Absolventen ihre Arbeitkraft anbieten. Hier ist eine instabile bzw. dauerhaft ungleichgewichtige Entwicklung durchaus vorstellbar und z.T. beobachtbar.

Stellen in einem bestimmten Studienfach die Absolventen eines Jahrgangs fest, dass die Nachfrage nach ihrer Qualifikation geringer ist als zu Beginn des Studiums erwartet, so können sie selbst nicht mehr reagieren. Reagieren die neuen Studienanfänger mit einer Abkehr vom betreffenden Studienfach, kann aber später ein Absolventenmangel entstehen. Der danach „nachrückende" Jahrgang überschätzt daraufhin wieder die künftigen Beschäftigungschancen usw. Dauerhaft ungleichgewichtige Entwicklungen sind hier nicht ausgeschlossen. Ein „jahrgangsübergreifendes" Lernen ist schwierig. Es könnte allerdings durch gute Studienberatung verbessert werden.

2.3.7.2   Zeitliche Entwicklung von Märkten

Im Folgenden wird untersucht, wann und in welcher Weise neue Märkte entstehen und inwiefern es typische Muster der Marktentwicklung im Zeitablauf gibt. Neue Märkte entstehen normalerweise aufgrund von **Innovationen**, die von „Pionierunternehmern" unter Inkaufnahme von Unsicherheit und Risiko vorgenommen und erfolgreich, d.h. mit Gewinn an einem Markt durchgesetzt werden. Innovationen, die zur Entstehung von Märkten führen, sind z.B.

- die Herstellung eines neuen Produkts bzw. einer neuen Produktqualität,
- die Erschließung eines neuen Absatzmarktes.

In solchen Innovationen manifestiert sich der **vorstoßende Wettbewerb**. Der Innovator bzw. Pionierunternehmer genießt zunächst eine Monopolstellung, die zeitlich begrenzte „Vorsprungs- oder Pioniergewinne" ermöglicht. Diese Gewinne regen bei offenem Marktzugang andere Unternehmer dazu an, als Nachahmer (**Imitatoren**) die Produktion des neuen Gutes oder ähnlicher Güter aufzunehmen und in den Markt einzudringen (**nachstoßender Wettbewerb**). Die anfängliche Monopolstellung des Pioniers geht dann verloren, normalerweise sinken dann auch die Gewinne. Um erneut höhere Gewinnmöglichkeiten zu eröffnen, sind weitere Innovationen erforderlich. Dies können auch Verfahrensinnovationen sein (Einführung neuer Produktionsmethoden oder neuer Organisationsformen). Die Entwicklung neuer Märkte beeinflusst zugleich bestehende Märkte, da Geldmittel, die zum Kauf neuer Güter verwendet werden, nicht mehr zum Kauf herkömmlicher Güter eingesetzt werden können.

Marktentwicklungen in einer Volkswirtschaft stellen so gesehen ein Wechselspiel zwischen Innovation, Imitation und Verdrängung der am Markt eingeführten Güter dar. Die Entwicklung der Produkte wird vom vorstoßenden und vom nachstoßenden Wettbewerb, d.h. vom dynamischen Wettbewerb vorangetrieben. Dabei lassen sich typische Entwicklungsprozesse beobachten. Im Folgenden werden anhand der Absatzentwicklung verschiedene **Marktphasen** in einem „**Produkt-Lebenszyklus-Schema**" skizziert, dem mögliche Marktformen zugeordnet werden können.

1. Die Entwicklung eines Marktes beginnt mit der **Experimentier- und Einführungsphase**. Neue Produkte können nur mit hohen Entwicklungs- und Einführungskosten durchgesetzt werden, Das Risiko des Scheiterns ist groß, weil das Nachfragepotential zunächst nicht bekannt ist. Dem Verlustrisiko steht aber als Anreiz eine hohe Gewinnchance gegenüber. Im Erfolgsfall bildet sich ein monopolistisch strukturierter Markt, auf dem die Nachfrage (zunächst) gering und der Preis (noch) relativ hoch ist.

2. In der **Phase der Marktexpansion** wird das neue Gut bekannter, neue Käuferschichten werden aktiviert und neue Anwendungsmöglichkeiten erschlossen. Die Nachfrage wird auch durch Qualitätsverbesserungen und Preissenkungen stimuliert, die im Gefolge kostensenkender Verfahrensinnovationen möglich werden. In der Expansionsphase steigt zugleich die Zahl der Anbieter ähnlicher Produkte. Die Marktform tendiert vom Monopol über ein enges Oligopol zu einem heterogenen, weiten Oligopol mit Produktdifferenzierung und (vorübergehend) geringer oligopolistischer Interdependenz. Die Absatzmengen steigen stark an.

3. Die Mobilisierung neuer Nachfrager und der Zustrom neuer Anbieter kommen in der **Reifungsphase** des Marktes weitgehend zum Erliegen. Die Absatzmenge wächst deutlich langsamer bzw. fast nicht mehr. Bei steigender Markttransparenz und zunehmender Kenntnis über günstige Produktformen und Produktionstechniken sinkt möglicherweise die Heterogenität der Produkte. Anbieter können über erhöhte Werbe- und Vertriebsaufwendungen ihre Marktanteile fast nur noch auf Kosten anderer Anbieter erhöhen, diese Anstrengungen neutralisieren sich zum Teil. Der Gesamtmarkt ist durch zunehmend spürbare oligopolistische Interdependenz und wachsende Bereitschaft zu Kooperation gekennzeichnet; es ist denkbar, dass Kartelle entstehen und Markteintrittshemmnisse errichten (enges Oligopol).

4. Schließlich bleibt die Entwicklung des Marktes hinter der anderer Märkte zurück, die Absatzmenge stagniert oder sinkt. Es dominiert der Ersatzbedarf (**Sättigungsphase**). Mit dem Entstehen neuer Märkte wenden sich Käufer vom betrachteten Markt ab, das Produkt ist zunehmend dem Verdrängungswettbewerb von neuen Gütern ausgesetzt, was schließlich zur **Schrumpfungsphase** führen kann. Spätestens jetzt ziehen sich initiative Unternehmer aus dem Markt zurück. Denkbar ist, dass Produkte ganz vom Markt verschwinden (z.B. Kassettenrecorder), manchmal überleben die Produkte aber auch bei kleinen Absatzmengen in Nischenmärkten (z.B. Schallplattenspieler nach erfolgreicher Markteinführung der CD-Player) Manchmal sorgen allerdings erneute Verfahrens-, Markt- oder Organisationsinnovationen dafür, dass keine Schrumpfungsphase eintritt.

Die Absatzmengenentwicklung im Verlauf des beschriebenen Lebenszyklus lässt sich näherungsweise durch die in Abb. 2.40 gezeigte Linie darstellen.

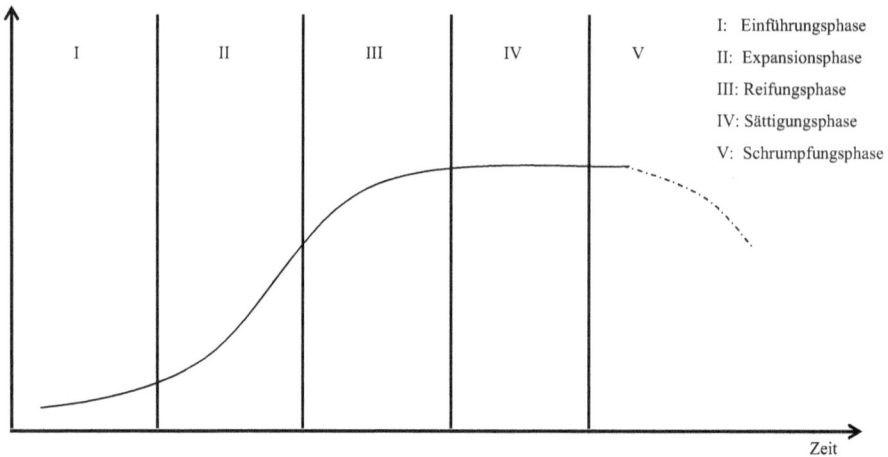

Abb. 2.40: Marktphasenschema

Diese Entwicklung kann aber nur als grobe Typisierung interpretiert werden. Zum einen ist die Dauer der geschilderten Marktphasen kaum vorhersehbar und kann je nach Produkt sehr unterschiedlich sein. In der IT-Branche ist z.B. die Innovationsgeschwindigkeit viel höher als etwa im Geigenbau. Zum anderen können die geschilderten Phasen auf einem Markt auch mehrfach durchlaufen werden. So hatte der Markt für Fahrräder bereits die Stagnationsphase erreicht, als es mit einer neuen Produktvariante – dem Mountainbike – zu einer erneuten Expansion kam.

Offen ist auch die Abfolge verschiedener Marktformen in den einzelnen Marktphasen. Der geschilderte Übergang von dem anfänglichen Monopol eines Pionierunternehmens zu oligopolistischen Marktstrukturen ist z.B. auf dem Markt für PKW zu erkennen. Daneben ist aber auch ein vorübergehender Übergang zu polypolistischen Strukturen möglich. Bei hohen Markteintrittshemmnissen kann das Pionierunternehmen eventuell über den gesamten Lebenszyklus hinweg eine dauerhafte Monopolstellung sichern. Die starke Position der von Rockefeller beherrschten Ölfirmen am Ende des vorigen Jahrhunderts belegt, dass – nach der vorübergehenden Bildung von Oligopolstrukturen – auch ein Rückfall in eine Monopolstellung nicht ausgeschlossen werden kann. Schließlich führt die in der Expansionsphase typische Nachfragesteigerung nicht immer dazu, dass viele Nachfrager am Markt agieren. Investitionsgüter werden z.B. oft nur von wenigen nachgefragt, entsprechend ist z.B. auch die Marktform eines bilateralen Oligopols vorstellbar.

Außerdem können die Marktentwicklungen stark von unternehmenspolitischen Maßnahmen vorangetrieben werden. Beispielsweise kann die Sorge, dass ein wichtiger Umsatzträger in einem Mehrproduktunternehmen in die Schrumpfungsphase geraten könnte, dazu führen, dass Unternehmen selbst das Produkt vom Markt nehmen. So lässt sich möglicherweise der schnelle Modellwechsel in der Automobilindustrie deuten. Darüber hinaus hängen die Innovationshäufigkeit und das Imitationstempo unter anderem davon ab, wie leicht Imitatoren in den Markt eintreten können. In diesem Zusammenhang spielen Regelungen zum Patentrecht (vgl. Abschnitt 3.2) ebenso eine Rolle wie die vorhandene Nachfrage: Beispielsweise bieten experimentierfreudige und technikbegeisterte Kunden mit hohem Einkommensniveau Absatzchancen für neue Produkte.

2.3.8   Aufgaben

1. Erläutern Sie den Begriff der optimalen Faktorallokation und schildern Sie, wie der Preismechanismus – im Idealfall – dazu beiträgt, dass in einer Volkswirtschaft eine optimale Faktorallokation erreicht wird.
2. Beschreiben Sie die Merkmale und Strukturen folgender Märkte: Wochenmarkt, Rohölmarkt, Devisenmarkt, Markt für PKW, Immobilienmarkt, Flohmarkt. Herrscht auf diesen Märkten „vollständige Konkurrenz"? Wenn nein: inwiefern gibt es Abweichungen?
3. Auf dem Markt für normale Brötchen in einem Ort herrsche vollständige Konkurrenz.
   a) Entwerfen Sie eine Abb. mit typisch verlaufender Angebots- und Nachfragekurve. Deuten Sie an, welcher Marktpreis zustande kommt und welche Menge umgesetzt wird.
   b) Erläutern und interpretieren Sie den Begriff „Marktgleichgewicht".
   c) Warum sind in diesem Fall viele Nachfrager „gut bedient"? Deuten Sie die Konsumentenrente in dem Diagramm an!
   d) Wie ist das Gleichgewicht aus Sicht der Anbieter zu beurteilen? Was ist ein Grenzanbieter?
   e) Warum hat das dargestellte Gleichgewicht vermutlich langfristig keinen Bestand? Schildern Sie den zu erwartenden Anpassungsprozess!
   f) Ein innovativer Bäcker hat ein neues Vollwertbrötchen entwickelt, welches bei den Nachfragern gut ankommt. Erläutern Sie, welche Auswirkung diese Neuerung auf den Markt für normale Brötchen hat.
   g) Deuten Sie anhand des entworfenen Schaubildes die Auswirkung einer „Brötchensteuer" an, die als fester Betrag pro Brötchen erhoben wird.
4. Die Preisbildung bei vollständiger Konkurrenz lässt sich auf mehreren Ebenen betrachten. Erläutern Sie den Unterschied zwischen Partialbetrachtung und Totalbetrachtung. Was verstehen Sie unter einem totalen Konkurrenzgleichgewicht?
5. Die Marktergebnisse im Monopol und bei vollständiger Konkurrenz unterscheiden sich.
   a) Vergleichen Sie den Unterschied anhand einer geeigneten Abbildung.
   b) Wie ist der Unterschied aus Nachfragersicht, wie aus Anbietersicht zu beurteilen?
   c) Unter welchen Voraussetzungen ist ein solcher Vergleich zulässig?
   d) Erläutern Sie, inwiefern Monopolisten durch geeignete Segmentierung des Marktes und durch Preisdifferenzierung ihre Position noch weiter verbessern können. Welche Probleme können bei dem Versuch auftreten, den Markt zu segmentieren?
6. Nehmen Sie an, ein Pharmahersteller habe unter Aufwendung von 1 Mrd. € Entwicklungskosten ein wirksames Medikament gegen Aids entwickelt und an den Markt gebracht. Die Nachfrage lasse sich durch die Preis-Absatzfunktion $p = 320 - 5x$ und die Kostensituation durch Kostenfunktion $K = 200 + 3x^2$ beschreiben (x = eine Packung).
   a) Welche Menge wäre gewinnmaximal? Welchen Preis müsste der Hersteller fordern?
   b) Wie hoch sind die Kosten, der Umsatz und der Gewinn im Gewinnmaximum?

c) Welche Entwicklung wäre mittelfristig (auf dem offenen Markt) zu erwarten, wenn sich der durch die genannte Neuentwicklung gebildete Markt gemäß dem „Marktphasenschema" weiterentwickelt?

d) Unter welchen Umständen wäre (demgegenüber) mit einer dauerhaften Monopolstellung auf diesem Markt zu rechnen?

e) Nehmen Sie an, der Hersteller würde das Medikament auch auf dem amerikanischen Markt einführen und als Einführungspreis einer Packung p = 200 wählen. Wie könnte eine solche Preissetzung erklärt werden?

7. Die Marktergebnisse im Monopol und im bilateralen Monopol unterscheiden sich. Erläutern Sie die Besonderheiten der Preisbildung im bilateralen Monopol und vergleichen Sie die Marktergebnisse im Monopol und im bilateralen Monopol.

8. In einem Ort gibt es nur ein Geschäft, das Herrenhalbschuhe anbietet. Dieser Händler, dessen Kosten durch die Funktion $K = 100 + 0,05x^2$ beschrieben werden, hat für die Nachfrage seiner Kunden die Preis-Absatzfunktion $p = 90 - 0,4x$ ermittelt.

a) Wie würde der Händler den Preis setzen, wenn er „isoliert" als Monopolist seinen Gewinn maximieren könnte? Wie hoch wäre dann der Gewinn?

b) Ein Händler in einem Nachbarort versucht nun, durch Preissenkung und besseren Service die Kundschaft des in A) genannten Händlers zu sich „herüberzuziehen". Unter welcher Annahme gelingt ihm dies? Wie könnte der Konkurrent reagieren?

c) Ist der beschriebene Markt für Herrenhalbschuhe homogen oder heterogen?

9. Ein Anbieter weiß, dass er bei einer Preiserhöhung über 120 €/Stück hinaus seinen Absatz vollständig an die Konkurrenz verliert. Bei einem Marktpreis von unter 30 €/Stück könnte er dagegen beliebige Mengen absetzen. Bei Preisen zwischen 30 und 120 €/Stück erwartet er folgenden Zusammenhang zwischen dem von ihm gesetzten Preis und der Absatzmenge:

   $p = 150 - 4x$.

a) Welche Marktform und welche spezielle Preis-Absatzfunktion sind hier angesprochen?

b) Bestimmen Sie die gewinnmaximale Angebotsmenge, den optimalen Angebotspreis und den Gewinn dieses Anbieters, wenn seine Kostenfunktion $K = 200 + 70x$ lautet.

c) Auf welche Merkmale des Gütermarktes ist es zurückzuführen, dass der Anbieter bei Preisen zwischen 30 und 120 €/Stück erwartet, dass die Absatzmenge von seinem Angebotspreis abhängt?

10. Erläutern Sie den Unterschied zwischen autonomem, heteronomem und kooperativem Verhalten im Oligopol.

11. Würden Sie Preisabsprachen eher auf dem Markt für PKW oder auf dem Markt für Rohöl erwarten? Bitte begründen Sie Ihre Antwort.

12. Nennen und erläutern Sie zwei Gründe, weswegen (Kartell)Absprachen oft instabil sind.

13. Die Diskussion um gesundheitliche Risiken des Rindfleischverzehrs hat im Jahr 2008 die Nachfrage nach Schlachtrindern reduziert. Die Nachfragefunktion hat sich nach links verschoben.

a) Stellen Sie diese Situation in einem geeigneten Diagramm dar und erläutern Sie, wie der Markt mit Hilfe des Preismechanismus „im Normalfall" zu einem neuen Gleichgewicht findet und kennzeichnen Sie das neue Gleichgewicht in der Abbildung.

b) Deuten Sie an, welcher Preis 2009 resultiert, wenn die Rinderzüchter das Angebot an Schlachtrindern auf Basis des „alten" Preises gewählt haben und dieses Angebot kurzfristig absetzen wollen.

c) Warum droht im Jahr 2010 erneut ein Marktungleichgewicht, wenn sich die Rinderzüchter wie im Vorjahr verhalten und fälschlicherweise damit rechnen, dass der 2009 erzielte Preis für Rinder in etwa auch im Jahr 2010 gelten wird?

14. Die Wachstumsraten der Umsätze auf einem Markt haben sich in den letzten Jahren von 15% auf 5% verringert. Die Anbieter erwarten, dass künftig die Zuwachsrate des Umsatzes noch weiter sinken wird.

a) Stellen Sie typische Entwicklungsphasen eines Marktes dar und diskutieren Sie, in welcher Phase sich der beschriebene Markt befindet.

b) Diskutieren Sie, ob in dieser Phase eine bestimmte Marktform wahrscheinlich ist.

c) Welche Strategie zur Festigung der künftigen Umsatzentwicklung wäre den Unternehmen anzuraten?

2.4 Grenzen der marktwirtschaftlichen Steuerung und Aufgaben des Staates

Lernziele

In diesem Kapitel

- lernen Sie das Ausschlussprinzip und das Kriterium der mangelnden Rivalität im Konsum als Merkmale des Marktversagens kennen. Güter werden öffentlich bereitgestellt, wenn kein (ausreichendes) privates Güterangebot zustande kommt. Bei spezifisch öffentlichen Gütern liegt ein echtes Marktversagen vor, hier ist ein staatliches Güterangebot ökonomisch gerechtfertigt.

- verstehen Sie, dass bei meritorischen Gütern kein echtes Marktversagen vorliegt. Vielmehr besteht ein allgemeines Interesse daran, dass die Güter in stärkerem Maße beansprucht werden, als dies bei privatwirtschaftlichem Angebot der Fall wäre.

- erkennen Sie, dass eine Korrektur des marktwirtschaftlichen Güterangebots auch bei externen Effekten gerechtfertigt ist. Wenn bei der Produktion oder beim Konsum externe Kosten anfallen, ist der Preis zu gering, weil er den tatsächlichen Ressourcenverbrauch nur unvollständig widerspiegelt. Treten externe Nutzen auf, ist die Marktversorgung geringer es als gesellschaftlich optimal wäre, weil der Nutzen der Güter sich nicht in vollem Umfang beim Konsumenten niederschlägt.

- lernen Sie die besondere Kostensituation bei „natürlichen Monopolen" kennen. Sie bewirkt, dass nur ein Alleinanbieter eine ausreichend große Absatzmenge erreichen kann.

- erfahren Sie, wie Steuern und Subventionen die (relativen) Preise von Gütern und Angebot und Nachfrage nach Gütern beeinflussen.

Unter den Bedingungen der vollständigen Konkurrenz führt die Steuerung über Märkte auf allen Teilmärkten zu einem Gleichgewicht, das eine optimale Versorgung mit Gütern sicherstellt. Trotzdem übernimmt der Staat auch in prinzipiell marktwirtschaftlichen Ordnungen eine Reihe von Aufgaben. Dazu gehören wirtschaftspolitische Maßnahmen im Bereich der Ordnungs- und Wettbewerbspolitik, die dazu beitragen, dass Marktergebnisse unter Konkurrenzbedingungen zustande kommen. Der Staat wird außerdem tätig, wenn gesellschaftspolitische Ziele (z.B. Chancengleichheit, Existenzsicherung in Notlagen) bei marktwirtschaftlicher Steuerung nicht erreicht werden (vgl. Abschnitt über die soziale Marktwirtschaft). In diesem Fall ergreift der Staat Umverteilungsmaßnahmen **(distributive Maßnahmen)**.

Außerdem können staatliche Maßnahmen gefordert werden, wenn etwa bei kurzfristigen Störungen des gesamtwirtschaftlichen Gleichgewichts, die sich in Form von Arbeitslosigkeit und Inflation niederschlagen, Anpassungsprozesse nicht oder nicht schnell genug erfolgen. In diesem Fall kann der Staat **stabilisierungspolitische Maßnahmen** ergreifen. Darüber hinaus kann es Gründe dafür geben, dass die Marktsteuerung bei bestimmten Gütern versagt (Marktversagen). In diesem Fall wird häufig gefordert, dass das privatwirtschaftlich erstellte Güterangebot durch den Staat ergänzt oder korrigiert wird. Die entsprechenden Maßnahmen des Staates werden als **allokative Maßnahmen** bezeichnet, weil der Staat die Zusammensetzung der Produktion verändert und die knappen Ressourcen zwischen verschiedenen Verwendungsmöglichkeiten umverteilt. Gleichzeitig werden die Konsummöglichkeiten der Nachfrager verändert. Allokative staatliche Aktivitäten lassen sich im Fall von öffentlichen Gütern begründen. Hier werden spezifisch öffentliche und meritorische Güter unterschieden. Darüber hinaus beeinflusst der Staat das Güterangebot, wenn Produktion und Konsum externe Effekte verursachen und bei so genannten natürlichen Monopolen. So gesehen sind realisierte Ordnungen gemischte Wirtschaftsordnungen (vgl. Kapitel 1.4.), in denen der Staat aktiv wird, um eine Reihe von ökonomischen und außerökonomischen Zielen zu verfolgen

Im Folgenden wird erläutert, in welchen Fällen staatlich veranlasste **Ergänzungen oder Korrekturen des marktbestimmten Güterangebots** gerechtfertigt erscheinen. Anlass für staatliche Eingriffe in das am Markt bereitgestellte Güterangebot sind entweder besondere Merkmale von Gütern, die zu Marktversagen führen oder die Beobachtung, dass über Märkte gesellschaftspolitische Ziele nicht realisiert werden. Da Märkte und Preise grundsätzlich als überlegene Steuerungsmechanismen angesehen werden, muss im Einzelfall begründet werden, warum der Staat eingreift und es ist zu prüfen, ob bzw. unter welchen Bedingungen die staatlichen Eingriffe die Güterversorgung tatsächlich verbessern.

2.4.1   Steuerungsdefizite des Marktes

2.4.1.1   Marktversagen bei öffentlichen Gütern

Private Güter können nur von denen genutzt werden, die bereit und in der Lage sind, den Preis des Gutes zu zahlen. Die Zahlungsbereitschaft der Nachfrager zeigt an, wie groß der Nutzen der Güter aus Konsumentensicht ist. Damit bietet der Preis Anhaltspunkte dafür, in welchem Umfang der Einsatz von Produktionsfaktoren bei der Produktion von privaten Gütern gerechtfertigt ist – er spiegelt also die Präferenzen der zahlungsfähigen Verbraucher wider. Nicht zahlungsfähige Konsumenten werden allerdings vom Konsum ausgeschlossen, ihre Präferenzen spiegeln sich nicht in den realisierten Marktpreisen wider. Daneben gibt es Güter, bei denen die private Zahlungsbereitschaft den Nutzen der Güter für den einzelnen und für die Gesellschaft nicht vollständig erkennen lässt. Dafür kann es verschiedene Ursachen geben, die im Folgenden erläutert werden. Staatlich angebotene Güter heißen **öffentliche Güter** (öffentliche Güter im weiteren Sinn). Sie umfassen **spezifisch öffentliche Güter** (öffentliche Güter im engeren Sinn) und **meritorische Güter**.

Das wichtigste Merkmal der spezifisch öffentlichen Güter besteht darin, dass es nicht möglich ist, Wirtschaftssubjekte, die nicht für ein solches Gut zahlen wollen, von der Nutzung dieses Gutes auszuschließen (**mangelnde Ausschlussmöglichkeit**). Für die Konsumenten ist es in diesen Fällen nicht sinnvoll, ihre Zahlungsbereitschaft offen zu legen oder sogar einen Preis zu zahlen. Sie hoffen stattdessen, als Trittbrettfahrer unentgeltlich in den Genuss der von anderen finanzierten Leistung zu gelangen. Es besteht also die Gefahr, dass die tatsächliche Nachfrage nach diesen Leistungen am Markt nicht in voller Höhe erkennbar wird.

Freistehende Gebäude, die möglicherweise für Einbrecher attraktiv sein könnten, werden in vielen Fällen nachts von einem Sicherheitsdienst bewacht. In diesen Fällen kommt der Schutz speziell dem bewachten Gebäude zu; der Eigentümer bezahlt den Sicherheitsdienst für die erbrachte Leistung. Wäre er dazu nicht bereit, unterbliebe die Leistung. Die Landesverteidigung ist ebenfalls eine Schutzleistung. Anders als im Fall des Gebäudeschutzes kann diese Leistung aber nicht nur für diejenigen Bürger des Landes erbracht werden, die dafür einen Preis zahlen wollen. Maßnahmen zur Landesverteidigung schützen auch diejenigen Bürger des Landes, die behaupten, diese Leistung nicht beanspruchen zu wollen und die deshalb dafür keinen Preis zahlen wollen. Wenn die Leistung von zahlungsbereiten Bürgern finanziert würde, bestünde für die Nicht-Zahlungswilligen die Möglichkeit, als Trittbrettfahrer Nutzen aus der Leistung zu ziehen, ohne zur Finanzierung beitragen zu müssen. Da diese Bürger nicht von der Schutzwirkung ausgeschlossen werden können, ist es aus ihrer individuellen Sicht „rational", nicht freiwillig zuzugeben, dass diese Leistung ihnen nützt.

Wenn Wirtschaftssubjekte, die nicht zur Zahlung eines Preises bereit sind, nicht von der Nutzung eines Gutes ausgeschlossen werden können, wird sich kein privater Anbieter für ein solches Gut finden. Die Anbieter können in dieser Situation niemandem ein solches Gut verkaufen, da alle hoffen, kostenlos in den Genuss der Leistung zu gelangen. Dies ist das Ergebnis der mangelnden Ausschlussmöglichkeit. Potentielle Produzenten dieser Güter können weder Gewinne erzielen noch ihre Produktionskosten decken. Obwohl keine Möglichkeit besteht, am Markt festzustellen, in welchem Umfang die Nachfrager dieses Gut beanspruchen wollen, kann man davon ausgehen, dass viele einen Nutzen aus diesem Gut erzielen könnten. Der Markt stellt also Güter, die kollektiv genutzt werden, nicht im erforderlichen Umfang bereit (Rationalitätenfalle).

Da die Nachfrager ihre Präferenzen für diese Güter nicht offen legen, besteht auch für den Staat das Problem, die richtige Angebotsmenge zu bestimmen. Finanziert der Staat das Güterangebot aus Steuereinnahmen und bietet die Güter kostenlos an, besteht die Gefahr der Übernachfrage: Konsumenten, die keinen Preis für ein Gut zahlen müssen, fragen mit großer Wahrscheinlichkeit eine größere Menge nach, als wenn ihnen die tatsächlichen Kosten der Leistungserstellung angelastet würden. Orientiert sich der Staat an dieser Nachfrage, besteht somit die Gefahr eines Überangebotes.

Neben der fehlenden Ausschlussmöglichkeit kennzeichnet ein weiteres Kriterium die spezifisch öffentlichen Güter: Bei gemeinsamer Nutzung dieser Guter entsteht keine Nutzenminderung für jeden einzelnen. Es liegt **keine Rivalität im Konsum** vor. Im Fall der Landesverteidigung verursacht ein zusätzlicher Einwohner des Landes keine Verringerung der Schutzwirkung für alle anderen. Zugleich verursacht der zusätzliche Benutzer der Leistung keine zusätzlichen Kosten. Die Grenzkosten sind Null. Daher wäre ein Ausschluss dieses Nutznießers von der Leistung ökonomisch selbst dann nicht effizient, wenn er technisch möglich wäre. Der Gesamtnutzen aller Wirtschaftssubjekte lässt sich erhöhen, ohne dass zusätzliche Kosten entstehen.

Die beiden genannten Kriterien – keine Anwendbarkeit des Ausschlussprinzips und Nicht-Rivalität im Konsum – charakterisieren also die so genannten spezifisch öffentlichen Güter. Bei diesen Gütern kommt kein Angebot über den Markt zustande, obwohl diese Leistungen der Allgemeinheit einen Nutzen stiften. Allerdings lassen sich nur wenige Beispiele für spezifisch öffentliche Güter finden. Neben der Landesverteidigung ist die allgemeine Schutzfunktion eines Rechtssystems, das potentielle Straftaten wegen der Strafandrohung verhindert, ein Beispiel. Bei vielen Güterarten ist nur eines der genannten Kriterien erfüllt oder die Kriterien gelten nur innerhalb einer bestimmten Bandbreite. Dies lässt sich anhand von Infrastruktureinrichtungen verdeutlichen. In vielen Fällen können Infrastruktureinrichtungen, wie z.B. Straßen oder Brücken, von mehreren Nutzern beansprucht werden, ohne dass diese sich gegenseitig in ihrer Nutzung beeinträchtigen. Ein Ausschluss nicht-zahlungsbereiter Nutzer wäre zwar technisch möglich, aber aufwendig und überflüssig. Wird allerdings die Kapazitätsgrenze erreicht, treten Engpässe auf und der Konsum rivalisiert. Beispiele für Güter, die diese Kriterien in unterschiedlichem Maße erfüllen, sind in der Übersicht 2.14 zusammengestellt.

Ausschluss Konsum	möglich	technisch nicht möglich	technisch sehr aufwendig/ ökonomisch nicht effizient
rivalisierend	Private Güter, z.B. Fahrrad		Autobahnen, die Innenstädte umgehen und so zur Entlastung der innerstädtischen Straßen beitragen
nicht rivalisierend *(Grenzkosten eines zusätzlichen Nutzers 0 oder nahe 0)*	Autobahn in ländlichem Gebiet, deren Kapazität nicht ausgelastet ist	Spezifisch öffentliche Güter: Landesverteidigung, allgemeine Schutzwirkung des Rechtssystems	

Übersicht 2.14: Öffentliche und Private Güter

Spezifisch öffentliche Güter sind also dadurch charakterisiert, dass die Benutzung dieser Güter nicht von der Zahlung eines Preises abhängig gemacht werden kann. Darüber hinaus wäre es auch ineffizient, nicht zahlungswillige Nachfrager von der Nutzung auszuschließen, da die Inanspruchnahme der Güter durch einen Einzelnen keine oder nur geringe Grenzkosten verursacht. Es kommt kein privatwirtschaftliches Angebot zustande; der Staat füllt die Lücke durch staatliches Angebot. Dabei besteht das Problem, dass die Leistungen aus den allgemeinen Einnahmen des Staates finanziert werden müssen und dass der Staat selbst den Leistungsumfang festlegen muss, da er die Präferenzen der Nachfrager für diese Güter nicht kennt. Der Staat versucht demnach zwar, Marktergebnisse zu korrigieren. Er steht aber vor dem Problem, eine Nachfrage befriedigen zu müssen, deren Höhe er nicht kennen kann. Es ist also sehr fraglich, ob ein Faktoreinsatz entsprechend den Nachfragewünschen erreicht wird.

Der Staat stellt nicht nur spezifisch öffentliche Güter bereit. Bei einer Reihe von Leistungen des Staates wäre ein Ausschluss der zahlungsunwilligen Bürger zwar möglich, aber nicht erwünscht. Dies ist der Fall, wenn ein allgemeines oder öffentliches Interesse daran besteht, dass Bürger diese Leistungen in stärkerem Umfang in Anspruch nehmen (können) als es der Fall wäre, wenn sie die Beanspruchung der Leistungen bezahlen müssten. Solche Güter werden als meritorische Güter bezeichnet.

Häufig wird unterstellt, dass Individuen künftige Krankheitsrisiken unterschätzen. Werden beispielsweise Impfungen kostenlos oder zu einem nicht kostendeckenden Preis bereitgestellt, kann möglicherweise die Inanspruchnahme erhöht werden. Davon haben zunächst diejenigen einen Nutzen, deren Erkrankungen verhindert werden. Darüber hinaus treten positive Effekte für die Allgemeinheit auf: Dadurch, dass in der Gesellschaft insgesamt eine ausreichend große Zahl von Personen gegen ansteckende Krankheiten geimpft ist, reduziert sich die Ansteckungsgefahr auch für diejenigen, die nicht geimpft sind. Ähnlich kann bei Vorsorgeuntersuchungen argumentiert werden: Der Einzelne sieht möglicherweise den Nutzen nicht ein und ist nicht bereit, den Zeit- und Kostenaufwand zu tragen. Werden durch versicherungsfinanzierte Angebote mehr Vorsorgeuntersuchungen beansprucht, kann der Einzelne einen Vorteil haben, wenn Krankheiten frühzeitig erkannt und erfolgreich behandelt werden können. Zugleich kann ein positiver gesellschaftlicher Zusatznutzen entstehen: Die Zahl der Krankheitstage und die Behandlungskosten können sinken, wenn schwerwiegende Krankheitsverläufe vermieden werden können.

Ein anderes Beispiel sind Bildungseinrichtungen. Private Bildungseinrichtungen verlangen von den Teilnehmern an Bildungsangeboten einen Preis und sie können diejenigen von der Nutzung des Angebots ausschließen, die diesen Preis nicht zahlen. Das Ausschlussprinzip ist anwendbar und solange die Bildungsangebote nicht überfüllt sind, gibt es keine Rivalität im Konsum. Trotzdem gibt es ökonomische und sozialpolitische Gründe für ein (weitgehend) kostenloses staatliches Bildungsangebot. Zunächst stellt eine gut ausgebildete Bevölkerung einen Produktionsfaktor (human capital) für eine Volkswirtschaft dar, die künftige Produktionsmöglichkeiten verbessert und daher Wachstumschancen eröffnet. Insbesondere in einem rohstoffarmen Land mit schrumpfender Bevölkerung wie der Bundesrepublik Deutschland besteht ein ökonomisches Interesse daran, dass möglichst viele junge Menschen eine qualifizierte Ausbildung absolvieren. Darüber hinaus ist es ein weitgehend anerkanntes sozialpolitisches Ziel, Bildungschancen für alle – unabhängig von ihrer Zahlungsfähigkeit – zu eröffnen, zumal mangelnde Ausbildung das Armutsrisiko in der Zukunft erhöht. Dies ist die verteilungspolitische Begründung dafür, Bildungsmöglichkeiten unabhängig von der Zahlungsfähigkeit (der Eltern) allen (jungen Menschen) zugänglich zu machen. Beim Bildungsangebot über private Märkte und Preise wäre die Nutzung geringer als ökonomisch und sozialpolitisch wünschenswert, es käme zu einer Unterversorgung mit Bildung und Weiterbildung.

Das staatliche Angebot von Gütern schafft Ausnahmebereiche vom Markt, die sich streng genommen nur rechtfertigen lassen, wenn dadurch die Marktversorgung verbessert werden kann. Ob dies tatsächlich gelingt, ist fraglich und in jedem Einzelfall zu prüfen. Umstritten ist zum einen, ob der Staat das Güterangebot und damit den Verbrauch von Produktionsfaktoren für das Angebot öffentlicher Güter an die Nachfragewünsche der Konsumenten anpassen kann. Zum anderen besteht die Gefahr, dass der Staat als Alleinanbieter weniger kostengünstig produziert als private Anbieter, die im Wettbewerb stehen.

Im Fall des kostenlosen Bildungsangebots im Hochschulbereich könnte die Gefahr bestehen, dass zu Viele zu lange studieren. Wenn beispielsweise für ein Studium kein Preis bezahlt werden muss, wird die Sättigungsmenge nachgefragt, d.h. der einzelne Nutzer des Angebots wägt nicht ab, ob die Kosten der Bildungseinrichtungen, die der Steuerzahler tragen muss, durch den Nutzen der Bildungsangebote für die Studierenden und die Gesellschaft gerechtfertigt ist. Außerdem gibt es keinen Preiswettbewerb zwischen den Hochschulen. Trotzdem greift diese Sicht möglicherweise zu kurz, denn auch bei einem Hochschulstudium ohne Studienbeiträge entstehen Opportunitätskosten für die Studierenden (Einkommensverluste) und Lebenshaltungskosten und zwischen den Hochschulen besteht ein Qualitätswettbewerb.

Aus diesen Überlegungen ergeben sich verschiedene Kriterien zur Beurteilung des Güterangebots durch den Staat. Zunächst muss geprüft werden, ob dadurch die angestrebten Ziele erreicht werden (Zielkonformität). Wird beispielsweise durch (weitgehend) öffentlich finanzierte Bildungseinrichtungen das Ziel des verbesserten Zugangs erreicht und der Produktionsfaktor „human capital" besser verfügbar? Außerdem stellt sich die Frage, ob das Angebot effizient ist, d.h. ob es zu den geringstmöglichen Kosten bereitgestellt wird oder ob andere Angebotsvarianten das Ziel mit geringerem Einsatz von Produktionsfaktoren genauso gut erreichen könnten. Wenn dies nicht der Fall wäre, würde Marktversagen durch Staatsversagen ersetzt, auch das staatliche Güterangebot ist also auf seine Effektivität und seine Effizienz hin zu überprüfen.

Ein weiteres Kriterium zur Beurteilung staatlicher Maßnahmen ist die Markt- bzw. Ordnungskonformität von Marktinterventionen.

Das staatliche Bildungsangebot verändert die Angebots- und Nachfragebedingungen am Bildungsmarkt. Beitragsfreie Studienmöglichkeiten verringern möglicherweise den Anreiz, zügig zu studieren. Zu lange Studiendauer ist aber weder für den Einzelnen noch für die Gesellschaft effizient. Insofern kann ein staatliches Güterangebot nur dann als ordnungskonform angesehen werden, wenn es die Motivation der Nachfrager zu eigenverantwortlichem Handeln nicht beeinträchtigt.

2.4.1.2   Fehlsteuerung bei externen Effekten

Besondere Bedingungen für das Angebot über Märkte können daraus resultieren, dass Vorteile oder Nachteile einer wirtschaftlichen Handlung Unbeteiligten Dritten zufallen. Solche Wirkungen werden als **externe Effekte** bezeichnet. Sie können in Form von externen Erträgen oder externen Kosten von Produzenten oder von Konsumenten ausgelöst werden. Beispiele sind in Übersicht 2.15 zusammengestellt.

	externe Vorteile **(Erträge)**	**externe Nachteile** **(Kosten)**
Produzent als Auslöser	Forstwirtschaft ermöglicht private Erträge aus Holzverkauf; gleichzeitig treten positive ökologische Wirkungen auf, die nicht nur dem Produzenten zugute kommen (Klimaschutz, Erholung).	Die Einleitung von Schadstoffen in das Meer oder in Flüsse, ohne das der Produzent zur Beseitigung der Verschmutzungen veranlasst wird, beeinträchtigt den Nutzen von Anwohnern oder Touristen.
Konsument als Auslöser	Der private Veranstalter eines Feuerwerks ermöglicht denen, die zusehen können, Nutzen, ohne dass diese Personen dafür zahlen müssen.	Lärmbelästigung durch Privatflugzeuge belastet die Anwohner eines Flugplatzes, ohne dass die Benutzer der Flugzeuge deshalb Ausgleichzahlungen leisten müssen.

Übersicht 2.15: Beispiele für externe Erträge und Kosten

Externe Effekte gefährden die Effizienz der Marktsteuerung, da sie nicht in die Preise der Güter eingehen. Dies wird im Folgenden anhand von externen Kosten der Produktion erläutert. Typischerweise treten solche externen Kosten auf, wenn im Zuge von Produktionsprozessen Umweltressourcen genutzt werden, ohne dass die Produzenten dafür einen Preis zahlen müssen. Die Inanspruchnahme der Ressource Umwelt verringert die Lebensqualität und künftige Produktionsmöglichkeiten (soziale Kosten). Dieser Faktorverbrauch wird aber nicht nur dem Verursacher angelastet sondern trifft auch unbeteiligte Dritte. Diejenigen, die extern belastet werden, werden nicht entschädigt. In diesen Fällen kann der Verbraucher ein mit externen Kosten hergestelltes Gut zu einem niedrigeren Preis kaufen als bei vollständiger Anlastung aller Kosten auf den Produzenten. Die produzierte und verbrauchte Menge dieses Gutes ist größer als sie es bei dem (höheren) Preis wäre, der auch die externen Kosten beinhaltet. Dies lässt sich im Preis-Mengen-Diagramm veranschaulichen (vgl. Abb. 2.42).

Wenn bei der Produktion eines chemischen Produkts Schadstoffe entstehen, die ungefiltert in die Luft abgeblasen werden, wird die Luftqualität im regionalen Umfeld verschlechtert. Die Lebensqualität der Anwohner wird beeinträchtigt, beispielsweise kann die Häufigkeit von Atemwegserkrankungen zunehmen, deren Behandlung Kosten verursacht. Gleichzeitig nimmt die Attraktivität der Region ab, so dass der Wert von Grundstücken, die privat oder geschäftlich genutzt werden, sinkt. Die externen Kosten sind von der Allgemeinheit oder von unbeteiligten Dritten (gesundheitlich Beeinträchtigte, Grundstückseigentümer) zu tragen; der Produzent des chemischen Produktes muss diese Kosten nicht in seine Preiskalkulation einbeziehen und kann zu einem Preis anbieten, der nicht die sozialen Kosten widerspiegelt. Davon profitieren die Käufer des chemischen Produktes, die von den externen Kosten überhaupt nicht tangiert werden müssen.

Die normale Marktangebotskurve, die sich aus den Grenzkostenkurven der Anbieter ergibt, berücksichtigt die von den Anbietern zu tragenden privaten Kosten (K_{pr}). Die externen Kosten/Belastungen (K_{ext})müssen andere Wirtschaftssubjekte tragen, ohne für diesen Nachteil einen Ausgleich zu erhalten. Diese Konstellation bewirkt in der Marktwirtschaft eine Fehlsteuerung: Der zu geringe Preis p_1 signalisiert den Konsumenten nicht den vollständigen Faktorverbrauch und zeigt daher nicht vollständig an, in welchem Umfang auf andere Güter verzichtet werden muss, um die Güter mit umweltbelastender Produktion herzustellen. Die angebotene und auch nachgefragte Menge x_1 ist zu hoch. Eine optimale Verteilung der Ressource Umwelt auf verschiedene Verwendungsmöglichkeiten findet nicht statt. Bei vollständiger Anlastung aller Kosten (Internalisierung der externen Kosten) ergäbe sich eine Verschiebung der Angebotsfunktion nach oben, ein höherer Preis p_2 und eine geringere Angebotsmenge x_2.

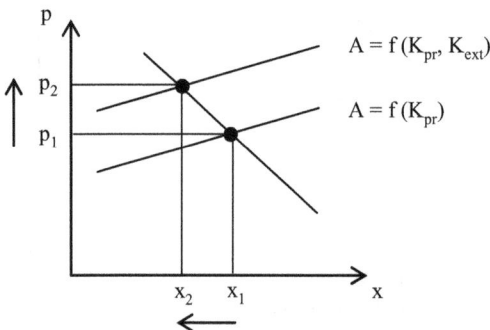

Abb. 2.41: Externe Kosten

Eine ähnliche Konstellation ergibt sich, wenn der Konsum von Gütern mit externen Kosten einhergeht. Beispielsweise belasten Autoabgase nicht nur die Konsumenten der Transportleistung (Fahrer und Beifahrer), sondern alle, die mit verseuchter Luft leben müssen – auch die Nichtfahrer. Die Konsumenten berücksichtigen normalerweise nur die erkennbar bei ihnen anfallenden internen Kosten, z.B. die Benzinkosten und nicht die (sozialen) Zusatzkosten des Autofahrens. Die Marktpreise sind daher tendenziell zu niedrig. Weder Produzenten noch Konsumenten haben einen Anreiz, diese sozialen Kosten zu berücksichtigen. Als Konsequenz ergibt sich eine überhöhte Konsummenge.

2.4.1.3   Natürliche Monopole

Von **„natürlichen" Monopolen** spricht man, wenn ein Alleinanbieter die gegebene Nachfrage kostengünstiger bedienen kann als mehrere Anbieter. Insbesondere bei leitungs- oder netzgebundenen Leistungen wie Gas-, Strom- und Wasserversorgung oder Telekommunikationseinrichtungen liegt oft eine solche Kostensituation vor. Wegen der hohen Netz- oder Leitungskosten verursacht das Angebot entsprechender Güter hohe Fixkosten und einen entsprechend hohen Kapitalbedarf, aber nur geringe variable Kosten. Ist das Versorgungsnetz ausgebaut, kann die Angebotsmenge eines Anbieters ausgeweitet werden, ohne dass erhebliche zusätzliche Kosten entstehen. Die Kostensituation ist also dadurch gekennzeichnet, dass die gesamten Durchschnittskosten auch bei großen Produktionsmengen weiterhin sinken, das Minimum der gesamten Stückkosten wird erst bei sehr großen Produktionsmengen erreicht, die Grenzkosten sind nahezu 0.

In den meisten Regionen gibt es nur einen Wasseranbieter. Er hat ein Leitungssystem geschaffen, das in den meisten Fällen die gesamte regionsinterne Nachfrage befriedigen kann. Bei hoher Dringlichkeit des Bedarfs kann ein solcher Anbieter hohe Preise fordern; er unterliegt keinem Druck zu effizienter Leistung und hoher Produktqualität, da wegen des hohen Investitionsbedarfs die Gefahr gering ist, dass potentielle Konkurrenten in den Markt eintreten.

Werden solche Leistungen durch konkurrierende Anbieter erbracht, die parallele Leistungsnetze erstellen, besteht die Gefahr, dass sich diese Investitionen wegen der hohen Fixkosten als Fehlinvestitionen herausstellen. In diesem Fall erreicht jeder einzelne Anbieter nur geringe Absatzmengen, obwohl er ohne große Zusatzkosten den gesamten Markt versorgen könnte.

Bei dieser Kostenkonstellation kann das Kostenminimum möglicherweise sogar oberhalb der gesamten Marktnachfrage liegen. Dies wird in Abb. 2.43 verdeutlicht. Typisch für die dargestellte Kostensituation ist, dass die Grenzkosten bei kleinen und mittleren Produktionsmengen unter den Durchschnittskosten liegen. Bei einem Angebot entsprechend der Preis-Grenzkosten-Regel (Punkt W) wird in der dargestellten Situation das Minimum der gesamten Durchschnittskosten, das Betriebsoptimum B, nicht erreicht. Vielmehr entsteht ein Verlust (schraffierte Fläche), so dass das Angebot unter Wettbewerbsbedingungen nicht langfristig aufrechterhalten werden kann.

Es besteht die Gefahr, dass Anbieter mit geringer Auslastung Verluste erleiden. In diesem Fall könnte ein Anbieter mit großer Kapazität durch (zeitlich befristet) niedrige Preise Konkurrenten vom Markt verdrängen, um selbst langfristig eine höhere Auslastung und damit niedrigere Stückkosten zu realisieren. Verdrängt er die Konkurrenten erfolgreich vom Markt, unterliegt er keiner Konkurrenz mehr und muss die Stückkostenvorteile möglicherweise nicht an die Nachfrager weitergeben. Diese Strategie können vor allem kapitalstarke Unternehmen finanzieren, es besteht also die Gefahr dass nur kapitalstarke Anbieter sich am Markt halten können. In diesem Fall würde der Markt auf die Monopolsituation mit einem Angebot entsprechend dem Cournotschen Punkt C zusteuern, bei dem die Angebotsmenge sehr niedrig und der Marktpreis sehr hoch wäre. Es würden nur wenige, zahlungskräftige Nachfrager mit den entsprechenden Gütern versorgt. Möglicherweise würde gerade da kein Angebot erstellt, wo ungünstige Angebotsbedingungen vorliegen, eine flächendeckende Versorgung mit entsprechenden Leistungen würde im gewinnmaximierenden Monopol nicht erreicht.

Märkte, deren Struktur die Bildung natürlicher Monopole begünstigt und die daher unbefriedigende Marktergebnisse erwarten lassen, können staatlich organisiert werden. Ein öffentlich kontrolliertes Monopolangebot soll zum einen dazu beitragen, dass der alleinige Anbieter Angebotsmengen nahe dem Kostenminimum realisieren kann. Damit würde gleichzeitig eine bessere Auslastung der geschaffenen Kapazitäten ermöglicht und das Ziel einer besseren Marktversorgung zu einem niedrigeren Preis erreicht, woran bei vielen Gütern ein sozialpolitisches Interesse besteht. Zum anderen soll die öffentliche Kontrolle den Monopolmissbrauch verhindern.

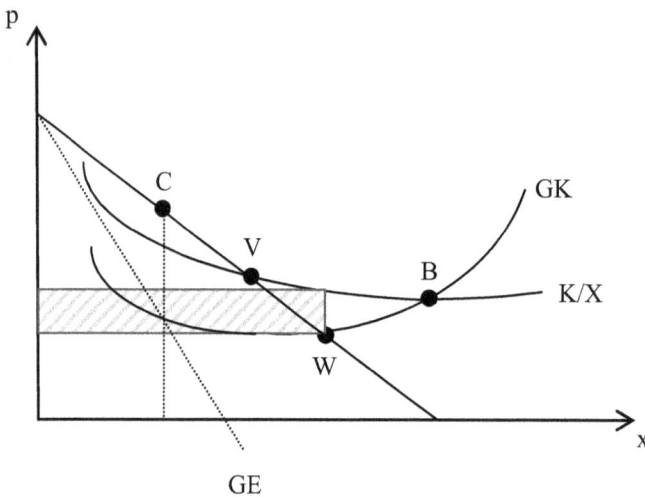

Abb. 2.42: Angebotssituation beim natürlichen Monopol

Dabei stellt sich die Frage, welcher Preis in dieser Situation angemessen wäre. In der in Abb. 2.43 dargestellten Situation liegt die Sättigungsmenge etwa bei der Menge, bei der die Durchschnittskosten minimal wären. Bei einem Angebot zu einem Preis, der den Grenzkosten entspricht (vgl. Punkt W: Wettbewerbssituation), entstünde ein Verlust, der langfristig nur durch Subventionen auszugleichen wäre. Bei einem Preis, der den Durchschnittskosten entspricht (vgl. Punkt V: Prinzip der Vollkostendeckung), würden zwar die Kosten gedeckt, fraglich ist aber, ob in dieser Situation langfristig effiziente Produktionsbedingungen gesichert werden. Solange Kostendeckung garantiert ist, besteht für den Anbieter kaum ein Anreiz, kostensenkende Verbesserungen der Produktionsbedingungen zu entwickeln und zu realisieren. Aus dieser Problematik ergibt sich die Forderung, natürliche Monopole durch Öffnung der Märkte für private Anbieter stärker dem Wettbewerb zu unterwerfen.

Die Bundesnetzagentur wird zehn
Wettbewerb im Netz

Am Donnerstag bekommt Agentur-Chef Matthias Kurth Besuch von der Kanzlerin

27. Februar 2008 Protokollarisch betrachtet, hat die Bundesnetzagentur die Nase vorn. Zum zehnjährigen Bestehen am Donnerstag gibt sich Kanzlerin Angela Merkel die Ehre, während sich das Bundeskartellamt bei seiner Fünfzig-Jahr-Feier mit dem Bundeswirtschaftsminister als Festredner bescheiden musste. Auch wenn die Ungleichbehandlung wenig über die politische Wertschätzung aussagt: Die einst als Übergangslösung aus der Taufe gehobene Netzagentur hat sich zu einer festen Größe in der deutschen Wettbewerbsaufsicht etabliert.

Höchstens zehn Jahre hatte der frühere Wirtschaftsminister Günter Rexrodt der damaligen Regulierungsbehörde für Telekommunikation und Post bei ihrer Gründung zugebilligt. Das werde genügen, um das Monopol der Deutschen Telekom zu knacken und die sektorspezifische Regulierung durch die allgemeine Wettbewerbsaufsicht des Kartellamtes zu ersetzen. Rexrodts Prognose ist ein frommer Wunsch geblieben. Weder in der Telekommunikation und noch viel weniger auf dem Postmarkt ist ein sich selbst tragender Wettbewerb in Sicht. In beiden Branchen dominiert mit großem Abstand das frühere Staatsunternehmen; ohne behördliche Eingriffe wären die Anfänge von Konkurrenz schnell wieder dahin. Neue Aufgaben sind hinzugekommen: Mitte 2005 die Kontrolle über die Strom- und Gasnetze, danach die Aufsicht über das Schienennetz der Deutschen Bahn.

Natürliche Monopole

Was die verschiedenen Branchen verbindet, sind ihre natürlichen Monopole. Der Wettbewerb versagt, weil sich der Bau konkurrierender Eisenbahn- oder Hochspannungsnetze nicht rechnet. Deshalb hat der Staat die Versorgung solcher Märkte lange Zeit entweder selbst in die Hand genommen oder, wie in der Energiewirtschaft, Versorgungsgebiete einzelnen Unternehmen übertragen. Netzgebundene Branchen waren Behörden. So arbeiteten sie meistens auch: gemächlich, teuer und ohne Innovationsdruck. Denn das Netzmonopol bescherte dem Betreiber die Alleinherrschaft über die Leistungen, die auf der Infrastruktur erbracht wurden. So sicherte das einheitliche Netz zwar Größen- und Verbundvorteile, doch bei den Kunden kam davon nicht viel an.

Das Netzeigentum der früheren Monopolisten hat die in den neunziger Jahren eingeleitete Liberalisierungspolitik nicht angetastet. Ihr Ordnungskonzept zielt darauf ab, Wettbewerb im Rahmen der bestehenden Netzen zu ermöglichen. Dafür brauchen Konkurrenten den Zugang zur Infrastruktur, und zwar zu technischen Bedingungen und Preisen, die Chancengleichheit mit dem zu Beginn jeweils marktbeherrschenden Netzbetreiber garantieren. Hier das richtige Gleichgewicht zu finden ist eine Gratwanderung zwischen Wettbewerb und sozialverträglichem Umbau der früheren Monopolunternehmen. Die Regulierung ist zudem auf Informationen und die Zusammenarbeit jenes Unternehmens angewiesen, das den Wettbewerb scheut wie der Teufel das Weihwasser. Jeder Eingriff in das alte Monopol erzeugt Widerstand von Gewerkschaften und Politikern, die um Arbeitsplätze und Privilegien fürchten.

Die Telefonpreise sind gefallen, das Porto nicht

Die Kritik, die der Regulierung seitens der Deutschen Telekom und der Gewerkschaft Verdi entgegenschlägt, ist vielleicht der beste Beleg dafür, dass das Konzept in der Telekombranche funktioniert. Billigvorwahlnummern etwa brachten die Telefonpreise schnell ins Rutschen. Bei Auslandsverbindungen und Ferngesprächen hat sich die Netzagentur mittlerweile sogar auf eine nachträgliche Missbrauchsaufsicht zurückgezogen und die Preisvorgaben beendet. Nach dem Dienstewettbewerb auf dem Netz der Telekom beschleunigt sich allmählich auch der Infrastrukturwettbewerb. Der Exmonopolist beherrscht zwar immer noch vier von fünf Festnetzanschlüssen, die Tendenz ist allerdings eindeutig rückläufig.

Trüber sieht es auf dem Postmarkt aus. Erst wurde die Aufhebung des Briefmonopols auf Anfang 2008 verschoben; dann kam der Mindestlohn, der Rivalen auch ohne Monopol in Schach hält. Im schlimmsten Fall wird er sogar die bescheidenen Erfolge wieder zunichtemachen, welche die Regulierungsbehörde erzielt hat, indem sie die Lücken im Monopol konsequent für die Vergabe von Brieflizenzen an alternative Anbieter genutzt hat.

Die Politik unterläuft immer wieder den Einsatz der Netzagentur

Direkte politische Einmischung in die Arbeit der Netzagentur hat es zwar bisher nur einmal gegeben: Im Jahr 2000 verhinderte die Bundesregierung eine Senkung der Portopreise. Doch unterläuft die Politik immer wieder den Einsatz der Netzagentur für mehr Wettbewerb und niedrigere Preise. Beispiel Telekommunikation: Während die Agentur für freie Fahrt auf der Kupferleitung in die Kundenhaushalte kämpft, erschwert der Gesetzgeber ihren Zugriff auf das neue Glasfasernetz und verschafft der Deutschen Telekom so neue Wettbewerbsvorteile. Beispiel Energie: Die Netzagentur setzt eine spürbare Senkung der Netznutzungsentgelte durch, aber die höhere Mehrwertsteuer und Zusatzlasten für Windenergie fressen den Effekt für die Verbraucher wieder auf.

Unter solchen Bedingungen wird die Arbeit der Netzagentur zum Feigenblatt einer verfehlten Steuer- und Wirtschaftspolitik. Die Kanzlerinnen-Visite wäre eine gute Gelegenheit, auch diese Seite der Medaille zur Sprache zu bringen.

Quelle: Text F.A.Z., 27.02.2008, Nr.49, S.11. www.faz.net, Abfrage vom 23.3.2009.

In Ausnahmefällen werden Monopolangebote als Ausnahmebereiche auch politisch begründet, etwa wenn man spezielle Angebote flächendeckend zum selben Preis anbieten möchte, um die Lebensbedingungen in verschiedenen Regionen anzugleichen. Beispielsweise verursachen Transportleistungen in gering verdichteten Regionen wegen der schlechteren Auslastung der Kapazitäten normalerweise höhere Kosten. Sollen z.B. Pakete zu einheitlichen Preisen befördert werden, kann man das dadurch erreichen, dass ein Alleinanbieter eine Mischkalkulation vornimmt, also Transportleistungen in oder aus geringer verdichteten Gebieten teilweise mit Gewinnen aus Transportleistungen innerhalb von hochverdichteten Regionen finanziert. Eine solche Mischkalkulation wird im Fall des privaten Angebots entsprechender Leistungen nicht erfolgen, wenn kein Zwang dazu besteht, weniger effiziente Angebotselemente aufrecht zu erhalten.

Öffentliche geschützte Monopole werden allerdings häufig als ineffizient angesehen. Im Übrigen haben private Anbieter (aus dem In- und Ausland) keinen Zutritt zu diesen Märkten, so dass – auch von Seiten der Europäischen Union, die den europaweiten gemeinsamen Markt anstrebt – die Forderung nach Marktöffnung erhoben wird. Einfach formuliert muss in diesem Fall zugelassen werden, dass parallele Versorgungsnetze erstellt werden – wegen der besonderen Kostensituation und wegen der unsicheren Gewinnperspektiven kann es aber sein, dass sich keine privaten Investoren finden. Alternativ kann man zulassen, dass das bereits (öffentlich) erstellte Netz der bisherigen Monopolanbieter von Konkurrenten mitgenutzt werden kann. Strittig ist in diesem Fall,

- wem das Netz gehören soll,
- wie hoch ggf. das Entgelt für die Mitbenutzung der Netze durch die neuen Anbieter ist und
- wie die Investitionen in die Netzwartung und den Netzausbau finanziert werden sollen.

Es besteht einerseits die Gefahr, dass die bisherigen Monopolisten die Nutzung der Leitungsnetze durch die Neuanbieter durch hohe Nutzungsentgelte erschweren, andererseits muss der Netzbetreiber Investitionen in die Erhaltung und in den Ausbau der Netze tätigen, die allen Anbietern zugute kommen. In Deutschland wurde daher 1998 zunächst eine Regulierungsbehörde für Telekommunikation und Post gegründet, die seit 2005 als Bundesnetzagentur für den Wettbewerb in den Märkten für Elektrizität, Gas, Telekommunikation, Post und seit 2006 auch für Eisenbahnen zuständig ist. In diesen fünf netzgebundenen Angebotsbereichen soll sie dafür sorgen, dass der Netzzugang den neuen Anbietern diskriminierungsfrei ermöglicht wird und dass effiziente Nutzungsentgelte verlangt werden, die den Wettbewerbern der früheren Monopolisten die Chance gibt, sich erfolgreich am Markt zu halten. Die Liberalisierung soll insgesamt Wachstumschancen eröffnen und die Marktversorgung für die Verbraucher durch Wettbewerb verbessern. In einigen der Teilbereiche kommt der Wettbewerb bisher allerdings nur zögernd in Gang.

2.4.2   Steuern und Subventionen zur Korrektur des Güterangebots auf Märkten

Bei einer Reihe von Gütern, die privatwirtschaftlich angeboten und über den Markt verteilt werden können, versucht der Staat, als unbefriedigend empfundene Marktergebnisse nicht über Regulierungen sondern durch Beeinflussung der finanziellen Bedingungen zu gestalten. Dies geschieht z.B. in Form von **Verbrauchssteuern** und **Subventionen**. Beispielsweise werden Zigaretten und Alkohol durch Steuern verteuert, um die Nachfragemenge zu senken, oder es werden Subventionen gewährt – also Zahlungen an Unternehmen geleistet, denen keine direkte Gegenleistung gegenübersteht -, damit diese Unternehmen ihr Angebot aufrechterhalten können. Dabei wird die Steuerung über Preise und Märkte nicht außer Kraft gesetzt, sondern benutzt, um erwünschte Lenkungseffekte zu erreichen.

Bei der Einführung des bleifreien Benzins wurden den Autofahrern Anreize zum Übergang vom verbleiten zum bleifreien Benzin gegeben. Dabei wurde zum einen eine reduzierte KFZ-Steuer für Katalysator-Fahrzeuge erhoben, der Betrieb eines umweltfreundlicheren Autos also gegenüber dem traditionellen Fahrzeug verbilligt. Gleichzeitig wurde bleifreies Benzin geringer besteuert als verbleites, so dass aufgrund der geringeren Belastung mit Mineralölsteuern bleifreies Benzin zu niedrigeren Preisen angeboten wurde als verbleites. Beide Maßnahmen zusammen beschleunigten den Prozess des Übergangs zu Katalysator-Fahrzeugen, die mit bleifreiem Benzin gefahren werden können. Trotz der staatlichen Interventionen blieb die Entscheidung, zu entsprechenden Katalysator-Fahrzeugen zu wechseln, den Konsumenten überlassen. Der Prozess wurde im Wesentlichen durch Preissignale gesteuert.

Zwar erhebt der Staat Steuern primär um Einnahmen zu erzielen. Die Besteuerung von Gütern kann aber – wie angedeutet – auch Lenkungseffekte anstreben. Dies geschieht z.B. zur Korrektur von negativen externen Effekten. Bei Vernachlässigung negativer externer Effekte der Produktion wird eine „zu große" Menge produziert und zu einem „zu geringen" Preis angeboten (s.o.). Eine Steuer kann dieses Ergebnis korrigieren. Muss der Anbieter eine Steuer an den Staat abführen, verteuert sich das Angebot des besteuerten Gutes. Wird beispielsweise ein konstanter Steuerbetrag t je Mengeneinheit erhoben (Mengensteuer), so verschiebt sich die Angebotsfunktion um den Betrag t parallel nach oben (vgl. Abb. 2.44). Die Anbieter versuchen, die Steuer auf die Verbraucher zu überwälzen und die „alte" Menge x_0 zum neuen Preis p_1 anzubieten. Die Überwälzung gelingt aber nicht in vollem Umfang, weil in diesem Fall die Nachfrage nach dem Gut zurückgeht. Die Mineralölsteuer drosselt z.B. den Kraftstoffverbrauch. Im Ergebnis kommt es unter sonst gleichen Bedingungen zu einem Preisanstieg von p_0 nach p' und einem Mengenrückgang von x_0 auf x'. Die Steuereinnahme des Staates beträgt dann tx', sie lässt sich in Abb. 2.44 durch das Rechteck ABCD darstellen. Den schraffierten unteren Teil dieser Steuerlast tragen die Anbieter. Den oberen Teil tragen die Nachfrager. Wie sich die Steuerlast auf Anbieter und Nachfrager verteilt, hängt von der Preiselastizität des Angebots und der Nachfrage ab. Die Marktseite mit der flacheren Kurve, d.h. die Marktseite, die preisempfindlicher reagiert, trägt den geringeren Teil der Steuerlast.

Ob durch die Steuer die Wirkung negativer externer Effekte in richtiger Weise korrigiert werden kann, hängt allerdings davon ab, ob der „richtige" Steuersatz gefunden wird. Dies ist – insbesondere bei externen Effekten, die in ihrer Intensität variieren – unsicher. Problematisch ist auch, dass es aufgrund der Steuer zu einem Auseinanderfallen von Faktorkosten und Marktpreis kommt: Der Anbieter erlöst (ohne Steuern) nur p'a, der Nachfrager muss p' bezahlen. Die verschiedenen Marktteilnehmer erhalten unterschiedliche Marktsignale. Dies führt zu Wohlfahrtsverlusten.

Auf der anderen Seite gewährt der Staat für bestimmte Güter Subventionen. Sie ermöglichen es Unternehmen, die mit ungünstiger Kostenstruktur arbeiten, ihre Preise unter die Stückkosten zu senken, so dass sie ihr Angebot am Markt aufrechterhalten können.

Dies geschieht z.B. um wirtschaftsstrukturelle Probleme zu mildern (z.B. Werftenhilfen). Subventionszahlungen an Anbieter verbilligen das Angebot der entsprechenden Güter. Bei einem konstanten Subventionsbetrag s pro Mengeneinheit verschiebt sich die Angebotsfunktion parallel nach unten (vgl. Abb. 2.44). Die Subvention bewirkt daraufhin ceteris paribus eine Mengenausdehnung von x_0 auf x_1 und einen Rückgang des Marktpreises von p_0 auf p_1.

Das staatliche Subventionsvolumen ergibt sich als sx_1 (Rechteck EFHI in Abb. 2.44). Die Subventionen begünstigen allerdings auch die Nachfrager des betreffenden Gutes, die eine größere Menge des Gutes für einen geringeren Preis kaufen können. Wie sich der Nutzen aus der Subvention auf Angebot und Nachfrage verteilt, hängt vom Verhältnis der Steigungen der Angebots- und Nachfragekurve ab. Die Marktseite mit der steileren Kurve erlangt den größeren Teil des Vorteils.

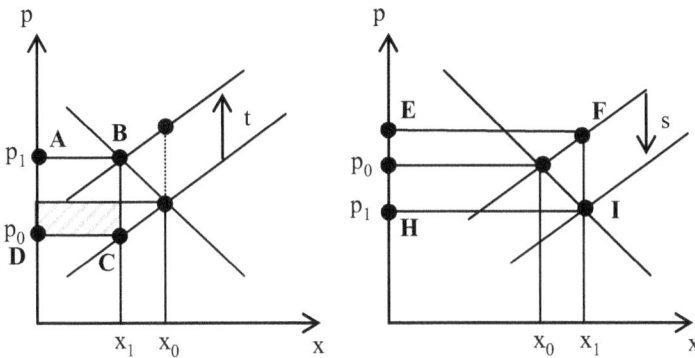

Abb. 2.43: Wirkungen von Mengensteuern und Subventionen

Staatliche Steuern und Subventionen setzen den Preismechanismus nicht außer Kraft, sie ändern nur die Rahmenbedingungen für die Preisbildung und ändern die relativen Preise zwischen besteuerten und nicht besteuerten Gütern. Sie sind insoweit marktkonform, ändern aber trotzdem die Marktergebnisse. Eine Verteuerung von Gütern durch Steuern reduziert die Nachfragemenge; die Subventionierung ermöglicht auch Unternehmen, die am unter Wettbewerbsbedingungen keine kostendeckenden Preise erzielen könnten, ihr Angebot aufrechtzuerhalten. Die Selektionsfunktion des Marktes wird unterlaufen, insofern sind Subventionen nicht ordnungskonform, obwohl sie die Preisbildung nicht außer Kraft setzen. Die gesamtwirtschaftliche Beurteilung von Steuern und Subventionen hat allerdings auch zu berücksichtigen, dass oftmals erfolgreiche Unternehmen besteuert werden müssen, um weniger erfolgreiche Unternehmen zu subventionieren.

2.4.3   Aufgaben

1. Was verstehen Sie unter Marktversagen? Diskutieren Sie anhand der Kriterien für öffentliche Güter, ob das Gut „Deichbau" über den Markt angeboten werden kann.
2. In vielen Ländern werden Schulen und Hochschulen aus öffentlichen Mitteln finanziert.
    a) Erläutern Sie am Beispiel des Bildungswesens, was Sie unter meritorischen Gütern verstehen und wie sich die öffentliche Finanzierung dieser Leistungen begründen lässt.
    b) Nennen Sie mindestens ein Beispiel für ein spezifisch öffentliches Gut und stellen Sie dar, warum bei solchen Gütern der Preismechanismus versagt.

3. Erläutern Sie am Beispiel der Umweltverschmutzung, was Sie unter externen Effekten verstehen und welche Auswirkungen diese auf die Steuerungsfunktion der Marktpreise haben. (Gehen Sie dabei auf die Begriffe „Knappheitspreis" und „gesamtwirtschaftliche Kosten" ein!)

4. Diskutieren Sie, warum bei den so genannten natürlichen Monopolen ein befriedigendes Angebot der entsprechenden Güter über den Markt wenig wahrscheinlich ist. Wählen Sie dazu ein geeignetes Beispiel!

5. Bei funktionierender Marktsteuerung ergibt sich eine Einkommensverteilung entsprechend der Marktleistung. Diskutieren Sie, warum trotzdem in vielen Ländern dem Staat eine distributive Aufgabe zugewiesen wird.

6. Auf dem Markt für normale Brötchen in einem Ort herrsche vollständige Konkurrenz.

    a) Entwerfen Sie eine Abb. mit typisch verlaufender Angebots- und Nachfragekurve. Deuten Sie an, welcher Marktpreis mittelfristig zustande kommt (p*) und welche Menge (x*) dann umgesetzt wird.

    b) Einige Ratsmitglieder sind der Ansicht, dass die Brötchen zu teuer sind. Sie fordern, dass die Brötchen höchstens die Hälfte von p* kosten dürfen. Welche Auswirkung hätte die Umsetzung einer entsprechenden Bestimmung auf die Verkaufsmenge? Welche „Nebenwirkungen" könnte eine solche Bestimmung haben?

    c) Welche Auswirkung hätte (demgegenüber) die Gewährung von Subventionen an Bäcker, die sich in diesem Ort neu ansiedeln wollen?

7. Diskutieren Sie die folgende These: Subventionen können – je nach Ausgestaltung – den Selektionsprozess zeitlich strecken oder die Marktsteuerung ganz außer Kraft setzen.

3 Wettbewerb

3.1 Einführung in die Wettbewerbstheorie und Leitbilder der Wettbewerbspolitik

Lernziele

In diesem Kapitel

- erfahren Sie, welche Funktionen wirtschaftlicher Wettbewerb erfüllt.
- verstehen Sie den Unterschied zwischen statischen und dynamischen Wettbewerbsfunktionen.
- lernen sie verschiedene Leitbilder der Wettbewerbspolitik kennen, die unterschiedliche wirtschaftspolitische Maßnahmen zum Schutz des Wettbewerbs nahe legen.
- verstehen Sie, dass die dynamischen Wettbewerbsfunktionen für die wirtschaftliche Entwicklung wichtiger sind als die statischen.
- erfahren Sie, dass die Wettbewerbssituation bei unterschiedlichen Marktkonstellationen anhand der Kriterien Marktstruktur, Marktverhalten und Marktergebnis beurteilt werden können und dass manchmal zwischen guten Marktergebnissen und Wettbewerbsfreiheit abzuwägen ist.

3.1.1 Definition und Funktionen des wirtschaftlichen Wettbewerbs

Wettbewerb liegt vor, wenn mehrere Interessenten das gleiche Ziel verfolgen, es aber nicht gleichzeitig erreichen können. Unter **wirtschaftlichem Wettbewerb** ist ein rivalisierendes Verhalten wirtschaftlicher Akteure zu verstehen, die als Anbieter oder Nachfrager auf Märkten durch bestimmte Aktionen ihren Erfolg steigern wollen. Das rivalisierende Verhalten geht zumeist zu Lasten der direkten Konkurrenten. Akteure auf der anderen Marktseite oder in nachgelagerten Wirtschaftsbereichen profitieren dagegen im Regelfall von diesem Wettbewerb.

Der wirtschaftliche Wettbewerb vollzieht sich mit Hilfe unterschiedlicher Aktionsparameter. Die Theorie des Marktes betont den **Preis- und Kostenwettbewerb**. Der Kostenwettbewerb bewirkt, dass Unternehmen einen Anreiz haben, die benötigten Güter mit geringstmöglichem Verbrauch von Produktionsfaktoren herzustellen. Unternehmen konkurrieren jedoch auch beim Service, bei der Qualität der angebotenen Güter und bei der gesamten Organisations-, Marketing- und Vertriebsstruktur.

Für die wirtschaftliche Entwicklung ist darüber hinaus besonders der **dynamische Wettbewerb** mit neuen Gütern und Verfahren von Bedeutung. Dynamische Unternehmen realisieren Produktinnovationen in der Hoffnung, am Markt höhere Preise und damit höhere Gewinne zu erzielen. Dazu tragen auch Verfahrensinnovationen bei, mit denen die Kosten gesenkt oder die Qualität der Produkte verbessert werden können. Durch diesen vorstoßenden Wettbewerb der Pioniere bzw. Innovatoren werden zugleich alte Produkte und Verfahren be- bzw. verdrängt. Nach J. Schumpeter lässt sich dieser Vorgang als **Prozess der schöpferischen Zerstörung** bezeichnen. Sind die neuen Produkte und Verfahren am Markt erfolgreich, so setzt ein nachstoßender Wettbewerb der Nachahmer bzw. Imitatoren ein. Die Monopolpositionen der Innovatoren erweisen sich als vorübergehend, die Vorsprungsgewinne werden „abgeschmolzen". Dynamischer Wettbewerb besteht also aus einer **Abfolge von Innovationen und Imitationen**. Er ist ein anhaltendes Entdeckungsverfahren mit offenem Ausgang und damit Triebfeder der wirtschaftlichen Entwicklung.

Wettbewerb wird im Übrigen auch indirekt wirksam. Ein Inhaber von Übertragungsrechten für Tennisspiele im Fernsehen steht z.B. in indirektem Wettbewerb mit Inhabern von Übertragungsrechten für Fußballspiele, ferner mit der Filmindustrie, mit den Betreibern von Golfplätzen und Vergnügungsparks sowie mit Anbietern von Reisen. Letztlich konkurrieren alle Anbieter um das begrenzte Budget und um die Zeit der privaten Verbraucher sowie um die zur Produktion benötigten Faktoren. Wettbewerb ist somit ein alles durchdringender Tatbestand wirtschaftlicher Aktivität und marktlicher Koordinationsvorgänge.

Wettbewerb gilt vielfach als Absicherung von Freiheitsrechten im wirtschaftlichen Handeln. Insofern erfüllt er eine **Freiheitsfunktion**: dadurch, dass Alternativen bereitgestellt werden, ermöglicht Wettbewerb den Marktteilnehmern ein hohes Maß an Entscheidungs- und Wahlfreiheit. Dadurch wird gleichzeitig der Aufbau von Machtpositionen erschwert, die genutzt werden können, um die Handlungsspielräume anderer zu beschränken. Der Wettbewerb trägt somit zur **Kontrolle wirtschaftlicher Macht** bei.

Darüber hinaus wird Wettbewerb als Instrument zur Sicherung guter Marktergebnisse gesehen. Damit die dezentrale Koordination über Märkte gut gelingt, muss der Wettbewerb weitere Funktionen erfüllen, die sich idealisierend wie folgt zusammenfassen lassen:

Statische Wettbewerbsfunktionen: der Wettbewerb sorgt dafür, dass die bereits vorgestellten Preisfunktionen erfüllt werden (vgl. Kapitel 1.3). Die Pläne von Anbietern und Nachfragern werden im Wettbewerb aufeinander abgestimmt (**Koordinationsfunktion**, Produktion entsprechend den Konsumentenwünschen). So werden Faktoren von schrumpfenden Märkten abgezogen und verstärkt in die Produktion von Gütern gelenkt, nach denen steigende Nachfrage besteht. Dadurch ergibt sich die Zusammensetzung des Güterangebotes weitgehend gemäß den Konsumentenpräferenzen. Zugleich erzwingt der Wettbewerb Effizienz in der Produktion (d.h. sparsamer Faktorverbrauch) und hält dadurch insgesamt die Kosten und Preise niedrig. Die Faktoren werden im Wettbewerb in die produktivsten Verwendungen

gelenkt (**Allokationsfunktion**). Der Wettbewerb sorgt ferner für den Abbau nicht leistungs-
gerechter Einkommen bzw. dafür, dass sich die Entlohnung der Faktoren an deren Marktbe-
wertung orientiert (**Verteilungsfunktion**).

Dynamische Wettbewerbsfunktionen: Wer die Kundenwünsche nicht gut erkennt und
empfundene Knappheiten nicht wirksam reduziert, fällt im Wettbewerb zurück (**Auslese-
funktion**). Wettbewerb spornt die Marktteilnehmer an, leistungsfähiger als andere zu sein.
Die Haushalte streben durch ein besseres Angebot an Faktorleistungen nach höherem Einkommen; Unternehmen suchen nach neuen, kostengünstigen Verfahren und nach neuen,
bedarfsgerechten Produkten (**Leistungsanreizfunktion**). Dieser Leistungsanreiz bezieht sich
generell auf die Fähigkeit zur Anpassung an den Strukturwandel, also auf Änderungen der
Angebotsbedingungen und der Kundenwünsche (**Anpassungsfunktion**), besonders aber auf
Innovationen bzw. auf technischen Fortschritt (**Fortschrittsfunktion**). Aus Sicht der Konsumenten erweitert und verbessert sich im Zuge des dynamischen Wettbewerbs das Güterangebot.

Ein in diesem Sinn wirksamer Wettbewerb verbessert insgesamt das Preis-Leistungs-
Verhältnis von Produkten und erhöht die gesamtwirtschaftliche Versorgung mit Gütern. Es
stellt sich jedoch die Frage, wie der Wettbewerb beschaffen sein muss, damit diese Wettbewerbsfunktionen auch wirklich erfüllt werden. Darüber gehen die Meinungen auseinander,
so dass die Politik zur Verbesserung der Wettbewerbsvoraussetzungen umstritten ist. Daher
werden im Folgenden zunächst einige wettbewerbspolitische Leitbilder erläutert, die theoretisch fundierte Hinweise auf Marktkonstellationen geben, bei denen die Wettbewerbsfunktionen gut erfüllt werden. Daraus lassen sich entsprechende Empfehlungen für die Wettbewerbspolitik herleiten. Danach werden einige Bereiche der deutschen und der europäischen
Wettbewerbspolitik dargestellt und kritisch gewürdigt.

3.1.2   Vollständige Konkurrenz

Bis in die sechziger Jahre war das wettbewerbspolitische Leitbild in Deutschland die vollständige Konkurrenz (Polypol auf dem vollkommenen Markt). Dies wurde mit den in Abschnitt 2.3.1 bereits geschilderten günstigen Eigenschaften des Konkurrenzmarktgleichge-
wichtes bei offenem Marktzugang begründet: Der Preiswettbewerb bewirkt demnach bei
vollständiger Konkurrenz, dass im langfristigen Gleichgewicht alle Anbieter im Minimum
ihrer Durchschnittskosten (im Betriebsoptimum) und mit der günstigsten am Markt verfügbaren Produktionstechnik produzieren und dass keine ökonomisch ungerechtfertigten Gewinne anfallen. Daraus resultiert die günstigste Versorgung der Nachfrager, die unter den
gegebenen Umständen überhaupt denkbar ist. Zugleich ist die Verteilung der in der Produktion beschäftigten Faktoren optimal. Ferner ist die Machtballung sehr gering.

Das Modell der vollständigen Konkurrenz beruht allerdings auf restriktiven Annahmen bzw.
Bedingungen. Stark idealisierend ist vor allem die Bedingung der „atomistischen" Marktstruktur, die ein Mengenanpasser- bzw. Preisnehmerverhalten erzeugt. Auch das unterstellte
Fehlen von Markteintritts- bzw. -austrittsbarrieren, von Präferenzen und Qualitätswettbewerb, von Unsicherheit und Risiko sowie von Innovationen und technischem Fortschritt

führt zu einem vereinfachten Abbild der Realität. Vernachlässigt wird auch die Dauer von Anpassungsprozessen nach Störungen des Marktgleichgewichts.

Im Regelfall sind Marktzutritt und -austritt nicht ohne weiteres bzw. nicht sofort möglich. So können z.B. Technologievorsprünge einzelner Unternehmen den Marktzutritt für andere und damit das Entstehen „atomistischer" Marktstrukturen erschweren. Der technische Fortschritt und die Entwicklung neuer Produktqualitäten beeinträchtigen die Stabilität von Gleichgewichten und die Markttransparenz. Das Wettbewerbsverhalten der Marktteilnehmer schafft zudem oft Präferenzen und damit weitere Abweichungen vom Idealbild der vollständigen Konkurrenz. Schließlich behindern Unsicherheit, irrationales Verhalten und interne Organisationsprobleme der Marktteilnehmer das Zustandekommen eines Konkurrenzmarktgleichgewichts mit den geschilderten günstigen Eigenschaften. Außerdem brauchen die Anpassungsprozesse zum neuen Gleichgewicht nach Marktänderungen Zeit, in der Realität sind viel häufiger Übergangsphasen zwischen Marktgleichgewichten als die Marktgleichgewichte selbst zu beobachten. Im Modell der vollständigen Konkurrenz dominiert jedoch eine **statische**, auf den Gleichgewichtszustand bezogene **Sicht**. Die Optimalität des Konkurrenzmarktgleichgewichts bezieht sich nur auf den Preis und die Menge bereits bekannter, homogener Güter. Im Prinzip ist bei vollständiger Konkurrenz gar kein Platz für den dynamischen Wettbewerb mit unterschiedlichen Produktqualitäten und Produktionsverfahren, und insbesondere auch kein Platz für Innovatoren bzw. Pioniere. Pioniere hoffen auf Vorsprungsgewinne, die nicht sofort von der nachahmenden Konkurrenz beseitigt werden. Im Modell der vollständigen Konkurrenz würde jedoch bei vollständiger Transparenz und unendlicher Anpassungsfähigkeit ein Vorsprungsgewinn sofort neutralisiert. Wird aber der **dynamische Wettbewerb ausgeblendet**, so spielt Wettbewerb im Gleichgewicht kaum noch eine Rolle. Somit erscheint es gar nicht erstrebenswert, „vollständige Konkurrenz" auf allen Märkten herzustellen, sie könnte sogar den dynamischen Wettbewerb behindern. In der Praxis ist vollständige Konkurrenz auch kaum vollständig umsetzbar. Das Ziel, die Bedingungen der vollständigen Konkurrenz in der Realität herzustellen, ist daher nicht sinnvoll.

3.1.3   Leitbild des funktionsfähigen Wettbewerbs

3.1.3.1   Konzept des „workable competition"

Die Kritik am Leitbild der vollständigen Konkurrenz hat dazu geführt, dass Leitbilder der Wettbewerbspolitik formuliert wurden, bei denen der instrumentelle Charakter des Wettbewerbs im Vordergrund steht. Dabei wurden besonders die dynamischen Wettbewerbsfunktionen betont. Es sollten Merkmale von Märkten und Marktprozessen herausgestellt werden, bei denen die Konkurrenz der Anbieter untereinander auf statische und dynamische Effizienz hinwirkt.

Eine Hauptrichtung wird seit J. M. Clark (1940) durch das Schlagwort **workable competition (funktionsfähiger Wettbewerb)** umschrieben. Ausgangspunkt ist die These, dass bestimmte Marktunvollkommenheiten sich im Wettbewerb durchaus als nützlich erweisen können. Manche Abweichungen vom Ideal der vollständigen Konkurrenz können den Wettbewerb fördern. Wie aber sehen Märkte aus, auf denen statischer und dynamischer Wettbewerb besteht, der dafür sorgt, dass der technische Fortschritt sich rasch durchsetzt und die

Produktion sich schnell und flexibel an angebots- und nachfrageseitige Datenänderungen anpasst? Die Wettbewerbspolitik benötigt Anhaltspunkte dafür, unter welchen Bedingungen der Wettbewerb diese Funktionen erfüllen kann. Daher wird im Leitbild des funktionsfähigen Wettbewerb angestrebt, die Funktionsfähigkeit des Wettbewerbs auf konkreten Märkten mit Hilfe objektiver Kriterien zu messen und zu beurteilen. Dabei sind neben der **Marktstruktur** auch das **Marktverhalten** und das **Marktergebnis** zu berücksichtigen. Übersicht 3.1 zeigt wichtige Merkmalsgruppen bzw. Kriterien von Marktstruktur, Marktverhalten und Marktergebnis.

Markt*struktur*kriterien	Markt*verhalten*skriterien	Markt*ergebnis*kriterien
<ul><li>Zahl und relative Größe der Anbieter und Nachfrager, Streuung der Marktanteile,</li><li>Ausmaß der Produktdifferenzierung</li><li>Grad der Markttransparenz,</li><li>Höhe der Marktzutritts- bzw. Marktaustrittsschranken,</li><li>Verflechtung zwischen Anbietern,</li><li>Alter der Branche (Marktphase)</li></ul>	<ul><li>Preis- und Produktpolitik, Marketing- bzw. Verkaufsstrategien,</li><li>Neigung zu Wettbewerbsbeschränkungen bzw. Rivalitätsempfinden,</li><li>Innovationsverhalten,</li><li>Risikoneigung</li></ul>	<ul><li>Höhe von Kosten, Preisen, Gewinnen,</li><li>Kapazitätsauslastung, Effizienz der Produktion,</li><li>mengenmäßige Marktversorgung,</li><li>Innovationsleistung (Produkt- und Verfahrensinnovationen, organisatorische Innovationen),</li><li>Tempo von Anpassungsprozessen,</li><li>Produktqualität</li></ul>

Übersicht 3.1: Marktstruktur-, Marktverhaltens- und Marktergebniskriterien

Die Beurteilung ist also nicht auf eine bestimmte Marktform fixiert. Der dargestellte Kriterienkatalog ist allerdings unübersichtlich, die Kriterien sind nicht voneinander unabhängig und es bleibt unklar, wie die Kriterien zu gewichten sind. Zudem sind viele Kriterien nur schwer operationalisierbar. So ist z.B. fraglich, wie man das Rivalitätsempfinden messen kann. Nicht immer ist klar, welche Ausprägungen der Kriterien für bzw. gegen Funktionsfähigkeit sprechen. Deutet z.B. ein geringes Ausmaß von Produktdifferenzierung auf intensiven oder auf schwachen Wettbewerb hin? Es ist auch schwer, die Funktionsfähigkeit des Wettbewerbs zu beurteilen, wenn sich die genannten Merkmale gegenseitig beeinflussen. Oft führen Produktinnovationen zu abnehmender Markttransparenz, vor allem bei erklärungsbedürftigen Gütern (z.B. bei PCs).

Benötigt werden demnach einfache Verfahren, die es ermöglichen zu beurteilen, ob der Wettbewerb im Sinne statischer und dynamischer Effizienz funktioniert. Daher wurde versucht, die Funktionsfähigkeit des Wettbewerbs auf Märkten auf der Basis einfacherer Kriterienkataloge zu ermitteln, die konkrete Hinweise bzw. Empfehlungen für die Wettbewerbspolitik geben.

3.1.3.2   Konzept der optimalen Wettbewerbsintensität

Das Konzept der optimalen Wettbewerbsintensität, welches die deutsche Wettbewerbspolitik wesentlich beeinflusst hat, stammt von E. Kantzenbach (1967). Funktionsfähigkeit bezieht sich hier auf die **Wettbewerbsintensität**, d.h. auf die Geschwindigkeit, mit der temporäre Vorsprungsgewinne innovativer Unternehmen durch Aktionen der Konkurrenz „abgeschmolzen" werden. Diese Wettbewerbsintensität soll in einem näher zu beschreibenden Sinn optimal werden. Erfolgt beispielsweise die Reaktion der Konkurrenz auf einen Vorstoß des Pioniers zu schnell, kann kein ausreichender Vorsprungsgewinn entstehen. Der Anreiz zu innovativen Vorstößen erlahmt. Erfolgt die Reaktion auf den Vorstoß aber zu langsam, entstehen aus temporären Vorsprungsgewinnen dauerhafte Marktanteilsgewinne, die den Marktzutritt für Imitatoren erschweren. In beiden Fällen sind die Qualität der Marktergebnisse und damit die Wettbewerbsintensität nicht optimal. Nach Kantzenbach ist nicht eine bestmögliche Marktversorgung bei gegebenen Produktionsmöglichkeiten entscheidend (statische Effizienz), sondern hohe Innovationsraten, Flexibilität im Strukturwandel und eine hinreichend schnelle Verbreitung erfolgreicher Neuerungen (**dynamische Effizienz**).

Dynamischer Wettbewerb und hohe Wettbewerbsintensität sind im Prinzip mit verschiedenen Marktstrukturen vereinbar. Das Konzept zielt aber auf eine bestimmte Marktstruktur. Kantzenbach zufolge ist zwar die potentielle Wettbewerbsintensität umso größer, je geringer die Zahl der Wettbewerber ist (Ausnahme Monopol) und je homogener die gehandelten Güter sind. Sie ist also im Polypol gering und erreicht im Dyopol ein Maximum. Gleichzeitig wächst aber die Wahrscheinlichkeit eines wettbewerbsbeschränkenden Verhaltens mit abnehmender Anbieterzahl, zunehmender Homogenität der Güter und zunehmender Markttransparenz. Die effektive Wettbewerbsintensität ist laut Kantzenbach bei einer größeren Anbieterzahl, im Bereich weiter Oligopole, und bei einem Ausmaß an Heterogenität, das den Markt noch überschaubar bleiben lässt (mäßige Produktdifferenzierung und mäßig beschränkte Markttransparenz) optimal. Hier sind einerseits die Unternehmen finanzkräftig genug, um Innovationen finanzieren zu können. Die Reaktionsverbundenheit ist andererseits noch nicht so hoch, dass Verhaltensabstimmungen dominieren, aber doch hoch genug, um einen intensiven Wettbewerb anzufachen. Es ist zugleich mit potentieller Konkurrenz zu rechnen. Der Markteintritt ist im Regelfall leichter möglich als in hochkonzentrierten Märkten bzw. engen Oligopolen.

Nach Kantzenbach sollte die Wettbewerbspolitik anstreben, **weite Oligopole bei mäßiger Produktdifferenzierung** auf möglichst vielen Märkten zu schaffen. In polypolistischen Märkten wären Kooperationen und Zusammenschlüsse zu tolerieren. Enge Oligopole bzw. Monopole wären dagegen zu entflechten bzw. zumindest einer Missbrauchsaufsicht zu unterwerfen. Kantzenbach hat sich mit diesem Konzept von der Vielzahl der Wettbewerbskriterien des Workability-Konzeptes gelöst und seinen Ansatz im Prinzip auf die zwei Strukturkriterien Marktform und Marktunvollkommenheit beschränkt.

Das Konzept ist allerdings nicht unumstritten. Die Kritik konzentriert sich auf folgende Punkte:

- Die Begriffe „weites Oligopol", „mäßige Marktunvollkommenheit" und „Wettbewerbsintensität" sind unscharf und kaum messbar.

▪ Die Beurteilung wird auf die Merkmale Marktform und Marktunvollkommenheit redu-ziert. Trotzdem bleiben die unterstellten Kausalbeziehungen zwischen Marktform, Wettbewerbsintensität und Marktergebnissen unklar. Die reale Entwicklung von Märk-ten wird auch von anderen Merkmalen wie etwa Marktphase, Struktur der Marktgegen-seite und von eventuellen Marktzutrittsschranken beeinflusst. Ein Monopolist kann sich z.B. in einem offenen Markt mit potentieller Konkurrenz oft nicht wie ein Monopolist verhalten.

▪ Grundsätzlich ist es problematisch, wenn bestimmte Marktformen als positiv hervorge-hoben werden: Zum einen hängt die Marktform stark von der gewählten Marktabgren-zung ab. Wie Märkte richtig abgegrenzt werden, kann aber nicht generell bestimmt wer-den. Zum anderen ist der Wettbewerb ein offener Prozess, welcher die Marktstrukturen ständig verändert. Wird der Wettbewerb als „Entdeckungsverfahren" betrachtet, so sind dessen Ergebnisse grundsätzlich nicht voraussagbar, insofern kann keine Marktsituation als eindeutig „optimal" hervorgehoben werden, entscheidend für die Bewertung von Wettbewerbskonstellationen ist, ob der Wettbewerbsprozess darauf hinwirkt, dass stati-sche und dynamische Funktionen des Wettbewerbs zum Tragen kommen, sodass neue technische Möglichkeiten genutzt und die Produkte an sich ändernde Nachfragewünsche angepasst werden sowie ein ständiger Anreiz zu Kosten- und Preissenkungen und zum Abbau ungerechtfertigter Gewinne besteht.

3.1.4   Leitbild der Wettbewerbsfreiheit

Eine generelle Kritik am Leitbild des funktionsfähigen Wettbewerbs bezieht sich auf das dahinter stehende, instrumentell verengte Wettbewerbsverständnis. Wer den Wettbewerb nur danach beurteilt, ob er geeignet ist, „gute" Marktergebnisse hervorzubringen, reduziert ihn auf seine ökonomischen Funktionen und vernachlässigt seine Freiheitsfunktion. Den eher ergebnisorientierten Funktionsfähigkeits-Ansätzen steht vor diesem Hintergrund eine Denk-richtung gegenüber, die den Wettbewerb als eigenständiges Ziel versteht. Wegen der Frei-heit, die er verbürgt, ist der Wettbewerb selbst schon ein gesellschaftspolitisches Ziel. Dies ist der Kerngedanke des in Deutschland von E. Hoppmann (1977) vertretenen Leitbilds der Wettbewerbsfreiheit.

Zwischen Wettbewerbsfreiheit und ökonomischer Vorteilhaftigkeit des Wettbewerbs kann allerdings ein Zielkonflikt bestehen (**Dilemma-Problem**). Vertreter des Leitbilds des funkti-onsfähigen Wettbewerbs sind der Auffassung, manchmal müsse die Wettbewerbsfreiheit etwas reduziert werden, um gute Ergebnisse zu erzielen. Diese **Konfliktthese** findet ihren Niederschlag z.B. in den Regelungen zum Patentschutz (vgl. Abschnitt 3.2.3). Die Ein-schränkung der Wettbewerbsfreiheit der Imitatoren wird hingenommen, um eine befriedi-gende Menge an Innovationen hervorzulocken. Hoppmann vertritt dagegen die **Harmonie-these**: Wettbewerbsfreiheit führt im Regelfall auch zu zufrieden stellenden Marktergebnis-sen. Er argumentiert, dass bei Wettbewerbsfreiheit das Verhalten im Regelfall vom Willen zum Wettbewerb bestimmt ist („spirit of competition"), welcher bei Abwesenheit von Wett-bewerbsbeschränkungen letztlich auch zu zufrieden stellenden (wenngleich a priori unbe-kannten) Ergebnissen führe. Die Wettbewerbsfreiheit hat mehrere Dimensionen:

- Im **Austauschprozess** (im Verhältnis zur jeweils anderen Marktseite) ist darunter die Auswahlfreiheit zu verstehen, d.h. die Möglichkeit, unter mehreren Alternativen zu wählen. Nachfrager haben also Wahlmöglichkeiten zwischen Produkten mit unterschiedlichem Preis-Leistungsverhältnis.
- Im **Parallelprozess** (bezogen auf eine Marktseite) ist die Freiheit zum Marktzutritt und -austritt gemeint und die Freiheit, unterschiedliche Wettbewerbsparameter wie Preis, Service und Qualität unbeschränkt einzusetzen. Hier geht es also wesentlich darum, dass die Anbieter ihre absatzpolitischen Maßnahmen in Konkurrenz zueinander frei wählen können. Dies betrifft auch staatliche Regelungen. Beispielsweise könnte man Freiheit der Anbieter im Parallelprozess so deuten, dass sie die Möglichkeit haben müssen, ihre Ladenöffnungszeiten frei zu wählen.
- Im **dynamischen Prozess** beinhaltet Wettbewerbsfreiheit auf der Anbieterseite unter anderem die Freiheit zur Innovation und zur Imitation. Voraussetzung dafür ist freier Zugang zu neuem technischen Wissen. Auf der Nachfrageseite setzt Wettbewerbsfreiheit Wahlmöglichkeiten zwischen herkömmlichen und neuen Gütern voraus.

Die Wettbewerbsfreiheit findet allerdings ihre Grenze, wo der Freiheitsbereich anderer betroffen ist. Anzustreben ist somit eine relative Wettbewerbsfreiheit.

Ziel der Wettbewerbspolitik muss es diesem Leitbild zufolge sein, Marktprozesse zu ermöglichen, die durch das Fehlen von äußerem Zwang und unangemessener Marktmacht gekennzeichnet sind. Theoretisch wäre ein Verbot aller wettbewerbsbeschränkenden Handlungen angebracht. Dies ist aber nicht umsetzbar. Einige Konstellationen sind zudem als Ausnahmebereiche der Wettbewerbspolitik anzusehen. Starke Wettbewerbspositionen von Unternehmen sind z.B. zu tolerieren, wenn sie auf überlegener Marktleistung oder auf größenbedingten Kostenvorteilen einzelner Wettbewerber beruhen. Sind sie dagegen das Ergebnis „unfairer" Praktiken wie Preisabsprachen oder Zugangssperren, dann sind sie zu untersagen. Während die zuvor dargestellten, dem Leitbild des funktionsfähigen Wettbewerbs zugeordneten Konzeptionen primär bei der Marktstruktur bzw. bei den Marktergebnissen ansetzen, orientiert sich also das Leitbild der Wettbewerbsfreiheit eher am Marktverhalten.

Die Wettbewerbspolitik soll vor diesem Hintergrund primär auf freien Marktzugang hinwirken und künstliche privat oder staatlich verursachte Wettbewerbsbeschränkungen abbauen. Der Staat kann allerdings nicht alle Wettbewerbsbeschränkungen verhindern. Bei „natürlichen" Monopolen erscheint z.B. die Herstellung von Wettbewerbsfreiheit kaum möglich. Ferner soll die Wettbewerbsaufsicht Kartellstrukturen abwehren und im Übrigen darauf vertrauen, dass der Wettbewerb „funktioniert", wenn man ihn nicht künstlich beeinflusst.

Auch das Leitbild der Wettbewerbsfreiheit ist nicht frei von Mängeln. Die Kritik bezieht sich vor allem auf folgende Punkte:

- Der Begriff der Wettbewerbsfreiheit ist nicht operational definiert.
- Die Abgrenzung von Ausnahmebereichen ist nicht eindeutig. Sie erfordert letztlich doch die (zuvor abgelehnten) Marktergebnistests.
- Ein abschließender Verbotskatalog für „unfaire" wettbewerbsbeschränkende Praktiken erscheint unmöglich. Kombinationen erlaubter Praktiken können in der Summe durch-

aus wettbewerbsbeschränkende Wirkung haben. Folglich sind doch wieder Ermessensentscheidungen im Einzelfall erforderlich.

- Wettbewerbsfreiheit ist nicht zwangsläufig mit guten Marktergebnissen verbunden. Bei fehlender Bereitschaft zu kompetitivem Verhalten bzw. bei fehlendem „spirit of competition" kann Wettbewerbsfreiheit durchaus schlechte Ergebnisse hervorbringen. Es besteht die Gefahr, das Monopolrisiko zu unterschätzen und die mäßigende Wirkung der potentiellen Konkurrenz auf das Verhalten marktmächtiger Unternehmen zu überschätzen. Der Verzicht auf staatliche Eingriffe in Märkten mit hoher Machtballung kann durchaus auch wettbewerbsvermindernd sein.

- Die Vorstellung, Unternehmensgröße und Konzentration seien primär durch Produktionskostenvorteile bzw. überlegene unternehmerische Leistung begründet, ist einseitig. Größenvorteile sind nicht immer leistungsbedingt, sondern oft auch machtbedingt. Dass etablierte Großunternehmen bei Banken oft günstigere Finanzierungsbedingungen durchsetzen können als innovative Mittelständler, kann auf unterschiedlichen Risikoeinschätzungen der Kapitalgeber, aber auch auf Marktmacht der großen Unternehmen beruhen. Auf internationalen Märkten können bei Anwendung dieses Leitbilds überdies sehr große Unternehmen dominieren. Viele Länder müssten Unternehmensgrößen tolerieren, die national gesehen eher unerwünscht sind.

3.1.5   Fazit

Die dargestellten Leitbilder der Wettbewerbspolitik unterscheiden sich in Bezug darauf, welche Bedeutung den einzelnen Funktionen des Wettbewerbs zugemessen wird, und hinsichtlich der politischen Empfehlungen. Vor allem das Leitbild des funktionsfähigen Wettbewerbs versucht, praktikable Orientierungen für die Wettbewerbspolitik zu geben. Es stellt aber hohe Anforderungen an die Beurteilung des Wettbewerbs. (Wann ist z.B. eine Marktstruktur bzw. ein Marktergebnis „gut"?).

Leichter ist zu beurteilen, inwieweit die Freiheit des Wettbewerbs eingeschränkt ist; freie Betätigung im Wettbewerbsprozess sichert aber nicht automatisch gute Marktergebnisse. Das Leitbild der vollständigen Konkurrenz schließlich kann als eher „theoriegeleitete" Extremposition angesehen werden. Unter den konkurrierenden Leitbildern kann daher keine Konzeption als eindeutig überlegen gekennzeichnet werden. Übersicht 3.2. fasst die Kernaussagen der dargestellten wettbewerbspolitischen Leitbilder noch einmal zusammen.

Leitbild	Vollständige Konkurrenz	Funktionsfähiger Wettbewerb	Wettbewerbsfreiheit
Primäre Wettbewerbs funktionen	Statische Wettbewerbsfunktionen: gute Marktversorgung bei bekannten Gütern	Dynamische Wettbewerbsfunktionen; Sicherung befriedigender Marktergebnisse	Freiheitsfunktion
These	Markmacht verschlechtert die Marktergebnisse, Polypol ist die beste Marktform	Unterschiedliche Hypothesen zum Zusammenhang zwischen Marktstruktur, Marktverhalten und Marktergebnis	Freiheit des Wettbewerbs führt zu guten Ergebnissen
Prüffragen	Abweichung vom Polypol?	Abweichung zwischen tatsächlichen und gewünschten Marktstrukturen, -verhaltensweisen und -ergebnissen?	Einhaltung der Spielregeln des freien Wettbewerbs?
Empfohlene Maßnahmen	Fusionskontrolle, ggfs. Entflechtung	Marktergebnisauflagen, Marktverhaltensnormen, Marktstrukturinterventionen	Sicherung des freien Marktzugangs, Abbau von Zutrittsschranken

Übersicht 3.2: Kernaussagen wichtiger Leitbilder der Wettbewerbspolitik

3.1.6 Aufgaben

1. Schildern und erläutern Sie die wichtigsten Erscheinungsformen und Funktionen des Wettbewerbs.
2. Erläutern Sie, inwiefern bzw. in welchen Fällen Marktunvollkommenheiten eine Verbesserung der Wettbewerbsintensität bewirken oder anzeigen können.
3. Die deutsche Wettbewerbspolitik hat sich vom Leitbild der vollständigen Konkurrenz abgewandt und orientiert sich heute eher am Leitbild des funktionsfähigen Wettbewerbs.
   a) Erläutern Sie kurz die wesentlichen Elemente dieser beiden Leitbilder.
   b) Erläutern Sie, inwiefern das Konzept der optimalen Wettbewerbsintensität die dynamischen Wettbewerbsfunktionen berücksichtigt.
   c) Welche Kritik äußern die Vertreter des Leitbildes der Wettbewerbsfreiheit an der Zielvorstellung des funktionsfähigen Wettbewerbs?
   d) Was verstehen Sie unter dem Dilemma-Problem?

3.2   Wettbewerbspolitik in Deutschland und Europa

In diesem Kapitel

- erkennen Sie, dass die Wettbewerbskräfte nicht immer bzw. oft nur in sehr langen Zeit-räumen wirken und mittelfristig keinen hinreichenden Schutz vor Marktmacht bieten. Die Kontrollfunktion des Wettbewerbs reicht häufig nicht aus, um zu verhindern, dass sich wettbewerbsbeschränkende Praktiken ausbreiten. Daher ist Wettbewerbspolitik als Politik zur Aufrechterhaltung des Wettbewerbs erforderlich.

- lernen Sie drei Hauptinstrumente der Wettbewerbspolitik kennen: das Kartellverbot, die Fusionskontrolle und das Verbot der missbräuchlichen Ausnutzung marktbeherrschender Stellungen.

- erkennen Sie, dass das europäische Wettbewerbsrecht sich nur auf Fälle bezieht, in de-nen der gemeinsame Markt bzw. der Handel zwischen den Mitgliedstaaten betroffen ist (Zwischenstaatlichkeitsklausel).

- verstehen Sie, dass die Wirksamkeit der Wettbewerbspolitik dadurch beeinträchtigt ist, dass ihr ein einheitliches und operationalisierbares Leitbild fehlt, dass marktleistungsbe-dingte und „unbillige" Wettbewerbsbeschränkungen kaum trennscharf zu unterscheiden sind, dass die Instrumente mit Wirkungsdefiziten behaftet sind, und dass die Institutio-nen und Entscheidungsstrukturen Mängel aufweisen.

3.2.1   Ansätze und Institutionen der Wettbewerbspolitik

Unter Wettbewerbspolitik sind alle Maßnahmen staatlicher Institutionen zu verstehen, die darauf abzielen, einen funktionsfähigen Wettbewerbsprozess zu ermöglichen bzw. zu si-chern. Die wichtigsten Maßnahmen sind der **Wettbewerbsschutzpolitik** zuzuordnen, in manchen Sektoren, die bisher ganz oder teilweise vom Wettbewerb ausgenommen waren, scheint es aber auch erforderlich, Wettbewerb erst einmal herzustellen.

Ein Ansatz zur Herstellung von Wettbewerb ist die **Marktöffnungspolitik**. Im Bereich der Telekommunikation wurden z.B. die Märkte durch Aufhebung der Monopole für das Netz und den Telefondienst liberalisiert. Im Postbereich wurde das Beförderungsmonopol einge-schränkt. Die Bahnreform beinhaltet unter anderem einen Anspruch auf diskriminierungs-freien Zugang zum öffentlichen Schienennetz. Bei den leitungsgebundenen Energien Strom und Gas wurden eine Aufhebung der geschlossenen Versorgungsgebiete und eine Durchlei-tungsverpflichtung für Netzbetreiber beschlossen. Weitere Bereiche, in denen das Wettbe-werbsprinzip gestärkt werden konnte oder künftig gestärkt werden könnte, sind etwa Einrich-tungen des öffentlichen Personennahverkehrs, oder Einrichtungen der Abfall- und Abwas-serbeseitigung. Der Erfolg von Marktöffnung und Privatisierung hängt jedoch davon ab, inwieweit die betreffenden Märkte funktionieren bzw. wie die Öffnung in Bereichen ausgestaltet wird, in denen ein Marktversagen zu befürchten ist. In diesem Zusammenhang hat in Deutschland die **Bundesnetzagentur** die Aufgabe, den Wettbewerb auf Märkten zu überwachen, auf denen Netze eine Rolle spielen (u.a. Schienen-, Energie-, Telekommunikationsnetze) und die Gefahr natürlicher Monopole daher groß ist (vgl. Abschnitt 2.4.1.3).

Ein zweiter Ansatz berücksichtigt, dass auch staatliche Subventionen in vielen Fällen wettbewerbsverzerrend oder sogar wettbewerbsbeschränkend wirken, vor allem auf internationalen Märkten, wenn nationale Subventionszahlungen unterschiedlich ausgestaltet sind. Deshalb beinhaltet die europäische Wettbewerbspolitik auch eine **Kontrolle staatlicher Beihilfen**, die den Wettbewerb im gemeinsamen Markt behindern können. Auf diese Maßnahmen wird im Folgenden aber nicht weiter eingegangen.

Die **Wettbewerbsschutzpolitik** richtet sich gegen wettbewerbsbeschränkende Aktivitäten von Unternehmen. Zwar führt Wettbewerb, wenn die statischen und dynamischen Wettbewerbsfunktionen erfüllt werden, insgesamt zu guten Marktergebnissen. Für einzelne Anbieter oder Nachfrager übt Wettbewerb allerdings Leistungsdruck aus, er schmälert ihre Erlöse und Gewinne. Daher versuchen Unternehmen häufig, den Wettbewerb zu beschränken, um auf Kosten der Konkurrenz oder der Marktgegenseite Vorteile zu erlangen. Eine partielle Beschränkung z.B. des Preiswettbewerbs beseitigt zwar nicht unbedingt den gesamten Wettbewerb. Der Wettbewerb kann sich auf andere Bereiche wie Qualität, Service oder Innovationen verlagern. Grundsätzlich mindern Wettbewerbsbeschränkungen aber die Entscheidungs- und Handlungsfreiheit der Akteure und verschlechtern meist die Marktversorgung zu Lasten der Konsumenten, weil der Wettbewerbsdruck auf Kosten und Preise sinkt und dadurch Gewinne auch bei schlechterem Angebot möglich werden. Es ist daher zentrale Aufgabe der Wettbewerbsschutzpolitik, Wettbewerbsbeschränkungen abzubauen und wünschenswerte Marktkonstellationen herbeizuführen bzw. wettbewerbsgefährdende Marktstrukturen und Verhaltensweisen zu verhindern. Anhaltspunkte für wünschenswerte Marktkonstellationen liefern die Leitbilder der Wettbewerbspolitik.

Wettbewerbsbeschränkungen können in vielen Formen auftreten. Neben „unbilligen" Wettbewerbsbeschränkungen gibt es auch solche, die auf überlegener Marktleistung beruhen, und solche, die per saldo sogar vorteilhaft sind. Dies erschwert die Aufgabe für die Wettbewerbspolitik. Nicht immer sind allgemein gültige Regeln für jeden Einzelfall passend. Zur differenzierten Behandlung von Wettbewerbsbeschränkungen bzw. in weniger eindeutigen Fällen sind oft Ermessensspielräume hilfreich. Die zuständige Behörde entscheidet dann im Einzelfall durch Abwägen von Vor- und Nachteilen. Eine weitere Ausgestaltung der Wettbewerbsschutzpolitik ist durch die Verteilung der Beweislast möglich. So ist z.B. zu entscheiden, ob für bestimmte Wettbewerbshandlungen die Unternehmen deren Unbedenklichkeit oder die zuständigen Behörden deren Schädlichkeit belegen müssen.

Die wichtigste **Institution der Wettbewerbsschutzpolitik** ist in Deutschland das **Bundeskartellamt**, eine selbständige Bundesoberbehörde im Geschäftsbereich des **Bundeswirtschaftsministeriums**. Das Kartellamt wird als unabhängige Instanz tätig, wenn die Wirkungen eines wettbewerbsbeschränkenden Verhaltens oder einer Wettbewerbsregel nicht über das Bundesgebiet hinaus reichen.

Auf europäischer Ebene ist die **EU-Kommission** für wettbewerbspolitische Entscheidungen bzw. für die Anwendung und Überwachung der europäischen Wettbewerbsregeln zuständig. Die Anwendung der Wettbewerbsregeln soll in enger und stetiger Verbindung mit den zuständigen Behörden der Mitgliedstaaten erfolgen. Umgekehrt sind die nationalen Behörden zur Unterstützung der Kommission verpflichtet (insbesondere durch Auskünfte oder Nachprüfungen). Die Mitgliedstaaten sollen der europäischen Politik nicht durch nationale Gegenmaßnahmen zuwiderhandeln.

Das europäische Recht hat grundsätzlich Vorrang vor dem nationalen Recht. Es greift allerdings nur dann, wenn der zwischenstaatliche Handel im europäischen Binnenmarkt betroffen ist (**Zwischenstaatlichkeitsklausel**). Das europäische Recht betrifft somit nur Sachverhalte mit Auswirkungen auf mindestens zwei nationale Märkte. Für Wettbewerbsbeschränkungen auf einzelnen nationalen Märkten ist die jeweilige nationale Wettbewerbspolitik zuständig. Die deutsche Preisbindung für Verlagsartikel ist bzw. war z.B. für die EU-Kommission unproblematisch. Die auch zwischen Österreich und Deutschland geregelte Buchpreisbindung verstieß allerdings seit dem EU-Beitritt Österreichs aus Brüsseler Sicht gegen europäisches Kartellrecht.

Diese Kompetenzverteilung zwischen der EU und den Mitgliedstaaten folgt im Prinzip dem **Subsidiaritätsprinzip** (vgl. Art. 5 EG-Vertrag). Dieses weist eine Aufgabe prinzipiell der niedrigsten Einheit zu, welche diese Aufgabe noch erledigen kann. EU-Institutionen sollen somit nur dann eingreifen, wenn die Mitgliedstaaten die Probleme nicht in eigener Verantwortung lösen können. Außerdem sollen die EU-Maßnahmen nicht über den erforderlichen Umfang hinausgehen. Auf der EU-Ebene sollen zugleich alle Voraussetzungen so gestaltet werden, dass die Mitgliedstaaten auch tatsächlich handeln können. Das Subsidiaritätsprinzip des EG-Vertrags ist allerdings löchrig. Gemäß EG-Vertrag prüfen nämlich die gemeinschaftlichen Institutionen selbst, inwieweit die Mitgliedstaaten gewisse Ziele (nicht) ausreichend erreichen können bzw. inwieweit diese Ziele auf Gemeinschaftsebene besser erreicht werden können.

Gegen wettbewerbspolitische Entscheidungen steht den Unternehmen der Rechtsweg offen. Bei Entscheidungen des Kartellamts bzw. des Bundeswirtschaftsministeriums geht dieser Weg bis zum Bundesgerichtshof (BGH). Auf EU-Ebene kann der Europäische Gerichtshof angerufen werden.

3.2.2 Hauptbereiche und -instrumente der Wettbewerbspolitik

Im Mittelpunkt der deutschen Wettbewerbsschutzpolitik steht das **Gesetz gegen Wettbewerbsbeschränkungen (GWB)**. Grundlage der folgenden Darstellung sind die Regelungen des GWB in der Fassung vom 15.7.2005. Die wettbewerbspolitischen Regelungen auf der EU-Ebene sind überwiegend im **EG-Vertrag** fixiert. Sowohl in Deutschland als auch in Europa gibt es drei Säulen der Wettbewerbsschutzpolitik, nämlich

- das Kartell- bzw. Kooperationsverbot,
- die Missbrauchsaufsicht über marktbeherrschende Unternehmen und
- die Fusionskontrolle.

Diese drei Säulen werden im Folgenden begründet und skizziert.

3.2.2.1   Kartell- bzw. Kooperationsverbot

Kartelle sind vertragliche Absprachen bzw. Vereinbarungen zwischen selbständigen potentiell konkurrierenden Unternehmen einer Marktseite (meist Anbieter). Neben Absprachen über Preise (Preiskartelle) sind unter anderem Vereinbarungen über Mengen (Absatz- bzw. Quotenkartell), über Rabatte (Rabattkartell) und über Kalkulationsbedingungen (Konditionen- bzw. Submissionskartell) denkbar – bis hin zur gemeinsamen Verkaufsorganisation, die keine selbständige Preis- und Absatzpolitik der Mitglieder mehr zulässt (Syndikat). Diese Absprachen haben das Ziel, den Wettbewerb in Bezug auf die jeweils genannten Aspekte zu beschränken, so dass sie meist wie Monopole wirken. Sie führen aus Sicht der Marktgegenseite meist zu ungünstigeren Preisen bzw. Konditionen, zu schlechterer Marktversorgung und zu einer Verminderung des Qualitäts- und des Innovationswettbewerbs.

Submissionskartelle schalten den Preiswettbewerb für bestimmte (im Regelfall öffentliche) Aufträge aus, indem absprachegemäß nur Angebote abgegeben werden, deren Preisniveau oberhalb des Marktpreisniveaus liegt. Durch abgestimmte Angebote können die Kartellmitglieder festlegen, wer in welcher Reihenfolge den Zuschlag für welchen Auftrag bekommt. Die Auftraggeber haben dann keine Möglichkeit, die Aufträge billiger zu vergeben.

Die Bedingungen für Kartellabsprachen sind vergleichsweise günstig auf stagnierenden Märkten mit einer geringen Anzahl von Anbietern und bei ähnlichen Kostenverläufen, hoher Markttransparenz, geringer Heterogenität der Güter und geringem technischen Fortschritt. In diesen Fällen ist der Bereich des gemeinsamen Interesses relativ groß und Vereinbarungen sind relativ einfach.

Kartellabsprachen sind allerdings latent instabil (vgl. dazu auch Kapitel 2.3). Für andere Anbieter und für einzelne Kartellmitglieder besteht immer der Anreiz, den hohen Preis auch ohne Erfüllung der Kartellvereinbarungen (z.B. Einhaltung einer Quote) zu erzielen. Das Kartell kann versuchen, diese Akteure zu isolieren bzw. zu behindern oder gegen andere Anbieter z.B. mit gezielter Preisunterbietung („limit-pricing") vorgehen. Kartelltreue Geschäftspartner, die die Geschäftsbeziehung mit diesen Anbietern abbrechen, können selektiv begünstigt werden, z.B. durch Rabatte. Diese Abwehrstrategien mindern aber den Gewinnvorteil, um dessentwillen die Kartellvereinbarung geschlossen wurde.

Es gibt im Übrigen auch **Kooperationen** zwischen Unternehmen mit per Saldo günstigen Wettbewerbswirkungen. Beispielsweise kann die Einigung auf bestimmte Standardverbindungen zwischen PC und Drucker für die Verbraucher günstiger sein als ein „ungeregelter" Wettbewerb verschiedener technischer Systeme.

Die wettbewerbspolitische Beurteilung von Kartellen bzw. Kooperationen ist somit komplex: Kooperationen sind nicht von vornherein als Wettbewerbshemmnis anzusehen. Vielmehr muss im Einzelfall geprüft werden, wie Kooperationen auf den Wettbewerb wirken.

Das deutsche Gesetz gegen Wettbewerbsbeschränkungen berücksichtigt zunächst die Gefahren, die von Kartellabsprachen für den Wettbewerb ausgehen können. § 1 GWB enthält daher ein **grundsätzliches Verbot von Kartellen**: „Vereinbarungen zwischen Unternehmen, Beschlüsse von Unternehmensvereinigungen und aufeinander abgestimmte Verhaltensweisen, die eine Verhinderung, Einschränkung oder Verfälschung des Wettbewerbs bezwecken oder bewirken, sind verboten". Diese Formulierung schließt auch formlose Absprachen („Frühstückskartelle" bzw. „Gentlemen's agreements") und solche Absprachen mit ein, die zwar keine eine Beschränkung des Wettbewerbs bezwecken, sie aber trotzdem bewirken.

Die Anwendung des Kartellverbotes ist allerdings mit erheblichen Beweisschwierigkeiten verbunden. In Verdacht geratene Unternehmen können gleichgerichtete Aktionen meist unwiderlegbar als nicht abgestimmtes autonomes Parallelverhalten angesichts identischer Marktzwänge darstellen. Häufig gelingt der Nachweis einer wettbewerbsbeschränkenden Absprache erst, wenn ein beteiligtes Unternehmen mit den Behörden kooperiert – z.B. wenn es erwartet, dass daraufhin eine eigentlich fällige Geldbuße erlassen wird.

Da Kooperationen durchaus auch positive Wirkungen haben können, enthält das GWB in § 2 eine generell-bedingte **Ausnahmeregelung**. Absprachen sind nicht verboten, wenn sie „unter angemessener Beteiligung der Verbraucher an dem entstehenden Gewinn zur Verbesserung der Warenerzeugung oder -verteilung oder zur Förderung des technischen oder wirtschaftlichen Fortschritts beitragen, ohne dass den beteiligten Unternehmen Beschränkungen auferlegt werden, die für die Verwirklichung dieser Ziele nicht unerlässlich sind oder Möglichkeiten eröffnet werden, für einen wesentlichen Teil der betreffenden Waren den Wettbewerb auszuschalten."

Diese Regelung ersetzt die in früheren Fassungen des GWB explizit genannten Verbotsbefreiungen (**Freistellungen**), beispielsweise für Normen- und Typenkartelle. In § 3 GWB werden außerdem Vereinbarungen zwischen miteinander im Wettbewerb stehenden Unternehmen vom Verbot ausgenommen, „wenn dadurch der Wettbewerb auf dem Markt nicht wesentlich beeinträchtigt wird und die Vereinbarung oder der Beschluss dazu dient, die Wettbewerbsfähigkeit kleiner oder mittlerer Unternehmen zu verbessern" (**Freistellung für Mittelstandskartelle**).

Ferner gibt es **sektorale Ausnahmebereiche**. Unter gewissen Bedingungen in Bezug auf den verbleibenden Wettbewerb gilt § 1 GWB nicht in der Landwirtschaft (§28 GWB) und nicht in Bezug auf vertikale Preisbindungen bei Zeitungen und Zeitschriften (§30 GWB).

Diese Ausnahmeregelungen spiegeln das Streben nach differenzierter Beurteilung von Kartellen und Kooperationen. Die Begründungen für die Ausnahmen sind unterschiedlich stichhaltig. Normen- und Typenkartelle können z.B. aus Sicht der Nachfrager die Markttransparenz und die technische Kompatibilität der Produkte verschiedener Hersteller erhöhen. Die Vereinheitlichung von Schnittstellen zwischen Produkten (z.B. Standardgrößen von Spülmaschinen für Einbauküchen) dient dem Verbraucher und vermeidet einen funktionslosen

„Wettbewerb der Systeme". Andererseits beschränkt Normierung den technologischen Wettbewerb.

Die Freistellung von Mittelstandskartellen lässt sich als berechtigter Nachteilsausgleich deuten. In vielen Bereichen ist der Mittelstand gegenüber Großunternehmen dadurch benachteiligt, dass letztere ihre größere Marktmacht ausspielen können und auch die staatliche Politik in vielen Fällen (z.B. in der Forschungspolitik oder bei der Gewährung von Subventionen) die großen Unternehmen begünstigt. Überdies droht von Mittelstandskartellen ein geringeres Maß an Marktmacht.

Problematisch ist dagegen die Freistellung von Ausnahmesektoren, die durch „Besonderheiten" der Branchen begründet werden, welche angeblich verhindern, dass in diesen Bereichen der Wettbewerb die von ihm erwarteten Funktionen zu erfüllen vermag. Die Ergebnisse der Marktöffnungspolitik in den früheren Ausnahmebereichen Bahn und Post zeigen, dass Wettbewerb in solchen Bereichen wegen der besonderen Kostenstruktur zwar schwer herzustellen, aber keineswegs grundsätzlich ausgeschlossen ist. Deshalb scheint die Kürzung des Katalogs von Ausnahmesektoren in der derzeitigen Fassung des GWB (gegenüber früheren Fassungen) durchaus als folgerichtig.

Auf europäischer Ebene enthält Art. 81, 1 EG-Vertrag ein weitgehendes **Verbot wettbewerbsbehindernder Vereinbarungen, Beschlüsse und aufeinander abgestimmter Verhaltensweisen**, horizontal (d.h. zwischen Unternehmen derselben Produktionsstufe) wie vertikal (d.h. zwischen Vorlieferanten und Weiterverarbeitenden Unternehmen), sofern sie den Handel zwischen den Mitgliedstaaten beeinträchtigen können und den Wettbewerb verhindern, einschränken oder verfälschen. Rein national wirksame Vereinbarungen fallen nicht unter dieses Verbot. Im Einzelnen sind z.B. verboten:

- Absprachen mit dem Ziel, die Trennung in nationale Märkte zu erhalten und damit die Schaffung eines größeren Gemeinsamen Marktes zu verhindern,
- die diskriminierende Anwendung unterschiedlicher Bedingungen bei gleichwertigen Leistungen gegenüber Handelspartnern und
- die Forderung zusätzlicher Leistungen, die sachlich in keiner Beziehung zum Vertragsgegenstand stehen.

Zwischen 1995 und 2004 haben Gesellschaften der Unternehmen Thyssen/Krupp, Otis, Schindler, Kone und Mitsubishi auf verschiedenen Märkten in Europa nach Art eines Submissionskartells Preise abgesprochen, Märkte aufgeteilt, Gebote für Beschaffungsaufträge manipuliert und vertrauliche Informationen ausgetauscht, um den Wettbewerb auf den Märkten für Aufzüge und Rolltreppen zu beschränken. Die Bedeutung der Absprache ergibt sich auch vor dem Hintergrund von Wartungsverträgen, die Laufzeiten von bis zu 50 Jahren haben können. Die verhängten Geldbußen von insgesamt fast 1 Mrd. € machen diesen Fall zum größten Kartellfall der europäischen Wettbewerbspolitik. Die Höhe der Geldbuße für einzelne Unternehmen wurde nach Dauer der Kartellzugehörigkeit und nach Größe der Unternehmen und der betroffenen Märkte gestaffelt. Der 50%-ige Zuschlag für Thyssen/Krupp wurde damit begründet, dass das Unternehmen bereits 1998 für die Teilnahme an einem Edelstahl-

Kartell bestraft wurde und insofern „Wiederholungstäter" war. Die Geldbuße für Kone in Belgien und Luxemburg wurde erlassen, weil Kone dort mit den Ermittlern kooperiert bzw. der Kommission als erstes Unternehmen Informationen vorgelegt hatte. Diese „Kronzeugenregelung" kann als sehr wirksames Instrument zur Identifikation von Kartellvereinbarungen angesehen werden.

Gemäß Art. 81, 3 EG-Vertrag können für einzelne Vereinbarungen **Einzelfreistellungen** und – per Verordnung – für Gruppen gleichartiger Vereinbarungen **Gruppenfreistellungen** gewährt werden, wenn deren wettbewerbsfördernde Effekte schwerer wiegen als die wettbewerbswidrigen Wirkungen. Die Regelung der Ausnahmen per Verordnung ist ein Mittelweg. Einerseits werden durch die Begrenzung der Einzelfallprüfung Rechtssicherheit und Transparenz in Bezug auf die Anwendung des Kartellverbots erhöht, auf der anderen Seite wurde die ganz starre Regelung der Ausnahmen über eine direkte gesetzliche Fixierung vermieden. Gruppen von Vereinbarungen können gemäß Art. 81, 3 EG-Vertrag freigestellt werden,

- wenn sie unter angemessener Beteiligung der Verbraucher an dem entstehenden Gewinn zur Verbesserung der Warenerzeugung oder –verteilung oder zur Förderung des technischen oder wirtschaftlichen Fortschritt beitragen,
- wenn sie nicht die Möglichkeit eröffnen, den Wettbewerb für einen wesentlichen Teil der betroffenen Waren auszuschalten und
- wenn sich die Ziele der Vereinbarung ohne Wettbewerbsbeschränkungen nicht erreichen lassen.

Befristete Gruppenfreistellungen wurden bislang in bestimmten Fällen gewährt:
- im Bereich des Vertriebs von Kfz,
- für Franchisingsysteme,
- für Alleinbezugssysteme, bei denen Händler einwilligen, Waren nur von einem Lieferanten zu beziehen – man denke an Gaststätten, die nur bestimmte Biermarken führen, und Tankstellen, die nur die Produkte eines Mineralölunternehmens vertreiben,
- für Spezialisierungsvereinbarungen, durch welche sich Unternehmen zum Zwecke der Spezialisierung gegenseitig verpflichten, die Herstellung bestimmter Erzeugnisse ihren Vertragspartnern zu überlassen,
- für Forschungs-, Entwicklungs- und Technologietransferkooperationen, die geeignet erschienen, die internationale Wettbewerbsfähigkeit europäischer Unternehmen zu verbessern.
- für Allein- bzw. Selektivvertriebssysteme, bei denen Hersteller seinen Vertrieb nur mit ausgewählten Händlern organisiert. Durch solche Systeme wird zwar der Händlerwettbewerb eingeschränkt. Andererseits reduzieren sich dadurch die Kosten der Warenverteilung. Die Erschließung neuer Märkte bzw. die Marktexpansion wird eventuell leichter. Vertriebsbegleitende Dienstleistungen wie Kundendienst und Wartung werden vereinheitlicht und möglicherweise verbessert. Daher überwiegen in den Augen der Kommission oft die positiven Effekte solcher Vereinbarungen.

Eine positive Beurteilung kann jedoch nur erfolgen, wenn kein absoluter Gebietsschutz gewährt wird und Parallelimporte nicht behindert werden.

Die deutsche Firma Grundig bestellte 1957 Consten für mehrere Produkte und mehrere europäische Märkte zum Alleinvertriebsvertreter. Auf Consten wurde auch das Warenzeichen GINT (Grundig International) eingetragen. In Frankreich ansässigen Unternehmen war daraufhin gemäß Warenzeichenrecht untersagt, die Grundig-Geräte unter Umgehung von Consten zu importieren. 1963 meldete Grundig die Ausschließlichkeitsverträge bei der Kommission an. Die Kommission sah hierin allerdings eine Einschränkung und Verfälschung des Wettbewerbs im Gemeinsamen Markt. Der französische Markt sollte abgeriegelt werden, um das dort vergleichsweise hohe Preisniveau zu erhalten. Die Kommission untersagte daher Grundig und Consten jede Maßnahme, Parallelimporte zu erschweren. Der von Grundig und Consten angerufene EuGH bestätigte diese Entscheidung in den wichtigsten Punkten.

Blick in die Zeitung

Illegale Preisabsprachen
Milliarden-Rekordstrafe gegen Autoglas-Kartell

Vergangene Woche besuchte Frankreichs Präsident Nicolas Sarkozy ein Saint-Gobain-Werk. Von der Milliardenstrafe war damals noch keine Rede.

12. November 2008 Europäische Autobauer haben jahrelang zuviel für Windschutzscheiben und andere Teile aus Glas gezahlt. Die EU-Kommission bestrafte am Mittwoch in Brüssel vier internationale Autoglas-Hersteller wegen illegaler Preisabsprachen mit einem Rekord-Bußgeld von insgesamt 1,38 Milliarden Euro. Auf den französischen Saint-Gobain-Konzern entfällt der Löwenanteil von 896 Millionen Euro. Das Unternehmen kündigte in Paris an, gegen das in der EU-Geschichte beispiellose Strafgeld zu klagen. Auch die Gesamtstrafe gegen die Konzerne ist die höchste, die jemals von den EU-Wettbewerbshütern wegen eincs Kartellverstoßes verhängt wurde. Deutsche Unternehmen waren nicht beteiligt.

Die Autoglas-Hersteller verhandelten zwischen 1998 und 2003 heimlich über Preise sowie die Aufteilung von Märkten und Abnehmern, berichtete die Kommission. Pilkington aus Großbritannien bekam ein Strafgeld von 370 Millionen Euro aufgebrummt, die japanische Asahi-Gruppe von 113,5 Millionen Euro. Die belgische Soliver-Gruppe, die nur gelegentlich an den Zusammenkünften teilnahm, kommt auf nur 4,5 Millionen Euro. Die Konzerne kontrollierten damals de facto den europäischen Autoglasmarkt, der 2002 einen Umfang von zwei Milliarden Euro hatte. EU-Wettbewerbskommissarin Neelie Kroes sagte: „Diese Unternehmen haben die Automobilindustrie und die Fahrzeugkäufer fünf Jahre lang hintergangen (...)."

Konspirative Treffen auf Flughäfen und in Hotels

Saint-Gobain bezeichnete die Strafe als überzogen und unverhältnismäßig. Das Unternehmen bereitet nach eigenen Angaben eine Klage vor dem Luxemburger EU-Gericht vor. Es sei für den Konzern völlig unklar, warum die Kommission die Strafe auf 896 Millionen Euro festgesetzt habe. Das Unternehmen hatte im vergangenen Jahr 560 Millionen Euro zurückgestellt. Die nun verhängte Summe entspreche 95 Prozent des Jahresumsatzes im Erstausstattungsgeschäft in Europa oder dem Nettogewinn von Dutzenden Jahren. Kroes setzte die Strafe für Saint-Gobain um 60 Prozent nach oben, weil der Konzern 1984 und 1988 bereits wegen Kartellen belangt wurde.

Kroes sagte, das Bußgeld für die Konzerne sei deshalb so hoch, weil der Markt für Autoglas groß und der Fall sehr schwerwiegend sei. Vertreter der Unternehmen trafen sich über Jahre hinweg auf Flughäfen oder in Hotels – ob in Frankfurt, Brüssel oder Paris. Kroes sagte, sie toleriere kein illegales Verhalten. „Wenn Sie betrügen, werden sie bestraft", sagte die Niederländerin an die Adresse von Unternehmenschefs. Sie wies auf die Möglichkeit hin, wonach Personen und Unternehmen gegen die verurteilten Konzerne vor nationalen Gerichten auf Schadenersatz klagen können.

Bußgelder von bis zu zehn Prozent eines Jahresumsatzes möglich

Die Kommission bekam vor vier Jahren zuverlässige Hinweise und durchsuchte dann Geschäftsräume von Autoglasherstellern. Die Absprachen betrafen sowohl die Zuteilung von Aufträgen für neue Automodelle der Hersteller als auch die Neuverhandlung laufender Lieferverträge. Die Kommission äußerte sich nicht dazu, um wieviel Prozent die Lieferpreise überhöht waren. Preisabsprachen zum Schaden von Kunden und Verbrauchern sind in der EU streng verboten. Die Kommission kann bei Verstößen Bußgelder von bis zu zehn Prozent eines Jahresumsatzes verhängen.

Die EU-Wettbewerbshüter hatten erst im vergangenen Jahr ein Kartell von Fahrstuhl- und \ Rolltreppenherstellern mit dem damaligen Rekordbußgeld von gut 992 Millionen Euro bestraft. Der an diesem Kartell beteiligte deutsche Thyssen-Krupp-Konzern kam auf ein Strafgeld von knapp 478 Millionen Euro – dies war bisher der in der EU höchste Betrag für ein Unternehmen für dieses Vergehen.

Quelle: www.faz.net, Abfrage vom 17.03.2009

Die Kommission verdeutlicht das europäische Kartellrecht auch über **Bekanntmachungen**. In der Bagatellbekanntmachung von 1986 hat die Kommission z.B. konkretisiert, dass „spürbare" Wettbewerbsbeschränkungen in Bezug auf Kartelle erst ab einem gemeinsamen Marktanteil der beteiligten Unternehmen von 5% und einem gemeinsamen Jahresumsatz von 300 Mio. ECU (€) zu vermuten sind. Die Kooperationsbekanntmachung von 1968 zählt verschiedene Arten von Absprachen auf, die aus Sicht der Kommission im Regelfall keine Wettbewerbsbeschränkungen gemäß Art. 81, 1 EG-Vertrag bezwecken oder bewirken, z.B. gemeinsame Forschungsprojekte oder Marktforschung bzw. Werbung.

3.2.2.2   Vorbeugende Fusionskontrolle

Durch eine Zusammenschluss- bzw. Fusionskontrolle soll der Konzentrationsprozess der Unternehmen kontrolliert bzw. gebremst werden, da von **Konzentration** Gefahren für den Wettbewerb ausgehen können.

Als Zustand bezeichnet Konzentration eine Ballung ökonomischer Größe bei Betrieben und Unternehmen, aber auch bei Einkommen, Vermögen und Macht. Diese Ballung von Verfügungsmacht kann den Wettbewerb beschränken. Als Entwicklungsprozess kann sich Konzentration durch internes Wachstum von Unternehmen ergeben, aber auch auf externem Wachstum beruhen, welches durch Unternehmenszusammenschlüsse entsteht. Ökonomische Macht kann dabei durch Fusionen, Gründung von Gemeinschaftsunternehmen, Erwerb von Beteiligungen, Verträge über Gewinnabführungen und/oder über personelle Verflechtungen (z.B. bei der Besetzung von Vorständen und Aufsichtsräten) konzentriert werden.

Die Konzentration kann sich auf Unternehmen der gleichen Produktionsstufe, Produktgruppe bzw. Branche (**horizontale Konzentration**), auf Unternehmen vor- oder nachgelagerter Produktionsstufen bzw. Branchen (**vertikale Konzentration**) oder auf Bereiche beziehen, die weder horizontal noch vertikal in Verbindung stehen (diagonale oder **konglomerate Konzentration**). Eine Fusion von Autounternehmen wäre z.B. als horizontale Konzentration zu werten, ein Zusammenschluss von Auto- und Stahlherstellern dagegen als vertikale Konzentration und eine Beteiligung von Backmittelherstellern bei Werften oder Reedereien als konglomerate Konzentration. Die horizontale Konzentration lässt sich mit Hilfe von Konzentrationsraten (concentration ratios Cri) messen, die auf einem zuvor abgegrenzten Markt den kumulierten Markt- bzw. Umsatzanteil der i größten Unternehmen angeben. Cr3 wäre dann also z.B. der Marktanteil der drei größten Unternehmen. Trotz einiger Interpretationsprobleme gibt dieses einfache Maß einen recht guten Hinweis auf die Konzentration. Die Monopolkommission, die regelmäßig über die Entwicklung der Konzentration in Deutschland berichtet, weist daher stets auch Konzentrationsraten aus.

Die **wettbewerbspolitische Beurteilung von Konzentration** ist nicht eindeutig. Konzentration gehört zunächst – als Ergebnis freier Entscheidungen – zur Marktwirtschaft, unabhängig davon, ob sie durch internes oder externes Wachstum von Unternehmen verursacht wurde. Der Zusammenschluss von Unternehmen ist nur negativ zu werten, wenn dies zu Wettbewerbsbeschränkungen führt bzw. eine „missbräuchliche" Ausnutzung von Marktmacht erleichtert. Die Wirkung von Konzentration auf die Marktergebnisse ist allerdings unklar. Trotz der Machtkonzentration können die Marktergebnisse verbessert werden, wenn die verbleibenden Unternehmen weiterhin in scharfem Wettbewerb stehen. Folgende mögliche **Vorteile der Konzentration** sind zu erwähnen:

- **Größenvorteile** bei sinkenden Durchschnittskosten. Dann lässt sich eine große Menge kostengünstiger erzeugen als eine kleine, es liegen „economies of scale" vor. Ursache dafür kann sein, dass anfallende Fixkosten – auf eine größere Menge verteilt – pro Stück weniger ins Gewicht fallen. Oft gibt es technisch bedingte „Mindestbetriebsgrößen". Größe gilt zuweilen auch als Voraussetzung für innovatives Verhalten (Schumpeter-These). Vorteile in Bezug auf die Innovationsfähigkeit könnten auf guter Kapitalausstattung, leistungsfähigen Mitarbeitern im Bereich Forschung und Entwicklung und ausgebauter Vertriebsorganisation zur Verbreitung der Neuerungen beruhen.
- Diversifizierungs- bzw. **Verbundvorteile**, wenn mehrere Güter kostengünstiger gemeinsam als getrennt produziert werden können („economies of scope"). Technisch begründete Verbundvorteile spielen in der chemischen Industrie eine große Rolle. In der Flugzeug- bzw. Fahrzeugindustrie wollen Anbieter oft aus marktstrategischen Gründen

ein ganzes Flottenprogramm anbieten. Synergieeffekte können auch durch die kostengünstige Übertragung von Technologien auf andere Produktbereiche, durch bessere Ri-
sikostreuung bzw. die Senkung von Forschungskosten entstehen. Die Realisierung solcher Effekte ist allerdings ungewiss.

Konzentration führt auf der anderen Seite oft zu einer **Verringerung der Wettbewerbsintensität**. Unternehmensinterne Ineffizienzen werden dann vom Wettbewerb nicht mehr so
hart „bestraft". In der Folge nehmen Abweichungen zwischen minimalen und tatsächlichen
Produktionskosten zu. Ferner wächst die Neigung zu friedfertigem Verhalten bei hohen und
starren Preisen. Daraufhin sind große Unternehmen zwar oft innovationsfähiger, verhalten
sich aber mangels Wettbewerb weniger flexibel und innovativ als kleine. Die These, Konzentration begünstige die dynamische Entwicklung, ist daher zweifelhaft.

Nachteilig ist die mit der Konzentration verbundene **Machtballung**. Dadurch wird die Freiheitsfunktion des Wettbewerbs ausgehöhlt. Mit der Marktmacht steigen die Fähigkeit und die
Neigung dazu, diese Macht auszunutzen. Marktmächtige Hersteller können z.B. den Zugang
zum Markt dadurch erschweren, dass sie alle Händler an sich binden. Potentielle Konkurrenten finden dann keine freien Händler mehr; der Marktzutritt wird erschwert. Marktmacht
erleichtert auch die Einflussnahme auf wirtschaftspolitische Entscheidungen. So werden z.B.
große Unternehmen, die glaubhaft damit drohen, ihre Produktion ins Ausland zu verlagern,
häufig durch staatliche Subventionen begünstigt. Dabei werden Verluste aus unternehmerischen Fehlentscheidungen von der Allgemeinheit getragen. Eigentlich sollten aber Verfü-
gungsrechte über Produktionsanlagen mit der Eigenverantwortung für Gewinne und Verluste
gekoppelt sein.

Die **Regelungen des GWB zur Zusammenschlusskontrolle** sind weit reichend. Gemäß §
37 GWB gelten der Erwerb des Vermögens eines anderen Unternehmens, ein Anteilserwerb
von mehr als 25% des stimmberechtigten Kapitals, der Erwerb der Kontrolle über ein anderes Unternehmen durch sonstige Mittel, z.B. durch Rechte und Verträge, die einen bestim-
menden Einfluss auf die Beratungen oder Beschlüsse des anderen Unternehmens gewähren,
sowie jede sonstige Verbindung, durch die ein wettbewerblich erheblicher Einfluss entsteht
(z.B. Personengleichheit der Mehrheit des Vorstands oder des Aufsichtsrats), als Zusammenschluss. Entscheidend ist, inwieweit der Zusammenschluss zum Verlust der wirtschaftlichen
Selbständigkeit eines der beteiligten Unternehmen führt. Der Begriff Zusammenschlusskontrolle ist daher genauer als der häufig verwendete Begriff Fusionskontrolle.

Das GWB erlaubt Zusammenschlüsse kleiner Unternehmen (**Bagatellklausel**). Die Vor-
schriften zur Fusionskontrolle gelten nur, wenn die beteiligten Unternehmen vor dem Zusammenschluss insgesamt weltweit Umsatzerlöse von mehr als 500 Mio. Euro und mindestens ein beteiligtes Unternehmen im Inland Umsatzerlöse von mehr als 25 Mio. Euro erzielt
haben (§ 35 GWB). Zusammenschlüsse sind vor dem Vollzug beim Bundeskartellamt anzu-
melden (§39 GWB) und dürfen im Prinzip erst nach Freigabe durch das Kartellamt vollzogen
werden (§41 GWB). Sie sind vom Kartellamt zu untersagen, wenn nach einer Prüfung zu
erwarten ist, dass eine **marktbeherrschende Stellung** begründet oder verstärkt wird (§36
GWB). Eine Freigabe kann mit Bedingungen und Auflagen verbunden werden.

Zur Prüfung, ob eine marktbeherrschende Stellung vorliegt bzw. entsteht, muss der Markt zunächst in räumlicher und sachlicher Hinsicht abgegrenzt werden. Die **räumliche Marktabgrenzung** kann sich z.B. auf das Bundesgebiet oder auf engere Regionen beziehen. Bei (multinationalen) Unternehmen mit intensiven Export- und Importbeziehungen erscheint jedoch die räumliche Begrenzung auf das Bundesgebiet zu eng, hier sind (daher) die europäischen Wettbewerbsregeln anzuwenden. Bei der **sachlichen Marktabgrenzung** ist die Intensität der Substitutionsbeziehungen zwischen Gütern zu beachten. Diese ließe sich im Prinzip mit Hilfe der Kreuzpreiselastizität messen. Hohe positive Werte der Kreuzpreiselastizität deuten (ceteris paribus) auf enge, niedrige positive Werte auf schwache Substitutionsbeziehungen. Oft erschweren allerdings Einkommensänderungen und Änderungen von Präferenzen, Werbeaktivitäten, Vertriebsmethoden, Service und Qualität die Interpretation dieses Indikators. Der Rückgriff auf physikalisch-technische Ähnlichkeit von Gütern ist noch problematischer. Für Endverbraucher zählen meist weniger die technischen Eigenschaften der Güter als vielmehr ihre Eignung, bestimmte Bedürfnisse zu befriedigen. Technisch verschiedenartige Güter können in der Einschätzung der Konsumenten durchaus ähnlich sein. Kartellbehörden und Gerichte urteilen daher oft auf Basis des Urteils der Verbraucher. Güter, die vom Konsumenten für austauschbar gehalten werden, werden demnach einem Markt zugeordnet. Dieses Vorgehen liefert freilich keine objektiven bzw. allgemeingültigen Normen.

Die Prüfung, ob Marktbeherrschung vorliegt, erfordert ferner eine Begriffsklärung. Ein Unternehmen kann (auf einem zuvor abgegrenzten Markt) als beherrschend gelten, wenn es einen vom Wettbewerb nicht hinreichend kontrollierten Verhaltensspielraum gegenüber Wettbewerbern bzw. Lieferanten und Abnehmern hat. In diesem allgemeinen Sinn gelten Einzelunternehmen bzw. Gruppen von Unternehmen, zwischen denen kein wesentlicher Wettbewerb besteht, gemäß § 19,2 GWB als marktbeherrschend, wenn sie

- keinem oder keinem wesentlichen Wettbewerb ausgesetzt sind
- eine im Verhältnis zu den Wettbewerbern überragende Marktstellung haben.

Zur Konkretisierung dieser unklaren Kriterien enthält § 19,3 GWB eine **Vermutungsklausel**, die die Feststellung von Marktbeherrschung erleichtern soll.

Eine marktbeherrschende Stellung von Einzelunternehmen wird bei einem Marktanteil von mehr als 33% vermutet. Von einer marktbeherrschenden Stellung wird auch ausgegangen, wenn die drei größten Unternehmen einer Branche einen Marktanteil von mehr als 50% oder die fünf größten Unternehmen einen Marktanteil von mehr als 2/3 haben, es sei denn, die Unternehmer weisen nach, dass zwischen ihnen wesentlicher Wettbewerb bestehen bleibt bzw. eine überragende Marktstellung nicht vorliegt.

Um auch vertikal integrierte bzw. stark diversifizierte Unternehmen beurteilen zu können, die zwar keinen bedeutenden Marktanteil auf einzelnen Märkten besitzen, aber dennoch insgesamt eine starke Marktstellung haben, werden bei der Prüfung auf überragende Marktstellung neben dem Marktanteil unter anderem auch Finanzkraft, Verflechtungen mit anderen Unternehmen, Schranken des Marktzugangs und Zugang zu den Beschaffungsmärkten berücksichtigt. Für diese zusätzlichen Kriterien liegen allerdings keine operationalen Maßstäbe vor.

Im September 1994 meldete die mehrheitlich zur RWE AG gehörende Hochtief AG beim Bundeskartellamt das Vorhaben an, ihre bis dahin gehaltene Beteiligung von 20% an der Philipp Holzmann AG auf 30% aufzustocken. Das Kartellamt untersagte das Vorhaben im Januar 1995 mit der Begründung, für kleinere Bauvorhaben und Unteraufträge innerhalb größerer Projekte sei zwar die Marktstruktur der deutschen Bauwirtschaft eher polyplistisch. Bei technisch, organisatorisch und finanziell anspruchsvollen Großprojekten seien Hochtief und Holzmann aber mit Marktanteilen von damals 14% bzw. 20% führende Unternehmen der deutschen Bauwirtschaft. Der gemeinsame Marktanteil sei größer als der der folgenden fünf Anbieter zusammen. Außerdem sprächen die finanziellen Ressourcen und die Verflechtungen innerhalb des RWE-Konzerns für das Entstehen einer marktbeherrschenden Stellung.

Eine Untersagung soll nicht erfolgen, wenn die beteiligten Unternehmen nachweisen können, dass durch den Zusammenschluss auch Verbesserungen der Wettbewerbsbedingungen eintreten und diese die Nachteile der Marktbeherrschung übertreffen (§ 36 GWB, **Abwägungsklausel**).

Die von einer Untersagungsentscheidung betroffenen Unternehmen haben ferner die Möglichkeit, beim Bundesminister für Wirtschaft einen Antrag auf Erlaubnis der Fusion zu stellen. Der Minister kann ein Verbot des Kartellamtes aufheben und das Vorhaben mit oder ohne Auflagen genehmigen, wenn der Zusammenschluss im Einzelfall durch erhebliche gesamtwirtschaftliche Vorteile bzw. durch ein überragendes Interesse der Allgemeinheit gerechtfertigt werden kann (§ 42 GWB, **Ministererlaubnis**). Solche Vorteile sind z.B. denkbar, wenn durch den Zusammenschluss die Position inländischer Unternehmen gegenüber starker ausländischer Konkurrenz verbessert wird. Die Erlaubnis darf aber nur erteilt werden, wenn durch das Ausmaß der Wettbewerbsbeschränkung die marktwirtschaftliche Ordnung nicht gefährdet wird.

Bisher wurde eine Ministererlaubnis nur selten beantragt und erteilt. Dabei wurden unterschiedliche Begründungen gegeben. Im Fall „e.on/ruhrgas" wurden z.B. die Vorteile vertikaler Kooperation bei der Sicherung der Energieversorgung als Rechtfertigung für den Zusammenschluss angeführt. Im Fall „Daimler-Benz-MBB" wurde die Erlaubnis damit begründet, dass durch den Zusammenschluss ein Beitrag zur Privatisierung von Unternehmen mit staatlicher Beteiligung geleistet und die erwünschte „Konversion" eines Rüstungskonzerns in einen Anbieter ziviler Güter beschleunigt werde.

Das in Übersicht 3.3 skizzierte zweistufige Verfahren der Fusionskontrolle wird damit begründet, dass bei der Beurteilung von Zusammenschlüssen neben wettbewerbspolitischen regelmäßig auch andere Aspekte von Bedeutung sind.

| Zusammenschlussvorhaben | → | Große Unternehmen |

```
┌─────────────────────────┐        ┌──────────────────────────┐
│ Zusammenschlussvorhaben │───────▶│    Große Unternehmen     │
└─────────────────────────┘        └──────────────────────────┘
```

Zusammenschlussvorhaben → **Große Unternehmen**

- **Kleine Unternehmen: Bagatellklausel**
- **Prüfverfahren:** Verstärkung oder Begründung einer marktbeherrschenden Stellung? Z.B.: Überschreiten der Größenschwellen?

nein

- Zusammenschluss erlaubt

ja

- **Abwägungsklausel:** Verbesserung der Wettbewerbsbedingungen, die die Nachteile der Marktbeherrschung überwiegen?

ja

- Zusammenschluss erlaubt (evtl. mit Auflagen)

ja

nein

- **Erlaubnisverfahren des BMWi:** gesamtwirtschaftliche Vorteile? Überragendes Interesse der Allgemeinheit?

auf Antrag

- Zusammenschluss wird untersagt

nein

- Untersagung bleibt bestehen
- Betroffene können alle Entscheidungen gerichtlich prüfen lassen

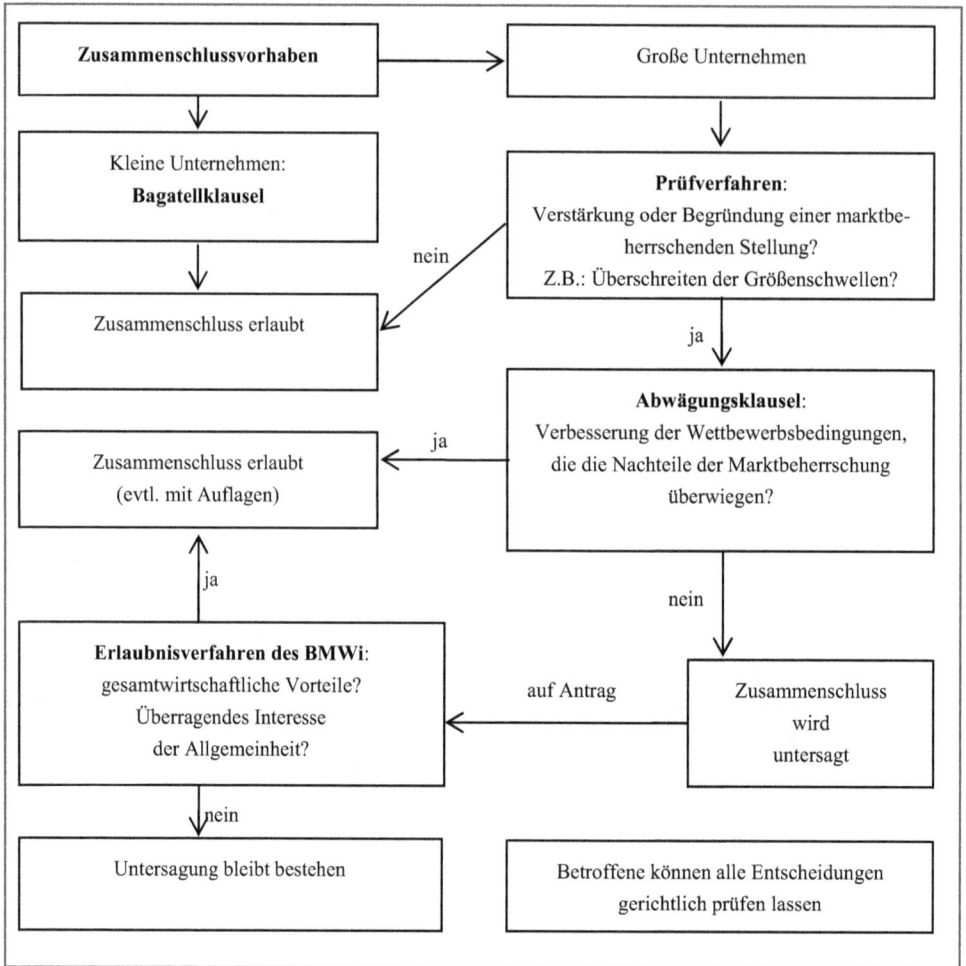

Übersicht 3.3: Das Fusionskontrollverfahren gemäß GWB

Durch eine Fusionskontrolle lässt sich Konzentration nur zum Teil begrenzen. Internes Unternehmenswachstum kann von der Kontrolle nicht erfasst werden. Eine einmal eingetretene Konzentration ließe sich nur durch Regelungen zur (nachträglichen) Entflechtung von Großunternehmen wirksam begrenzen. Im GWB fehlen solche Regelungen. Nur vollzogene Zusammenschlüsse, die das Bundeskartellamt untersagt oder deren Freigabe es widerrufen hat, sind wieder aufzulösen, sofern keine Ministererlaubnis vorliegt (§41 GWB).

Das Instrumentarium der Fusionskontrolle wirkt allerdings häufig bereits im Vorfeld. Kündigt das Kartellamt an, dass mit einer Untersagung zu rechnen ist, werden Zusammenschlusspläne zum Teil schon zurückgezogen, bevor es zu einem Untersagungsverfahren kommt. Zahlreiche Vorhaben wurden nach vorheriger Erörterung mit dem Kartellamt oder nach einer Abmahnung des Amtes wieder aufgegeben. Vollzogene Zusammenschlüsse unterliegen der Missbrauchsaufsicht, sofern sie eine marktbeherrschende Stellung begründen.

Auf europäischer Ebene prüft die EU-Kommission, inwieweit Fusionsvorhaben von gemeinschaftsweiter Bedeutung mit dem gemeinsamen Markt vereinbar sind. Gemäß **EU-Fusionskontrollverordnung** sind Fusionen zu untersagen, wenn eine beherrschende Stellung begründet oder verstärkt wird, durch welche wirksamer Wettbewerb im gemeinsamen Markt erheblich behindert wird. Fusionen können auch mit Auflagen genehmigt werden. Ein anmeldepflichtiges Fusionsvorhaben von gemeinschaftsweiter Bedeutung liegt vor, wenn

- die beteiligten Unternehmen zusammen weltweit mehr als 5 Mrd. Euro Jahresumsatz aufweisen,
- mindestens zwei der beteiligten Unternehmen je einen gemeinschaftsweiten Umsatz von mehr als 250 Mio. Euro haben und
- die beteiligten Unternehmen jeweils nicht mehr als 2/3 ihres gemeinschaftsweiten Umsatzes in ein und demselben Mitgliedstaat erzielen.

Die Prüfung von Fusionsvorhaben besteht im Prinzip aus zwei Teilen. Die **wettbewerbsbezogene Prüfung** mit Blick auf die Vereinbarkeit mit dem gemeinsamen Markt betrifft die Marktstellung der fusionswilligen Unternehmen, die Struktur der betroffenen Märkte und den tatsächlichen oder potenziellen Wettbewerb auf diesen Märkten (vgl. dazu die nachfolgenden Fallbeispiele).

1991 planten die französische Firma Aerospatiale SNI und die italienische Firma Alenia-Aeritalia e Selenia SpA die Übernahme der kanadischen Boeing-Tochter de Havilland. Die beiden europäischen Unternehmen waren jeweils unter anderem in der Produktion von Flugzeugen, Helikoptern, Satelliten und Raumfahrtsystemen tätig. Das gemeinsame Tochterunternehmen ATR entwickelte, fertigte und vertrieb Regionalflugzeuge. De Havilland war das europa- und weltweit zweitgrößte Unternehmen dieser Branche. Die Kommission untersagte dieses Zusammenschlussvorhaben. Sie argumentierte, dieses Vorhaben ließe sowohl in der EG als auch auf dem Weltmarkt eine beherrschende Stellung auf dem als relevant angesehenen Markt für Regionalflugzeuge mit einer Kapazität von 20 bis 70 Sitzplätzen entstehen. Mit de Havilland würde der erfolgreichste Wettbewerber von ATR ausgeschaltet. Das neue Unternehmen würde als einziges Unternehmen auf allen drei für relevant angesehenen Teilmärkten (20–39 Sitze, 40–59 Sitze und 60–70 Sitze) vertreten sein, was eine Ausnutzung der Marktmacht durch günstige Konditionen bei kombinierten Bestellungen ermöglichte. Auch bei Piloten- und Mechanikerschulungen sowie bei der Unterhaltung von Ersatzteillagern hätte das neue Unternehmen übergroße Vorteile.

1995 meldeten das schwedische Unternehmen AB Fortos, eine 100%ige Volvo-Tochter, und das norwegische Unternehmen Orkla bei der Kommission das Vorhaben an, ein Gemeinschaftsunternehmen zu gründen. Beide Unternehmen waren unter anderem in den Bereichen Bier, Softdrinks und Mineralwasser tätig. Die Bedenken der Kommission bezogen sich darauf, dass die beiden wichtigsten Biermarken von Orkla und Fortos auf dem norwegischen Biermarkt einen gemeinsamen Marktanteil von 80% hatten. Der norwegische Biermarkt ist aufgrund gesetzlicher Bestimmungen (Alkohol-Prohibition und Umweltauflagen bei Einwegflaschen) gegen ausländische Konkurrenz weitgehend abgeschlossen. Der Zusammenschluss wurde deshalb nur unter der Auflage genehmigt, dass das Gemeinschaftsunternehmen eine Brauerei an ein drittes Unternehmen veräußert und somit die Marktanteilsaddition bei Bier unterbleibt.

Bei der **industriepolitischen Prüfung** wird untersucht, wie die Fusion auf die Entwicklung des technischen und wirtschaftlichen Fortschritts wirkt. Damit ist offen, inwieweit die Sicherstellung eines wirksamen Wettbewerbs oder die Gestaltung industrieller Strukturen im Zentrum der europäischen Fusionskontrolle steht. Durch Nicht-Untersagung von Fusionen könnte z.B. versucht werden, chinesische oder japanische Firmenaufkäufe abzuwehren.

Problematisch ist auch, dass die Kommission selbst entscheiden kann, ob sie einen Fusionsfall aufgreifen und ein Prüfverfahren einleiten will. Wird kein Verfahren eröffnet, besteht die Gefahr, dass Wettbewerbsprobleme ohne genauere Untersuchung „unter den Teppich gekehrt" werden. Sofern in einzelnen Mitgliedstaaten für national bedeutsame Zusammenschlüsse strengere Maßstäbe gelten, ist diese Möglichkeit zugleich eine Quelle möglicher Ungleichbehandlungen im Wettbewerb. Die Kommission kann zwar Fusionsvorhaben von gemeinschaftsweiter Bedeutung an nationale Wettbewerbsbehörden verweisen, wenn der Markt in einem Mitgliedstaat in besonderer Weise betroffen ist. Bislang hat die Kommission von dieser Möglichkeit aber nicht immer Gebrauch gemacht. Mehreren Anträgen auf Rückverweisung wurde nicht stattgegeben. Diese restriktive Praxis wird mit einer einheitlichen Anwendung des Gemeinschaftsrechts, mit dadurch erhöhter Rechtssicherheit und Verfahrenserleichterungen (auch für die betroffenen Unternehmen) begründet. Sie führt im Ergebnis zu mehr Zentralisierung der Fusionskontrolle auf Gemeinschaftsebene.

Die Entscheidungen im Bereich der europäischen Fusionskontrolle werden zudem von Kommissaren getroffen, die aus der Politik kommen. Damit droht eine „Politisierung" der Entscheidungsverfahren. Vor diesem Hintergrund wird oft ein unabhängiges europäisches Kartellamt in Verbindung mit einer neutralen europäischen Monopolkommission gefordert.

Schon die erste Untersagung eines Zusammenschlusses durch die Kommission (im oben beschriebenen Fall Aerospatiale-Alenia/de Havilland) löste heftige Proteste der „betroffenen" italienischen und französischen Regierungen aus, die eine (rechtlich nicht mögliche) Revision der Entscheidung, ja der Fusionskontrollverordnung selbst verlangten. Der für Industriepolitik zu-ständige Kommissar forderte ein verstärktes Mitspracherecht seiner Generaldirektion schon bei der Einleitung von Prüfverfahren, was später zu einem entsprechenden Kommissionsbeschluss über eine Informationspflicht der Generaldirektion Wettbewerb gegenüber den anderen betroffenen Generaldirektionen führte.

3.2.2.3   Missbrauchsaufsicht bei marktbeherrschenden Unternehmen

Marktbeherrschung und Konzentration sind – wie bereits dargestellt – wettbewerbspolitisch nicht immer eindeutig zu bewerten. Einerseits ist z.B. für die Markteinführung neuer Produkte und Verfahren (Innovationen) ein gewisses Maß an ökonomischer Macht erforderlich. Starke Marktpositionen sind auch akzeptabel, wenn sie durch internes Unternehmenswachstum entstanden sind und die Unternehmen ihre Produktionskosten gesenkt und ihre Produkte optimiert haben, um dadurch Marktstellung und Gewinne zu verbessern. Das kann im Interesse der Verbraucher liegen, solange die bestehende Marktmacht nicht missbraucht wird. Insofern stellt die Möglichkeit des Unternehmenswachstums einen Anreiz dar, die Marktversorgung im Interesse des Unternehmens und gleichzeitig im Interesse der Verbraucher zu verbessern und ist mit dynamischem Wettbewerb gut vereinbar.

Andererseits kann Marktmacht wettbewerbsbeschränkend missbraucht werden und beseitigt somit vielfach die Basis für wirksamen Wettbewerb. Es besteht also Anlass, das Verhalten marktbeherrschender Unternehmen im Marktprozess einer Aufsicht zu unterstellen. Missbräuchlich und wettbewerbsbeschränkend sind Verhaltensweisen,

- die bei wirksamem Wettbewerb nicht praktiziert werden könnten,
- die dazu führen, dass Leistungsgewinne durch Machtgewinne ersetzt werden,
- die Marktteilnehmer der gleichen oder der anderen Marktseite zu einem bestimmten Verhalten veranlassen oder zwingen oder
- potentielle Wettbewerber vom Markteintritt abhalten.

Diese Kriterien sind allerdings unscharf, zudem gehen Wettbewerbsvor- und -nachteile oft Hand in Hand, so dass die „Nettowirkung" auf den Wettbewerb unklar bleibt.

Bietet z.B. ein großer Supermarkt an seiner Tankstelle Benzin unter dem Einkaufspreis an, um Kunden auf das Gelände zu locken, so kommen die Kunden in den Genuss preiswerten Benzins. Zugleich aber werden eventuell umliegende Tankstellen oder andere Supermärkte ohne Zusatzangebot vom Markt verdrängt. Die Nettowirkung der Aktion auf den Wettbewerb hängt auch davon ab, wie sich die Preise im Supermarkt und der Benzinpreis an der Supermarkttankstelle entwickelt, nachdem die anderen Tankstellen oder Supermärkte den Markt verlassen haben.

Es gibt mehrere Strategien zum wettbewerbsbehindernden Einsatz von Marktmacht:

- Die **Ausbeutungsstrategie** bezieht sich auf den Einsatz von Marktmacht gegenüber Abnehmern und Lieferanten. Ausbeutungsmissbrauch liegt vor, wenn marktmächtige Unternehmen von ihren Abnehmern „unangemessene" Geschäftsbedingungen bzw. „zu hohe" Preise fordern oder ihren Lieferanten unangemessene Geschäftsbedingungen (z.B. unentgeltliche Zusatzleistungen oder hohe Preiszugeständnisse) abverlangen. Der Nachweis von Ausbeutungsmissbrauch ist nahezu unmöglich, denn er setzt die Kenntnis von missbrauchsfreien Preisen bzw. Konditionen voraus.
- Die **Behinderungsstrategie** besteht in der rechtlichen oder faktischen Behinderung von Wettbewerbern, Abnehmern oder Lieferanten. Bei Ausschließlichkeitsbindungen verpflichten (große) Unternehmen die Lieferanten, keine anderen Unternehmen zu beliefern, bzw. die Abnehmer dazu, nur ihre Produkte zu vertreiben. Bei Vertriebsbindungen schreiben Unternehmen ihren Abnehmern z.B. vor, zu welchen Preisen sie die Produkte weiter vertreiben (Preisbindung der zweiten Hand). Bei Kopplungsgeschäften wird der Kauf eines gewünschten Produktes mit der Verpflichtung verbunden, zugleich auch ein anderes Produkt abzunehmen. Gegenseitigkeitsgeschäfte erfolgen nach dem Motto: „ich kaufe nur bei dir, wenn du auch bei mir kaufst". Dies begünstigt Unternehmen mit breit gefächertem Angebot gegenüber stärker spezialisierten Konkurrenten. Liefer- und Bezugssperren liegen vor, wenn ein Unternehmen bestimmten Abnehmern die Belieferung

oder bestimmten Lieferanten die Abnahme von Produkten verweigert. Diese rigorose Form der Behinderung ist nur bei großer Marktmacht denkbar. Es gibt auch Vereinbarungen, bei denen ein Unternehmen Lieferanten oder Abnehmer zu einer Liefer- bzw. Bezugssperre gegen dritte Unternehmen veranlasst (Boykott). Behinderungsmissbrauch gegenüber Wettbewerbern kann durch Sperrkäufe organisiert werden. Unternehmen können potentiellen Konkurrenten den Zugang zu wichtigen Ressourcen versperren. Sie können z.B. Flächen „horten", um Ansiedlungen neuer Unternehmen zu stoppen, die als Konkurrenten in Bezug auf regional verfügbare Facharbeiter auftreten könnten. Analog lässt sich der Zugang der Konkurrenten zu benötigten Rohstoffen, Vorprodukten oder Technologien erschweren.

■ Die **Diskriminierungsstrategie** beinhaltet eine Ungleichbehandlung von Abnehmern oder Lieferanten bei Preisen oder bei Konditionen. Unterschiedliche Konditionen lassen sich z.B. durch Rabattstaffelungen wie Gesamtumsatz- oder Treuerabattsysteme organisieren, ferner durch selektiven Vertrieb, durch Ausschließlichkeits- oder Gebietsschutzverträge bzw. durch selektive Androhung von Liefer- oder Bezugssperren.

Wie stark der Wettbewerb auf einzelnen Märkten beschränkt wird bzw. beschränkt werden kann, hängt letztlich auch von den politisch gesetzten Rahmenbedingungen ab. Der Markt für medizinische Leistungen ist z.B. durch wettbewerbsbeschränkende Regelungen gekennzeichnet. Die Preise für ärztliche Leistungen sind durch Gebührenordnungen weitgehend festgelegt. Der Zugang zum Medizinstudium ist begrenzt. Viele Leistungen werden überwiegend von den Versicherungen finanziert, so dass die Nachfrager (die Patienten) kaum einen Anreiz haben, das preisgünstigste Angebot wahrzunehmen. Diese Wettbewerbsbegrenzungen tragen zum Problem der Kostensteigerungen im Gesundheitswesen bei.

Das GWB akzeptiert bestehende marktbeherrschende Stellungen von Unternehmen und unter bestimmten, bereits erläuterten Voraussetzungen auch das fusionsbedingte Entstehen neuer marktbeherrschender Stellungen. Es verbietet aber deren missbräuchliche Ausnutzung (§ 19,1 GWB). Das Missbrauchsverbot bezieht sich nur auf marktbeherrschende Unternehmen.

Die Missbrauchsaufsicht vollzieht sich in drei Schritten:

Zunächst ist der **relevante Markt abzugrenzen** und danach zu **prüfen, ob Marktbeherrschung vorliegt**. Dazu werden die Vermutungstatbestände, die auch in der Fusionskontrolle eine Rolle spielen, herangezogen. Das Kernproblem der Missbrauchsaufsicht über marktbeherrschende Unternehmen liegt allerdings im dritten Schritt, dem **Nachweis des Missbrauchs**. Dies zeigt sich bereits in den unscharfen Formulierungen des Gesetzes. § 19,4 GWB unterstellt z.B. Missbrauch, wenn ein marktbeherrschendes Unternehmen

■ die Wettbewerbsmöglichkeiten anderer Unternehmen in einer für den Wettbewerb auf dem Markt erheblichen Weise ohne sachlich gerechtfertigten Grund beeinträchtigt (**Behinderungsmissbrauch**),

■ Entgelte oder sonstige Geschäftsbedingungen fordert, die ungünstiger sind, als bei wirksamem Wettbewerb zu erwarten bzw. als auf vergleichbaren anderen Märkten mit wirksamem Wettbewerb zu beobachten (**Ausbeutungsmissbrauch**); ein Missbrauch liegt nicht vor, wenn der Unterschied sachlich gerechtfertigt ist,

* sich weigert, anderen Unternehmen gegen angemessenes Entgelt Zugang zu eigenen Netzen oder Infrastruktureinrichtungen zu gewähren und dadurch den Zugang zum Markt versperrt (**Behinderungsmissbrauch**).

Für marktbeherrschende Unternehmen gilt überdies gemäß § 20 GWB auch ein **Diskriminierungsverbot**. In Geschäftsfeldern, die gleichartigen Unternehmen üblicherweise zugänglich sind, dürfen einzelne Unternehmen nicht „unbillig" behindert oder gegenüber gleichartigen Unternehmen ohne sachlich gerechtfertigten Grund unterschiedlich behandelt werden. Schließlich enthält §21 GWB auch ein Boykottverbot und ein Verbot sonstigen wettbewerbsbeschränkenden Verhaltens.

Die in den zitierten Formulierungen des GWB bereits anklingende **Nachweisproblematik** lässt sich exemplarisch am Beispiel der Prüfung auf das Vorliegen missbräuchlich überhöhter Preise zeigen. Das Problem bezieht sich hier im Kern auf die Ermittlung „wettbewerbsanaloger" Preise.

Das **Vergleichsmarktkonzept** versucht, wettbewerbsanaloge Preise durch Analyse anderer Märkte zu ermitteln. Räumlich lässt sich z.B. der inländische mit einem ausländischen Markt vergleichen. Der zeitliche Vergleich kann sich auf den betrachteten Markt vor und nach Entstehen einer marktbeherrschenden Stellung beziehen. Sachlich lassen sich die Preise auf „inhaltlich verwandten" Märkten heranziehen, z.B. lassen sich die Preise in Krankenhausapotheken und in privaten Apotheken vergleichen. Auf dem Vergleichsmarkt muss wirksamer Wettbewerb herrschen. In Bezug auf andere relevante Merkmale eventuell bestehende Unterschiede gegenüber dem Untersuchungsmarkt müssen bei der Ermittlung wettbewerbsanaloger Preise durch Korrekturzu- oder –abschläge ausgeglichen werden. Übersteigt dann der Preis auf dem Untersuchungsmarkt den für den Vergleichsmarkt ermittelten wettbewerbsanalogen Preis deutlich, liegt ein Hinweis auf einen vom marktmächtigen Unternehmen missbräuchlich überhöhten Preis vor. Inwieweit Preisunterschiede allerdings tatsächlich „missbräuchlich" oder durch strukturelle Marktunterschiede „sachlich gerechtfertigt" sind, lässt sich letztlich kaum entscheiden.

Im Fall des in Deutschland teurer als in anderen europäischen Ländern verkauften Schmerzmittels Valium waren zur Ermittlung des wettbewerbsanalogen Preises unter anderem unterschiedliche Arzneimittelgesetze und unternehmensspezifische Unterschiede (z.B. im Bereich der Forschung) zu berücksichtigen. Das vom Kartellamt 1974 eingeleitete Verfahren wurde vom Bundesgerichtshof (BGH) zuungunsten des Kartellamts entschieden. Der BGH bemängelte die Tatsache, dass der ermittelte wettbewerbsanaloge Preis zu mehr als 50% aus Zuschlägen bestand, deren Höhe z.T. als willkürlich erschien.

Ersatzweise könnte zur Feststellung von Preismissbrauch auf **Gewinnkontrollen** zurückgegriffen werden. Von der Höhe des Gewinns lässt sich aber ebenfalls kaum darauf schließen, ob der Preis eines marktmächtigen Unternehmens angemessen ist. Zum einen fehlt der Maßstab für einen „wettbewerbsadäquaten" Gewinn. Zum anderen kann missbräuchliche Preissetzung auch bei niedrigem Gewinn und ineffizient hohen Kosten vorliegen. In sofern wäre auch eine sachgerechte **Kostenkontrolle** erforderlich, die aber voraussetzt, dass betriebswirtschaftlich notwendige und nicht notwendige Kosten getrennt werden können. Dies ist insbesondere bei Mehrproduktunternehmen schlecht möglich. Inwieweit z.B. Produktivitätsfortschritte in Kostensenkungen „angemessen" weitergegeben werden, lässt sich kaum entscheiden. Behördliche (oder gerichtliche) Kosten- und Gewinnkontrollen sind zudem mit den Prinzipien einer marktwirtschaftlichen Ordnung nur schwer vereinbar. Behördliche Richtlinien zur Ermittlung angemessener Preise, Kosten und Gewinne könnten sogar den Wettbewerb drosseln. Für Unternehmen würde es attraktiv, Kosten auf Preise „hochzurechnen", d.h. gewünschte Preiserhöhungen durch „unausweichliche" Kostenerhöhungen zu legitimieren, anstatt die Preise in Richtung auf das Kostenniveau und dieses selbst zu drücken.

Entscheidungen, die das Kartellamt im Rahmen der Missbrauchsaufsicht gegenüber marktmächtigen Unternehmen getroffen hat, wurden vor Gericht häufig angefochten. Dies liegt unter anderem an den dargestellten Schwächen des Vergleichsmarktkonzepts. Die Missbrauchsaufsicht hat dennoch oft eine gewisse Vorfeldwirkung. Beanstandete Verhaltensweisen werden häufig aufgegeben, bevor es zu einer förmlichen Entscheidung des Kartellamtes kommt.

1996 erfolgte der Fahrscheinverkauf der Bahn über PC-Geräte der START-Gruppe, die an den DB-Zentralrechner angeschlossen waren. START – ein Gemeinschaftsunternehmen der Deutschen Bahn AG, der Lufthansa und der Touristik Union International (TUI) – hatte 1996 auf dem deutschen Markt für Computerreservierungssysteme einen Anteil von ca. 90%. Die restlichen 10% verteilten sich auf das Reservierungssystem SABRE und zwei weitere Reservierungssysteme. Die Weigerung der Bahn, beim Vertrieb von Bahnfahrscheinen mit SABRE zusammenzuarbeiten, stellte aus Sicht des Kartellamtes eine unbillige Behinderung dar, zumal die behaupteten technischen Inkompatibilitäten von der Bahn nicht nachgewiesen werden konnten. Das Missbrauchsverfahren gegen die Deutsche Bahn AG wurde Anfang 1996 eingestellt, da die Bahn ihre Bereitschaft zur Zusammenarbeit mit SABRE erklärte.

Auch nach den **Wettbewerbsregeln der EU** ist es verboten, eine marktbeherrschende Stellung auf dem gemeinsamen Markt zu missbrauchen (Art. 82 EGV), soweit dies dazu führen kann, den Handel zwischen den Mitgliedstaaten zu beeinträchtigen. Als Indikatoren für Marktbeherrschung gelten neben dem Markt-Anteil auch die Finanzkraft und die relative Wettbewerbsposition des Unternehmens. Als missbräuchlich werden Maßnahmen gewertet, die darauf abzielen, schon beherrschte Märkte abzuschotten oder weitere Märkte durch wettbewerbsbeschränkende Praktiken zu „erobern". Missbräuchlich kann insbesondere sein:

- wenn unangemessene Einkaufs- oder Verkaufspreise oder andere unangemessene Geschäftsbedingungen erzwungen werden
- wenn Produktion, Absatz oder die technische Entwicklung zum Schaden der Verbraucher eingeschränkt werden (z.B. Lieferverweigerungen)
- wenn unterschiedliche Bedingungen bei gleichwertigen Leistungen gegenüber Handelspartnern angewendet werden und diese dadurch diese im Wettbewerb benachteiligt werden. Die EG-Kommission hat z.B. dem VW-Konzern vorgeworfen, Vertragshändler in verschiedenen EG-Staaten aufgefordert zu haben, PKW je nach Nationalität der Kunden zu unterschiedlichen Preisen zu verkaufen, um so nationale Märkte abzuschotten. VW wurde eine Geldbuße auferlegt. Auch Ausschließlichkeitsbindungen, Treue- und Gesamtsortimentsrabatte können diskriminierend ausgestaltet werden.

* wenn der Abschluss von Verträgen an die Bedingung geknüpft wird, dass die Vertragspartner zusätzliche Leistungen annehmen, die weder sachlich noch nach Handelsbrauch in Beziehung zum Vertragsgegenstand stehen.

Art. 82 EGV gilt unmittelbar, d.h. ohne vorherige Entscheidung der Kommission. Es besteht auch keine Freistellungsmöglichkeit.

3.2.3 Rahmenbedingungen und Grenzen der Wettbewerbspolitik

Auf deutscher wie auf europäischer Ebene sind die Meinungen über die Gestaltung einer effizienten Wettbewerbspolitik kontrovers. Dies liegt daran, dass keine Einigkeit über das richtige „Leitbild" besteht. Einige bezweifeln, dass eine Wettbewerbsschutzpolitik überhaupt nötig ist. Im Zeitalter der Globalisierung und weltweiter Konkurrenz sei der Wettbewerb nicht gefährdet, sofern nur eine hinreichende Marktöffnungspolitik (Liberalisierung, Deregulierung, Privatisierung) betrieben werde. Andere halten mit Hinweis auf die vielen Wettbewerbsbeschränkungen, die von Unternehmen ausgehen, eine Politik zum Schutz des Wettbewerbs weiterhin für nötig.

Nationale Wettbewerbspolitik stößt bei steigender **Internationalisierung von Unternehmensaktivitäten** immer mehr an ihre Grenzen. Während nationale Wettbewerbsgesetze nur innerhalb der Landesgrenzen gelten, vollzieht sich der Wettbewerbsprozess auf größeren Märkten; dort werden auch Wettbewerbsbeschränkungen von Seiten der Unternehmen wirksam. Häufig wird vermutet, dass Unternehmen auf dem europäischen Markt oder auf dem Weltmarkt erst wettbewerbsfähig sind, wenn sie ausreichend groß sind. Insofern kann ein Konflikt zwischen der Stärkung der internationalen Wettbewerbsfähigkeit von Unternehmen und der Kontrolle marktbeherrschender Positionen bestehen. Daher ist es konsequent, dass die europäische Wettbewerbspolitik die nationale zunehmend überlagert, auch wenn die richtige „Kompetenz- bzw. Arbeitsteilung" zwischen nationaler und europäischer Wettbewerbspolitik umstritten ist.

In diesem Zusammenhang stellen sich auch Fragen der institutionellen Ausgestaltung der Wettbewerbspolitik. So könnte es z.B. sinnvoll sein, wettbewerbspolitische Entscheidungen auf EU-Ebene einer Instanz zuzuordnen, die stärker als die Kommission von politischer Einflussnahme unabhängig ist. Andererseits könnte es wünschenswert sein, Zusammenschlüsse zwischen Unternehmen zuzulassen, damit sie auf den weltweiten Märkten wettbewerbsfähiger sind, obwohl damit marktbeherrschende Stellungen im europäischen Markt verbunden sind. In dieser Hinsicht ist eventuell die bestehende institutionelle Struktur doch gut gewählt.

Daneben stellen sich Fragen zur inhaltlichen Ausgestaltung im Detail; einige davon wurden in diesem Kapitel angesprochen. Die Wirksamkeit der Wettbewerbspolitik wird auf deutscher und europäischer Ebene aufgrund von grundsätzlichen Schwierigkeiten begrenzt. Beispielsweise ist die Definition und Erfassung von wettbewerbsbeschränkendem Verhalten schwierig. Die Grenzen zwischen marktleistungsbedingten und unbilligen Wettbewerbsbeschränkungen sind nicht eindeutig. Die Wettbewerbsregeln lassen daher viele Ausnahmen zu und enthalten viele unbestimmte Rechtsbegriffe, welche die Beweisführung erschweren. Probleme bereiten z.B. die Abgrenzung des relevanten Marktes, der Nachweis eines Missbrauchs und die Beurteilung konglomerater Zusammenschlüsse. Die Entscheidungs- und Durchsetzungswege sind langwierig. Durch Novellierungen ist das GWB zwar besser mit dem EU-Recht verzahnt worden, ohne aber allen Entwicklungen in Bezug auf neuartige Wettbewerbsbeschränkungen Rechnung tragen zu können.

Zugleich wird die Wirksamkeit der Wettbewerbspolitik durch **Zielkonflikte mit anderen Politikbereichen** begrenzt. Insbesondere die Industriepolitik kann mit der Politik zur Wettbewerbssicherung in Konflikt geraten. Unter **Industriepolitik** versteht man das Engagement des Staates, welches darauf abzielt, den industriellen Sektor aktiv zu gestalten, sei es zur Beschleunigung neuer oder zur Konservierung alter Strukturen. Wettbewerbspolitisch problematisch sind vor allem sektorspezifische bzw. selektiv begünstigende Eingriffe wie z.B. staatliche Subventionen, d.h. spezifische Maßnahmen der sektorbezogenen Strukturpolitik. Diese selektiven Eingriffe verzerren den Wettbewerb, der normalerweise dafür sorgt, dass die Produktion sich an die an die Nachfragestruktur anpasst. Die spezifische Förderung einzelner Unternehmen oder Industrien verzerrt den Wettbewerb zwischen geförderten und nicht geförderten Branchen. Es besteht dann die Gefahr, dass unternehmensinterne Ineffizienzen zunehmen und eine Subventionsmentalität entsteht, die marktbestimmte Leistungsanreize mildert. In der Praxis begünstigt eine sektorspezifische Industriepolitik im Übrigen oft große Unternehmen auf Kosten von mittelständischen, und leistungsschwächere auf Kosten von innovativen Unternehmen bzw. schwache inländische Unternehmen gegenüber der Konkurrenz durch starke ausländische Unternehmen.

Auch die **Forschungs- und Technologiepolitik** wirkt wettbewerbsverzerrend, wenn sie einzelne Technologien bzw. die Forschung und Entwicklung in bestimmten Wirtschaftssektoren (oft in großen Unternehmen) spezifisch fördert. Staatliche Stellen haben im Regelfall keine bessere Kenntnis über „Schlüsseltechnologien" als die beteiligten Marktakteure. Auch die Technologiepolitik neigt dazu, den technischen Fortschritt durch das Begünstigen großer Unternehmen zu fördern. Wettbewerbspolitisch akzeptabler sind dagegen Maßnahmen der indirekten Technologieförderung. Von großer Bedeutung für den Wettbewerbsprozess ist in diesem Zusammenhang die Ausgestaltung des **Patentrechts** (vgl. Übersicht 3.4). Dies betrifft gleichzeitig den innovatorischen und den imitatorischen Wettbewerb. Je ausgeprägter die Schutzrechte, desto stärker wird der innovatorische und desto schwächer der imitatorische Wettbewerb. Da beide Elemente für den gesamten Wettbewerbsprozess gleichermaßen nötig sind, ist bei der Ausgestaltung des Patentrechts ein Mittelweg zu finden.

Die Wettbewerbspolitik wird ferner in ihrer Wirkung durch eine Politik zum Schutz einzelner Marktteilnehmer vor unlauterem Wettbewerb begrenzt. Diese Politik behindert den Wettbewerb da, wo er aus außerökonomischen Gründen unerwünscht erscheint. Sie ist in Deutschland in zahlreichen Bestimmungen niedergelegt, von denen einige erwähnt seien:

Das **Gesetz gegen den unlauteren Wettbewerb** (UWG) dient dem Schutz der Mitbewerber, der Verbraucher sowie der sonstigen Marktteilnehmer vor unlauterem Wettbewerb. Beispiele für unlautere Wettbewerbshandlungen sind irreführende Werbung und unzumutbare Belästigung (z.B. unverlangte Telefonwerbung oder elektronische Werbung). Diese Bestimmungen können bestimmte Wettbewerbsaktivitäten einschränken, erhöhen aber auch die Markttransparenz und verhindern die Ungleichbehandlung der Kunden.

Die **Preisangabenverordnung** schreibt Händlern vor, Produkte mit dem geforderten Endpreis auszuzeichnen. Ausnahmen gelten unter anderem für Kunstgegenstände und Antiquitäten. Die Verordnung soll eine höhere Preistransparenz schaffen.

Patente sind Schutzrechte, mit denen neue Produkt- oder Verfahrensideen für ihre Erfinder vor der Nachahmung durch Konkurrenten geschützt werden. Damit erhalten Erfinder einer grundlegend neuen Technologie die Möglichkeit, neue Ideen allein zu nutzen. Unternehmen bzw. Erfinder melden Patente an, wenn wirtschaftlich attraktive Verwertungsmöglichkeiten bestehen, mit denen sie ihre Entwicklungskosten decken und darüber hinaus gehende Gewinne erzielen können. Allerdings kann nicht jede Idee zum Patent angemeldet werden. Nach §1 des Patentgesetzes (PatG) sind Erfindungen nur patentierbar, wenn sie (a) neu sind, (b) auf einer erfinderischen Tätigkeit beruhen und (c) gewerblich nutzbar sind. Nicht patentierbar sind Entdeckungen, also z.B. neue Pflanzen, sowie Software oder mathematische Verfahren (§1, Absatz 3 PatG). Als neu gilt eine Erfindung, „wenn sie nicht zum Stand der Technik gehört" (§3PatG). Als erfinderisch gilt eine Tätigkeit, „wenn sie sich für den Fachmann nicht in nahe liegender Weise aus dem Stand der Technik ergibt" (§4 PatG). Damit stellt das deutsche Patent-recht im internationalen Vergleich gesehen hohe Anforderungen an den Neuheitsgehalt einer patentierbaren Erfindung. Der Patentschutz ist (1) zeitlich befristet, (2) gebührenpflichtig, (3) mit der Verpflichtung zur Patentveröffentlichung verbunden und (4) zunächst auf das Inland beschränkt, d.h. es gewährt zunächst keinen internationalen Schutz.

Patentschutz wird normalerweise auf maximal 20 Jahre ab dem Anmeldezeitpunkt befristet (§16 PatG). Neben der Anmeldegebühr wird ab dem dritten Jahr eine Jahresgebühr fällig (§17 PatG).

Patente werden in Patentdatenbanken veröffentlicht, so dass die Information über neue Ideen allgemein zugänglich gemacht wird. Diese Offenlegungspflicht stellt sicher, dass neues technisches Wissen verbreitet wird, damit sollen aufwendige Parallelentwicklungen durch andere Unternehmen bzw. Erfinder vermieden werden. Patenten wird eine innovationsfördernde Wirkung zugeschrieben, denn Patente steigern die Transparenz technologischer Entwicklungen und lassen gleichzeitig technologische Lücken erkennen.

Die Wettbewerbswirkungen des Patentschutzes sind ambivalent zu beurteilen: Zeitlich befristeter Monopolschutz ermöglicht Gewinne, die unter Wettbewerbsbedingungen nicht erzielbar wären, gleichzeitig werden Imitatoren vom Markt ferngehalten, so dass sich technischer Fortschritt nur langsamer verbreiten kann. Trotzdem kann die Aussicht auf eine mögliche Patentanmeldung ein Anreiz für Forschungs- und Entwicklungsaktivitäten sein, denn die damit verbundenen Chancen auf Verwertungsgewinne können das Risiko mangelnder Verwertbarkeit einer Entwicklung ausgleichen.

Übersicht 3.4: Patentrecht

Das frühere deutsche Ladenschlussgesetz regelte die erlaubten **Ladenöffnungszeiten** international gesehen vergleichsweise streng. Die Regelungen wurden mit dem Schutz von Arbeitnehmern, dem Schutz von kleinen und peripher gelegenen Betrieben, dem Schutz der Verbraucher vor höheren Preisen und mit Kostenersparnissen begründet, welche die Betriebe durch „Bündelung" der Geschäfte innerhalb bestimmter Öffnungszeiten realisieren können. Die Regelungen schränkten aber den Wettbewerb im Handel ein. Sie widersprechen dem

Grundsatz, wonach sich die Anbieter an den (zeitlichen) Konsumentenwünschen orientieren sollten. Daher wurden die zulässigen Öffnungszeiten mehrfach gesetzlich erweitert. Seit der Föderalismusreform im Jahr 2006 ging die Regelungskompetenz auf die Bundesländer über, was überwiegend zu einer weiteren Lockerung geführt hat.

Angesichts dieser Begrenzungen ist allerdings nicht zu folgern, dass Wettbewerbspolitik wirkungslos oder gar unnötig wäre. Der Schutz des Wettbewerbs vor Beschränkungen und Marktmacht bleibt eine wichtige staatliche Aufgabe, denn die marktwirtschaftliche Steuerung führt nur bei bestehendem Wettbewerb zu einer guten Marktversorgung. Daher ist die geeignete Anpassung der Wettbewerbsregeln eine stete Herausforderung.

3.2.4   Aufgaben

1. Ist Konzentration immer nachteilig? Begründen Sie Ihre Antwort!
2. Wie lässt sich Konzentration relativ einfach messen? Welche Probleme ergeben sich dabei?
3. Was verstehen Sie unter Ausbeutungsmissbrauch? Welche weiteren „missbräuchlichen" Verhaltensweisen kennen Sie? Erläutern Sie ihre Antwort jeweils anhand eines Beispiels.
4. Das GWB regelt die Kontrolle von Unternehmenszusammenschlüssen.
   a) Schildern Sie – in groben Zügen – das im GWB vorgesehene Verfahren zur Kontrolle von Unternehmenszusammenschlüssen!
   b) Lassen sich durch eine Fusionskontrolle Konzentrationstendenzen in der Wirtschaft völlig vermeiden?
   c) In welchen Fällen ist eine Fusion, durch die eine marktbeherrschende Stellung begründet oder verstärkt wird, gemäß GWB dennoch statthaft?
   d) Wie würde ein völliger Wegfall der Fusionskontrolle den Wettbewerb beeinflussen?
5. Erläutern Sie, in welchen Bereichen der Wettbewerbspolitik die Abgrenzung des relevanten Marktes von Bedeutung ist. Welche Schwierigkeiten ergeben sich in diesem Zusammenhang?
6. In § 1 GWB und in Art. 81 EG-Vertrag ist das Kartellverbot geregelt.
   a) Erläutern Sie die ökonomische Begründung dieser Bestimmung.
   b) An welchen Überlegungen könnte sich die Bemessung von Bußgeldern orientieren?
   c) Erläutern Sie eine Ausnahme vom Kartellverbot.
   d) Können durch ein Kartellverbot „im Prinzip" (wenn man von den Ausnahmen absieht) alle Wettbewerbsbeschränkungen verhindert werden? Bitte begründen Sie ihre Antwort!
7. Bei der Prüfung, ob das Preisniveau auf einem Markt „missbräuchlich überhöht" ist, wird oft das Vergleichsmarktkonzept angewandt.
   a) Beschreiben Sie dieses Verfahren.
   b) Welche Schwäche weist dieses Verfahren auf?
8. Was verstehen Sie unter „Marktöffnungspolitik"? Erläutern Sie in diesem Zusammenhang die Bedeutung eines freien Marktzutritts für den Wettbewerb.

9. In welchen Fällen sind die nationalen Wettbewerbsregeln, in welchen Fällen die europäi-schen Wettbewerbsregeln anzuwenden? An welchem Prinzip orientiert sich diese „Arbeitsteilung"?

10. Erläutern Sie, inwiefern die Wirkung der Wettbewerbspolitik begrenzt ist.

4 Lösungshinweise zu den Aufgaben

4.1 Aufgaben zu Kapitel 1.1: Gegenstand und methodische Grundbegriffe

1. Aufgabe

Mikroökonomie: Preisbildung für Grippemittel

Mesoökonomie: Künftige Entwicklung der Nachfrage nach landwirtschaftlichen Produkten, Beschäftigungsmöglichkeiten für Betriebswirte

Makroökonomie: Entwicklung des Handels mit europäischen Ländern nach Einführung des Euro, Möglichkeiten zum Abbau der Staatsverschuldung

2. Aufgabe

Kurzfristig geht der Anbieter von der c.p.Klausel aus: konstante Konkurrenzsituation auf dem bisher belieferten Absatzmarkt, z.B. keine neuen Anbieter und keine neuen Produkte, konstante Bedingungen für den Außenhandel, (Export-/Importbestimmungen, Zölle, Wechselkurse, keine Einkommenssprünge). Langfristig können sich diese Einflussgrößen auf seine individuellen Absatzchancen im In-/Ausland verändern.

3. Aufgabe

Die Befriedigung existentieller Bedürfnisse ist lebensnotwendig (Trinken, Essen). Die Erfüllung von Wahlbedürfnisse ist nicht überlebensnotwendig. Wahlbedürfnisse können von Person zu Person unterschiedlich sein (Urlaubsreise, Eigenheim). Materielle Bedürfnisse werden durch Sachgüter befriedigt (z.B. Kleidungsstücke), immaterielle Bedürfnisse durch Dienstleistungen (z.B. Pflegeleistungen).

4. Aufgabe

Ein Modell ist ein vereinfachtes Abbild der Wirklichkeit. Es betont die für die Fragestellung wichtigen Ursache-Wirkungs-Zusammenhänge unter der Annahme der c.p.Klausel, d.h. es wird angenommen, dass alle nicht ausdrücklich in das Modell einbezogenen Größen sich nicht verändern. Daher gelten Modellaussagen nur, wenn die zugrunde liegenden Annahmen erfüllt sind. Normalerweise gehen Modelle, mit denen das Verhalten von Wirtschaftssubjekten erklärt werden soll, die Annahme zugrunde, dass die Entscheidungsträger sich rational verhalten und über die Handlungsalternativen umfassend informiert sind.

5. Aufgabe

Komparativ-statische Betrachtungen vergleichen Marktgleichgewichte vor Veränderungen von Rahmendaten oder Verhaltensweisen (exogene Störungen) mit denjenigen neuen Gleichgewichten, die sich einstellen, nachdem exogene Störungen verarbeitet worden sind. Dauer und Verlauf der Anpassungsprozesse vom Ausgangsmarktgleichgewicht zum neuen Gleichgewicht nach Verarbeitung der exogenen Störungen können nicht dargestellt und untersucht werden.

4.2 Aufgaben zu Kapitel 1.2: Grundtatbestände des Wirtschaftens

1. Aufgabe

Der Student muss die Relation zwischen Studiendauer (Zeiteinsatz) und Studienerfolg (Ergebnis) bestmöglich gestalten. Dazu kann er entweder versuchen, mit einer festgelegten Studiendauer den Studienerfolg zu maximieren (Maximumprinzip) oder ein vorgegebenes Ziel mit geringstmöglichem Zeitaufwand zu erreichen (Minimumprinzip).

2. Aufgabe

Das Problem der Knappheit bezieht sich darauf, dass die Mittel zur Bedürfnisbefriedigung nur in begrenztem Umfang vorhanden sind und dass sie nicht ausreichen, um alle Bedürfnisse zu befriedigen. Die Wirtschaftssubjekte müssen also entscheiden, welche Bedürfnisse Vorrang haben sollen und welche Güter zur Erfüllung dieser Wünsche nachgefragt und hergestellt werden sollen. Die Entscheidung für ein bestimmtes Gut beinhaltet zwangsläufig den Verzicht auf ein anderes Gut. Der entgangene Nutzen aus der Verwendung desjenigen Alternativguts, das den höchsten Nutzen gestiftet hätte, stellt die Opportunitätskosten dar.

3. Aufgabe

a) Wenn 200 Einheiten Konsumgüter hergestellt werden, können bei den vorhandenen Ressourcen weitere 425 Einheiten Produktionsgüter hergestellt werden. Die vorhandenen Ressourcen werden bei Punkt A nicht ausgeschöpft; der Punkt liegt unterhalb der Transformationskurve. Punkt B liegt oberhalb der Transformationskurve. Die Ressourcen reichen bei 425 Einheiten Produktionsgütern nur für 200 Einheiten Konsumgüter.

b) Opportunitätskosten beinhalten die Produktionseinbußen, die aus dem Verzicht auf eine alternative Verwendung der Produktionsfaktoren resultieren. Wird die Konsumgüterproduktion von 100 auf 200 Einheiten ausgeweitet, muss auf 50 Einheiten Produktionsgüter verzichtet werden. Der Übergang von 400 auf 450 Einheiten Konsumgüter „kostet" 100

Einheiten Produktionsgüter. Die Relation der Veränderung der hergestellten menge an Konsumgütern zur hergestellten Menge an Produktionsgütern zeigt, dass bei der unterstellten Form der Transformationskurve die Opportunitätskosten bei einer Bewegung entlang der Transformationskurve nicht konstant sind. Es gilt:

$(200 - 100) / (425 - 475) = 100 / - 50 = - 2$ und

$(450 - 400) / (150 - 250) = 50 / -100 = - \frac{1}{2}$

4. Aufgabe

a) Nach der juristischen Gelddefinition ist Geld das gesetzlich festgelegte Zahlungsmittel. Dieses Geld muss als Gegenwert für Güter akzeptiert werden. Nach der funktionalen Gelddefinition ist Geld dasjenige Gut, das die Geldfunktionen erfüllt. Auf Schwarzmärkten konnten Zigaretten diese Geldfunktionen erfüllen, obwohl sie nicht gesetzlich anerkanntes Zahlungsmittel waren. In Phasen hoher Inflation ist es denkbar, dass das gesetzlich anerkannte Zahlungsmittel die Wertaufbewahrungsfunktion nicht mehr erfüllt.

b) Geld dient als Recheneinheit, als Zahlungs- und Tauschmittel und zur Wertaufbewahrung.

c) Geld vereinfacht gegenüber dem Naturaltausch den Tausch von Gütern, denn die Notwendigkeit der doppelten Koinzidenz entfällt, die Zahl der erforderlichen Tauschrelationen wird reduziert und Tauschvorgänge werden vereinfacht. Außerdem überbrückt Geld den Zeitpunkt zwischen Einnahme und Ausgabe des Einkommens (bei stabilem Geldwert auch über längere Zeiträume). Nach dem zweiten Weltkrieg wurden auf Schwarzmärkten vorübergehend Zigaretten als Zahlungsmittel verwendet, weil der Geldwert nicht stabil war.

5. Aufgabe

a) Erhöhung der Ausbringungsmenge bei gleichem Arbeitseinsatz oder Verringerung des Arbeitseinsatzes bei gleicher Ausbringungsmenge, d.h. es ist eine bessere Allokation der Ressourcen auf die verschiedenen Verwendungsmöglichkeiten möglich. Außenhandel verbessert also die Versorgungssituation in beiden Volkswirtschaften. Der wichtigste Nachteil besteht in den Risiken der Spezialisierung (z B. Abhängigkeit von Nachfrageschwankungen oder angebotsseitigen Risiken wie z.B. Versorgungsengpässen bei Vorprodukten) und in der Abhängigkeit vom Außenhandel (Verzicht auf eigene Versorgungsmöglichkeiten).

b) Das Tableau der Opportunitätskosten lautet:

	Opportunitätskosten für ein Radiogerät	Opportunitätskosten für einen PC
in Land A	= 40/30 = 1,33 Einheiten PCs	= 30/40 = 0,75 Einheiten Radios
in Land B	= 20 : 25 = 0,80 Einheiten PCs	= 25 : 20 = 1,25 Einheiten Radios

Land A muss also zur PC-Produktion auf weniger Radiogeräte verzichten als Land B. Es hat einen komparativen Kostenvorteil bei der PC-Produktion und sollte sich auf PCs spezialisieren. Werden in Land A 2 PCs hergestellt, ist ein Arbeitseinsatz von

$2 \cdot 30 = 60$ Stunden erforderlich. In Land B können 2 Radiogeräte in $2 \cdot 20 = 40$ Std. erzeugt werden. Bei gleicher Ausbringung können durch arbeitsteilige Produktion 10 Arbeitsstunden in Land A und 15 Arbeitsstunden in Land B eingespart werden, obwohl Land A einen absoluten Kostenvorteil bei beiden Gütern hat.

c) Mangelnde Mobilität der Produktionsfaktoren zwischen den verschiedenen Verwendungsmöglichkeiten; Außenhandelshemmnisse wie Kontingente oder Zölle.

4.3   Aufgaben zu Kapitel 1.3: Marktwirtschaftliche Grundlagen

1. Aufgabe

a) Der Punkt G ist der Gleichgewichtspunkt, bei dem die geplante Angebotsmenge mit der geplanten Nachfragemenge übereinstimmt. Der Preis p_0 ist der markträumende Preis.

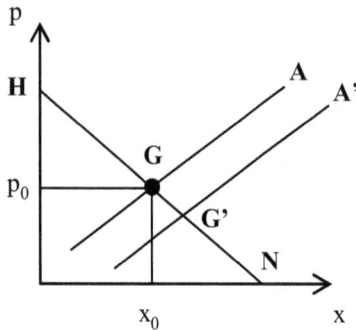

b) Unter der Konsumentenrente (Fläche Hp_0G) versteht man die nicht abgeschöpfte Zahlungsbereitschaft der Konsumenten. Da sich am Markt im Wechselspiel zwischen Angebot und Nachfrage ein markträumender Preis bildet, gibt es normalerweise eine Reihe von Konsumenten, die bereit wären eine (kleine) Menge des Gutes zu einem Preis über dem Gleichgewichtspreis nachzufragen. Diese Konsumenten können das Gut zu einem Preis kaufen, der ihre Zahlungsbereitschaft nicht ausschöpft. Eine Vergrößerung der Angebotsmenge(von A nach A') würde den markträumenden Preis ceteris paribus senken, so dass die Konsumentenrente (HLG') steigen würde.

2. Aufgabe

a) Das Marktgleichgewicht im Schnittpunkt der Angebots- und Nachfragekurve stellt dar, bei welchem Preis der Markt geräumt wird. Die geplante Angebotsmenge entspricht der geplanten Nachfragemenge, d.h. Anbieter und Nachfrager können gleichzeitig ihre jeweiligen Pläne realisieren und haben keine Veranlassung zur Plankorrektur. Da die produzierte Menge abgesetzt werden kann, ergeben sich keine ungeplanten Lagerbestände.

b) Wenn ein Konkurrenzmodell am Markt eingeführt wird, erhöht sich c.p. die Angebotsmenge, im Marktdiagramm verschiebt sich die Angebotsfunktion nach rechts. Im neuen
Marktgleichgewicht ist der Preis niedriger und die Menge größer als zuvor.

c) Die Fahrzeugnachfrager können zwischen einer größeren Zahl von Mittelklasse-
Modellen wählen. Vor allem der Preiswettbewerb verschärft sich, so dass die Hersteller
versuchen müssen, Kosten senkende Maßnahmen zu realisieren, um das Fahrzeug preis-
günstig anbieten zu können. Tendenziell wirkt der sinkende Preis darauf hin, dass die
Produktionsfaktoren entsprechend dem ökonomischen Prinzip eingesetzt werden. Daher
besteht der Druck, kostengünstige Produktionsverfahren einzusetzen, also möglichst entsprechend dem ökonomischen Prinzip zu produzieren. Darüber hinaus wird möglicherweise der Qualitätswettbewerb verschärft; die Hersteller müssen die Fahrzeuge so wei-
terentwickeln, dass diese den Nachfragerwünschen entsprechen. Damit erfüllt der Preis
eine Anreiz- und Selektionsfunktion und trägt dazu bei, dass technischer Fortschritt sowohl in Hinblick auf die Produktionsverfahren als auch in Hinblick auf die Produktqualität realisiert wird.

3. Aufgabe

a) Ein Höchstpreis, der unter dem Gleichgewichtspreis liegt, verhindert, dass der markträumende Preis erreicht wird. Kurzfristig kann ein Nachfrageüberschuss nicht durch Preiserhöhungen abgebaut werden. Die am Markt umgesetzte Menge wird durch das Angebot
begrenzt. Auch mittel- und langfristig wird besteht keine Chance, dass das Angebot entsprechend den Nachfragerwünschen steigt. Der Preis kann seine Signal-/Anreizfunktion
nicht erfüllen, weil Preissteigerungen unterbunden werden.

b) Solange der Höchstpreis gilt, besteht kein Anreiz, die Angebotsmenge zu vergrößern.
Angebotslücke und geringe Marktversorgung bleiben bestehen.

c) Der Marktpreis für Mineralwasser würde sinken, wenn c.p. das Angebot steigen würde,
z.B. weil neue Anbieter in den Markt eintreten (Verschiebung der Angebotskurve nach
rechts) und/oder, wenn die Nachfragemenge sinken würde (Verschiebung der Nachfragekurve nach links). C.p. könnte die Nachfragekurve sich verschieben, wenn die
Verbraucher wegen der Knappheit von Mineralwasser auf andere Getränke ausweichen
würden.

4. Aufgabe

a) Der kalte Winter bewirkt eine steigende Nachfrage, d.h. die Nachfragefunktion verschiebt sich nach rechts oben; c.p. steigt der Gleichgewichtspreis, die Gleichgewichtsmenge steigt.

b) Die umgestürzten Bäume erhöhen das Angebot an Kaminholz, c.p. verschiebt sich die
Angebotsfunktion nach rechts unten, d.h. der Gleichgewichtspreis sinkt und die Gleichgewichtsmenge steigt.

c) Die Präferenzen umweltbewusster Nachfrager könnten sich zu Lasten von Kaminöfen
ändern; die Nachfragefunktion verschiebt sich nach links unten. Der Gleichgewichtspreis und die Gleichgewichtsmenge werden c.p. sinken.

Wenn die Präferenzen der Nachfrager für Kaminöfen zunehmen, steigen die Nachfrage und der realisierte Marktpreis c.p. Damit verbessern sich die Gewinnchancen der Anbieter, sie werden ihre Angebotsmenge erhöhen, u.U. treten auch zusätzliche Anbieter in den Markt ein. Insgesamt bewirkt dieser Prozess, dass die Anbieter im eigenen Gewinninteresse ihre Produktion entsprechend den Konsumentenwünschen ändern.

5. Aufgabe

a) Nachfrager, die nicht bereit oder in der Lage sind, angebotene Güter zu bezahlen, werden von der Nutzung dieser Güter ausgeschlossen, solange es andere Konsumenten gibt, die bereit und in der Lage sind, den Marktpreis zu zahlen. Anbieter, die ihre Produkte teurer anbieten als die Konkurrenz, können ihre Produkte nicht verkaufen, wenn die Nachfrager den Preisunterschied bemerken. Der Konkurrenzdruck bewirkt demnach, dass Anbieter, die höhere Preise verlangen, ihre Kunden verlieren und ihr Angebot einstellen müssen. Der Marktprozess selektiert demnach Anbieter und Nachfrager, die zum Marktpreis nicht anbieten bzw. nachfragen können oder wollen.

b) Wenn die Nachfrage größer ist als das Angebot (Verkäufermarkt), können nicht alle Nachfrager ihre Nachfragepläne realisieren. In diesem Fall besteht die Gefahr, dass Konsumenten mit höherer Zahlungsbereitschaft sich c.p. gegenseitig überbieten; der Marktpreis steigt. Der steigende Preis signalisiert also, dass ein Nachfrageüberschuss besteht, dass also das entsprechende Gut in Relation zum Bedarf knapp ist.

c) Technischer Fortschritt kann sich in Form von qualitativ verbesserten oder neuen Produkten oder in Form von kostengünstigeren Produktionsverfahren zeigen. Anbieter, die erwarten, dass verbesserte oder neue Produkte große Absatzchancen haben, haben in eigenen Gewinninteresse einen Anreiz, solche Produkte anzubieten; Konkurrenten, die weiterhin die früheren Produkte anbieten, werden vom Markt verdrängt, wenn die Markteinführung des neuen Produkts erfolgreich ist. Insofern sind sie gezwungen, erfolgreiche Verbesserungen ebenfalls einzuführen. Kostengünstigere Produktionsverfahren geben den Anbietern die Chance, ihre Preise zu senken. Dies ist ebenfalls ein Wettbewerbsvorteil, der die Konkurrenten zwingt, diese Neuerungen ebenfalls einzuführen.

4.4   Aufgaben zu Kapitel 1.4: Die Wirtschaftsordnung der sozialen Marktwirtschaft

1. Aufgabe

Wirtschaftsordnung: Institutionen und Regelungen, die die Organisation und den Ablauf des Wirtschaftsprozesses bestimmen. Normalerweise sind realisierte Ordnungen **gemischte Wirtschaftsordnungen**, in denen Elemente unterschiedlicher Leitideen (Vorrang individueller oder gesamtgesellschaftlicher Ziele) kombiniert werden. Die Wirtschaftsverfassung umfasst rechtliche Regelungen, die wirtschaftliche Abläufe und Handlungsspielräume der Wirtschaftssubjekte gestalten und begrenzen. Beispiele: Vertragsrecht, Arbeitsrecht, Steuerrecht, Umweltrecht usw. Die Wirtschaftskultur in einer Volkwirtschaft ist geprägt von dominierenden Wertvorstellungen, Umgangsformen und Verhaltensweisen, wie z.B. die Motivation zur Leistung oder die Vorstellungen vom fairen Umgang im Wirtschaftsleben. Die Wirtschaftskultur ist traditionell gewachsen und verändert sich normalerweise nur allmählich.

2. Aufgabe

Wirtschaftsordnungen lassen sich anhand der Eigentumsordnung – speziell in Hinblick auf die Produktionsfaktoren Boden und Kapital -, anhand der Mechanismen zur Planung und Planabstimmung und anhand der Ordnungsbefugnisse, die dem Staat übertragen werden, charakterisieren. In marktwirtschaftlichen Ordnungen wird das Eigentum an den genannten Produktionsfaktoren mit der individuellen Planungsbefugnis kombiniert. Die unabhängig voneinander geplanten Verhaltensweisen der Anbieter und Nachfrager werden auf Märkten durch Preise aufeinander abgestimmt, die sich flexibel bilden. Der Staat sichert individuelle Freiheitsrechte (Vertragsfreiheit, freie wirtschaftliche Betätigung der Individuen), die Rahmenbedingungen für freie Preisbildungsprozesse (Rechtsordnung, Sicherheit nach innen und außen und Geldordnung) und den Wettbewerb auf den Märkten.

3. Aufgabe

Marktkonforme Maßnahmen setzen die Steuerung über Märkte nicht außer Kraft, verändern aber die Daten an denen sich die privaten Wirtschaftssubjekte bei ihrer Planung orientieren. Höchstpreise für Wohnungen (Mietstops) sind nicht marktkonform, weil sie steigende Preise verhindern, auch wenn die Nachfrage nach Wohnungen das Angebot übersteigt. Die Preise können ihre Anreiz- und Lenkungsfunktionen nicht mehr erfüllen. Demgegenüber würden Einkommenstransfers (Wohngeld) die Handlungsspielräume der Nachfrager vergrößern. Bezieher geringerer Einkommen werden in die Lage versetzt, höhere Mieten zu zahlen. Das verteilungspolitische Ziel, auch Beziehern geringerer Einkommen die Nachfrage nach Wohnungen zu ermöglichen wird erreicht, ohne die Steuerungsmechanismen auf den Wohnungsmärkten außer Kraft zu setzen.

4. Aufgabe

Gestaltung der Rahmenbedingungen für dezentral gesteuerte Wirtschaftsprozesse, Garantie der Sicherheit nach innen und außen und Wettbewerbsaufsicht. Darüber hinaus soll der Staat in der sozialen Marktwirtschaft verteilungspolitische Aufgaben wahrnehmen. Dazu gehört die Sicherung der wirtschaftlichen und sozialen Existenz bei unverschuldeten Notlagen, für die der Einzelne nicht individuell vorsorgen kann (Krankheit und Unfall, Alter, Arbeitslosigkeit und Pflegebedürftigkeit). Darüber hinaus soll der Staat die am Markt entstandenen Einkommen entsprechend den allgemein akzeptierten Gerechtigkeitsvorstellungen umverteilen. Das Ausmaß der geforderten Umverteilung ist allerdings umstritten. Darüber hinaus soll der Staat nach dem Stabilitäts- und Wachstumsgesetz dazu beitragen, dass ein stetiges und angemessenes Wachstum, ein hoher Beschäftigungstand und Preisniveaustabilität sowie außenwirtschaftliches Gleichgewicht erreicht werden.

5. Aufgabe

Der Wunsch, individuelle Einkommens- und Konsumziele zu realisieren bewirkt, dass jeder einzelne zur Güterversorgung in einer Volkswirtschaft beiträgt, so gut er kann. Nur durch individuellen Arbeitseinsatz kann er ein Einkommen erzielen. Erhält der Einzelne statt dessen leistungsunabhängige Transferzahlungen, besteht zumindest die Gefahr, dass individuell mögliche Leistungen nicht erbracht werden.

6. Aufgabe

Eine gemischte Wirtschaftsordnung enthält Elemente der zentral gesteuerten Planwirtschaft (Vorrang kollektiver Ziele) und der freien Marktwirtschaft (Individualismus). Sie sieht vor, dass der Staat über die Ordnungsfunktionen hinaus weitere Aufgaben übernimmt und dass u.U. die Eigentums- und Planungsrechte der Wirtschaftssubjekte eingegrenzt werden können. Neben dem staatlichen Angebot von Gütern können Umverteilungsmaßnahmen des Staates und stabilisierende Maßnahmen vorgesehen werden.

7. Aufgabe

Freier Marktzugang sichert potentielle Konkurrenz und stellt damit sicher, dass auch Anbieter mit überlegener Marktleistung ständig der Gefahr ausgesetzt sind, ihre überragende Marktposition zu verlieren. Selbst Anbieter, die nicht wettbewerbsfähige Konkurrenten vom Markt verdrängen können, müssen bei freiem Marktzugang damit rechnen, dass neue Konkurrenten ihr Angebot aufnehmen und Nachfrager an sich binden.

Die Forderung nach der vollen Haftung des Eigentums ergibt sich daraus, dass die einzelnen Wirtschaftssubjekte Chancen und Risiko ihrer Entscheidungen nur dann im Allgemeininteresse abwägen, wenn sie selbst die Konsequenzen ihrer Entscheidungen tragen müssen.

4.5 Aufgaben zu Kapitel 2.1: Einführung in die Theorie des Haushalts

1. Aufgabe

a) Der Nutzen, den ein Gut einem Haushalt stiftet ist subjektiv, d.h. von Person zu Person unterschiedlich. Der Einschätzung des Nutzens kann sich außerdem im Zeitablauf verändern und ist quantitativ nicht messbar. Man unterscheidet die kardinale, d.h. zahlenmäßige Nutzenmessung und die ordinale Nutzenmessung. Bei der ordinalen Nutzenmessung wird nur eine Rangfolge bestimmt, d.h. ein Haushalt kann im paarweisen Vergleich angeben, welche Güterkombinationen er als besser, schlechter oder gleich bewertet. Eine Indifferenzkurve gibt an, welche Güterkombinationen dem Haushalt den gleichen Nutzen stiften. Güterkombinationen die oberhalb der Indifferenzkurve liegen stiften höheren Nutzen, Güterkombinationen die darunter liegen einen geringeren. Dabei wird unterstellt, dass die Sättigungsmengen nicht erreicht sind. Auch die ordinale Nutzenmessung bleibt subjektiv, d.h. die Indifferenzkurven für verschiedene Haushalte können unterschiedlich verlaufen.

b) Das erste Gossensche Gesetz besagt, dass der Nutzen, den ein Gut einem Haushalt stiftet mit der Verbrauchsmenge steigt, aber nur unterproportional, d.h. je mehr von einem Gut konsumiert wird, um so geringer ist der Nutzenzuwachs durch die letzte konsumierte Gütereinheit (abnehmender Grenznutzen). Der Grenznutzen kann sogar negativ werden, wenn die Sättigungsmenge überschritten ist.

c) Da in der Indifferenzkurvenanalyse nur eine Rangfolge zwischen Güterkombinationen bekannt sein muss, setzt das Konzept nur ordinale, aber keine kardinale Nutzenmessung voraus. Da die Betrachtung sich auf einzelne Haushalte bezieht, stellt auch die mangelnde intersubjektive Vergleichbarkeit kein Problem dar.

2. Aufgabe

a)

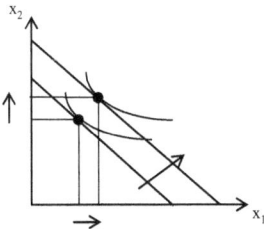

b) Die Grenzrate der Substitution muss dem negativ reziproken Preisverhältnis entsprechen (grafisch: die Indifferenzkurve muss die Budgetlinie tangieren) oder die mit den Preisen gewogenen Grenznutzen müssen bei allen Einkommensverwendungen gleich sein.

c) In der Grafik verschiebt sich die Budgetlinie parallel nach oben. Im neuen Haushaltsgleichgewicht wird ein höheres Nutzenniveau erreicht; von beiden Gütern wird mehr nachgefragt. Ob sich die Nachfrage nach den beiden Gütern prozentual genauso erhöht wie das Einkommen, hängt davon ab, ob es sich bei einem der beiden Güter um ein inferiores (superiores Gut) handelt.

d) Bei superioren Gütern steigt die Nachfragemenge mit steigendem Einkommen überproportional; d.h. im Haushaltsgleichgewicht wird bei höherem Einkommen relativ mehr vom superioren Gut (Freizeitgüter) und relativ weniger vom inferioren Gut (Güter des Grundbedarfs) nachgefragt.

3. Aufgabe

a)   Im Zwei-Güter-Diagramm ist der Punkt G_2 das Ausgangsgleichgewicht.

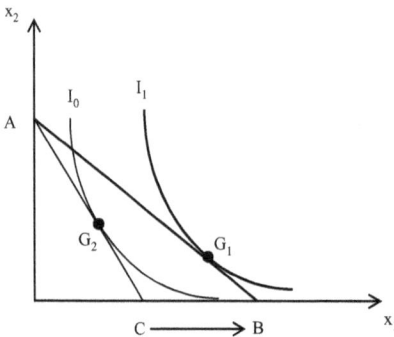

b)   In der Grafik ist ein Fall dargestellt, in dem der Preis des Gutes 1 sinkt. Als Folge wird von Gut 1 deutlich mehr und von Gut 2 absolut weniger konsumiert. Typisch ist, dass sich bei sinkendem Preis (steigendem Realeinkommen) die Nachfragemengen beider Güter ändern, und das vom relativ preiswerteren Gut 1 absolut und relativ mehr nachgefragt wird. Denkbar ist aber auch der Fall, dass von Gut 2 zwar relativ aber nicht absolut weniger nachgefragt wird.

c)   Wenn die Konsumausgaben steigen, wird von den Gütern mehr nachgefragt. Die Nachfrage nach Gut 1 steigt prozentual stärker als das Einkommen, wenn das Gut superior ist. Superiore Güter befriedigen Wahlbedürfnisse. Sie werden erst bei höherem Einkommen nachgefragt, wenn die Grundbedürfnisse bereits befriedigt sind. Bei inferioren Gütern steigt die Nachfragemenge prozentual schwächer als das Einkommen. Inferiore Güter befriedigen Grundbedürfnisse, die auch bei geringem Einkommen befriedigt werden müssen.

4. Aufgabe

Der **Substitutionseffekt** ist eine Bewegung auf der Indifferenzkurve und stellt dar, wie sich die Nachfrage im optimalen Verbrauchsplan bei gegebenem Nutzenniveau ändern würde, wenn trotz des veränderten Preisverhältnisses das alte Nutzenniveau erreichbar wäre. Die Zusammensetzung des nutzenmaximalen Gütebündels ändert sich zulasten des relativ verteuerten Gutes 1. Der **Einkommenseffekt** stellt die Bewegung von der höheren zur niedrigeren Indifferenzkurve dar, die im Haushaltsgleichgewicht erforderlich ist, weil nach der Preissteigerung beim Gut 1 (Realeinkommenssenkung) das alte Nutzenniveau nicht mehr erreicht werden kann.

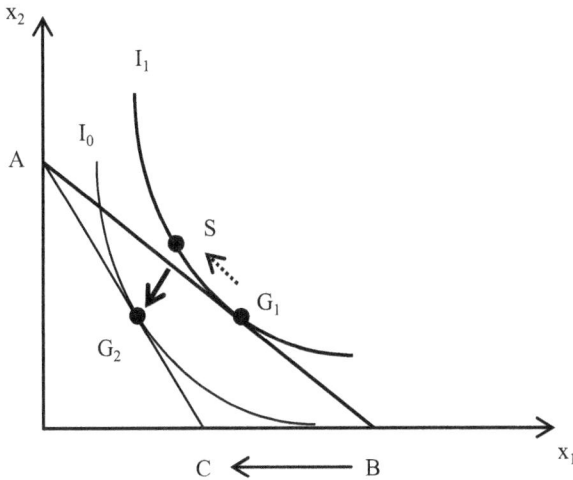

5. Aufgabe

a)   Die Einkommenselastizität eines Gutes gibt an, wie die Nachfragemenge sich c.p. verändert, wenn das Einkommen steigt. Reagiert die Nachfrage einkommenselastisch steigt die Nachfragemenge prozentual stärker als das Einkommen. Die **Nachfrage nach** Mineralwasser bleibt im Beispiel bei steigendem Einkommen unverändert, die Nachfrage nach einfachen Tischweinen sinkt, d.h. vermutlich werden einfache Tischweine durch höherwertige ersetzt. Beispielsweise würde bei einer 10%igen Einkommenserhöhung die Nachfrage nach einfachen Tischweinen um 20% sinken. Die Nachfrage nach hochwertigen Weinen steigt überproportional, vermutlich weil der Haushalt bei geringerem Einkommen auf diese Weine verzichtet hat, um dringendere Bedürfnisse zu befriedigen. Beispielsweise würde die Nachfrage nach diesen Weinen bei einer 10%igen Einkommenssteigerung um 15% zunehmen.

b)   Bei steigendem Einkommen wächst die Nachfrage nach Gütern mit Einkommenselastizitäten größer 1. In der Angebotspalette sollten c.p. höherwertige Getränke stärker vertreten sein.

c)   Die direkte Preiselastizität der Nachfrage spiegelt wider, wie die Nachfragemenge sich ändert, wenn der Preis eines Gutes sich ändert. Das Vorzeichen ist normalerweise negativ. Die Nachfragemenge kann bei steigendem Preis um so eher sinken, je weniger dringlich der Bedarf und je leichter das Gut substituierbar ist. Bei Mineralwasser dürfte die Reaktion eher gering sein (unelastische Nachfrage), bei Weinen eher elastisch, da diese Güter nicht dringend benötigt werden und substituierbar sind. Sehr teure Weine könnten im Extremfall aus der Sicht einzelner Kunden Prestigegüter sein. Diese Kunden würden bei sinkendem Preis weniger kaufen, weil der Prestigecharakter verloren geht.

6. Aufgabe

a)   Der Kunde, der nie Alkohol trinkt, fragt auch bei sinkendem Preis nie Bier nach; seine Preiselastizität ist gleich 0. Auch ein Biertrinker, der jeden Abend genau eine Flasche

Bier trinkt, reagiert nicht auf eine Preissenkung. Seine Preiselastizität ist ebenfalls 0. Derjenige, der seinen Bierkonsum halbiert reagiert stark elastisch. Die direkte Preiselastizität der Nachfrage (–50%/+10%) beträgt (–5).

b) Bei einer Preiserhöhung um 25%, sinkt die Nachfragemenge um 37,5% (–37,5%/25% = –1,5). Hat der Bieranbieter vor der Preiserhöhung 2000 l Bier zum Preis von 1 Euro je Liter verkauft, wird er nach der Preiserhöhung auf 1,25 Euro nur noch 1250 l verkaufen. Sein Umsatz sinkt von 2000 Euro vor der Preiserhöhung auf 1562,50 Euro nach der Preiserhöhung.

7. Aufgabe

Die Marktnachfragekurve verschiebt c.p. sich nach links,

- wenn Einkommensverluste erwartet werden,
- wenn Konkurrenzprodukte stärker nachgefragt werden,
- wenn die Präferenz fürs Autofahren wegen der Umweltdiskussion sinkt,
- wenn der Preis eines komplementären Produktes (Benzin) steigt, weil dies die Benutzung von PKW verteuert und
- wenn Konkurrenzprodukte preiswerter/attraktiver werden.

8. Aufgabe

Bei Brot handelt es sich um ein inferiores Gut; das Vorzeichen der Preiselastizität ist negativ, aber die Reaktion unelastisch. Die Einkommenselastizität ist schwach positiv. Wird Brot mit steigendem Einkommen durch höherwertige Lebensmittel ersetzt (absolut inferiores Gut), ist das Vorzeichen der Einkommenselastizität negativ.

Markenkleidung befriedigt Wahlbedürfnisse, es handelt sich um ein superiores Gut. Die Einkommenselastizität ist positiv und größer 1. Das Vorzeichen der Preiselastizität ist negativ, die Reaktion preiselastisch.

Luxuslimousinen befriedigen Wahlbedürfnisse, daher handelt es sich um superiore Güter mit positiver Einkommenselastizität größer als 1. Luxuslimousinen könnten auch als Pre0stigegüter angesehen werden. In diesem Fall würden einzelne Prestigekäufer das Gut möglicherweise verstärkt nachfragen, wenn der Preis steigt. In diesem Fall könnte die direkte Preiselastizität der Nachfrage ein positives Vorzeichen haben.

Surfbretter sind superiore Güter mit positiver Einkommenselastizität größer als 1. Die Preiselastizität ist vermutlich negativ, aber elastisch, außer bei Sportlern mit sehr hoher Präferenz fürs Surfen.

Wohnungen mit geringer Miete sind inferiore Güter mit positiver Einkommenselastizität nahe 0 oder sogar negativ, wenn mit steigendem Einkommen höherwertige Wohnungen bezogen werden (absolut inferior), bei Beziehern geringer Einkommen vermutlich preisunelastische Reaktion.

Die Reaktion bei fair gehandeltem Tee ist preisunelastisch, da die Kunden bereit sind, aus altruistischen Motiven höhere Preise zu zahlen. Trotzdem ist das Vorzeichen der Preiselastizität der Nachfrage negativ. Die Einkommenselastizität ist vermutlich elastisch sein, da nur Bezieher höherer Einkommen sich die höhere Zahlungsbereitschaft leisten können.

9. Aufgabe

a) In der Grafik handelt es sich um eine starre Nachfrage, d.h. der Käufer fragt immer dieselbe Menge nach, unabhängig davon wie hoch der Preis ist. Beispiel: Lebensnotwendige Medikamente
b) Der Wert ist 0, denn die Nachfragemenge ändert sich nicht, wenn der Preis sich ändert.
c) Der Anbieter kann seinen Preis erhöhen, ohne dass diese Kunden ihre Nachfragemenge ändern.

10. Aufgabe

a) Die Indifferenzkurve stellt diejenigen Güterkombinationen dar, die dem Haushalt denselben Nutzen stiften. Die Budgetlinie stellt dar, welche Güterkombinationen der Haushalt bei gegebener Konsumsumme und gegebenen Güterpreisen finanzieren kann. Im Punkt G realisiert der Haushalt den höchsten Nutzen, der bei gegebenen Finanzierungsmöglichkeiten erreicht werden kann. Der Haushalt kann seinen Gesamtnutzen nicht steigern, indem er von Gut 1 mehr und von Gut 2 weniger konsumiert (oder umgekehrt), weil im Punkt G die mit den Preisen gewogenen Grenznutzen bei beiden Gütern gleich sind.
b) Da die Preisrelation gleich bleibt, verschiebt sich die Budgetlinie parallel in Richtung Ursprung. C.p. ist das vorherige Nutzenniveau nicht mehr erreichbar. Der Haushalt fragt von beiden Gütern weniger nach; auch im neuen Gleichgewicht muss die der Grenzrate der Substitution dem (unveränderten) negativ reziproken Preisverhältnis entsprechen.
c) Rationalverhalten setzt vollständige Information voraus. Da es aber Zeit und möglicherweise auch Geld kostet, diese vollständigen Informationen zu beschaffen, kann es sinnvoll sein, auf der Basis der Werbeinformation zu entscheiden. Dies gilt immer dann, wenn der Nutzenzuwachs aufgrund der besseren Entscheidung geringer ist als die Nutzenverluste, die durch die höheren Informationskosten verursacht werden (Entscheidung auf der Basis rational begrenzter Informationen). Im Übrigen könnte auch der Nutzen aus der spontan getroffenen Kaufentscheidung (unabhängig vom Gebrauchsnutzen des Gutes) so hoch sein, dass die Nutzenverluste aufgrund der unvollständigen Information aufgewogen werden.

11. Aufgabe

Steigende Preise bewirken normalerweise, dass die Nachfragemenge zurückgeht. Wenn der Preiseffekt durch die Mengenreaktion überkompensiert wird, kann es sein, dass der Umsatz sogar zurückgeht. In diesem Fall würden keine zusätzlichen Steuereinnahmen auftreten. Insofern ist der Finanzminister darauf angewiesen, die Verbrauchssteuer für ein preisunelastisches Gut zu erhöhen. Die direkte Preiselastizität der Nachfrage ist vermutlich bei Kinokarten absolut höher als bei Mineralöl.

4.6 Aufgaben zu Kapitel 2.2: Einführung in die Theorie der Unternehmung

1. Aufgabe

Grenzertrag von v_1 ist positiv, da erste Ableitung der Produktionsfunktion nach $v_1 > 0$ ist: $dx/dv_1 = 0{,}5 \cdot 2 \cdot v_1^{-0,5} \cdot v_2^{0,5} = v_2^{0,5}/v_1^{0,5} > 0$ für positive Faktoreinsatzmengen v_1 und v_2. Grenzertrag von v_2 ist abnehmend, da zweite Ableitung der Produktionsfunktion nach $v_1 < 0$: $d^2x/dv_1^2 = -0{,}5 \cdot v_2^{0,5}/v_1^{1,5} < 0$ für positive Faktoreinsatzmengen v_1 und v_2.

Die Isoquante für $x = 12$ ergibt sich direkt aus der Produktionsfunktion durch Einsetzen: $12 = 2 \cdot v_1^{0,5} \cdot v_2^{0,5}$ bzw. $6 = v_1^{0,5} \cdot v_2^{0,5}$ bzw. $36 = v_1 \cdot v_2$.

Auflösung ergibt: $v_1 = 36/v_2$ oder $v_2 = 36/v_1$.

Erhöhen sich alle Faktoreinsätze um das k-fache, so erhöht sich bei der vorliegenden Produktionsfunktion auch der Output um das k-fache, wie folgende Herleitung zeigt:

$$2 \cdot (k \cdot v_1)^{0,5} \cdot (k \cdot v_2)^{0,5} = 2 \cdot (k)^{0,5} \cdot (k)^{0,5} \cdot (v_1)^{0,5} \cdot (v_2)^{0,5} = 2 \cdot k \cdot v_1^{0,5} \cdot v_2^{0,5} = k \cdot x$$

2. Aufgabe

a) E ist nicht technisch effizient, da für die gleiche Produktionsmenge im Vergleich zu D von *beiden* variablen Faktoren eine größere Menge eingesetzt wird.

b) Faktorpreisverhältnis ($-p_2/p_1 = -5/8$) liegt im Intervall der Werte der GdtS zwischen Kombination B und C (hier ist $dv_1/dv_2 = -1/2$) und der GdtS zwischen Kombination C und D (hier ist $dv_1/dv_2 = -1$). Daher ist Kombination C optimal. Tabellarische Ermittlung (Vergleich der variablen Kosten) führt zum gleichen Ergebnis:

Kombination	A	B	C	D	E
$p_1 \cdot v_1$	$8 \cdot 1$	$8 \cdot 2$	$8 \cdot 3$	$8 \cdot 4$	$8 \cdot 5$
$p_2 \cdot v_2$	$5 \cdot 8$	$5 \cdot 4$	$5 \cdot 2$	$5 \cdot 1$	$5 \cdot 1{,}5$
K_v	48	36	34	37	47,5

c) Die Behauptung stimmt unter der Annahme, dass die fixen Kosten ≥ 1 sind.

d) Das Unternehmen muss versuchen, weniger von dem verteuerten Faktor einzusetzen. Soll weiterhin die Menge 10 produziert werden, wäre nun Kombination D vorzuziehen.

e) Es könnte sein, dass der Preis des Faktors 1 sich ebenfalls verdoppelt. Dann wäre das Faktorpreisverhältnis $-p_2/p_1 = -16/10 = -5/8$. Wenn das Unternehmen weiterhin die Menge 10 produzieren möchte, wäre wieder Kombination C optimal.

3. Aufgabe

Aus der 1. Aufgabe ist die Isoquante für $x = 12$ für diese Produktionsfunktion schon bekannt: $v_1 = 36/v_2$

Die Minimalkostenkombination ermittelt sich über den Ansatz $dv_1/dv_2 = -p_2/p_1$. Hier gilt: $-36/v_2^2 = -\frac{1}{2}$ bzw. $72 = v_2^2$ bzw. $v_2 \approx 8{,}48$. Daraus folgt: $v_1 \approx 36/8{,}48 \approx 4{,}24$.

Die variablen Kosten ergeben sich in diesem Fall als $K_v = 100 \cdot 4{,}24 + 50 \cdot 8{,}48 \approx 848$.

Die gezeigte tabellarische Aufstellung, die nur ganzzahlige Faktoreinsatzwerte enthält, zeigt für $v_1 = 4$ und $v_2 = 9$ die geringsten variablen Kosten in der Höhe von 850. Die Aufstellung stellt insofern eine relativ gute Annäherung dar.

4. Aufgabe

a)   Es liegt eine substitutionale Produktionsfunktion vor, denn eine Halbierung des Einsatzes von Faktor 1 kann durch Verdoppelung des Einsatzes von Faktor 2 kompensiert, Faktor 1 also durch Faktor 2 substituiert werden (und umgekehrt). Es liegen konstante Ertragszuwächse vor. So führt z.B. eine Verdoppelung des Einsatzes von v_1 *oder* von v_2 zu einer Verdoppelung des Outputs. Es liegen zunehmende Skalenerträge vor, denn eine Verdopplung des Einsatzes *beider* Faktoren führt zu mehr als einer Verdoppelung des Outputs (konkret: zu einer Vervierfachung). Die Isoquantenfunktion für $x = 16$ lautet

$16 = 0{,}5 \cdot v_1 \cdot v_2$ bzw. $32 = v_1 \cdot v_2$ bzw. $v_1 = 32/v_2$

b)   Isokostenlinie: $K_v = p_1 \cdot v_1 + p_2 \cdot v_2 = 2 \cdot v_1 + 4 \cdot v_2$ (Steigung: $-p_2/p_1 = -2$)
Optimierungsansatz zur Ermittlung der MKK: $dv_1/dv_2 = -p_2/p_1 = -2$
Gemäß Isoquantenfunktion für $x = 16$ gilt: $dv_1/dv_2 = -32/v_2^2$
Somit gilt für die MKK: $-32/v_2^2 = -2$ bzw. $16 = v_2^2$ bzw. $v_2^* = 4$
Aus $16 = 0{,}5 \cdot v_1 \cdot 4$ folgt dann $v_1^* = 8$. → MKK bei $v_1 = 8$ und $v_2 = 4$
Für die variablen Kosten gilt in der MKK: $K_v = 2 \cdot 8 + 4 \cdot 4 = 32$
Für die GtdS gilt dann: $GtdS = -32/4^2 = -2 \ (= -p_2/p_1)$

c)   In diesem Fall beträgt $-p_2/p_1 = -1/2$. Dann gilt im Optimum:

$-32/v_2^2 = -1/2$ bzw. $64 = v_2^2$ bzw. $v_2^* = 8$

Aus $16 = 0{,}5 \cdot v_1 \cdot 8$ folgt dann $v_1^* = 4$ → MKK bei $v_1 = 4$ und $v_2 = 8$
Die variablen Kosten betragen dann $K_v = 8 \cdot 4 + 4 \cdot 8 = 64$.
Sollen dagegen die variablen Kosten weiterhin 32 betragen, kann nur eine geringere Menge als $x = 16$ hergestellt werden.

5. Aufgabe

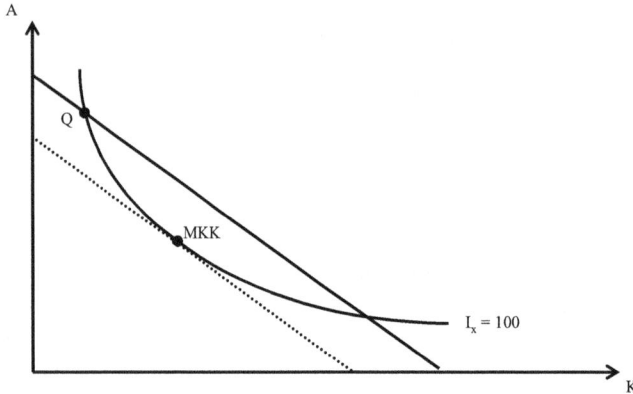

a) Die Abb. zeigt die Isoquante für x = 100 (gekrümmte Linie) und eine Isokostenlinie. Faktorkombination Q ist suboptimal, weil die Linien sich hier schneiden (GdtS $\neq -p_2/p_1$) und die Menge x = 100 mit geringeren Kosten produziert werden könnte.

b) Das Unternehmen sollte Arbeit durch Kapital ersetzen und auf der Isoquante den Produktionspunkt MKK (rechts unterhalb von Q) realisieren, bei dem die Isoquante gerade die gestrichelte Isokostenlinie berührt. Im Optimum sind die Steigungen der Kurven gleich, es gilt $dv_1/dv_2 = -p_2/p_1$.

c) Isokostenlinien verschieben sich parallel nach innen. Für die Menge x = 100 gilt weiterhin das Optimum MKK.

d) Bei Lohnerhöhung würde das Unternehmen weniger Arbeit, dafür mehr Kapital einsetzen, um weiterhin die Menge x = 100 produzieren zu können.

e) Um ohne Verzicht auf Kostenminimierung mehr Arbeit einsetzen zu können, müsste der Lohnsatz sinken.

6. Aufgabe

Die Vervollständigung der Übersicht ist durch Kursivdruck kenntlich gemacht.

Merkmal	Haushaltstheorie	Theorie der Unternehmung
Konstanz der Zielgröße	Indifferenzkurve; konstantes Nutzenniveau Darstellung im 2-Güter-Diagramm	*Isoquante* *konstantes Produktionsniveau* *Darstellung im 2-Faktor-Diagramm*
Austauschverhältnis	*Grenzrate der Substitution*	Grenzrate der technischen Substitution
Ausgabesumme	Budgetlinie (konstante Konsumsumme)	*Isokostenlinie (konstante Kostensumme)*
Optimum	*Optimaler Verbrauchsplan bzw. Haushaltsgleichgewicht (Maximumvariante des ökonomischen Prinzips)*	Minimalkostenkombination (Minimumvariante des ökonomischen Prinzips)
Budgetvariation	Einkommens-Konsum-Kurve	*Expansionspfad*
Variation der relativen Preise	*Preis-Konsum-Kurve*	Preis-Faktor-Kurve

7. Aufgabe

Der Expansionspfad zeigt für konstant gegebene Faktorpreise die Verbindungslinie der Minimalkostenkombinationen für unterschiedliche denkbare Produktionsmengen. Die Preis-Faktor-Kurve zeigt demgegenüber die Verbindungslinie der Minimalkostenkombinationen für verschiedene Preise eines variablen Faktors bei konstantem Preis des anderen Faktors und konstantem Kostenbudget.

8. Aufgabe

a) Gewinnmaximierende Menge für Unternehmen A gemäß Preis=Grenzkosten-Regel:

$$30 = 6 + 3x \quad \text{bzw.} \quad 24 = 3x \quad \text{bzw.} \quad x_A = 8 \, (< 20)$$

Die Kostenfunktion für Unternehmen B verläuft linear. Preis=Grenzkosten-Regel ist somit nicht anwendbar. Da GK = 10 < Preis = 30, lohnt die Produktionsausdehnung bis zur Kapazitätsgrenze, d.h. xB = 20.

b) (maximaler) Gewinn bei Unternehmen A:

$$G = p \cdot x - K(x) \qquad G(8) = 30 \cdot 8 - (80 + 6 \cdot 8 + 1,5 \cdot 64) = 240 - 224 = 16$$

(maximaler) Gewinn bei Unternehmen B:

$$G = p \cdot x - K(x) \qquad G(15) = 30 \cdot 15 - (210 + 10 \cdot 15) = 450 - 360 = 90$$

c) Gewinnmaximierende Menge bei Unternehmen A, wenn Preis auf 21 fällt:

$$21 = 6 + 3x \quad \text{bzw.} \quad 15 = 3x \quad \text{bzw.} \quad x = 5$$

(maximaler) Gewinn bei Unternehmen A:

$$G(5) = 21 \cdot 5 - (80 + 6 \cdot 5 + 1,5 \cdot 25) = 105 - 147,4 = -42,5 = \text{minimaler Verlust!}$$

Da die Fixkosten 80 betragen, ist der Verlust bei Produktionsaufgabe höher als bei Fortführung der Produktion. Unternehmen A bleibt unter der Voraussetzung am Markt, dass es die Fixkosten nicht schnell abbauen kann (und hofft auf Wiederanstieg des Preises).

9. Aufgabe

a) Gesamtkosten: $K = 100 + 5x + x^2$.
   Totale Stückkosten: $DK = K/x = 100/x + 5 + x$
   Variable Stückkosten: $DVK = K_v/x = 5 + x$
   Grenzkosten: $GK = dK/dx = 5 + 2x$

b) Langfristige Preisuntergrenze ermittelbar über den Ansatz DK = GK

$$100/x + 5 + x = 5 + 2x \quad \text{bzw.} \quad 100/x = x$$

$$100 = x^2 \quad \text{bzw.} \quad x = 10$$

→ DK(10) = 100/10 + 5 + 10 = 25.

Die langfristige Preisuntergrenze beträgt 25. Hier deckt der Preis gerade die DK, der Gewinn ist 0.

c) Kurzfristige Preisuntergrenze liegt generell im Minimum der DVK bzw. dort, wo die
    durchschnittlichen Fixkosten gerade noch gedeckt sind. Fällt der Preis unter das Mini-
    mum der DVK, würde das Unternehmen das Angebot einstellen, da dann der Verlust bei
    Angebot größer als der Verlust bei Nicht-Angebot, d.h. höher als die Fixkosten ist.

10. Aufgabe

Eine „ertragsgesetzliche" Kostenfunktion hat einen erst degressiven, dann progressiven Ver-
lauf. Weil die Grenzerträge des Faktoreinsatzes erst zu- und dann abnehmen, steigen die
Kosten mit steigender Produktionsmenge erst immer langsamer, dann aber immer schneller.
Dieser Verlauf kann zustande kommen, wenn die variablen Faktoren zunächst in eine günsti-
ge Relation zu den Fixfaktoren hineinwachsen, mit weiter steigendem Einsatz der variablen
Faktoren diese Relation aber wieder ungünstiger wird.

11. Aufgabe

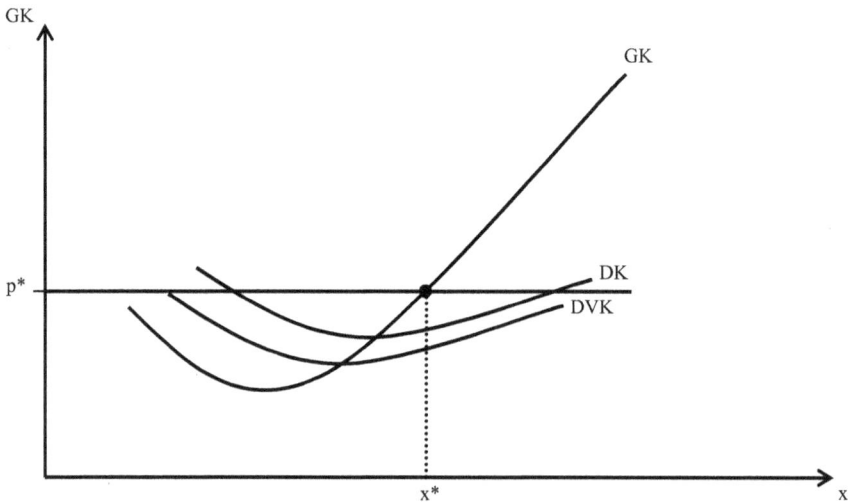

a) Langfristig: Aufsteigender Ast der Grenzkostenkurve GK ab dem Schnittpunkt von GK
    und DK aufwärts. Kurzfristig: Aufsteigender Ast von GK ab dem Schnittpunkt von GK
    und DVK aufwärts.
b) Gewinnmaximierende Menge gemäß Preis= Grenzkosten-Regel: x^*
c) Wenn die Löhne bzw. Lohnnebenkosten steigen, verschieben sich GK, DK und DVK
    nach oben. Gemäß Preis=Grenzkosten-Regel sinkt dann die angebotene Menge. Liegt
    der Preis nun unterhalb der (gestiegenen) Preisuntergrenze, geht die angebotene Menge
    sogar auf null zurück. Steht die neue Technik kostenfrei zur Verfügung, so verschieben
    sich bei technischem Fortschritt GK, DK und DVK nach unten. Die Argumentation ist
    dann umgekehrt wie im Fall steigender Lohnkosten. Die angebotene Menge würde stei-
    gen.

12. Aufgabe

a) Ein Unternehmen verhält sich als Preisnehmer, wenn es den am Markt erzielbaren Preis (hier p = 100) akzeptiert ohne zu versuchen, einen eigenen Preis zu setzen. Grund für dieses Verhalten könnte eine schwache Marktstellung bzw. ein geringer Marktanteil sein.

b) Gemäß Preis=Grenzkosten-Regel muss gelten:

$$100 = 20 + 8x \quad \text{bzw.} \quad 8x = 80 \quad \text{bzw.} \quad x = 10.$$

Daraus ergibt sich als Gewinnmaximum:

$$G(10) = 100 \cdot 10 - (10 + 20 \cdot 10 + 4 \cdot 100) = 1000 - 610 = 390.$$

c) Sinkt der Preis, so passt sich das betrachtete Unternehmen zunächst entlang des aufsteigenden Astes der GK „abwärts" an, die gewinnmaximierende Angebotsmenge sinkt. Fällt der Preis unter die langfristige bzw. die kurzfristige Preisuntergrenze, so wird das Unternehmen sich langfristig (d.h. nach erfolgreichem Abbau der Fixkosten) bzw. kurzfristig (d.h. sofort) vom Markt zurückziehen und nichts mehr anbieten.

4.7 Aufgaben zu Kapitel 2.3: Preisbildung auf Märkten

1. Aufgabe

Die Produktionsfaktoren Arbeit, Boden und Kapital werden in verschiedenen Unternehmen zur Herstellung unterschiedlicher Güter verwendet. Die „optimale Faktorallokation" bezeichnet eine Verwendungsstruktur, bei der sich durch eine Umschichtung (Reallokation) von Faktoren zwischen Unternehmen bzw. Produktionsprozessen weder das Produktionsergebnis noch die Bedürfnisbefriedigung der privaten Haushalte steigern lässt. Der Preismechanismus trägt dazu bei, dass in einer Volkswirtschaft eine optimale Faktorallokation erreicht wird: Steigt z.B. die Nachfrage für ein Gut A und fällt sie zugleich für ein anderes Gut B, so werden die für Gut A (B) erzielbaren Preise steigen (fallen) und entsprechend die Gewinne der Anbieter von Gut A (B) steigen (fallen). Daraufhin werden mehr (weniger) Anbieter Gut A (B) anbieten wollen. Die Anreizfunktion der Preise bzw. Gewinne bewirkt somit im Idealfall, dass die aus Sicht der Nachfrager erwünschte Umschichtung bzw. Reallokation der Faktoren zugunsten von Gut A zustande kommt. Die optimale Faktorallokation kann aber nur erreicht werden, wenn die Preise auf allen Märkten der Volkswirtschaft flexibel sind.

2. Aufgabe

Die Frage lässt sich mit Hilfe einer Übersicht beantworten. Einige Merkmale und Strukturen sind beispielhaft eingetragen. Die angesprochenen Abweichungen sind ablesbar.

	Atomistische Marktstruktur?	Güter homogen?	Präferenzen der Nachfrager?	Markt-transpa-renz	Reaktions-geschwin-digkeit	Offen-heit
Vollständige Konkurrenz	ja	ja	Nein	hoch	hoch	Hoch
Wochenmarkt			evtl. persönlich	hoch	eher hoch	eher hoch
Rohölmarkt	Nein, nur wenige Anbieter	eher nein	evtl. politisch	eher hoch	eher niedrig	eher niedrig
Devisenmarkt	Nein, auch große Akteure		eher nein		hoch	
PKW-Markt	nein	nein	Ja			
Immobilien-markt	nein	nein	Ja	eher niedrig		eher niedrig
Flohmarkt	Eventuell ja	nein			hoch	hoch

Fazit: Die Bedingungen der vollständigen Konkurrenz sind auf den beispielhaft genannten Märkten nicht bzw. nur zum Teil gegeben.

3. Aufgabe

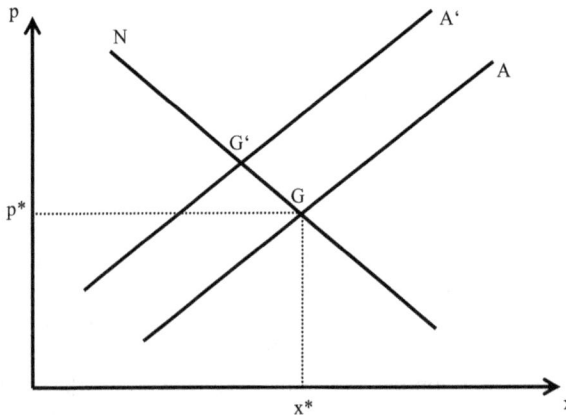

a)   Kurzfristig strebt der betrachtete Brötchenmarkt dem Gleichgewicht G zu. Umgesetzt wird dann die Menge x* zum gleichgewichtigen Preis p*.

b)   Der Begriff Marktgleichgewicht bringt zum Ausdruck, dass es in dieser Situation keine Veränderungskräfte mehr gibt. Alle Planungen von Anbietern und Nachfragern können realisiert werden. Für keinen Marktakteur besteht Anlass, künftige Pläne zu ändern, so dass auch in der kommenden Periode mit dem gleichen Marktergebnis zu rechnen ist.

c)   Viele Nachfrager hätten auch einen höheren Preis als p* akzeptiert und sind daher mit dem Preis p* „gut bedient". Die Fläche oberhalb von p* und unterhalb der Nachfragekurve N kennzeichnet die Summe all dieser Nutzenüberschüsse, d.h. die Konsumenten-rente.

d) Einige Anbieter hätten die Brötchen auch zu einem niedrigeren Preis als p* angeboten. Sie erzielen Gewinn. Aus ihrer Sicht ist das Gleichgewicht vorteilhaft. Andere Anbieter kommen bei dem Preis p* „grade über die Runden". Sie erzielen keinen Gewinn. Diese Anbieter sind Grenzanbieter. Sie machen Verlust, wenn der Preis unter p* sinkt.

e) Vermutlich hat das dargestellte Gleichgewicht langfristig keinen Bestand, weil der von einigen Anbietern im Gleichgewicht erzielte Gewinn bei hinreichender Markttranspa-renz und offenem Marktzugang andere Anbieter mit niedrigen Kosten an den Markt lockt. Die Angebotskurve schiebt sich dadurch nach außen. Beim Preis p* entsteht ein Angebotsüberschuss. Der Preis wird sinken. Daraufhin scheiden Anbieter mit ungünsti-gen Kostenstrukturen (vormalige Grenzanbieter) aus. Der Prozess von Marktzutritt und Marktaustritt setzt sich fort, bis ein Gleichgewicht bei niedrigem Preis gefunden ist, bei dem nur noch Anbieter mit vergleichbarer günstiger Kostenstruktur am Markt verblei-ben.

f) Die Einführung eines neuen Vollwertbrötchens wird einige Konsumenten, die bisher keine Brötchen nachgefragt haben, aber auch bisherige Nachfrager nach normalen Bröt-chen zum Kauf der neuen Brötchen veranlassen. Bei unverändertem Preis für normale Brötchen würde also die Nachfrage nach normalen Brötchen sinken. Die Nachfragekur-ve verschiebt sich nach links. Auf dem Markt für normale Brötchen existiert dann ein neues Gleichgewicht bei geringerem Preis und kleinerer Menge.

g) Die „Brötchensteuer" würde die Angebotsfunktion parallel nach oben verschieben (von A nach A'). Das neue Gleichgewicht G' läge im Schnittpunkt von N und A' bei einem höheren Preis als p* und einer geringeren Menge als x*.

4. Aufgabe

Bei der Partialbetrachtung wird nur ein Markt bzw. eine Teilmenge von Märkten betrachtet, bei der Totalbetrachtung dagegen alle Märkte einer Wirtschaft und ihre Verflechtungen. In der Totalbetrachtung wird insbesondere auch untersucht, inwiefern Änderungen auf einem Markt zu Anpassungen auf anderen Märkten führen. Ein totales Konkurrenzgleichgewicht ist ein Gleichgewicht auf allen Märkten unter den Bedingungen der vollständigen Konkurrenz („atomistische" Marktstruktur, homogene Märkte, vollständige Markttransparenz, unendliche Anpassungsgeschwindigkeit). Im totalen Konkurrenzgleichgewicht ist keine Anpassung möglich, die einzelne Marktakteure besser stellt, ohne zugleich andere Akteure schlechter zu stellen. Denn sonst würde diese Anpassung ja vollzogen, d.h. der Ausgangszustand wäre nicht gleichgewichtig.

5. Aufgabe

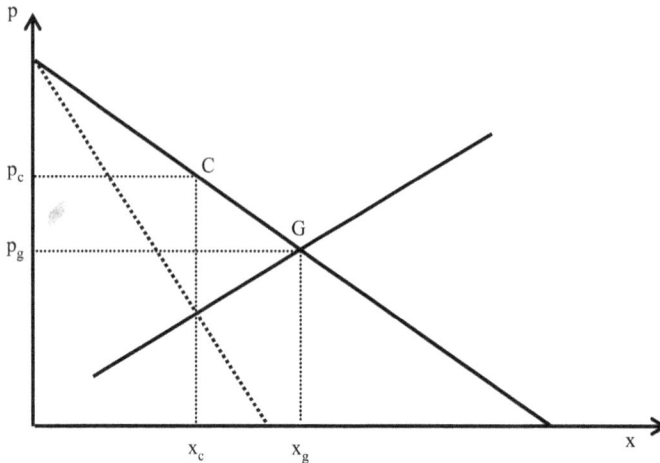

a) Die Abb. zeigt einen Markt mit normaler Angebots- und Nachfragefunktion. Bei vollständiger Konkurrenz im Polypol kommt das Gleichgewicht G zustande. Dagegen lohnt für ein Anbietermonopol die Reduktion der Angebotsmenge von xg nach xc, was durch Anhebung des Preises von pg nach pc erreichbar ist. Dann wird der Optimalpunkt C (Cournotscher Punkt) realisiert, bei dem Grenzerlös und Grenzkosten übereinstimmen. Dieser Punkt ist stabil, da es keine Konkurrenten gibt, die den Preis pc unterbieten.

b) Aus Nachfragersicht ist die Preisanhebung und die Mengenreduktion nachteilig (vermutlich auch die mangels Wettbewerb niedrigere Qualität). Aus Anbietersicht ist dagegen die in C realisierbare Gewinnsteigerung positiv.

c) Der dargestellte Vergleich ist nur unter der Voraussetzung jeweils identischer Angebots- und Nachfragekurven zulässig. Eine Konstanz der Angebotskurve ist aber wenig realistisch. Beim Zusammenschluss von Anbietern ergeben sich oft Kostensenkungspotenziale (die allerdings bei fehlendem Wettbewerb nicht zwingend realisiert werden).

d) Monopolisten können versuchen, ihre Position dadurch (weiter) zu verbessern, dass Sie Kunden mit einer höheren Zahlungsbereitschaft auf separaten Märkten zu höheren Preisen bedienen und so die Konsumentenrente zum Teil abschöpfen. Kunden im höheren Preissegment werden aber möglicherweise versuchen, das Produkt auf dem normalen Markt billiger zu bekommen. Dies zu unterbinden ist das Hauptproblem bei der Marktsegmentierung.

6. Aufgabe

a)   Ansatz: Grenzerlös = Grenzkosten, also:
$320 - 10x = 6x$ bzw. $320 = 16x$ bzw. $x^* = 20$ (gewinnmaximale Menge)
$p^* = 320 - 5 \cdot x^* = 320 - 5 \cdot 20 = 220$. Hersteller müsste den Preis $p = 220$ fordern.

b) Im Gewinnmaximum gilt:
   $K(20) = 200 + 3 \cdot 400 = 1400$
   $E(20) = 20 \cdot 220 = 4400$
   $G(20) = E(20) - K(20) = 3000$

c) Mittelfristig (auf dem offenen Markt) wäre zu erwarten, dass der Gewinn des Pioniers andere Pharmahersteller anlockt, welche die Entwicklungskosten nicht tragen müssen, dass dadurch das Angebot steigt, der Preis sinkt und die Nachfrage zunimmt. Somit würde in der Marktentwicklung die Expansionsphase folgen.

d) Wenn es dem Monopolisten gelingt, den Marktzugang dauerhaft zu be- oder verhindern (z.B. durch erfolgreiche Anmeldung eines Patentes auf das neue Medikament), wäre mit einer dauerhaften Monopolstellung auf diesem Markt zu rechnen.

e) Der genannte Einführungspreis auf dem amerikanischen Markt liegt unter dem für den heimischen Markt ermittelten optimalen Preis. Eine solche Preissetzung könnte durch unterschiedliche Marktverhältnisse erklärt werden. Denkbar ist z.B., dass für Amerika kein Patent angemeldet wurde oder dass die (potenzielle) Konkurrenz in Amerika größer ist.

7. Aufgabe

Im bilateralen Monopol stehen sich ein Anbieter und ein Nachfrager gegenüber. Die Preisbildung erfolgt im Wege von Verhandlungen. Die Verhandlungsmacht der beiden Marktakteure hängt von den finanziellen Verhältnissen, aber auch von der Informationslage und dem Verhandlungsgeschick ab. Sie kann im Zeitablauf schwanken. Bei wiederholten Verhandlungen sind andere Ergebnisse möglich als bei einmaligen Verhandlungen. Im Vergleich zum Monopol wird der Preis im bilateralen Monopol niedriger und die Menge höher sein, da nun auch die Nachfrageseite Marktmacht hat.

8. Aufgabe

a) Wenn er „isoliert" als Monopolist seinen Gewinn maximieren könnte, würde der Händler die Menge anbieten, die Grenzerlös und Grenzkosten zum Ausgleich bringt, d.h.:
   $90 - 0{,}8x = 0{,}1x$ bzw. $90 = 0{,}9x$ bzw. $x^* = 100$.
   Der Preis, bei dem sich genau die Menge x^* am Markt absetzen lässt, ermittelt sich durch Einsetzen von x^* in die Preis-Absatzfunktion:
   $p_{opt} = 90 - 0{,}4x^* = 90 - 40 = 50$
   Der Umsatz bzw. Erlös errechnet sich als x^* mal p^*, d.h. $E = 100 \cdot 50 = 5000$
   Die Kosten betragen $K(100) = 100 + 0{,}05 \cdot 100 \cdot 100 = 100 + 500 = 600$
   Der Gewinn beträgt somit in diesem Fall $G = E - K = 5000 - 600 = 4400$

b) Der Markteintritt gelingt, wenn der etablierte Händler nicht oder nur unzureichend auf diesen Vorstoß reagiert. Er könnte reagieren, indem er ebenfalls die Preise senkt oder den Service verbessert oder eine andere absatzfördernde Maßnahme ergreift (z.B. Intensivierung der Werbung).

c) Nach Eintritt des zweiten Händlers ist der Markt heterogen, sofern sich – aufgrund der angesprochenen absatzpolitischen Maßnahmen oder wegen der räumlichen Distanz – die Produkte der beiden Händler in den Augen der Nachfrager unterscheiden.

9. Aufgabe

a) Es handelt sich um das heterogene Polypol bzw. um die monopolistische Konkurrenz. Angesprochen ist die doppelt geknickte Preis-Absatzfunktion (PAF).

b) Zunächst ist zu prüfen, ob die Bedingung GE = GK zu einem Preis führt, der zwischen 30 und 120 liegt. Im vorliegenden Fall ergibt sich:
$150 - 8x = 70$ bzw. $8x = 80$ bzw. $x = 10$.
Einsetzen in die PAF ergibt $p = 150 - 4 \cdot 10 = 110$.
Da 110 zwischen 30 und 120 liegt, ist offenbar der monopolistische Bereich der PAF relevant.
$\rightarrow x^* = 10$ und $p^* = 110$.

c) Der Preissetzungsspielraum im monopolistischen Bereich beruht darauf, dass der betrachtete Anbieter Präferenzbindungen der Nachfrager nach seinem speziellen Angebot aufbauen konnte. In den Augen seiner Stammkunden ist sein Produkt möglichen Konkurrenzprodukten überlegen. Diese Präferenzbindungen können z.B. durch Werbung, spezielle Serviceleistungen oder durch spezifische Produkteigenschaften zustande gekommen sein.

10. Aufgabe

Die Verhaltensweisen unterscheiden sich bezüglich der Reaktion auf das Agieren der Mitanbieter. Autonom agierende Oligopolisten vernachlässigen die Aktionen von Konkurrenten, heteronom agierende Oligopolisten beziehen das Verhalten der Konkurrenten mit in die Planungen ein. Dies kann zu „Kampfstrategien" führen. Bei kooperativem Verhalten werden die anderen Oligopolisten als Partner betrachtet und nach Lösungen gesucht, die tendenziell für alle Kooperationspartner günstig (für die Nachfrager aber eher ungünstig) sind.

11. Aufgabe

Preisabsprachen wären eher auf dem Markt für Rohöl als auf dem Markt für PKW zu erwarten, da Rohöl ein relativ homogenes Produkt ist, insofern die Interessenlage der Anbieter ähnlicher und daher die Bereitschaft zur Kooperation höher. Forschungskooperationen zwischen verschiedenen Automobilherstellern zeigen andererseits, dass auch auf dem Markt für PKW in Teilbereichen Kooperationen zwischen Anbietern denkbar sind.

12. Aufgabe

Kartellabsprachen können aus verschiedenen Gründen instabil sein. Beispielsweise lohnt sich für jeden einzelnen Anbieter die Außenseiterposition, d.h. die nachträgliche Nichtbeachtung der Absprache. Ein durch kollektive Mengenreduktion herbeigeführter hoher Kartellpreis kann z.B. für einzelne Kartellmitglieder Anlass sein, absprachewidrig die eigene Angebotsmenge auszudehnen. Ferner kann die Kartellabsprache instabil sein, wenn sie beinhaltet, dass einige Kartellmitglieder stark profitieren und andere nur wenig.

13. Aufgabe

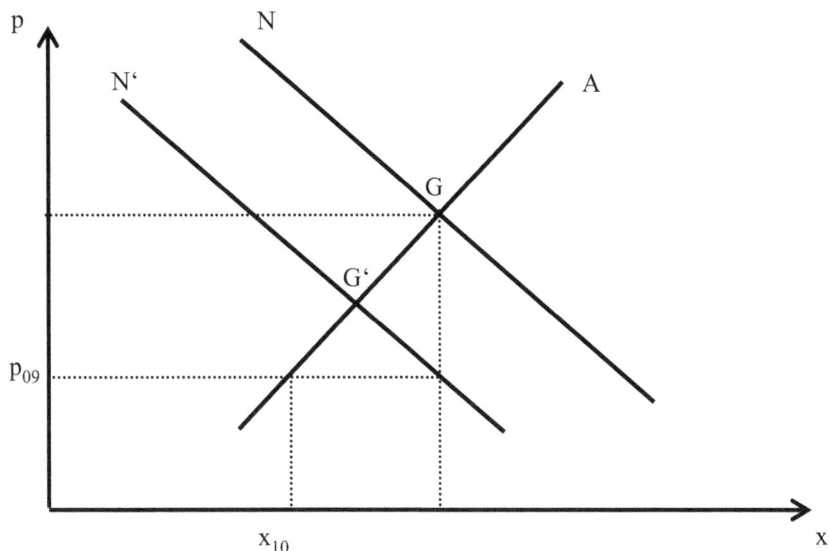

a) Verschiebung der Nachfrage, z.B. von N nach N' bewirkt zunächst einen Angebotsüber-schuss. Es kommt zu Preissenkungen, in deren Gefolge das Angebot zurückgedrängt und die Nachfrage hervorgelockt wird. Das Gleichgewicht verschiebt sich von G nach G'.

b) Es resultiert der Preis p_{09} (vgl. Abb.).

c) Rechnen die Anbieter im Jahr 2010 erneut mit p_{09}, so bieten sie die Menge x_{10} an. Tat-sächlich fragen die Kunden aber zum Preis von p_{09} eine deutlich höhere Menge nach bzw. sind bereit, die Menge x_{10} zu einem deutlich höheren Preis abzunehmen. Das erneu-te Marktungleichgewicht beruht also auf den „falschen" Angebotsplanungen in Verbin-dung mit deren mangelnder Revidierbarkeit.

14. Aufgabe

a) Gemäß Marktphasenschema durchläuft ein typischer Markt nach der Experimentier-bzw. Einführungsphase die Phasen Expansion, Reifung, Sättigung und (eventuell) Schrumpfung. Die sinkenden Wachstumsraten der Umsätze deuten darauf hin, dass sich der beschriebene Markt in der Reifungsphase und in Erwartung einer Stagnationsphase befindet. Offenbar lassen sich für das betrachtete Gut keine grundsätzlich neuen An-wendungen mehr erschließen.

b) In der Reifungsphase sind sowohl polypolistische als auch oligopolistische Marktformen (und unterschiedliche Nachfragekonstellationen) denkbar. Die Zahl der in der Reifungs-phase am Markt agierenden Anbieter hängt unter anderem von der Markttransparenz, von der Höhe der erzielbaren Gewinne und vom Ausmaß der Markteintrittshemmnisse ab. Bei hohen Markteintrittshemmnissen kann ein Markt in der Reifungsphase sogar monopolistisch strukturiert sein. Ein Oligopol ist jedoch wahrscheinlicher, da sich während der Expansionsphase im Regelfall verschiedene Anbieter auf dem Markt etabliert haben.

c)   Im Oligopol sind zahlreiche Strategien zur Umsatzsteigerung denkbar. Die Werbung könnte intensiviert, Produktqualität und Service könnten verbessert werden. In Bezug auf die Preisstrategie ist die Preiselastizität der Nachfrage zu beachten. Bei elastischer Nachfrage, wenn eine Preisänderung zu überproportionaler Mengenreaktion, eine Preisanhebung um 5% z.B. zu einem Mengenrückgang von mehr als 5% führt, wäre eher eine Preissenkung anzuraten. Ist die Nachfrage dagegen unelastisch, würde (umgekehrt) eine Preisanhebung zu einer Umsatzsteigerung führen.

4.8   Aufgaben zu Kapitel 2.4: Grenzen der marktwirtschaftlichen Steuerung

1. Aufgabe

„Echtes" Marktversagen bedeutet, dass kein Angebot über den Markt zustande kommt, weil Angebots- und Nachfragepläne nicht über Märkte koordiniert werden können. Private Anbieter können die Produkte nicht an zahlungsbereite Kunden verkaufen. Dies ist immer dann der Fall, wenn das Ausschlussprinzip nicht anwendbar ist, d.h. dass nicht zahlende Nachfrager nicht vom Konsum des Gutes ausgeschlossen werden können (Trittbrettfahrerproblem) und wenn keine Rivalität im Konsum besteht. Für diese Fälle gibt es allerdings sehr wenige Beispiele. Beide Kriterien sind im Fall des Deichbaus erfüllt: ist der Deich einmale errichtet, sind alle Anlieger geschützt. Es ist nicht möglich, Eigentümer von Grundstücken oder Häusern hinter dem Deich von der Schutzwirkung des Deiches auszuschließen, wenn sie nicht bereit sind, sich an den Kosten der Deicherrichtung und –erhaltung zu beteiligen. Dies wäre auch nicht effizient, weil der Schutz für jeden einzelnen Anlieger nicht dadurch reduziert wird, dass er auch anderen Anliegern zugute kommt.

2. Aufgabe

a)   Meritorische Güter könnten über Marktpreise angeboten werden (es gibt private Bildungsangebote, für deren Inanspruchnahme hohe Preise gezahlt werden), es besteht aber ein öffentliches Interesse daran, dass mehr Nachfrager das Gut nutzen, als es unter Marktbedingungen der Fall wäre. Beispielsweise haben Unternehmen und die Allgemeinheit – vor allem in einem rohstoffarmen Land – ein Interesse daran, dass gut ausgebildete Arbeitskräfte zur Verfügung stehen. Deshalb ist es sozialpolitisch und ökonomisch gesehen wünschenswert, dass auch Bezieher geringer Einkommen die Leistungen in Anspruch nehmen können (Beispiel: öffentliches Bildungsangebot). Zum einen sind mit der Inanspruchnahme meritorischer Güter über den individuellen Nutzen hinaus zusätzliche positive Wirkungen für die Allgemeinheit verbunden. Zum anderen sprechen in vielen Fällen verteilungspolitische Ziele dafür, diese Güter öffentlich anzubieten, weil ein Angebot über private Märkte zu höheren Preisen führen würde, so dass das Gut nur von wenigen zahlungsfähigen Konsumenten nachgefragt werden könnte.

b) Beispiele sind die Verteidigung eines Landes oder die allgemeine Schutzwirkung des Rechtssystems. Diese Leistungen können nicht über Märkte angeboten werden, da die einzelnen Wirtschaftssubjekte wegen der Nicht-Anwendbarkeit des Ausschlussprinzips nicht bereit sind, ihre Zahlungsbereitschaft für diese Güter offen zu legen. Stattdessen ist es für jeden potentiellen Konsumenten rational, darauf zu hoffen, dass er das (von anderen finanzierte) Gut mitnutzen kann, ohne selbst dafür zu zahlen.

3. Aufgabe

Externe Effekte sind Wirkungen der Produktion oder des Konsums, die nicht unmittelbar den Produzenten oder Konsumenten belasten sondern unbeteiligte Dritte. Verursacht z.B. ein Motorradfahrer bei seinen Fahrten Lärm, belästigt er die Anlieger der von ihm befahrenen Strassen, ohne sie dafür entschädigen zu müssen. Die gesamtwirtschaftlichen Kosten der Motorradfahrt müssten diese Beeinträchtigungen der Anlieger einbeziehen. Da der Marktpreis für diese zusätzlichen (sozialen oder externen) Kosten der Motorradfahrt nicht widerspiegelt, ist er niedriger als bei Berücksichtigung aller Kostenbestandteile. Im Ergebnis ist die Nachfragemenge höher als bei voller Kostenanlastung. Die Marktpreise spiegeln die externen Kosten nicht wieder, können also den Verbrauch des Faktors „Umwelt" nicht entsprechend den Knappheitsrelationen steuern.

4. Aufgabe

Ein natürliches Monopol liegt vor, wenn eine netzgebundene Leistung hohe Fixkosten und geringe variable Kosten verursacht (Energieverteilung). In diesem Fall kann nur bei großen Angebotsmengen das Betriebsminimum bzw. das Betriebsoptimum erreicht werden. Teilen sich mehrere Anbieter den Markt, besteht die Gefahr, dass ihre Absatzmengen zu gering sind, um langfristig Kostendeckung zu realisieren. Ein Angebot nach der Gewinnmaximierungsregel Preis = Grenzkosten kommt normalerweise nicht zustande.

5. Aufgabe

Individuelle Einkommen hängen bei einer Verteilung über Märkte davon ab, in welchem Unfang und in welcher Qualität Produktionsfaktoren angeboten werden können. Darüber hinaus hängt die Einkommenshöhe davon ab, wie knapp die entsprechenden Faktorleistungen in Relation zur Faktornachfrage sind. Eine Einkommensverteilung entsprechend der Marktleistung garantiert daher nicht jedem Wirtschaftssubjekt ein Einkommen, das zur Sicherung des Existenzminimums ausreicht. Darüber hinaus können große Einkommensunterschiede resultieren. Wenn eine solche marktbestimmte Einkommensverteilung als ungerecht angesehen wird, oder wenn soziale Spannungen befürchtet werden, kann der Staat die Einkommensverteilung korrigieren.

6. Aufgabe

a) Im Preis-Mengen-Diagramm verläuft die normale Angebotskurve fallend und die normale Nachfragekurve steigend. Es ergibt sich ein Schnittpunkt, der den markträumenden Preis p* und die zugehörige Absatzmenge x* widerspiegelt.

b) Würde ein Höchstpreis unterhalb des marträumenden Preises festgesetzt, würde bei diesem Preis die Nachfragemenge die Angebotsmenge übersteigen. Es bestünde die Gefahr, dass die Anbieter wegen der Preissenkung ihr Angebot reduzieren und dass die Nachfrager Brot nur noch auf Schwarzmärkten zu höheren Preisen kaufen könnten.

c) Subventionen für ansiedlungswillige Bäcker hätten u.U. die Ansiedlung neuer Brötchenanbieter zur Folge. Die Angebotsmenge stiege (Rechtsverschiebung im Preis-Mengen-Diagramm) und der Marktpreis würde c.p. (d.h. insbesondere bei unveränderter Nachfragekurve) sinken.

4.9   Aufgaben zu Kapitel 3.1: Einführung in die Wettbewerbstheorie und Leitbilder der Wettbewerbspolitik

1. Aufgabe

Zwischen Marktakteuren kann Wettbewerb auf der Angebots- und/oder Nachfrageseite oder indirekt zwischen Anbietern unterschiedlicher Güter „um den Geldbeutel des Konsumenten" auftreten. Dabei ist Preiswettbewerb und – in verschiedenen Varianten – Qualitätswettbewerb zu unterscheiden. Wettbewerb ermöglicht den Marktakteuren eine Auswahlfreiheit (Freiheitsfunktion), sorgt in Bezug auf bekannte Güter und Verfahren auf optimale Produktion bzw. Faktorallokation (statische Funktionen) und bietet einen stetigen Leistungsanreiz – auch in Bezug auf Entwicklung und Übernahme von Neuerungen (dynamische Funktionen).

2. Aufgabe

Marktunvollkommenheiten beziehen sich auf die Abwesenheit von vollständiger Konkurrenz. Beispiele sind Abweichungen von der Marktform des homogenen Polypols, Existenz von Präferenzen, verzögerte Anpassungsreaktionen, unvollständige Marktübersicht und Hemmnisse des Marktzu- und –austritts. In folgenden Fällen können solche Abweichungen positiv mit der Wettbewerbsintensität korreliert sein:

Die von einem Pionierunternehmen vorübergehend erreichte Monopolstellung ist Merkmal und Folge des vorstoßenden dynamischen (Innovations-)Wettbewerbs. Die Wettbewerbsintensität wird durch Innovationen im Regelfall mittelfristig gesteigert.

Verzögerte Anpassungsreaktionen, Informationsmängel und Hemmnisse des Marktzutritts können Innovatoren das Erzielen von Vorsprungsgewinnen erleichtern und insofern die Anreize für vorstoßenden dynamischen Wettbewerb erhöhen.

Die Heterogenität von Gütern kann Folge eines Qualitätswettbewerbs und insofern Ergebnis eines intensiven Wettbewerbs sein.

Präferenzen können Folge eines Reklamewettbewerbs und insofern Ergebnis eines intensiven Wettbewerbs sein.

3. Aufgabe

a) Das Leitbild der vollständigen Konkurrenz fordert, die Marktstrukturen möglichst weit-gehend an die Bedingungen der vollständigen Konkurrenz anzunähern. Dahinter steht die Auffassung, dass dann die Marktergebnisse vorteilhaft sind (z.B.: optimale Faktoral-lokation, Pareto-Optimum), und die als schädlich angesehene Ballung ökonomischer Macht besonders gering ist. Mittel zur Durchsetzung dieser Forderungen kann z.B. eine Fusionskontrolle sein. Das Leitbild des funktionsfähigen Wettbewerbs unterstellt dage-gen, dass Marktunvollkommenheiten die Funktionsfähigkeit des Wettbewerbs nicht im-mer beeinträchtigen. Ob der Wettbewerb auf einem Markt funktioniert, ist im Einzelfall anhand von Marktstruktur, Marktverhalten und Marktergebnis zu prüfen. Dabei sind ne-ben den statischen auch die dynamischen Wettbewerbsfunktionen zu berücksichtigen. Sofern die Funktionsfähigkeit bei bestimmten Marktstrukturen besonders wahrscheinlich ist, sollte die Wettbewerbspolitik die Schaffung dieser Strukturen auf möglichst vielen Märkten anstreben. Wird z.B. das weite Oligopol bei mäßiger Produktdifferenzierung gut beurteilt, wären neben einer Fusionskontrolle auch Kooperationshilfen für kleine Unternehmen vorzusehen.

b) Zentral für dieses Konzept ist die These, dass die Wettbewerbsintensität im weiten Oli-gopol bei mäßiger Produktdifferenzierung optimal ist. Die Begründung verweist auf den dynamischen Wettbewerb: nur bei dieser Marktstruktur sei eine ausgewogene Balance zwischen vorstoßendem und nachstoßendem dynamischem Wettbewerb gegeben. Bei anderen Marktstrukturen erfolge die Reaktion der Konkurrenz auf die Vorstöße von Pio-nieren entweder zu schnell (dann sei der vorstoßende Wettbewerb in Gefahr) oder zu langsam (dann fehle nachstoßender Wettbewerb). In beiden Fällen sei der dynamische Wettbewerb gestört. Verwiesen wird auch darauf, dass im Polypol die Finanzkraft der Unternehmen für Innovationen zu gering sei, im engen Oligopol dagegen die Neigung zur Kartellbildung die Innovationen hemme.

c) Der Vorwurf bezieht sich auf ein verengtes Wettbewerbsverständnis. Werde Wettbe-werb nur daran gemessen, inwieweit er gute Marktergebnisse hervorbringen kann, komme der Aspekt der Freiheit zu kurz. Wegen der Freiheit, die er schaffe, sei Wettbe-werb an sich schon ein politisches Ziel.

d) Als Dilemma-Problem wird die Tatsache bezeichnet, dass zwischen Wettbewerbsfreiheit und ökonomischer Vorteilhaftigkeit des Wettbewerbs ein Zielkonflikt bestehen kann. So wird durch einen Patentschutz zwar der vorstoßende Wettbewerb gefördert und dadurch vermutlich das Marktergebnis verbessert, aber die Freiheit des Marktzutritts beschränkt.

4.10   Aufgaben zu Kapitel 3.2: Wettbewerbspolitik in Deutschland und Europa

1. Aufgabe

Konzentration kann auch vorteilhaft sein. So kann der Zusammenschluss inländischer Unter-nehmen deren Stellung gegenüber mächtigen ausländischen Konkurrenten erleichtern. Kon-

zentration kann ferner zu Größen- und Verbundvorteilen führen und daraufhin eine kostengünstigere Produktion ermöglichen. Große Unternehmen haben schließlich oft größere finanzielle Reserven zur Durchsetzung von Innovationen. Diesen möglichen Vorteilen steht
freilich oft eine Verringerung der Wettbewerbsintensität gegenüber. Nur wenn der Wettbewerb trotz Konzentration weiter „scharf" bleibt, besteht die Chance, dass die genannten möglichen Vorteile realisiert werden.

2. Aufgabe

Konzentration lässt sich relativ einfach mit Hilfe von Konzentrationsraten messen, die auf
einem zuvor abgegrenzten Markt den kumulierten Marktanteil der jeweils größten Unternehmen angeben. Das Ergebnis hängt aber stark von der gewählten Marktabgrenzung ab und
kann vertikale und konglomerate Konzentration nicht erfassen. Bei Mehrproduktunternehmen ist zudem die statistische Zuordnung zu einzelnen Märkten problematisch.

3. Aufgabe

Ausbeutungsmissbrauch liegt vor, wenn ein marktmächtiges Unternehmen seinen Lieferanten oder Kunden „unangemessen" ungünstige Bedingungen diktiert, welche diese mangels
Alternative akzeptieren müssen. So fordern große Handelsunternehmen z.B. von ihren Lieferanten oft eine „Regalmiete" oder die finanzielle Beteiligung an Werbemaßnahmen. Das
Problem besteht allerdings darin festzustellen, inwieweit solche Forderungen „unangemessen" sind. Weitere missbräuchliche Verhaltensweisen betreffen die Behinderung und die
Diskriminierung (d.h. ungerechtfertigte Ungleichbehandlung) von Geschäftspartnern. Behinderungsmissbrauch kann z.B. bei Ausschließlichkeitsbindungen vorliegen, bei denen mächti-
ge Unternehmen ihre Abnehmer dazu verpflichten, nur ihre Produkte zu vertreiben, wenn
z.B. eine Brauerei nur Gaststätten beliefert, die nicht zugleich ein bestimmtes Konkurrenz-
produkt führen. Ein Beispiel für Diskriminierung sind Treuerabattsysteme, die neue Kunden
gegenüber etablierten Kunden benachteiligen. Erneut ist es nicht einfach zu beurteilen, wo
hier „missbräuchliches" Verhalten anfängt.

4. Aufgabe

a)   Bei „großen" Zusammenschlussvorhaben prüft das Kartellamt, ob eine marktbeherr-
     schende Stellung begründet oder verstärkt wird. Ist das nicht der Fall, ist der Zusammen-
     schluss zulässig. Er kann auch zulässig sein, wenn – nach entsprechender Prüfung – Ver-
     besserungen des Wettbewerbs zu erwarten sind, welche die Nachteile der Marktbeherr-
     schung überwiegen. Unzulässige Fusionsvorhaben sind vom Kartellamt zu untersagen.
     Sie können aber (nachträglich) vom Wirtschaftsminister erlaubt werden, wenn sie „ge-
     samtwirtschaftliche Vorteile" versprechen oder wenn ein „überragendes Interesse der
     Allgemeinheit" zu erkennen ist.
b)   Nein. Konzentration kann auch durch internes Wachstum starker Unternehmen und
     durch das Ausscheiden schwacher Unternehmen entstehen – also ohne Zusammen-
     schluss. Zusammenschlüsse lassen sich ferner – selbst bei sorgfältig formulierten Rege-
     lungen zur Fusionskontrolle – vielfach so vollziehen, dass sie von den Regelungen nicht
     erfasst werden (z.B. durch indirekte oder verschachtelte Zusammenschlüsse).

c)   Erstens erlaubt das GWB den Zusammenschluss kleiner Unternehmen (Bagatellklausel), selbst wenn dadurch (auf einem kleinen Markt) eine marktbeherrschende Stellung entsteht oder verstärkt wird. Zweitens ist ein solcher Zusammenschluss zulässig, wenn Verbesserungen zu erwarten sind, die die Nachteile des Zusammenschlusses überwiegen. Drittens kann der Wirtschaftsminister die Fusion nachträglich genehmigen, wenn z.B. „gesamtwirtschaftliche Vorteile" zu erwarten sind.

d)   Die Konzentration würde erleichtert. Dadurch würde der Wettbewerb teilweise an Intensität verlieren, jedenfalls dann, wenn es großen Unternehmen gelingt, die Märkte abzuschotten, von der Politik Subventionen zu erhalten und/oder miteinander zu kooperieren.

5. Aufgabe

Die Abgrenzung des relevanten Marktes ist wichtig bei der Prüfung, ob Marktbeherrschung vorliegt oder droht. Diese Frage ist im Rahmen der Fusionskontrolle und der Missbrauchsaufsicht von Bedeutung. Schwierigkeiten bestehen zum einen in der Marktabgrenzung selbst. Feste Maßstäbe für eine „richtige" Marktabgrenzung fehlen. Ferner beeinflusst die Abgrenzung die Beurteilung möglicher Marktbeherrschung. Wird der Markt hinreichend weit abgegrenzt (z.B. der europäische anstelle des deutschen Marktes betrachtet), so relativieren sich viele der aus inländischer Sicht marktbeherrschenden Stellungen. Die Feststellung der Marktbeherrschung ist ohnehin schwierig. Das GWB behilft sich mit „Vermutungstatbeständen", z.B. wenn ein Unternehmen einen Marktanteil von mehr als 33% hat.

6. Aufgabe

a)   Kartelle bezwecken und sind geeignet, den Wettbewerb in bestimmten Feldern zu beschränken. Ein Preiskartell beschränkt den Preiswettbewerb, ein Konditionenkartell den Wettbewerb bei den Konditionen usw. Das Kartellverbot soll dazu beitragen, den Wettbewerb scharf zu halten und somit die Erfüllung der (statischen und dynamischen) Wettbewerbsfunktionen zu sichern.

b)   Die Höhe der Geldbuße für einzelne Unternehmen kann nach Dauer der Kartellzugehörigkeit, nach Größe der Unternehmen und der betroffenen Märkte gestaffelt werden. „Wiederholungstäter" könnten strenger bestraft werden. Die Geldbuße könnte für Unternehmen, die mit den Ermittlern kooperieren, ermäßigt oder erlassen werden („Kronzeugenregelung").

c)   Vom Kartellverbot sind z.B. Absprachen von kleinen und mittleren Unternehmen ausgenommen (Mittelstandskartell). Dies kann mit der geringeren Gefährdung des Wettbewerbs durch kleine bzw. mittlere Unternehmen begründet bzw. mit Hinweis auf häufige Benachteiligungen des Mittelstandes und mit Hinweis auf die angestrebte Marktform des weiten Oligopols gerechtfertigt werden.

d)   Nein. Zwar erstreckt sich das Kartellverbot auch auf formlose Absprachen („Frühstückskartelle") und auf Absprachen, die eine Beschränkung des Wettbewerbs nicht bezwecken, aber bewirken. Die praktische Anwendung dieses Verbotes ist aber mit erheblichen Beweisschwierigkeiten verbunden. In Verdacht geratene Unternehmen können gleichgerichtete Aktionen meist unwiderlegbar als nicht abgestimmtes Parallelverhalten darstellen.

7. Aufgabe

a) Im Vergleichsmarktkonzept sollen die Preise auf einem Markt durch die Analyse vergleichbarer Märkte bewertbar gemacht werden. Dabei können sachlich verwandte Märkte, Märkte in anderen Ländern bzw. Regionen bzw. zu anderen Zeitpunkten als Vergleich herangezogen werden. Eventuelle Marktunterschiede sind entsprechend zu berücksichtigen. Übersteigt der Preis auf dem Untersuchungsmarkt den so ermittelten „Vergleichspreis" deutlich, liegt ein Hinweis auf einen „missbräuchlich überhöhten" Preis vor.

b) Die Berücksichtigung von strukturellen Unterschieden zwischen Untersuchungs- und Vergleichsmarkt bleibt letztlich immer willkürlich. Den idealen Vergleichsmarkt gibt es nicht. Vor Gericht halten auf dem Vergleichsmarktkonzept basierende Entscheidungen des Kartellamts oft nicht stand.

8. Aufgabe

Marktöffnungspolitik zielt auf die Schaffung von Wettbewerb in Bereichen, die bislang vom Wettbewerb weitgehend ausgenommen bzw. durch selektive Staatseingriffe begünstigt sind. Freier Marktzutritt führt tendenziell zu intensiverem Wettbewerb, damit zu Preissenkungen und Gewinnrückgang bei bisher geschützten Anbietern. Sofern die Ausnahme vom Wettbewerb sich auf Bereiche bezieht, die durch natürliche Monopole bzw. „Netzmonopole" gekennzeichnet sind, sollte die Marktöffnung durch eine Aufsicht der Unternehmen mit bevorzugtem Netzzugang (z.B. durch die Bundesnetzagentur) begleitet sein.

9. Aufgabe

Entscheidend ist hier die Zwischenstaatlichkeitsklausel. Die europäischen Wettbewerbsregeln sind nur in Fällen anzuwenden, in denen der zwischenstaatliche Handel betroffen ist. Das europäische Recht betrifft somit nur Sachverhalte mit Auswirkungen auf Märkte in mindestens zwei Mitgliedstaaten. Für Wettbewerbsbeschränkungen von rein nationaler Bedeutung ist dagegen die jeweilige nationale Wettbewerbspolitik zuständig. Diese Arbeitsteilung orientiert sich am Subsidiaritätsprinzip. Dieses weist Aufgaben prinzipiell der niedrigsten (politischen) Ebene zu, auf der die Aufgabe noch sinnvoll erledigt werden kann.

10. Aufgabe

Die Wirkung der deutschen Wettbewerbspolitik ist dadurch begrenzt, dass im Zuge der Internationalisierung immer mehr Fälle grenzüberschreitend und damit (mindestens) europäisch sind. Wenn europäische Firmen den Wettbewerb in außereuropäischen Ländern beschränken, greift aber auch das europäische Wettbewerbsrecht nicht unbedingt. Die Wirkung von Wettbewerbspolitik ist generell auch durch Probleme der Beweisführung begrenzt und dadurch, dass ein einheitliches und operationalisierbares Leitbild für die Wettbewerbspolitik fehlt, die Instrumente mit Wirkungsdefiziten behaftet sind, die Institutionen und Entscheidungsstrukturen Mängel aufweisen und sich Entscheidungen anderer Politikbereiche (z.B. Industriepolitik) störend auswirken.

Literaturverzeichnis

Ahrns, H.J., Feser, H.D., Wirtschaftspolitik – Problemorientierte Einführung, 7. Aufl., Wien 1997

Bartling, H., Luzius, F., Grundzüge der Volkswirtschaftslehre: Einführung in die Wirtschaftstheorie und Wirtschaftspolitik, 16. Aufl., München 2008

Baßeler, U., Heinrich, J., Utecht, B., Grundlagen und Probleme der Volkswirtschaft, Studienausgabe, 18. Aufl., Stuttgart 2006

Böhm, F., Das Kartellproblem, in: Schweizer Zeitschrift für Volkswirtschaft und Statistik, 1951, S. 199

Bofinger, M., Grundzüge der Volkswirtschaftslehre, 2. Aufl., 2006

Clark, J.M., Toward a concept of workable competition, in: American Economic Review 30 (1940), S. 251–256

Cournot, A., Recherches sur les principles mathematiques de la theorie des richesses, Paris 1938 [Deutsch: Untersuchungen über die mathematischen Grundlagen der Theorie des Reichtums, Jena 1924]

Endres, A., Martiensen, J., Mikroökonomie, Stuttgart 2007

Eucken, W., Grundsätze der Wirtschaftspolitik, 6. durchges. Aufl., Tübingen 1990

Hamm, R., Mikroökonomie, Stuttgart 2001

Hardes, H.D., Uhly, A., Grundzüge der Volkswirtschaftslehre, 9. Auflage, München 2007

Henrichsmeyer, W., Gans, O., Evers, I., Einführung in die Volkswirtschaftslehre, 10. Aufl., Stuttgart 1993 (UTB 680)

Hoppmann, E., Marktmacht und Wettbewerb, Beurteilungskriterien und Lösungsmöglichkeiten, Tübingen 1977

Kantzenbach, E., Die Funktionsfähigkeit des Wettbewerbs, 2. Auf., Göttingen 1967

Mankiw, N.G., Taylor, M.P., Grundzüge der Volkswirtschaftslehre, 4. Aufl., Stuttgart 2008

Müller-Armack, A. Soziale Marktwirtschaft, in: Handwörterbuch der Sozialwissenschaften, Bd. 9, 1956, S. 390–392

Natrop, J., Grundzüge der angewandten Mikroökonomie, München 2006

Olten, R., Wettbewerbstheorie und Wettbewerbspolitik, 2. Aufl., München 1998

Pindyck, R.S., Rubinfeld, D.L., Mikroökonomie, 6. Aufl., München 2005

Reiß, W., Mikroökonomische Theorie, 6. Aufl., München 2007

Ricardo, D., Über die Grundsätze der politischen Ökonomie und der Besteuerung, übersetzt von G. Bondi, Hrsg. von H.D. Kurz unter Mitarbeit von Chr. Gehrke, Marburg 1994

Samuelson, P.A., Nordhaus, W.D., Volkswirtschaftslehre, Landsberg am Lech 2005 (engl. Originalausgabe Economics, New York 2005)

Schmidt, I., Wettbewerbspolitik und Kartellrecht, 6. Aufl., Stuttgart 2001

Schmidt, I., Schmidt, A., Europäische Wettbewerbspolitik und Beihilfenkontrolle, 2. Aufl., München 2006

Schumann, J., Meyer, U., Stroebele, W., Grundzüge der mikroökonomischen Theorie, 8. Aufl., Berlin 2007

Schumpeter, J.A., Theorie der wirtschaftlichen Entwicklung, 1. Aufl., Leipzig 1912, 6. Aufl., Berlin 1964

Smith, A., Der Wohlstand der Nationen, übersetzt von H.C. Recktenwald, München 1974

Stocker, F., Spaß mit Mikro, Einführung in die Mikroökonomik, 6. Aufl., München 2002

Stoetzer, M.W., Die Systemtransformation der osteuropäischen Volkswirtschaften, in: wisu – das wirtschaftsstudium, 30.Jg., Heft 3, März 2001, S. 366–372

Thieme, H.J., Soziale Marktwirtschaft, Ordnungskonzeption und wirtschaftspolitische Gestaltung, 2.überarb. Aufl., München 1994

Varian, H., Grundzüge der Mikroökonomik, 7. Aufl., München 2007

Wienert, H., Grundzüge der Volkswirtschaftslehre, Band 1: Einführung und Mikroökonomie, 2. Aufl., Stuttgart 2008

Stichwortverzeichnis

www.ingramcontent.com/pod-product-compliance
Lightning Source LLC
Chambersburg PA
CBHW081058220326
41598CB00038B/7150